JN439321

아름다운
삶을
위하여

아름다운
삶을
위하여

김 상 태 수필집

수필과비평사

| 서문 |

여섯 번째 내는 수필집이다. 원고를 다시 손질하면서 살펴보니 이런 글을 상재할 가치가 있는 것인지 회의감이 들기도 한다. 2006년 ≪정겨운 친구들≫을 출간한 이후 5년의 세월이 흘러간 셈이다. 그 사이 ≪수필과비평≫에서 청탁을 받아 문예지에 실린 작가들의 글을 읽고 평설을 주로 썼다. 그 글들을 모은 책이 작년에 출간한 ≪모래알 속의 사금처럼≫이다.

≪수필과비평≫에서는 수필을 쓰는 사람이라기보다 비평가로 알려져 있다. 하지만 수필 평론가이기보다 수필 작가이고 싶다. 작품을 쓰는 작가로 알려지고 싶은 욕망이 더 강한 모양이다. 하지만 욕심대로 어디 되겠는가. 그래서 청탁이 들어오지 아니해도 가끔 컴퓨터 앞에 앉아 생각과 느낌이 떠오르면 글을 쓴다. 그렇게 써서 시나브로 컴퓨터에 저장해 둔 것이 이번 수필집의 주원천이다. 주제가 통일되지 아니한 것도 그 때문이다.

또 숙맥회의 동인지에 실었던 글을 빼놓을 수 없다. 대학에서 정년퇴임하고 난 뒤에 친한 친구들이 모여서 가끔 점심을 먹었다. 처음은 그저 만나는 것이 좋아서 모였다. 그런데 어느 때부턴가 만나는 의미라도 만들자고 해서 글을 모아 책을 내기로 했다. 모임 이름을 '숙맥회'. 하기야 교수들이란 모두 어떤 방면의 전문가로 알려져 있지만, 또 어찌 보면 숙맥 같은 사람들이다. 숙맥회라 이름을 붙인 것도 그 때문일 것이다. 벌써 네 번의 동인지를 출간했다. 거기에 실린 원고가 많이 포함되어 있다.

수필은 본 대로, 느낀 대로, 생각나는 대로 적는 글이라고 한다. 하지만 수필집 전체가 어떤 주제로 통일되어 있지 않으면 잡다한 신변사로밖에 인식되지 않는다. 따라서 읽는 이가 별로 흥미를 느끼지 못한다는 것을 나는 잘 알고 있다. 그러나 한 주제에 매달릴 끈기가 내게는 부족한 것 같다. 또한 치밀한 성격도 못 된다. 아니 무엇보다 나는 게으르다. 글을 쓰기 위해 그 방면에 관해서 공부를 많이 해야 한다. 사람의 생각과 느낌이란 대체로 비슷해서 공부를 하지 않고 쓴 글은 그 나물에 그 밥이라는 생각밖에 들지 않는다. 책을 받아 든 사람이 책장을 몇 번 넘기다가 저쪽으로 밀쳐 둘지도 모른다는 생각이 든다. 이번에 내는 이 수필집도 그런 책의 하나가 되지 아닐까 염려스럽다.

그렇지만 이런 잡동사니 수필집이라도 내는 것은 내가 살아 있다는 몸부림의 하나라는 생각이 든다. 내 나이 벌써 일흔 중반을 지나고 있으니 앞으로 무슨 좋은 글을 쓸 수 있을까마는 다시 수필집을 낸다면 보다 좋은 수필집을 내고 싶다. 어떤 주제에 열심히 매달려서 공부해서 쓴 글, 몇 페이지 읽지 않고 저쪽으로 밀쳐 두지 않는 책, 욕심 같아서는 한번 잡으면 끝까지 읽어주는 그런 책을 내고 싶다. 마음만 그렇지 어디 그게 그리 쉽게 되겠는가. 인간은 꿈을 꾸는 동물이라고 했다. 그런 꿈이라도 꾸면서 내 삶을 꾸려가야 내 삶이 아름답지 않을까.

2000년부터 이화여대 평생교육원에서 수필 쓰기를 지도해 왔다. 내가 무슨 그런 자격이 있는가 싶은 생각이 들지만 수필을 쓰겠다는 사람들과 만나는 것이 즐겁다. 그래서 나는 그 일을 그만두지 못한다. 헤겔은 '삶은 목적이 아니라 과정'이라고 했던가. 문학 행위의 관점에서 본다면 좋은 글을 쓰려고 노력하는 과정이 무엇보다 중요하다. 그들과 나의 아름다운 삶을 위해서는 수필 쓰기가 꼭 필요하다는 생각이다.

2011년 2월

민속촌 마을에서

● 차례 ●

4. 소설과 함께 읽는 수필

5. 아름다운 삶을 위하여

6. 세대갈등

7. 거짓말의 진실

8. 신앙을 가진다는 것

9. 원석을 캐는 마음으로

1. 나의 살던 고향은

나의 살던 고향은

나의 살던 고향은 꽃 피는 산골
복숭아꽃 살구꽃 아기 진달래

초등학교 시절 참 많이 불렀던 노래다. 이 노래를 부를 때마다 나는 꽃으로 둘러싸인 궁궐에 사는 기분을 느낀다. 하지만 나의 살던 고향은 낙동강이 굽어 도는 강변이다. 여름에는 온 동네 사람이 멱을 감고 겨울에는 아이들이 얼음을 지치는 곳이다. 동네 한편으로는 백사장이 넓게 전개되어 있어서 맨발로 마냥 걸어도 좋다. 발밑으로 밟히는 모래의 사각거리는 소리가 좋아 동무들과 지치는 줄도 모르고 걸었던 기억이 난다.

고향이 어디냐고 물으면 나는 한동안 머뭇거린다. 남지라고 말하면 그곳이 어디냐고 다시 물어볼 테니까 말이다. 마산이라고 대답했던 적이 있다. 마산이라면 다 알 테고 그 근처이기 때문이다. 더구나 내가 마산고등학교를 졸업하지 않았느냐. 그러나 지금은 바로 남지라고 대답한다. 남지를 아는 사람이 의외로 많다. "아하, 남지!" 하고 알은체를 하며, "구마고속도를 달리다 보면 낙동강 가에 있는 마을 말이지?" 한다. 고속도로 덕분인지, 아니면 생산되는 특산물 덕분인지 모르겠다. 하우스 채소나 과일을 많이 재배하고 있어 나도 모르는 사이에 근방에서는 꽤나 유명해진 모양이다.

내가 자랄 때는 땅콩 산지로 유명했다. 우리 집에서도 땅콩 농사를 웬만큼 지었는데, 수확해서 땅콩을 깔 때가 되면 온 집안이 북새통이다. 그때만 해도 사람의 입으로 땅콩의 껍질을 깠는데 근방의 여인들이 우리 집 마당에 모여 땅콩을 깠던 일이 어제 일같이 선하다. 땅콩을 까랴, 재잘거리랴 무슨 큰 경사라도 난 듯이 마당 안이 온통 시끄러웠다. 그날 깐 콩을 모아서 우리 아버지에게 가져오면 되로 되어서 수고한 만큼의 임금을 계산해 주었다. 내 나이 예닐곱 살 때 일이니, 나는 땅콩에는 관심이 없고 내 또래 애들과 장난에 열중하고 있었다. 대개는 이웃의 젊은 아주머니이거나 열예닐곱 미혼 처녀들이었는데 지나치다 나를 보면 귀엽다고 볼을 꼬집어 주던 생각이 난다.

남지읍은 낙동강이 바로 감도는 곳에 위치하고 있다. 마을 앞 강 건너에는 깎아지른 듯이 가파른 거대한 바위가 버티고 있다. 우리는 그것을 지앙담이라고 불렀다. 후에 알고 보니 제왕담帝王潭이라는 말을 그렇게 불렀던 모양이다. 지앙담은 남지 사람들에게는 큰 바위 얼굴과 같은 존재였다. 담潭이라고 한 것을 보면 그 바위를 이른 말이 아니고, 그 밑의 물을 말했던 모양이지만, 그때는 바위 그 자체를 그렇게 부르는 줄 알았다. 수심이 얼마나 깊은지 지금도 잘 모르지만 그때는 그 밑에 용이 산다고 했다. 그 물을 건너다보면서 동네의 여인들이 소원을 빌기도 했다. 우리 어머니도 강가에 나와 소지燒紙하면서 아들의 장래를 위해 강가에서 빌고 있던 모습을 여러 번 보았다. 고등학생 때는 헤엄을 쳐서 강 건너편으로 가기도 했는데 지앙담 근처에 오면 괜히 오금이 저렸다.

마을 앞 강가에서 지앙담 바로 옆으로 나룻배가 다녔다. 남지철교가 있었지만 읍 옆으로 한참 떨어져 있어서 건너편에 사는 사람들은 나룻배로 남지에 오곤 했다. 장날이 되면 사람들을 가득 태운 나룻배가 쉴 새 없이 강을 오갔다. 노를 젓는 나룻배였는데 건널 때마다 얼마 되지 않은 뱃삯을 내곤 했다. 남지 주민들은 뱃삯을 지불하지 않았다. 지방 조례에 그렇게 되어 있었던 모양이다. 볼 일도 없이 배를 타는 맛으로 나룻배를 타고 있는 애들이 더러 있었다. 나룻배 주인에게 괜히 왔다갔다 한다고 핀잔을 듣기도 했지만 쫓아내지는 않았다. 나는 친구 삼촌이 나룻배 주인이라서 친구와 놀이 삼아 자주 배를 타고 강바람을 쐬기도 했다.

지앙담의 큰 바위 위에는 요상하게 틈이 갈라져 있는 곳이 있다. 수십 길 밑으로 시푸른 물이 보인다. 그 틈이래야 불과 1미터 정도나 될까. 그러나 까마득히 보이는 그 밑의 시푸른 물 때문에 건너뛰기가 매우 두려웠다. 고등학생이 되었을 때는 예사로 건너뛰었지만 어릴 때는 그 틈을 건너뛰기가 왜 그리 두려웠던지. 아이를 못 낳는 여인이 건너뛰면 아이를 낳을 수 있다는 속언이 전해 내려오고 있어 더러 여인들이 몰래 건너뛰기도 했다.

큰 바위 서쪽 끝에 가면 물 위로 3~4미터 되는 곳에 앉아서 쉴 만한 편편한 곳이 있다. 낚시하는 사람들이 이곳에 가서 자주 낚시를 했다. 이곳에서 자주 낚시를 하는 동네의 유지 한 분이 있었다. 가끔은 큰 잉어를 잡아 올렸다는 소문을 듣고 그 분을 거리에서 보면 아하, 저 분이 그렇게 큰 잉어를 잡았다지, 하고 탄성을 지르기도 했다.

지앙담에 대해 슬프고도 애달픈 사연을 하나 나는 기억하고 있다. 초등학교 삼사학년 때쯤 일이라고 생각된다. 관옥이라는 기생이 바로 이 바위 낚시터에서 몸을 날려 자살한 적이 있었다. 이삼일 뒤 시체를 건져 올려서 강가에 눕혀 놓았던 것을 멀리쯤에서 보았다. 왜 자살을 하게 되었는지에 대해서 억측이 많았다. 나이 스물도 안 된 어린 기생이라고 말하지만 기생이라기보다 술도 팔고 몸도 팔던 작부였다. 술집에 자주 오던 청년을 좋아했지만 이룰 수 없는 사랑을 비관해서 자살했다고도 하고, 술집 주인의 학대에 견디지 못해서 죽었다고도 했다. 지금 생각하면 어쨌든 그 어린 나이에 자살까지 감행했다는 것은 슬프고도 안타까운 일이다. 살아있을 때 나는 그녀를 한 번도 본 적이 없다. 그렇지만 어쩐지 예쁜 얼굴이었을 것만 같았다. 내가 고등학생이 될 때까지 관옥이가 몸을 던진 그 바위 위에 올라가지 못했다. 관옥이가 치마를 뒤집어쓰고 스스로 강물에 몸을 던지는 모습이 자꾸 눈앞에 아른거렸기 때문이다. 날이 궂거나 으스름한 때가 되면 관옥의 혼령이 그곳에 자주 나타난다는 말도 있었다. 그래서 대낮에도 아이들은 그 바위 옆을 지나치기를 꺼렸다. 하지만 내가 고등학생이 되었을 때는 생각이 달랐다. 그 어린 나이에 얼마나 모진 현실을 겪었으면 스스로 목숨까지 끊었을까 하는 불쌍한 생각이 앞섰다. 이따금 그 바위 위에 올라가 강물을 내려다보면서 관옥이는 어떤 모습을 하고 뛰어내렸을까 하는 상상을 하기도 했다.

서울서야 남지를 아주 작은 시골이라고 생각하겠지만 남지보다 더 작은 마을들이 근방에는 많았다. 작은 마을에 사는 아이들은 남지읍이 작은 시골이 아니라고 생각했다. 십여 가옥도 안 되는 작은 마을들이 근처에 수없이 산재해 있었기 때문이다. 그 애들을 우리는 촌 애들이라고 불렀는데 남지에 오면 제법 도시에 온 듯한 기분을 느끼는 것 같았다. 그도 그럴 것이 남지장에 와서 생활필수품들을 사 갔기 때문이다. 내가 중학교를 다닐 때는 면내에 단 하나뿐인 중학교가 남지에 있었다. 반의 친구들 중에는 몇 십 리를 걸어서 오거나 나룻배로 강을 건너서 오기도 했다. 더러는 방을 얻어서 자취를 하기도 했다.

남지의 북쪽 마을에 사는 사람들은 남지를 웃개라고 불렀는데 '위쪽의 개'라는 뜻이다. 남지가 강가에 위치하고 있으므로 '개'라고 불렀던 모양이다. 그들에게는 위쪽이 동쪽이다. 실제로 남지읍의 동쪽 편에 '동갯들'이란 작은 들이 있다. 당시에는 수리시설이 제대로 되어 있지 못해서 큰 홍수가 지면 그 들이 잠기기도 했다. 우리 집의 논도 그 들에 있어서 이따금 홍수의 피해를 입기도 했다. 그 안쪽으로 완전한 수리 시설이 되어 있는 들이 있었는데 우리는 그 들을 '수리답'이라고 불렀다. 어머니는 수리답 속에 논을 가지는 것이 꿈이기도 했다.

나의 아호를 동야東野라고 한다. 오래전이지만 강암 선생 밑에서 서예를 잠깐 배운 적이 있었다. 배운 지 얼마 되지 않아 문하생 전시회를 연다고 한 작품 출품하라고 하셨다. 서예의 기초도 모르는 처지여서 감히 출품할 엄두도 내지 못하는 나에게 선생님은 손수 체본을 써 주셔서 며칠 연습해서 냈던 적이 있다. 이때 호를 지어야 한다고 해서 '東野'가 어떻습니까 했더니 그 내력을 들으시고 좋다고 말씀하셨다. 내 고향의 들 이름이 내 호가 된 셈이다. 그 후에 서예를 그만 두어서 그 호를 쓸 일이 별로 없었는데 후배 교수들이 반쯤은 장난삼아 나를 부를 때 꼭 '동야 선생님' 하고 불렀다. "동야 선생님의 아호를 알리는 데 일등공신은 바로 저입니다." 하고 내가 전북대학에 재직할 때에 내 방을 자주 찾아오던 박광선 교수의 말이다. 동야라는 호를 한동안 잊고 있다가 후에 서예를 다시 시작하면서 그 호를 쓰게 되었다.

남지는 창녕군에 속해 있다. 내가 자랄 때는 면 소재지였는데 최근에 읍으로 승격하였다. 창녕군에서 가장 늦게 형성된 마을이다. 하지만 인구는 가장 많았다. 낙동강이 휘돌아 나가면서 상류에서 실어 나른 토양을 퇴적해서 형성된 마을이다. 군내에서는 그래도 비교적 비옥한 농토를 많이 가진 곳이다.

남지는 역사가 매우 짧다. 몇 백 년만 거슬러 올라가도 그 지명을 찾을 수 없다고 한다. 창녕현, 영산현은 보이지만 남지에 대한 기록은 없다는 것이다. 읍지에 따르면 남곡南谷을 남지의 옛 지명으로 보고 있지만 남곡은 남지에서 북쪽으로 십여 킬로 떨어진 곳에 지금도 존재하는 실재의 지명이다. 그러니까 몇 백 년 전에는 남지라는 마을 자체가 없었던 셈이다.

최근에 읍으로 승격되었지만 내 어릴 때는 꼭 남지면 남지리라고 썼다. 남지면에는 마산리, 학계리, 용산리, 성사리 등 13개의 리 단위의 마을이 있다. 당시에는 이들 리 단위의 마을 애들이 남지중학교에 많이 다녔다. 물론 집안 형편이 나은 아이들은 마산, 부산, 대구 등 대도시로 진학했다. 나도 남지중학교에 진학할 것이라는 생각을 별로 갖지 않았다. 부산이나 마산의 중학교에 진학할 것이라고 생각하고 있었다. 중학교에 진학할 무렵 아버지의 위장병이 매우 악화되었다. 할 수 없이 남지중학교에 입학하면서 속으로 매우 불만스럽게 생각했다. 합격자 발표를 보고 집으로 돌아오니까 아버지는 이미 운명하기 직전에 있었다. 어머니가 아버지 귀에 대고 "상태 아버지요. 상태가 중학교 시험에 일등으로 합격했다고 하네요. 듣고 있소? 듣고 있으면 말 좀 해 보소." 하던 말이 지금도 귀에 쟁쟁하게 들린다. 남지중학교는 내가 입학하기 수개월 전에 고등공민학교에서 겨우 중학교로 승격했던 것이다. 교장 선생님도 대구사범을 나온 초등학교 교사 출신이지만 교사들도 대부분 초등학교에서 배웠던 낯이 익은 분들이었다. 그러니 중학교라는 생각이 들 리가 없었다. 하지만 지금은 내가 남지중학교에 들어간 것을 참으로 다행한 일이었다고 생각하고 있다. 나의 개성을 최대한으로 살려줄 수 있었던 곳이 바로 남지중학교였기 때문이다.

나는 고향에 자주 가지 못한다. 4~5년에 한 번 갈까 말까. 그렇지만 마음속에는 고향 마을의 풍경이 한시도 떠난 적이 없다. 내 나이 이미 고희를 넘겼지만, 고향 마을을 생각할 때마다 철모르는 어린이가 된다. "꽃동네 새동네 나의 옛고향 그 속에서 놀던 때가 그립습니다." 나도 모르는 사이 이 노래를 흥얼거리며 고향 마을 속의 어린이가 된다. 최근에 나는 남지에 잠깐 들른 적이 있다. 내가 살던 집은 온데간데없이 사라졌다. 강에 가까운 집은 모조리 허물어버리고 그보다 위쪽으로 둑을 쌓고 도로를 내어 놓았다. 마산에 사는 초등학교 친구 옥순이가 그녀의 남편과 함께 남지에서 유명하다는 장어집에 가서 맛있는 점심을 대접했지만 내 집이 사라진 모양을 보니 맛있게 먹었던 장어의 뒷맛이 쓰디썼다.

오래전에 내가 살았던 집을 찾아간 적이 있다. 내가 살던 때는 집 주위로 감나무들이 빙 둘러쳐 있었는데 내가 갔을 때는 단 한 그루의 감나무만 고목이 되어 서 있었다. 사오십대의 주인에게 인사를 하고 내가 오래전에 이 집에 산 적이 있어 찾아왔노라고 했더니, 주인이 이 집에서 문학박사가 나왔다고 했는데 혹시 그 분은 아닌지, 하고 나를 유심히 바라보았다. 그때만 해도 문학박사라는 것이 귀하던 때라 문학박사가 자기 집을 방문했다는 것은 큰 영광이라고 말했다. 어릴 때는 한없이 넓어 보이던 집이 그때 보니 참 초라했다.

남지는 역사가 짧아 그런지 전국적으로 알려진 인물들이 별로 나지 않았다. 모래가 쌓여 된 마을이라 그렇다고 말하곤 한다. 모래 속으로는 뿌리가 깊이 내릴 수 없어 큰 나무를 지탱할 힘이 없는 이치와 같다는 것이다. 또 모래는 잘 흩어지는 성질이 있어서 남지 사람들은 단결심이 부족하다고도 했다. 근방의 마을 의령이나 창녕 등에서는 제법 걸출한 인물들이 배출되고 있는 것을 두고 하는 말이다. 역사와 전통이 깊은 마을은 음으로 양으로 그 기운이 전해져 그리되었다고 생각한다. 근래에 들어서는 딱히 남지읍은 아니지만 근방에서 태어나서 자란 사람들 중에 더러 두각을 나타내는 사람들이 있다. 남지와 같은 신흥 마을은 미래를 보고 말해야 할 것 같다. 마을을 위해서든 자신을 위해서든 그렇다. 이전에는 꽃 피는 산골이 향수의 근원이 되지만, 이제는 큰 강이 굽어 도는 강변이 마음의 고향으로 자리 잡으리라고 생각한다. 남지가 나의 고향이니 그렇게 말해 두는 것이 좋겠다.

사람들은 다 고향을 지니고 있다. 자기가 태어난 곳이나 자란 곳이 곧 고향이다. 태어나자마자 그곳을 떠나 다른 곳에서 자란 사람은 자란 곳이 고향이 될 수 있다. 그러나 칼 융의 말이 아니더라도 태어난 곳을 절대 무시할 수 없다. 그가 비록 제대로 보지 못한 곳이라고 하더라도 태어난 곳은 그의 마음속에 무의식 상태로 은밀히 각인되어 있다. 자란 곳은 더 말할 필요도 없다. 눈을 뜨면 바라보는 주위의 환경과 거기에 사는 사람들이 그의 마음속에 남아 있지 않겠는가. 작은 마을이면 더 선명하게 각인되고 또렷하게 기억된다. 산골에서 자란 아이가 도시에서 자란 아이보다 떠 또렷하게 고향의 이미지를 마음속에 간직하고 있는 이유가 그 때문이다. 대도시에서 자란 사람에게 고향을 묻으면 대답이야 금방 하겠지만 그의 마음속에 떠오르는 고향의 이미지는 아리송하다. 도시 전체가 그의 고향으로 마음속에 담겨 있는지, 아니면 자기가 산 동네를 마음속에 그려야 할지 자신도 결정짓기 어렵기 때문일 것이다. 그래서 하는 말이지만, 최근 들어 고향 없는 사람들이 늘어나고 있다. 내 자식들만 해도 고향이 어디냐고 물으면 시큰둥한 반응이고 우리 세대들이 갖고 있는 고향에 대한 애틋한 정이 없다. 1980년대 후 도시화가 급속하게 진행되고 있으니 고향을 상실한 세대들도 그에 따라 빠르게 늘어나고 있다.

고향의 본원은 사실 따지고 보면 우리들의 어머니다. 어머니가 겪고 생활한 그 체험이 어떤 형태로든 남아 있지 않을 수 없다. 아버지의 고향도 물론 그에게 중요하다. 그에게 문제가 생기면 아버지의 고향을 묻는 것도 그 때문이다. 그의 명예도 훼욕도 아버지의 고향과 함께 가는 경우도 많다. 그러나 그것은 이성적인 측면, 혹은 사회적인 측면에서 그러하다. 어머니와 연관되는 고향은 본능적이거나 무의식적이다.

고향을 찾는 행위는 종교와도 밀접한 연관을 갖고 있다. 거의 모든 종교는 그 근원지를 찾아가는 행위, 즉 순례의 길을 권장한다. 권장한다기보다 신자들 스스로 순례의 길을 떠나기를 즐겨한다. 신라의 승려 혜초가 그 같은 위험과 고초를 무릅쓰고 멀고도 먼 순례의 길을 떠난 이유도 거기에 있다. 신자에게는 종교의 발상지를 향해 순례의 길을 떠나는 것은 그의 정신적 고향을 찾아가는 것이다.

나는 고향을 생각할 때마다 그곳에는 어머니가 살아계신다. 잔잔한 음성으로 타이르시기도 하고 옛얘기를 들려주실 때도 있다. 낙동강 가에서 지앙담을 바라보며 소지燒紙하는 모습을 볼 때도 있다. 아들이 훌륭하게 자랄 수 있도록 기도하고 있는 것이다. 어머니는 불교 신자였지만 우리 주위를 둘러싸고 있는 모든 자연을 경외하는 신앙을 갖고 있었다. 초승달에게도 빌고, 바위에게도 빌고, 거목에게도 빌었다.

어머니는 나를 낳기 위해 한겨울에 얼음을 깨고 강물에 들어가 목욕재계하고 당신이 다니시던 그 절로 밤을 새워 걸어서 부처님께 기도하셨다고 했다. 밤을 새우며 절을 하고 났더니 버선 앞 코가 다 날아갔다고도 하셨다. 그처럼 정성을 다해 나를 낳으시고 기르셨지만 어머니에게 이렇다 할 호강도 해 드리지 못했다. 후회스럽지만 어쩔 수 없는 일이다. 모두 지난 일이니.

'나의 살던 고향'은 낙동강이 굽어 도는 강변이다. 그곳에는 모래밭을 기어다니며 흙을 먹고 놀던 내 어릴 때의 모습이 있고, 발가벗고 강물에서 개헤엄을 치던 초등학생 때의 내 모습이 있고, 스케이트를 서투르게 타다가 엉덩방아를 찧던 중학생 때의 모습이 있고, 억새 숲을 헤치며 혼자만의 꿈에 취해 걷던 고등학생 때의 모습이 있다. 고향이 어디냐고 묻는 사람에게 나는 그저 남지라고 대답한다. 그러나 그 순간 내 마음에서 피어나는 그 수많은 얘기를 다할 수는 없다. 강변의 모래가 수없는 보석이 되어 반짝이듯이 고향은 내게 애틋한 그리움이 되어 모래알처럼 사각거리는 소리를 낸다.

(2008. 10.)

봄처녀

새쭉 웃고는 분홍 스카프를 나풀거리며 들녘 저쪽으로 빠른 걸음으로 가버린다. 향긋한 냄새가 코끝으로 스며온다. 나는 그녀가 간 곳을 아쉬운 듯이 아득히 바라본다. 그곳에는 아지랑이가 아련하게 피어난다. 아득히, 아득히……. 이미 그녀는 이미 보이지 아니한다. 하늘에는 뭉게구름이 가슴 뭉클하게 피어 있다. 그녀가 떠나간 그 자리에 노고지리가 지지배배 울고 있다. 아니다. 노래하고 있다. 높은음자리를 그리며 그녀가 간 곳을 알려주고 있는 거겠지.

나는 들녘 풀밭 한곳을 찾아 팔베개를 하고 눕는다. 그녀가 남겨주고 간 그 향기를 즐기며 온갖 상상에 빠진다. 그녀의 나이는 열여섯 살, 이팔청춘이라는 춘향이의 나이와 같다. 아니, 아니, 열여섯 살은 너무 어리다. 열일곱, 열여덟, 열아홉……. 춘향이의 시절로부터 이백 년도 더 지났으니까, 열아홉이면 적당하다. 그렇지. 내 나이가 스물이니까, 요즘 애들이 잘 쓰는 '오빠'라는 말을 듣기 위해서는 적어도 내가 한 살 더 많아야겠지.

그녀는 언제나 겨드랑이에 스케치북을 끼고 다닌다. 언제 어디서나 마음에 드는 풍경을 스케치하기 위해서다. 이따금 스케치북을 던져두고 나직하게 노래를 부를 때도 있다. 노래 소리를 듣고 그 근원을 찾아가 보면 그녀는 이미 그곳을 떠나고 없다. 지지배배 노고지리가 그녀의 노래를 대신할 뿐.

그녀는 그림 그리기에 싫증이 나면 책을 읽기 시작한다. 그러나 그 책에 몰입하지는 않는다. 몇 줄 읽고는 먼 하늘을 바라보며 상상의 날개를 펴고 있는 듯이 보인다. 아무 말도 않고 그녀의 옆에 가서 가만히 눕고 싶다. 그녀가 바라보고 있는 하늘 저쪽의 어느 곳을 바라보고 싶다. 하지만 내가 다가가는 기색이 보이면 그녀는 어느새 저쪽으로 사라진다. 달콤하고 아련한 향기만 남기면서.

50여 년 전이다. 나 혼자 봄 향기에 취해 들녘을 걷고 있을 때 순이라는 소녀를 만났다. 이전에는 만나도 눈인사만 하고 아는 척 마는 척 했다. 그런데 그날은 어쩐 일인지 내 이름을 부르며 반가운 표정을 지었다. 그녀도 혼자 산책하다가 나를 만나니 반가웠던 모양이었다. 우리는 그날 참 많은 얘기를 나누었다. 젊을 때는 때로 환희작약하기도 하지만 앞날의 불확실성 때문에 극도의 불안감에 사로잡히기도 한다. 얘기를 할수록 그녀의 섬세한 감정은 예사롭지 않다는 것을 깨달았다. 생각도 깊었다. 그녀와 다시 만날 방도를 마련하지 못했다. 꼭 한번 만나고 싶었지만 지금껏 만나보지 못했다. 나는 곧 서울로 가고 그녀는 지방에 남아 있었기 때문이다. 몇 년 후 그녀의 소식을 알아보았지만 그녀 역시 서울로 가고 없었다. 지금 생각하면 단 한 번의 데이트로 그녀를 찾기가 쑥스러웠던 같다.

몇 년 후 우연한 기회로 숙을 만나 들판으로 산책을 나갔던 적이 있었다. 중학교밖에 나오지 않았던 그녀는 말수가 적었다. 내가 물으면, 네, 아니오,

라고만 대답했다. 그러나 그녀의 눈은 언제나 많은 말을 하고 있었다. 전화도 없던 시절이라 내가 그녀와 산책하고 싶으면, 그녀의 집 앞에 가서 울타리 판자를 똑 똑 똑 하고 세 번 두드렸다. 그녀는 생글생글 웃으며 금방 나타났다. 아무 말도 하지 않고 나는 앞장서 걷는다. 그녀는 말없이 내 뒤를 따라온다. 한번도 우리는 팔짱을 끼거나 손을 잡아본 적이 없다. 그녀와의 데이트는 주로 내가 귀성한 방학 중이었다. 아직도 우리는 결혼 같은 것을 생각해 볼 처지가 아니었다. 우리의 데이트가 동네의 입소문에 얹히기 시작했다. 그녀의 언니는 그 소문 때문에 상당히 난처한 입장에 있었다. 그 동생마저 입소문에 오르면 예삿일이 아니다. 어물쩡하게 그냥 그대로 지속하면 그녀에게 큰 상처를 줄 것 같은 생각이 들었다. 나는 판자 울타리 두드리는 것을 그만두고 말았다.

그 후 대학 시절에 수를 만났다. 우연히 한 집에 세를 들어 자취를 하면서 알게 되었다. 어느 날 우리는 덕수궁의 국화전시를 함께 간 적이 있다. 나이는 나보다 두 살 아래였지만 친구 같았다. 그런 일은 이따금 있었다. 누가 먼저 제의해서 가게 되었는지는 기억에 없다. 친구도 아니고, 애인도 아닌 그런 사이로 우리는 이따금 만났지만 만나는 것이 즐겁지 아니한 것은 아니었다. 가장 오랜 기간을 그런 애매한 사이의 친구라고 할 수 있다. 문득 생각하니 당시 당장 결혼할 처지도 아닌데 나 때문에 그녀의 결혼을 자꾸 지체시키는 것이 아닌가 하는 생각이 들었다. 이렇게 우물쭈물 세월을 보낼 바에야 그녀를 나로부터 완전히 자유롭게 하는 것이 좋겠다는 생각이 들었다. 나는 가슴이 쓰렸지만 단호하게 말했다. 이제 더 우리 만나지 말자고. 그녀는 속으로 울었는지 모른다. 그러나 웃으면서 나의 제의를 받아들였다. 결혼하려면 여성에게도 알지 못하는 두려움이 있듯이 남자에게도 그런 것이 있었던 모양이다. 특히 애매한 사이로 사귀는 이성에게 있어서는.

아직도 동장군이 기승을 부리고 있지만 입춘을 지나고 나니 봄기운이 조금씩 다가오고 있는 것 같다. 내 기분은 스무 살 그때 그대로지만, 내 몸을 덮고 있는 겉의 모습은 고희를 지난 늙은이란다. 아직도 나는 젊다. 그렇게 자꾸 외치고 싶다. 아무리 아무리 외쳐도 들어주는 사람이 없다. 메아리도 없는 고함高喊을 쳐보지만 변하는 것은 아무것도 없다. 저 뭉게구름 아래로 봄처녀는 샐쭉 웃으며 걸어가고 있다. 향긋한 냄새를 풍기며 종종걸음으로 걸어가고 있다. 봄처녀 아가씨! 하고 나는 나지막하게 불러본다. 대답 대신 그녀는 샐쭉 웃는다. 나의 이 뜨거운 가슴을 아시겠어요. 그녀는 역시 말없이 샐쭉 웃고는 아득한 지평선 너머로 종종걸음치며 사라진다.

(2009. 2. 14.)

바람

그는 나를 손짓하며 부르고 있다. 무슨 말인지 알아들을 수가 없다. 좀 더 가까이, 좀 더 가까이. 그의 곁으로 다가간다. 그는 휘익 소리를 내며 지나가 버린다. 그의 모습은 어디에도 보이지 아니한다.

문득 쳐다보니 나뭇가지를 흔들며 내게 속삭이고 있다. 꽃향기를 싣고 와서는 나를 달뜨게도 한다. 내 옆으로 바싹 다가서서는 달콤한 말로 속삭이기도 하고 이것저것 투정을 부리기도 한다. 바람이여! 너는 대체 어디서 오는가. 무엇을 말하려고 내 곁을 떠나지 않는가.

산길을 가면 산길을 따라, 들길을 가면 들길을 따라 내 곁을 떠나지 않는다. 이따금 휘익 하고 앞서 가기도 하고, 때로는 뒤처지기도 한다. 들릴 듯 말 듯 속삭이는 너의 마음을 나는 안다. 아지랑이와 더불어 노닥거리면서 하늘 저 멀리 아득한 곳을 가리킨다. 나는 알았다는 듯이 고개를 끄덕이며 그가 가리키는 곳을 바라본다.

계절은 너의 다정한 친구. 보이지 않는 너의 모습을 알리는 소리. 세찬 바람을 몰고 오는 겨울이 되면 너는 나의 마음을 꽁꽁 얼게 한다. 두꺼운 외투 속에서 네가 휩쓸고 지나가는 그 황량한 골목길을 바라본다. 그러나 봄이 오면 언제 그랬느냐는 듯이 따스한 웃음을 보내며 내게 다가온다. 그러다가도 무슨 심사인지 쌩 하고 너의 뒷모습을 보이며 저쪽으로 달아난다. 다시는 내게 오지도 않을 듯이. 그러나 어느새 내 옆에 다가서서 뜨거운 숨을 내뿜는다. 나는 더워 죽겠다는 듯이 웃통을 벗어 던지고 손으로 부채를 만들어 내젓는다. 너는 어느새 내게 다가와 넓적한 부채가 되어 땀에 젖은 나의 등짝을 서늘한 손으로 토닥인다.

네가 다녀가는 곳은 언제나 마음이 일렁인다. 어느 시인은 나를 키운 것은 팔 할이 바람이었다고 했지만, 나는 바람 속에 살고, 바람 속에 생각하고 바람 속에 늙어간다.

바람 속에 흔들리면서 나의 삶을 지탱해 온 너에게 나는 무슨 말을 해야 할까. 너는 내게 쉼 없이 속삭이지만 나는 할 말이 너무 많아 차라리 가만히 있어야겠다.

바람아! 바람아! 내 안팎으로 일렁이는 바람아! 너는 나의 친구, 나의 연인, 내 생명의 원천.

(2009. 3. 15.)

나의 행운, 나의 불운, 그리고

최근에 나는 컴퓨터에 저장한 파일을 날리고 한참 동안 스스로를 탓한 일이 있다. 필요한 자료는 메모레트에 저장해 두었거니 생각했는데 그것이 아니었던 모양이다. 잘 알지도 못하면서 윈도우 프로그램을 다시 깐 것이 문제였다. 그것도 성공하지 못하고 결국 컴퓨터 기사를 불러서 다시 깔게 되었지만 날아간 파일은 영영 복구할 길이 없다. 저장해 두었다고 생각한 파일을 다시 조사해 보니 절반도 담겨 있지 않았다. 언젠가 다 모이면 책으로 낼까 생각하고 있던 참인데 허사가 된 듯해서 난감하기 이를 데 없었다. 잡지에 실었던 원고는 그 출판사에 전화를 해서 다시 내게 보내 주도록 부탁을 했지만 수고도 수고지만 아주 귀찮은 일이다. 어째서 이런 실수를 자주 저지르는가 싶어 내가 한탄스럽다. 물론 보내지 못한 원고는 영원히 날아가 버렸지만.

살아오는 동안 이번과 같은 일을 한두 번 저지른 것이 아니다. 그래서 아내는 내가 하는 일은 도대체 믿지 못한다고 말한다. 사소한 일은 그냥저냥 넘어가 버리지만 내 삶을 통째로 바꾸어 버릴 수도 있는 실수를 한 일도 더러 있었다. 다행히 그 실수가 큰일을 내지 않아서 비교적 평탄한 삶을 살아온 셈이다. 가끔 지난 일을 뒤돌아보면서 그 실수가 불행 쪽으로 굴렀다면 어떻게 되었을까 하고 상상해 본다.

고등학교 때의 일이다. 하교 길에 우연히 버스 조수 노릇을 하고 있는 어린 시절의 고향 친구를 만났다. 나를 보자 반갑다고 하면서 자기가 조수로 있는 차가 곧 떠날 테니 함께 가자고 했다. 버스비를 내지 않고 탈 수 있다는 바람에 얼씨구나 좋다 하고 탄 것이다. 당시 나의 하숙집은 구마산이고 학교는 신마산이기 때문에 매일 30분쯤 걸어서 다니는 길이었다. 버스에 오르니 아무도 없었다. 그곳이 아마 회차 지점이었던 모양이다. 운전수는 잠깐 쉬러 나갔고, 친구는 버스 주위를 돌아보고 있는 중이었다. 운전석 옆에 앉아 있던 내가 아무 생각 없이 잠가둔 브레이크를 풀어 버렸다. 버스가 앞으로 슬슬 굴러가기 시작했다. 이거 큰일 났구나 생각하면서도 어떻게 해야 버스를 세울지 몰라 발만 동동 구르고 있었다. 차가 앞으로 굴러가고 있는 것을 본 운전수가 재빨리 차에 올라 제동을 걸었다. 차는 멈추어 섰고 다행히 별일은 없었다. 운전수가 눈알을 부라리며 나에게 호통을 쳤지만 나는 입도 뻥긋하지 못했다. 하마터면 큰일을 저지를 뻔했다. 나는 그저 위기를 모면했다는 안도의 숨만 쉬고 있었다. 그때 그 차 앞에 지나가는 사람이라도 있어서 치었다면 어떻게 되었을까. 훗날 상상만 해도 온몸이 오싹해 오는 것을 느낀다.

그 무렵의 일로 또 하나 생각나는 것이 있다. 하숙을 옮겼는데 밖에서 누가 찾는다는 것이다. 나가 보니 나와 같은 학교의 제복을 입은 학생이 서 있었다. 나는 일학년인데 그는 이학년이라고 했다. 대뜸 나의 볼을 한 대 쥐어박았다. 이유인즉 자기가 들어오기로 한 방에 내가 먼저 들어왔다는 것이다. 하숙 주인이 말을 해 주지 아니했으니 누가 들어오기로 한 것인지 내가 알 턱이 없었다. 그를 피해서 안으로 들어와서는 곧 짐을 챙겨서 다른 하숙으로 옮겼다. 마침 비어 있는 하숙집을 친구가 알고 있어서 거리에서 자는 신세는 면할 수 있었다.

다음날 어떻게 알아냈는지 그 상급생은 내 반으로 찾아왔다. 나를 끌고 으슥한 곳으로 데리고 가서 때릴 작정인 모양이었다. 당시 상급생이라면 하늘과 같은 존재였다. 그 전날 다시 그런 일이 있을지도 모른다는 생각으로 나는 품속에 칼을 하나 품고 있었다. 아무리 상급생이라고 해도 내게 손을 대는 일이 있으면 그냥 두지 않겠다는 생각이었다. 그가 주먹을 막 휘두르려고 하는 찰나에 수업종이 쳤다. 다음 시간에 다시 보자면서 나를 남겨 놓고 그는 돌아갔다. 그때 만약 나에게 손찌검이라도 했더라면 지체하지 않고 나는 아마 준비해 간 칼로 그를 찔렀을 것이다. 그 다음이 어떻게 되었을까를 생각하면 지금도 아찔하다. 그 후 아는 삼학년 상급생에게 부탁해서 그가 더 이상 나를 괴롭히지 못하도록 했다. 녀석은 낙제를 해서 다음 해 하필이면 내 반에 들어왔다. 공부 못하는 콤플렉스를 하급생 괴롭히는 것으로 해소하려 드는 불량 학생이었던 모양이다.

두 번 다 큰일을 저지를 뻔했지만, 무사히 넘겼던 것은 불행이 나를 비켜갔던 것으로 생각된다. 순간의 실수로 불행의 늪에 빠져 헤매는 사람들은 얼마나 많은가. 지금 일흔을 넘기고도 큰 불행을 당하지 않고 편안히 살고 있는 것은 큰 불운은 나를 비켜갔던 것이 아닐까 하는 생각이 든다. 내 삶을 뒤돌아보면 전혀 다른 길을 걸어갈 뻔한 일도 있었다. 잘된 일인지 잘못된 일인지 신만이 알고 있겠지만 나는 워낙 낙천적인 성격이라 잘된 일이라고 치부하고 싶다. 다만 최선을 다해서 살지 못했다는 후회감은 있다. 모든 일은 운 반 노력 반으로 이루어진다고 생각하는 편이지만, 그래도 내게 있어서는 능력보다 운 쪽이 나를 돕지 않았나 생각한다.

이승만 대통령 시절 교통부 장관을 지낸 박술음 씨가 어린 시절을 회상하면서 쓴 글을 보고 한참 웃었던 일이 있다. 아주 어렸을 때는 장차 커서 마부馬夫가 되겠다고 생각했다는 것이다. 큰 말을 마음대로 부리고 있는 마부가 훌륭해 보여서 그런 마음을 가졌다는 것이다. 좀 더 자랐을 때는 제복을 입은 순경이 되고 싶었다고 했다. 그렇게 우러러 보이던 마부가 순경에게 쩔쩔매고 있는 광경을 보고는 마부에서 순경 쪽으로 마음을 바꾸었다고 했다. 뒤에 그는 중고등학교 영어 교사를 거쳐 대학 교수가 되고 학장이 되었다가 교통부 장관까지 되었으니 그의 꿈은 천 퍼센트도 넘게 더 달성된 셈이다. 당시는 그의 솔직한 고백보다는 그의 소박한 소년 시절의 꿈이 우스웠던 것이다.

대학을 졸업할 무렵 나는 영화감독이 되겠다는 엉뚱한 생각을 잠깐 가졌던 적이 있다. 구체적인 계획을 세운 것은 아니지만 국어 교사를 하는 것보다는 그쪽이 더 매력이 있어 보였다. 유명한 감독 밑으로 들어가 조감독을 몇 년 하고 나서 명화를 한 편 만든다면 나도 유명한 감독이 되겠지 하는 막연한 꿈을 꾸고 있었다. 그 결행의 날을 언제로 잡을까 하고 가늠하고 있을 때 꽤 유명한 영화감독 한 분이 목을 매고 죽었다는 기사를 보았다. 빚에 쪼들려 그렇게 되었다는 것이다. 지금도 사직공원을 지나칠 때는 목을 매서 죽은 그 감독 생각이 난다. 당시 한국의 영화계가 그만큼 열악한 시절이었다. 금방 용기가 꺾였다. 무엇보다 고향에서 나만 바라보고 계신 어머님 얼굴이 떠올랐다.

이때 잠깐 가졌던 그 꿈이 무의식으로 남아 내 자식에게 전이되었는지 두 딸이 한때는 영화를 만든다고 설쳐댔던 일이 있다. 재학 중에 영화 동아리에 들어가서 단편영화를 만든다고 야단법석을 떨었다. 장차 영화감독이 되겠다는 것이다. 제법 맹렬한 기세로 동아리패들과 어울려 다니며 영화 외에는 다른 쪽은 볼 생각도 아니했다. 사회학과를 졸업한 큰딸은 시카고 대학원으로 유학을 가서 사회학으로 석사를 하고는 다시 뉴욕대학의 영화학과로 전공을 바꾸어서 공부했다. 몇 편의 다큐멘터리를 제작해서 부산 영화제에 출품하기도 하더니 능력의 한계를 깨달았는지, 전공을 계속하기에는 경제적 사정이 따라주지 못해서인지 지금은 그 꿈을 접고 다른 일을 하고 있다. 막내딸도 재학 중에 몇 편의 단편영화를 찍어서 아마추어 영화제에 출품도 하더니만 영문과에서 국문학과로 전공을 바꾸어 지금은 박사과정을 밟고 있다. 그래도 그 꿈을 영 접지는 아니했는지 영화 평론으로 등단해서 시네마 잡지에 자주 기고하고 있다.

지금 생각하면 내가 그 방면으로 가지 않았던 것이 천만다행으로 생각한다. 아무리 생각해도 내게는 영화감독이 될 소양이 없는 것으로 판단된다. 재능은 생각하지 않고 젊은 시절 잠시 가져 보았던 호기라고 할까. 그쪽으로 갔더라면 아등바등 고생만 하다가 결국 실업자 신세만 되었을 것이라는 생각이 든다.

다 알다시피 이승만 정권 시절에는 가능한 한 군에 가지 않으려고 노력했다. 나도 그런 사람 중의 하나였다. 대학 4학년이 되었을 때 나는 군 징집영장을 받았다. 막상 받고 보니 다른 생각할 겨를도 없이 군을 다녀와야 되겠다는 생각이 굳어졌다. 피해갈 요령도 내게는 없었지만, 평생 범법자가 된다는 것은 생각만 해도 끔찍했다. 당시 나는 대학 재학 중이지만 아르바이트로 야간 중학교 강사를 하고 있었다. 징집영장을 받고는 보따리를 싸서 귀향했다. 야간학교 교감 선생에게도 하직 인사를 하고 자취를 하고 있었던 주인집에도 하직 인사를 했다. 그런데 막상 귀향해서 보니 군에 가지 않아도 된다면서 어머니는 의가사제대증을 내게 내밀었다. 너는 병역을 필한 것이니까 즉

시 서울로 도로 올라가라는 것이다. 나는 그 말을 반신반의하면서도 군에 가지 않아도 된다는 말이 좋아서 다시 서울로 올라왔다. 졸업 후 그 제대증으로 고등학교 교사로 취직도 했다. 교사 생활 1년 정도 했을 때 5 · 16 군사혁명이 일어났다. 혁명 정부는 병역 미필자를 엄히 다스렸다. 불심검문에 걸려 병역을 기피한 사실이 발견되면 1년 2개월의 실형을 선고했다는 보도를 보았다. 병역 기피자는 전부 자진 신고하라고 신문에 공고했다.

B 중학교 재직 중인 어느 날이었다. 3층 교실에서 수업을 하면서 내려다보니 순경 한 사람이 교문을 통해서 들어오는 것이 보였다. 누군가 나의 병역기피를 신고해서 나를 잡으러 오는 것으로 생각했다. 수업도중 학생들에게 양해를 구하고 뒤뜰에 가서 숨었다. 순경이 가고 난 뒤에 그 사람이 왜 왔더냐고 물었더니 소방점검을 위해서 온 순경이라는 것이다. 나는 다음날로 자진 신고를 했다. 평생을 이렇게 죄인처럼 살 수 없다고 생각했다.

군에 입대하려고 해도 나와 같은 사람들이 많았는지 지원자가 넘쳐나서 받아줄 수가 없다는 것이다. 언제까지 기다려야 할지 가늠이 서지 않았다. 그때 마침 공군 장교 후보생 시험이 있다고 했다. 응시 원서를 냈는데, 여기도 수십 대 일의 경쟁률을 뚫어야 될 지경이었다. 다행히 합격이 되어 4개월의 후보생 교육을 받고 공군 소위로 임관되었다. 행운이 나를 따랐던 것이다. 그때의 병역 기피 때문에 평생을 기도 못 펴고 산 사람을 나는 여럿 보았다.

임관 후 근무할 특기를 받고 보니 전투 요격기 관제사 특기였다. 이 시점에서 행운과 불운이 나에게 함께 왔다. 교사로 근무한 경력도 있고, 대학원도 수학하고 있었으므로 당연히 교육 특기 받기를 기대하고 있었다. 그렇게 되면 사관학교 교관으로 배치되어 대학원을 그대로 계속할 수 있고, 서울서 어머니와 함께 생활할 수도 있었다. 이전에 나갔던 야간 중학교 강사 자리도 부탁해 두었다. 교장 선생님은 서울서 출근할 수 있다면 언제든지 와도 좋다고 했다. 나의 행운은 거의 실현될 뻔하였다. 그러나 내가 바라던 대로의 군 생활은 진행되지 않았다. 나의 불운을 잠시 한탄했다.

관제사 특기는 내 적성에도 맞지 않을 뿐 아니라, 쉽트 근무인지라, 나의 위장병을 더욱 악화시켰던 것이다. 다른 친구들과는 달리 밤 근무를 하기도 했고, 새벽에 일찍 나가기도 했다. 주일 중에 일하고 주말에 쉬는 그런 근무가 아니었다. 따라서 잠도 일정한 시간에 잘 수 없고, 식사도 일정한 시간에 할 수 없었다. 지금도 배가 아파 밤중에 수차례 깨어서 몽유병 환자처럼 돌아다니는 경우가 많은데 확실치는 않지만 그때 얻은 병이 아닌가 생각한다.

나의 군 근무 초기에는 나의 불운에 불만이 가득 쌓여 제대로 특기 교육을 받을 기분이 아니었다. 교관의 말을 항상 담 너머로 들으며, 충실한 교육에 임하지 않았다. 요격기 관제사 교육은 다른 특기와는 달리 거의 일 년 간 받아야 제대로 독립적인 근무를 할 수 있는데, 평택에서 현장 교육을 받을 때도 불성실하게 임했기 때문에 교관으로부터 수차 주의를 들었다. 그 특기를 받은 것을 당시로서는 큰 불운으로 생각했다. 그러나 후에 오히려 행운이었다고 말할 수 있을지도 모르겠다. 내가 미국 유학을 한 것도 그 때문이라고 생각되기 때문이다. 군 근무는 내가 풀브라이트 장학금을 받을 수 있었던 것에 분명히 도움을 준 셈이다.

전투요격기 관제사는 항공기와 통화할 때 영어로 된 코드를 써야 했다. 또 미군들과 합동으로 근무할 경우가 많기 때문에 아무래도 영어를 자주 쓸 기회가 있었다. 내 첫 발령지는 경북 포항이었는데, 친구와 의논해서 제주도로 바꾸었다. 어차피 서울과 떨어지기는 마찬가진데 기왕이면 제주도에서 낭만적인 섬 생활을 즐기자는 생각이 들어서였다. 다행히 근무할 때 미군 장교들과 어울릴 기회가 많았다. 미군들도 사병들과 어울려 놀 수 없으므로 근무 시간 외에는 한국 장교들과 잘 어울려 놀았다. 제대 후 전북대학교에서 근무할 때 평화봉사단원들과 친목 클럽을 만들었던 것도 그 연장선상에서 보아야 할 것이다.

내가 풀브라이트 장학금을 받아 워싱턴 대학에서 비교문학으로 박사과정을 이수한 것을 행운이라면 행운이랄 수 있다. 그러나 그것이 내게 있어서 반드시 행운만이라고만 볼 수 없는 일면도 있다. 왜냐하면 4년간이나 미국에서 영어 공부를 하느라고 골머리를 싸맨 것이 반드시 내게 도움이 되었던가 하는 의심이 들 때도 있기 때문이다. 어쨌거나 내 돈 들이지 않고(그 시절은 미국을 가기가 쉽지 않았다.) 미국 구경을 할 수 있었던 것은 행운 아닌가.

며칠 전 L교수의 차를 타고 오다가 들었던 말이 생각난다. "별로 한 일도 없이 세월만 가버렸어. 허무하군." "한 일이 없다니요. 그렇게 많은 일을 하고도 그런 말씀을 하세요." 사실 L교수만큼 업적을 남긴 사람도 드물다. 수백 권의 저술을 했고, 그 중에 베스트셀러가 된 책이 많다. 또 한일 간을 오가며 수천 번도 넘는 강연을 했고, 나라의 큰일을 맡아 여러 차례 성공을 거두었으며, 장관의 관직까지 오르지 않았는가. "당대에 누구도 따라할 수 없을 만큼 많은 일을 하고도 그런 말을 해요?" 했더니, "무슨 대단한 일을 했다고……." 그의 겸손이겠지만 그렇다고 해서 결코 허무감에서 벗어날 수는 없는 모양이다. 최근에 이분이 기독교 세례를 받았다고 해서 화제가 되기도 했지만 사람이면 누구나 겪어야 하는 바로 이 허무감 때문이 아닐까. 아무것도 이루어 놓은 것이 없는 나야말로 이따금 말로 표현할 수 없는 허무감에 사로잡힐 때가 있다.

나는 낙천적인 사람이다. 남도 그렇게 말하지만 나 스스로도 그렇게 생각한다. 사람과 어울리기를 좋아하고 웬만한 일로는 다투지도 않는다. 그래서 가는 곳마다 친구들이 많다. 바로 그 점이 아내에게는 불만인 모양이다. 살아오는 동안 아내와는 다툼이 참 많았다. 성격이 맞지 않아서 그럴 수도 있고,

내가 무성의해서 그럴 수도 있다. 아내는 때때로 내가 보기 싫어서 눈앞에서 사라졌으면 하는 생각이 들 때도 있는 모양이다. 제자들이나 친구들로부터 많은 사랑을 받고 있는 것조차 보기 싫은 모양이다. 그러나 어쩔 것인가. 한 사람에게 좋게 보이지 않는다고 해서 낙담할 필요는 없는 것 아닌가. 하긴 그 한 사람이 다른 어떤 사람보다 중요하지만.

그러나 어떻게 말해도 나는 행복한 사람이다. 하마터면 연금을 받지 못할 뻔했던 일이 있다. 전북대학교에서 서울로 올라올 때 거처를 마련하기 위해서 퇴직금을 다 쓰고는 연금을 잇지 못했다. 10년이 지나도록 그대로 있다 보니 퇴직해도 연금을 받지 못할 형편이었다. 그런데 그때 행운의 사람이 나에게 전화를 걸어 왔다. 중단된 연금을 이으라고 강력히 권장한 사람이었다. 10년 동안 중단한 연금을 다시 이으려니 그 간의 이자를 합쳐 엄청나게 불어나 있었다. 늙어서 생활에 쪼들리기 싫다고 아내조차 연금 잇기를 적극 반대했다. 그래도 연금이 없는 정년 후를 생각하니 막막하기만 했다. 어려웠지만 갚기 시작했다. 지금 생각하면 여간 다행한 일이 아니다. 만약 그때 포기했더라면 지금의 내 생활은 어떻게 되었을까. 생각만 해도 끔찍하다. 연금을 받고 있으니까 생활비 걱정은 아니해도 된다. 자질구레한 근심이야 없을까마는 대범하게 보면 그저 웃고 넘길 일이다. 나와 테니스를 치면서 친해진 J씨는 술이 거나해지면 이렇게 중얼거린다. "우리가 이렇게 행복해도 되는 거예요, 김 교수님!" 스스로 행복을 확인하는 소리다. 그는 독실한 기독교인이기 때문에 믿는 구석이 있어서 그렇게 말할 수도 있다. 나도 맞장구를 친다. 하지만 마음 한 구석에서 밀려오는 허무감은 어쩔 수 없다. 아직도 세상사에 너무나 많은 미련을 갖고 있기 때문일까.

가끔 허무감을 떨쳐 버리기 위하여 산사에 들어가 도道를 좀 닦아볼까도 생각한다. 하지만 독하게 앉아 수도할 만큼 맹렬한 성격을 갖지 못하고 있는 자신을 잘 안다. 고행苦行을 하면서 돈오각지頓悟覺知할 자질도 못 되지만 사랑하는 가족, 친구, 제자들을 다 떨치고 혼자 앉아서 청승을 떨 자신도 없다. 그렇다고 주 예수에 의지해서 천국 가기를 갈망하지도 않는다. 천국이 믿기지도 않지만 그가 천지만물을 창조한 창조주의 아들이라는 믿음이 가지 않기 때문이다. 그는 인생의 허무감을 극복하기 위해서 온갖 고난을 겪고 그 극복 방법을 설파한 인간 예수로 보이기 때문이다. 역사상 위대한 일을 이룩한 많은 사람들이 성경을 믿고 따랐던 것을 나는 안다. 하지만 그들처럼 믿지 못하는 나 자신이 다만 안타까울 뿐이다.

불운보다 행운이 내 살아온 인생에서 더 많다는 것을 나는 인정한다. 나의 재능, 나의 노력보다 행운이 가져다 준 몫이 더 많다. 내 인생을 이만큼이나마 살게 한 나의 행운에게 감사를 표한다. 이에 더 무엇을 바란다는 말이냐 하는 말을 자신에게 다짐처럼 되뇌지만, 그렇다고 해서 밀려오는 이 허무감을 떨쳐버릴 수는 없다.

(2010. 1. 15.)

신창미션힐

신창미션힐에 와서 산 지 어언 5년이 되어 간다. 일산에서 용인으로 이사를 왔으니, 같은 경기도이긴 하지만 서울을 세로로 질러 북단에서 남단으로 내려온 셈이다. 승용차로 달려와도 두 시간 정도 걸리는 거리니, 가까운 지방 도시에서 오는 거리보다 오히려 멀다. 옛날 같으면 봇짐 싸들고 하루 종일 걸어와야 할 먼 길이다. 그래도 지방 도시의 사람이 어디에 사느냐고 물으면 서울 산다고 말해 버린다. 서울서 사는 친구들도 아예 서울에 사는 것으로 간주해서 서울에서 주로 모임을 가진다.

신창미션힐이라는 이름을 붙인 내력이 있단다. 건축주의 어머니가 독실한 기독교 신자여서 그 어머니의 원에 따라 이런 이름을 붙이게 되었다고 한다. 신창(信昌)이란 말도 '믿음이 창성하라.'는 뜻을 갖고 있지마는 '미션힐'도 기독교적인 함의가 충분히 담겨져 있는 것 같다. 아파트에 입주하는 사람이야 그 이름 보고 들어오는 것이 아니라, 돈과 건축회사의 브랜드를 보고 들어온다. 나의 딸들은 이왕이면 현대나 삼성 같은 브랜드가 좋은 아파트로 이사를 갈 것이지, 이름도 잘 알려져 있지 않은 그런 아파트를 선택했느냐고 시큰둥하게 말한다.

사실 용인의 아파트로 이사를 올 줄은 생각지도 못한 일이다. 처제네가 이곳에 산다고 해서 몇 번 벼르다가 한번 방문한 것이 계기가 되어 이리로 이사를 온 것이다. 일산에 살 때는 그곳이 좋구나 하고 살았는데 이곳을 한 번 보고 난 뒤에는 마음이 바뀌어 버렸다. 우리가 살았던 곳은 신도시도 아닌 구일산이었다. 이웃이 좀 허술하긴 했지만, 그런대로 살 만했다. 우선 동네를 한 바퀴 도는 산책로가 그런대로 괜찮았기 때문이었다. 그러나 그 허술한 재래식 가옥들이 헐리고 아파트가 들어서기 시작하더니, 산책할 곳이 없어져 버렸다. 일산 신도시와는 철길 하나 차이지만 그 분위가 전혀 달랐다. 일산신도시는 처음부터 계획해서 지은 도시라 여러 가지 편의시설이 잘 되어 있었다. 우선 산책로가 반듯하게 잘되어 있어서 아침저녁 산책하기가 좋아보였다. 그러나 구일산의 이 아파트들은 세멋대로 들어선 것들이라 그저 어지러울 뿐이었다. 차로 10분이면 호숫가로 가서 멋진 산책을 즐길 수 있지만 가벼운 차림으로 쉽게 걸어 다닐 곳은 없었다.

아내나 나나 이재理財에는 밝지 못해서 아파트에 산 지 10년이 넘었건만 어떤 아파트를 사야 값이 오르는지 잘 모르는 편이다. 그저 아이들이 커 가면서 공간이 좁아 불편하면 조금 넓은 아파트로 이사를 가야지 하는 생각뿐이었다. 잠실의 아파트를 팔고 일산의 아파트로 이사를 한 것은 결과적으로 손해를 본 셈이다. 왜냐하면 잠실의 아파트는 값이 폭등한 데 비하여 일산의 아파트는 거의 오르지 않았기 때문이다. 한국에서 일반인이 돈을 버는 요령은 대개 아파트를 잘 분양받거나 옮겨서 이룬다고 한다. 그렇지만 우리는 그 흐름을 역행한 셈이 되었다.

어쨌든 처제네가 살고 있는 민속촌 마을로 이사를 왔다. 서울에 나다니는 것이 멀어서 문제이긴 하지만 우리가 살기에는 그럭저럭 마음에 드는 곳이다. 남으로 조그마한 야산이 있어 그야말로 등산이 아니라 산책으로 자주 오른다. 지난겨울처럼 눈이 너무 많이 왔을 때는 우리 같은 늙은이는 산에 오르는 것이 엄두가 나지 않아 산 밑에 와서는 돌아가곤 했다. 아침저녁 가벼운 산책을 할 수 있는 소로가 있는 곳에 산다는 것은 축복받은 환경이다.

이곳에 이사를 온 내력은 이렇다. 처제네 들렀을 때 이 동네가 얼마나 좋은지 입에 침이 마르도록 칭찬했다. 처제네는 서울서도 살기 좋다는 목동의 큰 아파트에 살았는데 이리로 이사를 온 후 그곳 뜨기를 참 잘했다는 생각을 했다는 것이다. 아내와 나는 동네를 한 바퀴 빙 둘러보고는 근처의 부동산에 들어갔다. 경기가 침체해 있을 때라 아파트의 매물들이 많이 나와 있었다. 대체로 분양가와 비슷하거나 그보다 더 싼 가격이었다. 싸다고는 하지만 우리가 원하는 아파트를 사기에는 돈이 퍽 모자랐다. 은행에서 쉽게 융자를 해준다는 바람에 분에 넘치는 넓은 평수의 아파트를 계약했다. 살고 있는 집이 팔렸을 때 대체로 이사할 집을 구하는 것이 순서인데 우리는 그것을 거꾸로 한 셈이다. 참으로 무모한 짓을 감행한 것이다. 다행히 일산의 아파트가 그리 오래지 않아 팔리게 되어서 큰 어려움 없이 이사를 올 수 있었다.

앨빈 토플러는 현대인을 신유목민(new nomad)라고 부른다. 동물이 먹이를 찾아 헤매듯이 인류의 조상들은 사냥감을 찾아 한 곳에 정착하지 못하고 사는 곳을 자주 옮기며 살았을 때가 있었다. 농경시대에 와서야 한 곳에 정착해서 살기 시작했다. 땅에 뿌린 씨앗이 열매를 맺기까지 기다려야 하고, 다음 해도 그 땅에서 일용할 양식을 얻어야 하기 때문일 것이다. 그러니까 인류의 역사로 보면 유목민 시대는 농경민 시대 이전이라고 할 수 있다. 한국 민족도 북방에서 남방으로 오랜 역사를 통해 이주해 왔다고 대개 이야기한다. 아마 압록강을 건너 한반도에 살기 시작하면서 농경민족으로 완전히 정착하지 않았나 생각된다. 토플러는 현대인을 그 옛날의 유목민과 같은 생활을 하고 있다고 보고 이렇게 불렀다. 땅에 의지해서 사는 것이 아니라 직장을 따라 옮겨 다니는 생활 양상이 마치 유목민의 생활과 같기 때문일 것이다.

인간의 신유목민적 생활은 이미 기계문명과 더불어 시작되었다고 생각된다. 그런 점에서 보면 서구가 동양보다 훨씬 앞서 신유목민 생활을 시작했던 셈이다. 한국도 산업화 사회로 바뀌기 시작하면서 신유목민의 생활로 접어들었다고 생각된다. 땅이 아니라 직장을 따라 옮겨 다니는 것은 미국이나 한국이나 다를 바 없다. 아마 전세계적인 현상일 것이다.

나는 조그마한 소읍에서 태어나서 자랐다. 내 어린 시절만 해도 누구네 집이라면 으레 그곳에 있는 것으로 생각되었다. 여간해서 집을 옮기며 사는 경우가 드물었다. 어쩔 수 없는 사정이 생겨서 부득이 이사하는 경우를 제외하고는 태어난 그곳에서 일생을 산다. 가령 나같이 살던 집을 팔아서 좀더 작은 집으로 이사를 해서 그 차액으로 학비를 마련한 경우가 그러한 예에 속한다.

통계를 보지 않아서 서울 경기 지역의 주민들 몇 퍼센트의 주거 형태가 아파트인지 나는 잘 모른다. 하지만 내가 아는 사람의 대부분이 아파트에 거주하고 있다. 주거 형태로 보면 미국보다 한국이 아파트를 선호하는 셈이고 수량도 많다. 미국에서는 한국의 아파트 같은 것은 셋집에 해당하고 우리가 아파트라고 부르는 것은 콘도미니엄(condominium)이라고 부르고 있다. 주거 형태로서는 그리 많지 않다. 그냥 개인 집이 대부분을 차지하고 있다. 미국도 콘도미니엄이 점점 늘어나는 것을 보면 주거 형태에 있어서는 한국이 미국보다 훨씬 빠르게 변하고 있는 셈이다. 미국과는 달리 한국 같이 좁은 땅에서는 어쩔 수 없이 선택한 주거 형태라고 할 수 있다. 지금도 아파트 생활이 싫어서 시골에 내려가 재래식 주택을 짓고 사는 사람이 더러 있다.

나도 그런 식으로 살았으면 하는 마음이 일기도 하지만 도저히 해낼 자신이 없다. 개인 집에 살면 손볼 일이 많은데 나는 손재주가 없어 그런 일을 잘 못한다. 그것도 그렇지만 도둑이 침입하면 어쩌나 하는 생각, 외딴 곳에 살다가 갑자기 아프면 어쩌나 하는 생각, 우선 집을 비우고 쉽게 나다닐 수도 없다. 이 점에 있어서는 아내가 나보다 아파트를 훨씬 더 선호할 것이다. 그녀는 의심이 많고 무서움을 잘 타기 때문이다.

이제 내 나이 일흔을 넘기고도 수년이 지났다. 사람의 수명이야 어찌 알겠는가마는 저승으로 떠날 시간은 이미 카운트다운이 시작되었다. 이사할 생각만 해도 골이 지끈지끈 아파오지만 이 나이에 더 어디로 옮겨 앉는다는 말인가라는 생각이 든다. 더러 얼굴을 붉히며 다투기도 하지만 테니스장에서 아침마다 만나는 친구들도 내 노후의 빼놓을 수 없는 벗들이다. 5년이나 사귄 그 친구들을 두고 또 어디 가서 새 친구들을 사귄단 말인가.

정년퇴임도 했으니 신유목민이 될 하등의 이유도 없다. 신창미션힐에 살고 있으니, 아파트 건축주 모친의 소원을 음으로 양으로 받아 천국의 좁은 문 앞쯤은 갈 수 있을지 모른다. 기독교의 천국이 과연 어떻게 생겼는지는 모르지만 이왕이면 지옥보다는 천국이 좋지 않겠나. 나는 소박한 자연주의자다. 죽으면 영혼이 있는지 없는지는 모르지만 자연의 품속에서 그저 형태만 바뀐다고 생각한다. 그러니까 자연에서 태어났다가 자연으로 돌아가는 것이 우리들의 삶이라고 생각한다. 골똘히 생각해서 얻은 결론이 아니라 나에게 있어서는 저절로 형성된 생사관이다. 선친도 나와 똑같은 생각을 한 것 같다.

헤아려보니 서울에 와서 이사를 한 것만 해도 여섯 번을 했다. 본의 아니게 신유목민이 된 셈이다. 나이가 들면 다 보수가 된다더니 할 수 없이 보수가 된 셈이다. 신념이 아니라 집을 지키는 보수주의자가 된 셈이다. 더 이상 이사하는 수고로움을 갖고 싶지 않기 때문이다.

최근의 보도에 의하면 74세 때의 행복도가 가장 높다고 한다. 지어낸 말 같지만 영국의 유력한 일간지 텔레그라프에서 보도한 것이다. 이 방면의 전문가들이 오랫동안 연구한 결과에 의해서 나온 것이라 한다. 행복도를 느끼는 근거도 분명히 제시하고 있다. 요컨대 최소한의 생활비만 보장되면 스트레스를 가장 적게 받는 나이라는 것이다.

행복은 마음먹기에 달렸다고 하지만 그런 의미에서의 행복에는 가장 근접하는 말이다. 사실 어떤 것을 행복이라고 말하는지 알기도 어렵거니와 사람마다 느끼는 행복도도 다를 테지만 어쨌든 이런 결과가 나왔다니 듣던 중 반가운 말이다. 지금의 내 나이가 가장 행복한 나이라는 말이다. 설령 늙은이들이 스스로를 위로하기 위하여 지어낸 말이라고 해도 믿지 않는 것보다 믿는 것이 분명히 나의 행복에 기여할 수 있겠다.

행복도가 가장 높은 지금 나는 무엇을 해야 할까. 나이로 치면 석양 무렵이다. 하지만 석양이 곱게 물들고 있는 지평선을 바라보면서 아직도 소년의 마음 그대로인 한 늙은이, 그 소년의 마음을 지니고 있는 한 나는 행복하다. 기독교에서는 전도도 하나의 훌륭한 종교 행위로 보고 있다. 내 말을 누가 믿겠는가마는 이제 행복 전도사나 되어 볼까. 웃음의 전도사도 있으니 행복 전도도 있을 수 있지 않겠는가.

이왕 미션힐에 자리를 잡고 살고 있으니. 뜻은 조금 다르지만 이 아파트를 지은 건축주 어머니의 뜻을 얼마큼은 수행하고 있는 셈이 된다. 종교도 인간을 나름대로 행복하게 하기 위하여 존재하는 것이니까. 남에게 행복하라고 말하려면 내 표정부터 행복한 표정을 짓고 있어야 한다. 아니, 내 마음도 언제나 그렇게 간직해야 한다. 내 말을 남이 비록 귓등으로 듣고 웃어넘기겠지만 적어도 자신에게는 매일 행복하다는 다짐하고 하고 있는 셈이 아닌가.

(2010. 3. 11.)

나의 묘비명

어머니가 살아계실 때 당신이 묻힐 묘지를 걱정하고 계셨다. 30년도 훨씬 더 선이었으니 내 나이 아직도 30대였을 것이다. 미침 그때 전주시에서 공원 묘지를 분양한다는 공고를 내고 있어서 나도 얼마 되지 않은 금액으로 마련할 수 있었다. 어머니는 나를 재촉해서 당신이 돌아가시면 묻힐 그곳을 가보자고 하셨다. 와서 보고는 매우 흡족해 하시면서 이제는 죽어도 편안히 눈을 감을 수 있다고 하시는 것이 아닌가. 당시 어머니의 재촉에 의해서 묘지를 준비하기는 했지만 솔직한 심정으로는 어머니의 마음을 이해할 수는 없었다. 내키는 기분은 아니었지만 어머니의 성화에 못 이겨 마련한 것이라고나 할까. 자신이 죽어서 묻힐 땅을 보고 즐거워하다니.

30여 년이 지난 지금 나는 그때의 어머니와 똑같은 부탁을 자식들에게 하고 싶다. 자식을 넷이나 두었지만 한 녀석도 내 말을 귀담아들어 줄 것 같지 않다. 나이 든 사람의 하는 말을 젊은 녀석들이 도무지 들으려고 하지 않으면 흔히 너도 내 나이가 되어 보아라, 그때는 내 말을 이해할 것이라고 한다. 예사로 들었지만, 이제 나도 나이 들고 보니까 똑같은 말을 젊은이들에게 하고 싶다. 그 나이에 이르지 않으면 도저히 이해할 수 없는 말, 그런 말이 분명히 있다.

일흔을 지나고도 몇 년을 더 살았으니 시쳇말로 살 만큼은 산 셈이다. 무엇하다 벌써 이 나이가 되었는가 하고 멍청한 질문을 거듭 자신에게 던지고 싶지만 부질없는 짓이다. 누구나 오래 살고 싶다는 욕망이 없다는 것은 새빨간 거짓말이다. 그러나 죽음이 가까이 오고 있다는 예감은 나날이 강하게 내게 다가온다. 그래서 말이지만 어머님이 자신의 묘지 마련을 재촉하던 그 심정을 이제는 충분히 이해하고도 남는다. 아니, 이해할 정도가 아니고, 그때 나도 왜 어머니 옆에 묘지 분양을 받아 두지 않았던가, 매우 후회하고 있다. 그렇게 했더라면 애들의 걱정을 한몫 덜어주는 셈이 된다.

지금은 내가 죽어서 묻힐 곳을 보아 둔다는 것이 조금도 언짢지 않다. 오히려 마음 가볍고 편안할 것이라는 생각이 든다. 나의 아버지처럼 죽으면 화장해서 강물에 그 재를 뿌리고 싶은 생각은 없다. 떡 벌어진 묘는 아니더라도 조촐한 내 죽음의 묘가 있어 일 년에 한 번쯤은 찾아오는 자식이나 친지, 혹은 제자가 있었으면 좋겠다는 생각을 한다. 참으로 부질없는 생각이다. 이 점에 있어서는 아내와 나는 전혀 견해가 다르다. 아내는 무덤 따위를 만들어서는 무엇하나, 화장한 뼛가루를 아무데나 뿌려서 식물의 영양분이나 되면 좋은 거지, 한다.

얼마 전에 수목장樹木葬이 화제가 되어 신문에서 한창 떠들썩할 때 아, 그래, 그 수목장 그것 괜찮은 아이디어다 라고 말했다. 아내도 그 수목장이 썩 마음에 끌리는 모양이었다. 그러나 여기서도 조금의 견해가 갈리었다. 나는 나무 밑에 뼛가루를 묻는다고 하더라도 내가 그곳에 묻혀 있다는 조그만 표지는 있었으면 한다. 아내는 그 따위 표지는 해서 무얼 하느냐는 견해다. 불가의 관점에서 말한다면 확실히 아내는 나보다 한수 위의 생사관을 갖고 있는 셈이다.

어떤 깨친 스님의 말에 의하면, 극복해야 하는 여러 난관이 있는데 보통의 사람들에게는 식욕食慾이나 색욕色慾 같은 생리적 욕구를 극복하기가 어렵다고 한다. 특히 색욕은 자기만이 아니고 타인에게도 큰 영향을 미치므로 잘못 행사되면 일시에 나락奈落으로 떨어지고 만다. 명예에 먹칠을 하는 것은 물론 죄인이 되어 철창신세가 되고 만다. 언젠가 고창의 선운사에 들렀을 때 한 스님이 절 앞의 산 능선을 가리키며 저 앞산의 형상 때문에 이 절에서 고승高僧이 나오지 못했다고 술회하는 것을 들었다. 산 능선이 꼭 여인이 알몸으로 누워 있는 형상을 하고 있다는 것이다. 그렇게 말한 것을 듣고 보니 그런 것 같기도 했다. 큰 깨우침을 얻을 때쯤 되면 그만 파계破戒를 해서 주저앉고 말았다는 것이다. 산의 형상 때문에 지어낸 말인지도 모르겠다. 하지만 색욕의 유혹을 쉽게 뿌리칠 수 없다는 것은 분명한 일이다.

높은 경지로 참선한 고승의 말에 의하면 색욕의 극복은 그리 어려운 일이 아니라고 한다. 수행 정진을 하고 나면 색욕의 극복은 오히려 쉽다고 했다. 제일 극복하기 어려운 것이 바로 명예욕名譽慾이라는 것이다. 어떤 종류의 명예욕인지 그것이 문제겠지만, 사회적 지위를 어느 정도 얻은 사람은 대체로 명예욕에 집착한다. 또 명예욕을 가진 사람을 사회적으로도 존경하는 편이다. 하기야 돈으로 살 수 있는 명예도 있고, 권력으로 얻을 수 있는 명예도 있다. 하지만 그런 명예는 뒤에서는 비웃음거리가 되기도 하고 오히려 욕이 되는 수도 있다. 또 잠시 명예를 얻는 수도 있지만 몇 년이 못 가서 욕이 되거나 망각 속으로 떨어지는 경우도 있다. 대체로 말해서 명예를 존중하는 사람은 훌륭한 사람임에 틀림없다. 재물이나 권력을 탐하는 사람보다는 바른 삶을 살고 있다고 생각되기 때문이다.

명예욕은 사람들이 자신을 존경하는 마음으로 기억해 주기를 바라는 마음에서 비롯된 것이다. 언젠가는 죽고 말 인생, 그리고는 망각 속에 떨어질 허무감을 극복하는 한 방법인지도 모른다. 다른 사람의 기억 속에 혹은 기록으로 남겨짐으로써 이 세상에서 영원히 소멸되고 말 자신의 존재에 대한 한 위로로서 말이다. 종교의 탄생도 바로 이 언저리에서 출발하지 않았을까 하는 생각을 한다. 기독교는 이 세상에서의 육체적 정신적 소멸을 천국에서의 부활로 극복하고자 한다. 불교는 소멸의 허무감에서 해탈하는 방법으로 극복을 택했다. 해탈하는 것이야말로 윤회에서 벗어나는 것이라고 말하지만 대다수의 우중愚衆이 그렇게 할 수 없으니까 여러 형태의 삶으로 윤회輪廻한다고 말하지 않았을까. 바로 그것이 소멸의 공포에서 벗어나는 길이기도 하다. 유교는 가문의 전통을 통해서 개인적 소멸감을 극복하려고 한다. 아버지에서 자식으로, 그 아들은 다시 그 자식으로 이렇게 계속해서 이어지는 것은 소멸이 아니라 자식을 통해서 자신을 남겨 두는 일이다. 자식은 자신의 육체 일부가 아닌가. 가문의 명예를 지키는 것, 적어도 자기 성姓이라도 남기는 것은 완전한 소멸은 아니다. 대대손손 이어지는 가문의 전통을 지키려는 것도 그 소멸에 대한 한 극복으로 이해될 수 있다.

호사유피虎死留皮요 인사유명人死留名이란 말은 예부터 사대부들이 숭상하는 말이다. "호랑이는 죽어서 가죽을 남기고 사람은 죽어서 이름을 남긴다."는 말은 바로 명예를 남기고 죽는다는 뜻이 아닌가. 그만큼 명예를 존중하는 전통을 지녀왔던 우리네 조상들이었지만 권력욕과 명예욕이 언제나 동궤同軌에 있었기 때문에 그 폐단이 엄청나게 컸던 것이다. 그래서 사림士林에 묻혀 사는 사람을 오히려 존경했던 것이다.

생각해 보니 나는 지금까지 돈도 권력도 가진 적이 없고, 더구나 명예라고 할 만한 것도 가진 적이 없다. 그런 것을 어느 정도 가진 사람도 이 세상에서의 소멸을 쉽게 받아들일 수 없는 데 나야 말할 필요도 없다. 그렇다고 그 허무감 때문에 고개를 빠뜨리고 무력하게 세월을 보내고 있지는 않다. 내 나름대로 주어진 일이 있고 내 나름대로 바쁘게 움직이고 있다. 그렇지만 문득 문득 살 날이 얼마 남지 않았으니 무슨 일을 해야 이 세상에 가치 있는 것을 남길 수 있을까 하는 생각은 한다.

그것이 어디 쉬운 일이겠는가? 사실 가치 있는 것을 남길 만한 시간은 이미 지나간 것 같다. 젊은 날에도 어디 변변한 논문이나 작품을 쓰지도 못했는데 기력이 다 쇠한 지금 무슨 일을 벌이겠는가. 매우 간단하게 세상을 감동시키는 경우도 있긴 있다. 큰돈을 남겨서 좋은 재단에 남겨주거나 좋은 일을 하는데 보태 쓰라고 하면 참으로 간단하게 좋은 일을 하는 셈이다. 하지만 내게는 그만한 돈이 없다. 겨우 죽기 전까지 남의 신세를 지지 않고 살아갈 정도의 연금이 있을 뿐이다. 이 정도의 여유에도 남에게 베풀고 사는 사람이 많지만 나는 그 사람들에 비하면 매우 인색한 사람인 셈이다. 젊었던 시절 신세진 사람들에게조차도 그 고마움을 보답하지 못하고 있다. 따라서 나는 죽어도 남의 기억 속에 특별히 남을 것이 없다.

그래서 더욱 그러한지는 모르지만 나를 이 세상에 조금이라도 남겨두는 것이 무엇일까 하는 생각을 문득 문득 할 때가 있다. 그것도 선한 기억으로 말이다. 지금까지 남에게 모진 일을 한 적은 없으니까 나를 미움의 대상으로 기억할 사람은 별로 없을 듯하다. 그러나 어찌 알랴. 나도 모르는 사이에 피해를 입히고 시치미를 떼고 있는지. 교사들의 기억 속에는 공부를 특출하게 잘하거나, 아니면 몹시 속을 썩이던 학생이 가장 오랫동안 기억에 남는다고 한다. 그러니까 그저 중간쯤 공부를 했거나 별난 일을 한 적이 없는 학생은 기억에 별로 남지 않는 법이다. 그러니까 모범생이기는 하지만 평범한 학생은 기억 속에 오래 남아 있지 않는다는 말이다. 세상이 교사라면 바로 내가 그런 사람이다.

내 나이가 되면 다른 사람들도 나와 같은 생각을 하고 있을까. 아마 모르긴 해도 같은 생각을 하고 있으리라. 문명文名이 전국적으로 알려졌을 뿐 아니라, 문인으로서는 드물게 장관까지 한 L씨가 기독교 신자가 되었다는 것이 화제가 된 적이 있다. 나하고 한 직장에 있었을 뿐만 아니라 지금도 자주 만나는 사이라 사생활도 어지간히 안다고 생각했는데 기독교 신자로 만천하에 공표되리라는 생각은 못했다. 재직하던 대학이 미션 스쿨이라 그는 자주 대학의 채플 시간에 불려 나가 설교한 적이 있지만 스스로 기독교인이라고 말한 적은 없었다. 그는 성경에도 정통하고 있어서 모순에 가득 찬 성경 내용도 많이 알고 있었다. 그런 내용을 이야기하면서 피식 웃기도 했다. 그가 기독교 신자가 된 것은 모두들 딸 때문이라고 한다. 본인이 그렇게 밝히기도 했다. 총명한 딸이 불행을 겪고 난 뒤에 기독교로 인해 새로운 삶을 시작했다는 것이다. 아버지에게도 기독교 신자가 되기를 강력히 권했다고 한다. 반드시 딸 때문이라고 하면 그분의 지성을 너무 가볍게 평가하는 셈이 된다. 딸의 애절한 호소의 영향이 없었다고는 할 수 없지만 그분 나름대로 생사관에 변화가 온 것만은 틀림없다. 나이 때문일까. 그분이라면 세상이 쉽게 잊을 수 없을 만큼 큰 업적을 이루어 놓았다고 생각된다. 그런데도 자신의 소멸에 대해서 어떤 두려움을 가지고 있었거나 삶의 종말이 다가오고 있다는 것에 허무감을 느꼈을지 모른다. 그것은 누구나 갖고 있는 인간적 한계다.

미국에서 오랫동안 의사 생활을 하다가 최근에 은퇴한 소학교 때의 친구가 있다. 다 알다시피 미국은 의사 천국이다. 의사직의 연봉이 대단하다는 것을 우리는 알고 있다. 더구나 이 친구는 부인까지 의사였으니 풍족한 생활은 말할 필요도 없이 축적된 재산도 많을 것 같다. 의사 생활에서 은퇴하면 한국을 자주 찾아올 것이라고 그는 말하곤 했다. 과연 최근 들어 자주 한국을 방문하고 있다. 얼마 전에는 패키지 투어로 한국에 와서 한국의 곳곳을 두루 구경한 모양이다. 그가 고향을 찾는 이유는 고향에 대한 향수 때문일 것이다. 한국을 떠나 있으면 한국 전체가 고향이 되는 것이다. 그런데 나이가 일흔이 넘고부터는 아니, 그 훨씬 이전부터 영원한 고향으로 돌아갈 준비를 하고 있었다고 한다. 그것은 우리 모두를 태어나게 한 땅이다. 언젠가는 다가올 죽음에 대비하고 있었다는 것이다. 누구나 죽는 것이지만 오랫동안 병고에 시달리다 죽는 사람과 고통을 오래 겪지 않고 죽는 사람이 있다. 그가 의사이기 때문에 환자의 죽음을 수없이 목격했을 것이다. 그렇다면 어느 쪽을 선택할 것인가는 자명해지는 일이다. 그래서 그는 의사로 있는 동안 고통 없이 죽을 수 있는 약을 조금씩 모아 두었다는 것이다. 일흔을 넘게 살았으니 살 만큼 산 셈이니 병고에서 회복의 가망이 없다고 판단되는 순간 서슴없이 그 약을 입에 털어넣겠다는 것이다. 한동안 천주교 신자였던 그가 최근의 말로 미루어 보면 불교적인 사생관을 가진 듯하다. 불교의 적멸寂滅이라는 말이 썩 마음에 든다고 했다. 모르긴 해도 죽음이 점점 다가오고 있다는 생각을 가지면서 그의 가진 돈과는 관계없이 세상에서의 소멸에 대해 오랫동안 생각하고 생각한 생사관을 실천하려고 하는 모양이다.

누구나 자기 나름대로 죽음에 대한 견해를 갖고 있다. 그것을 실천하고 있는가 없는가는 별개의 문제다. 대개는 생사관대로 삶을 살아가기란 어렵다. 생사관도 누구나 갖고 있는 인생관의 일부이지만 죽음에 가까워 오는 나이가 되면 젊은 날의 그것과 많이 달라진다. 젊은 날에는 죽음을 두려워하지 않고 자기의 신념대로 목숨을 내걸고 투쟁하지만 나이가 들면 그 반대가 된다. 사실 얼마 남지 않은 목숨인데도 그 목숨이 아까워 평소에 가졌던 신념을 버리고 현실에 순응해서 사는 수가 많다. 아이러니라 하지 않을 수 없다.

평범하게 살면서 장수하는 것보다 신념에 따라 행동하다 죽으면 젊은 죽음이지만 우리들의 기억 속에 더 오래 남는다.

지금까지 평범하게 살았으니 지금 새삼스럽게 별난 일을 해서 세인의 기억 속에 남길 나의 삶이 아니다. 명예욕을 버리기가 가장 어렵다고 말한 그 고승의 말처럼 나도 명예욕을 갖고 있는 것은 틀림없다. 명예도 없으면서 명예욕을 탐하고 있다면 그것같이 꼴불견은 없다. 그래서 나는 헛된 그 명예욕을 접으려고 한다. 대신 나를 아는 사람들, 이를테면 친구, 제자들의 기억 속에 나의 좋은 기억을 남겨 두고 싶다.

내가 죽고 나면 나를 어떻게 처리할지 내 알 턱이 없다. 그러나 나의 바람은 말해 두는 것이 좋겠다. 자식들이 참고할지도 모르니까. 죽으면 무엇을 알까마는 내가 죽으면 화장하는 것이 좋을 듯하다. 그 뼛가루를 유골함에 담아 납골당에 안치하는 것은 싫다. 어쩐지 납골당이 싫기 때문이다. 앞서 수목장을 말했지만 내가 죽고 나면 수목장을 하는 것이 가장 바람직하다고 생각한다. 넓지 않은 땅을 사서 그곳에 나무 한 그루를 심고 그 밑에 화장해서 나온 나의 뼛가루를 뿌려두는 것이 좋겠다. 그 뼛가루는 나무에 영양분이 되어 나무의 성장에도 이로울 것이다. 아니 나는 나무로 다시 환생하는 것이다. 그리고 그 작은 땅에 여러 가지 꽃나무를 심어서 자식들이 찾아와도 묘지라는 인상을 주지 않도록 말이다. 물론 내가 그곳에 묻혀 있다는 작은 표시를 해 두는 것이 좋겠지.

나는 해외여행을 하면서(대체로 미국과 유럽이지만) 묘지를 둘러 본 적이 있다. 그들은 어떤 묘비명을 썼을까 하고 궁금해서다. 거기서도 화장을 해서 모셔 두는 납골당이 있기는 하지만 땅이 넓어서 그런지 묘지가 많았다. 그런데 묘비명은 참으로 간단했다. 대체로 생년월일과 사망월일을 기록해 두고 있다. 전해들은 바로는 상당히 유명한 인사도 “여기 OOO이 잠들다.” 라고 쓰기도 한다는 것이다. 한국은 어떤가? 대체로 묘비명 앞에 그 사람이 생전에 향유했던 공직 혹은 학위명에 이어 "OOO지 묘"라고 쓰고 있다. 관직으로 그의 공적을 평가했던 조선조에서는 지극히 당연한 묘비명이라 생각된다.

내가 묻혀 있을 표지를 나의 묘비명이라고 한다면 나는 어떻게 쓰여 있는 것이 좋을까 하고 생각해 본다. 공직에 있었다면 대학에서 30여 년간 가르쳤으니 대학교수가 될 것이고, 실력을 제대로 갖추지는 못했지만 어쨌든 서울대학에서 문학박사 학위를 받았으니 학위명을 적을 수도 있을 것이다. 그러나 남이 다하는 그런 것 말고 무슨 말이든 남기고 싶다. 나를 평소 아끼고 사랑해 주던 사람에게 간결하면서도 오래오래 기억되는 어떤 말, 그 말이 대체 무엇일까. 아무리 생각해도 머리에 떠오르지 않는다. 내가 사랑하고 있었던 선생님, 제자, 친구, 후배들의 이름을 전부 쓰고, "나는 여러분들을 진실로 사랑했습니다."라고 쓰고도 싶지만, 묘비명에는 그렇게 길게 쓸 수도 없다. 아니, 묘비명에 생존하고 있는 그들의 이름을 올리는 것 자체를 썩 달가워하지도 않을지 모른다. 흔히 아무 아무개가 여기 잠들고 있다고 쓰는 수도 있다. 하긴 죽는다는 말보다는 잠든다는 표현이 완곡해서 좋다. 그러나 그것은 너무나 평범해서 싫다. "저승에 가서도 여러분들을 사랑하겠습니다." 라고 쓰는 것이 좋을까. 아니면 "나를 오래오래 기억해 주십시오." 라고 쓰는 것이 좋을까. 그렇게 말을 한들 나를 오래는커녕 몇 년, 아니 몇 달인들 기억할까. 어쨌든 사랑을 하면, 사랑을 주는 것이 정한 이치이니까 내가 사랑한다는 말을 자꾸 쓰고 싶은 모양이다. 나를 오래 기억하도록 말이지. 이렇게 쓰는 것은 어떨까. "김 아무개 다시 대지의 품으로 돌아가다. 이승에서 나와 정을 나누었던 사람들! 내가 살아있을 때처럼 여기에 오면 다정한 한마디 말을 하고 가기 바란다." 마치 저승에서도 그 말을 듣고 있기나 할 것처럼.

부질없는 짓이다. 어느 고승이 말씀한 그 극복하기 어려운 명예욕이 내

안에 꿈틀거리고 있는 모양이다. 식욕, 색욕도 극복하지 못한 내가 어찌 명예욕을 극복할 수 있을까. 내 몸이 쇠하면 식욕, 색욕은 저절로 없어질 터이니까, 걱정할 필요가 없다. 내 남은 인생은 오로지 그 명예욕의 극복에 힘 써야 할 모양이다.

(2009. 1. 28.)

2. 한국문학도 미국 유학 가다

한국문학도 미국 유학 가다

교환교수 생활

관성慣性

한국문학도 미국 유학 가다

풀브라이트 스칼라십을 받고

내가 미국에서 공부했다고 하면 모두들 의아하게 생각한다. 한국문학도가 미국에 가서 대체 무엇을 배워 올 것이 있다고. 유학을 갔다 한들 변함없이 이전 그대로 한국문학을 담당하고 있는데 무엇이 달라졌느냐고. 사실로 말하면 그렇다. 지금부터 30년도 더 전 일이니 그때가 아득한 옛날처럼 생각된다. 전북대학에서 조교수로 근무하던 시절이었다. 우연한 기회로 풀브라이트 스칼라십을 얻게 되었다. 사실 나는 미국의 대학에서 공부하리라는 생각을 꿈에도 해본 적이 없었다. 그런 기회가 내게 주어질 리도 없지만 설사 주어진다고 해도 한국문학을 전공한 내가 미국에 가서 대체 무엇을 배운다는 말이냐 하는 생각이 들었기 때문이다. 그런데 나는 걸맞지도 않게 미국의 대학에서 4년간이나 공부를 한 셈이다.

지금 되돌아보면 좋은 경험, 좋은 공부를 한 것 같기도 하고, 세월만 허송한 것 같은 생각이 들기도 한다. 내가 영문학에 대하여 맛이라도 볼 기회를 가졌던 것이나, 한국비교문학회 주변에서 얼쩡거리며 늘 관심을 가져왔던 것도 미국에서 공부한 덕분이라고 생각한다. 남들도 그쪽 방면에 아주 무식하지는 않겠구나 하는 느낌을 주는 것(실제로는 그렇지 않지만)이 덕이라면 덕이라고 할 수 있다. 반면에 한창 국문학 연구로 열을 올려야 할 시기에 영어 공부하느라고 무려 4년간이나 미국에서 외도를 하고 있었던 것은 손해를 본 부분이라고 할 수 있다. 하지만 내 성격이 워낙 그러하듯이 긍정적인 측면을 더 크게 보려고 노력하고 있다. 사실 나는 미국에서 공부하는 동안 공부에만 열심히 매달리는 타입은 아니었다. 나보다 젊은 유학생 혹은 교포 학생들과 어울려 놀기도 잘했다. 따라서 미국생활을 떠올릴 때마다 언제나 즐겁고 유쾌한 기억이 되살아난다.

풀브라이트 장학금을 받기 위해 지원한 것은 1974년 봄이라고 생각된다. 미국 가서 정말 공부해 보겠다는 생각보다는 미 국무성에서 주는 장학금으로 미국 구경이나 좀 해 보자는 속심이 더 컸다고 말할 수 있다. 지금이야 돈만 있으면 한국 내의 어느 지방을 다녀오는 것만큼이나 쉽지만 당시에는 나라 형편상 미국에 가기가 그리 쉽지만은 않았다. 사실 나는 풀브라이트 장학금을 처음부터 받을 생각은 아니었다. 국문학도들에게는 당시 하버드 옌칭의 교환교수로 가는 것이 그래도 쉽게 접근할 수 있는 길이었다. 당시 국문학도로서는 거의 유일하게 미국을 다녀올 수 있는 길이고, 지원금이기도 하거니와 선배들 중에 이름이 알려진 분들은 대체로 이 프로그램으로 다녀온 분들이었다. 하버드 교환교수로 선발되면 우선 미국에서 넉넉한 생활비도 받을 뿐 아니라, 명문대학의 학문적 분위기도 익힐 수 있어서 좋았다. 게다가 미국에 가서도 특별히 수행해야 할 의무도 없었던 것이다. 재직하는 대학으로부터도 휴직이 아니라 출장으로 처리를 받아 급료도 전액 받을 수 있었던 것이다. 따라서 하버드 옌칭 교환교수로 선발되는 것은 본인의 영예일 뿐 아니라 소속 대학의 영예도 되었다.

하버드 옌칭 교환교수로 지원할 수 있는 기회가 주어지는 대학도 국내에서 불과 몇 되지 않았고 그것도 일정하지 않았다. 마침 전북대학에 그 기회가 주어져서 추천하라는 공문이 왔다. 공문이 공람되자 나도 당연히 지원했다. 지원한 사람은 나를 합쳐 3명이었다. 대체로 총장은 복수 추천을 해서 하버드 옌칭 본부에 통고하여 그쪽에서 선발하도록 하는 것이 관례였다. 그러나 총장은 한 사람만 추천하겠다고 고집했다. 영문과의 어학 전공 교수를 추천했다. 총장은 하버드 옌칭 교환교수 프로그램의 취지를 제대로 이해하지 못한 듯했다. 이 프로그램의 원래 취지는 동양학을 전공하는 교수를 초청해서 하버드 대학의 학문적 분위기를 익히고 당사자의 연구 성과를 높이게 하는 것이었다. 그 뿐만 아니라 동양 각국에서 초청되어 온 교수들 또한 하버드의 동양학 연구에 기여할 수 있도록 하는 프로그램이었다. 그래서 명칭도 하버드옌칭이라고 붙인 것이다. 옌칭(燕京)이란 베이징의 고명이다. 한국학 교수들이 많이 다녀올 수 있었던 것도 그 때문이다. 나는 총장을 찾아가서 이 프로그램의 근본 취지를 말하고 복수 추천을 해 줄 것을 요청했다. 총장님이 추천한 그분이 이 프로그램의 취지와 어긋날 경우 결국 적합한 다른 사람도 기회를 잃게 되는 것이니 그것은 우리 대학으로서는 손해가 아니냐고 말했다. 그러나 총장은 나의 요청을 거절했다. 총장이 추천한 그분은 선발되지 못했다. 나를 굳이 거절한 이유 중에는 총장이 내게 갖는 사감도 얼마간은 작용했으리라는 생각도 든다. 전북대학교수회의에서 총장을 규탄하는 듯 하는 발언을 했던 적이 있었기 때문이다. 교수 채용이 엄정하게 진행되지 못하고 있다고 지적했기 때문이다.

어쨌든 나는 하버드 옌칭의 교환교수로 선발되지 못했고 그 아쉬움 때문에 속앓이를 며칠간 했다. 그런데 동료 교수 한 사람이 미국 유학을 가려고 애를 쓰고 있다는 말을 들었다. 그분에게 미국을 갈 수 있는 프로그램이 또 없느냐고 물어 보았다. 그는 풀브라이트 스칼라십을 받는 방법이 있다고 말했다. 그것은 어떻게 지원하면 되느냐고 물어보았더니 토플 시험의 성적이 좋아야 한다는 것이다. 그러고 보니 전북대학에서도 두 사람이나 그 장학금을 받아서 미국 유학을 간 것이 생각났다. 두 사람 다 영문과 교수였기 때문에 영문과의 선배 교수에게 그 장학금을 받으려면 어떻게 하면 되느냐고 조언을 구했다. "영어를 잘해야 되지요. 저번에 그 장학금으로 간 두 교수 모두 영어가 탁월하지 않았소. 국문학을 전공하는 김 교수에게는 어려운 일일 거요." 라고 말했다. 어림도 없는 것을 꿈꾸고 있다는 뜻으로 들렸다. 지원 마감일을 알아보았더니 불과 3-4개월밖에 남아 있지 않았다. 곧 토플 참고서를 서점에 가서 찾아보았더니 전주에는 한 곳도 없었다. 그 다음 쉬는 날을 택해 서울로 올라갔다. 서울의 대형 서점에서도 토플 참고서는 몇 종류 없었다. 나는 그 중의 하나를 사서 전주로 돌아왔다. 오는 기차에서 읽어 보았더니 꽤 재미가 있었다. 차 속에서 삼분의 일 정도는 읽었던 것으로 기억한다. 돌아와서 나는 그 참고서를 거의 암기하다시피 했다.

그로부터 채 한 달이 못 되어 광주에 가서 토플 시험을 치렀다. 다행히 영어를 전공하지 않은 사람으로서는 괜찮은 점수가 나왔다. 실력보다는 운이 좋았던 모양이다. 얼마 후에 나는 풀브라이트 장학생 선발에 지원했다. 토플 성적을 보고 예비 심사를 거쳤는지 어쨌는지 모르지만 인터뷰하라는 통지가 왔다. 지정한 인터뷰 장소에 나갔더니, 7-8명의 심사관이 앉아서 차례로 내게 질문을 던지기 시작했다. 구성원을 보니 한국인과 미국인이 반반 섞여 앉아 있었다. 미국인은 대체로 나의 신상에 관해서 질문했다. 수녀인 듯이 보이는 미국인 여인은 내게 상당히 호의적인 태도를 보여 주었다. 나의 대답을 신중하게 들어주면서 "아, 그렇군요. 훌륭한 대답입니다. 충분히 이해할 수 있습니다."라고 하면서 기분 좋은 미소를 던져 주었다. 그러나 그 중의 한국인 심사원이 던진 질문에 나는 상당히 당황할 수밖에 없었다. 뒤에 알았지만 그분은 풀브라이트 장학금으로 미국에서 학위를 끝내고 돌아와 당시 서울대학 영문학과 교수로 재직하고 있는 분이었다. 그분의 질문은 이런 것이었다. "한국문학은 분명히 동아시아 문학에 속하지요. 그렇다면 여기 중국 사람, 일본 사람이 있다고 합시다. 중국문학, 일본문학과는 다른 한국문학만의 특성이 무엇이라고 말할 수 있습니까?" 라고 물었다. 국문학을 가르치고는 있었지만 이런 문제는 깊이 생각해 본 적이 없었다. "한마디로 대답하기는 곤란합니다."라고 우선 생각을 가지기 위해 뜸을 들였더니, 그분은 "열 마디라도 좋으니 어디 대답해 보시오."라고 윽박질렀다. 그 순간 얼핏 생각나는 것이 고등학교의 국정교과서에 실렸던 조윤제 선생의 말이 생각났다. 조윤제 교수는 한국문학의 특성은 '은근과 끈기'에 있다고 했던 것이다. 대학에서 국문학 교수까지 하고 있는 내가 겨우 고등학교 교과서에 실린 글을 기억하면서 대답했다는 것은 참으로 한심한 일이다. 그렇지만 그 당장 무슨 말을 해야 할지 생각나지 않는 것을 어쩌랴. 한국어로 읽었던 것을 영어로 말하자니 그것도 쉽지 않았다. 더듬거리며 설명하고 있는데 진땀이 솟았다. '은근'이라는 말과 '끈기'라는 말을 영어로 어떻게 번역해야 할지 몰라, 급한 대로 '은근'을 'implicitness' 혹은 'inwardness'라고 말하고, '끈기'를 'patience' 혹은 'endurance' 라고 번역하면서 한국말로 '은근'과 '끈기'라고 한다고 말했다. 그 심사원은 나의 대답이 영 만족스럽지 못하다는 듯이 내 설명의 미진함을 꼬치꼬치 캐물었다. 나는 속으로 영문학을 전공했다는 당신은 영문학의 특성을 즉석에서 간단하게 대답할 수 있습니까 하고 되묻고 싶은 말이 목구멍까지 올라왔지만 그랬다간 무례하다고 당장 낙제점을 줄 것 같아서 참고 아는 대로 열심히 설명하고 있었다. 나는 마침내 백기를 들고 말았다. "솔직히 말해서 한국문학의 특성을 간단명료하게 설명할 수 없군요. 그것을 알기 위해서 지금 미국으로 공부하러 가려고 이 선발시험을 치르는 것 아닙니까? 장학금을 준다면 미국에서 비교문학을 열심히 공부해서 그때 좋은 대답을 드리겠습니다." 라고 했더니, 심사원 전원이 파안대소하며 웃었다. 뒤에 안 일이지만 인터뷰 성적은 내가 제일 높은 점수를 받았다고 한다.

그해 12월에 나는 풀브라이트 장학생 1순위 후보로 선발되었지만 다음 해까지 장학금 혜택을 받지 못하고 있었다. 나를 받아주는 대학이 없다는 것이다. 내가 대학에서 한국문학을 전공했기 때문이었다. 장학생 후보의 자격은 그해 한해서 효력이 있으므로 나는 그것으로 풀브라이트 장학생이 되기는 글렀구나 생각했다. 그러나 다음해 봄 풀브라이트 장학재단 한국지부에서 다시 지원하라는 전화가 왔다. 작년에 해도 안 되는 것을 왜 또 하느냐고 했더니, 올해는 될 가능성이 더 높으니까 꼭 해보라고 했다. 그래서 토플 시험을 다시 치고, GRE 시험까지 다시 쳤다. 인터뷰에 응하라는 통지가 와서 서울에 올라와 저번과 같이 여러 심사원들 앞에서 구두심사를 다시 받았다. 내 나이 38세, 40이 지나면 풀브라이트 스칼라십 지원 자격조차 상실하게 된다. 이때는 어떤 질문을 받았는지조차 기억에 남아 있지 않다. 다만 심사를 받는 주제에 심사원들을 향하여 큰 소리를 쳤던 기억이 남아 있다. 인터뷰가 끝날 때 나는 이렇게 말했다. 르네 웰렉에 의하면 문학 연구의 최종 목표는 세계문학사를 쓰기 위해서라고 했습니다. 지금까지 서구 중심의 문학사만 기술하지 않았습니까. 동양 문학에 대한 기술이 빠져 있다면 어찌 그것을 세계문학사의 기술이라고 할 수 있습니까? 내가 풀브라이트의 장학금을 얻어 미국에 가서 공부하려는 의도는 세계문학사 기술에 보탬이 되려고 하는 것입니다. 나는 한국문학을 공부한 사람으로서 이제 미국에 가서 서구문학을 공부하게 된다면 그런 임무를 수행하는 데 보탬이 되리라고 생각합니다. 지금까지 영문학을 전공한 사람이 대부분 미국 가서 공부하고 돌아오지 않았습니까? 한국문학을 전공한 사람이 미국에 가서 공부하고 돌아온 사람은 내가 아는 한 보지 못했습니다. 나를 선발해 주는 것은 영문학을 위해서도 유익한 일이 될 것입니다. 왜냐하면 서구인이 거의 외면하고 있는 한국문학을 소개할 수 있는 좋은 기회가 될 테니까요. 이렇게 큰소리를 쳤다. 반은 공갈이라는 것을 알면서도(내 능력을 내가 잘 아니까) 우선은 이렇게 말해 두는 것이 좋을 듯했다.

심사를 받고 있는 사람으로서는 참으로 건방진 발언이다. 일 년 지나고 나니 사실 나는 꼭 미국에 가서 공부해야겠다는 욕심도 사라지고 있었다. 더구나 전 해에 후보로 선발되었다가 다른 후보 3명은 모두 미국으로 떠났는데, 나만 받아주는 대학이 없어 갈 수 없었다는 것이 조금 화가 나 있었기도 했다. 그렇게 건방진 발언을 했는데도 심사위원들은 나를 다시 선발해 주었다. 다음해 봄 워싱턴 대학교 대학원에 입학이 허가되었는데 응할 것인지 말 것인지 알려 달라고 했다. 비교문학의 전공자에게는 이 대학도 꽤 괜찮은 대학이라고 풀브라이트 본부 직원은 말했다. 싫다면 다른 대학에 다시 알아보겠다고 했다. 말한 후 가겠다고 대답했다. 뒤에 안 일이지만 풀브라이트 본부에서는 장학생을 선발하고는 미국의 여러 대학에 그 대학에서 장학금을 줄 수 있는가 없는가를 타진한다고 한다. 줄 수 있다고 하면 그 대학으로 우선 지원하도록 하는 것이다. 대학에서는 풀브라이트위원회에서 선발했다면 그 능력을 인정해서 될 수 있는 한 장학금을 지급하는 것이고, 풀브라이트 본부는 돈을 한 푼이라도 아껴서 다른 지원자에게 혜택이 돌아가도록 하고 있었다. 나에게 입학 허가를 해 준 워싱턴 대학에서는 등록금 전액을 면제해

준다는 조건이었다. 나는 재직하고 있는 전북대학으로부터도 큰 혜택을 받았다. 미국으로 가 있는 동안 휴직이 아니라, 출장으로 취급해서 봉급 전액을 내 가족에게 지불했다. 이것은 물론 풀브라이트위원회에서 교육부에 강력히 요청한 결과로 얻어낸 혜택이었다. 당시 풀브라이트 장학금은 대학의 전임교수 이상에게만 주어졌고, 수혜자가 되면 대학의 명예도 된다고 해서 그런 혜택을 주었던 것으로 안다.

1976년 6월쯤 되었다고 생각한다. 누구에게 들으니 풀브라이트 장학생이 된 사람에게는 미국의 대학에 입학하기 전에 오리엔테이션 프로그램에 참가할 수 있는 기회를 준다고 했다. 그래서 한국 지부에 그 점에 대하여 문의해 보았더니, 풀브라이트 장학생으로 선발된 사람은 전부 토플 점수가 좋기 때문에 오리엔테이션 프로그램에 참가하지 않아도 된다는 의견들이 많아 그 해부터는 취소되었다고 했다. 나는 전혀 그런 사람이 아니니까 오리엔테이션 프로그램에 참가할 수 있도록 해달라고 사정했다. 사실 나의 토플 점수는 실력이라기보다 운이 좋았다고 생각하고 있다. 얼마 후 참가해도 좋다는 허락이 나왔다. 나는 부랴부랴 오리엔테이션에 참가할 준비를 했다.

여기서 내가 영어를 그런대로 구사할 수 있는 능력을 갖추게 된 배경에 대하여 조금 설명이 있어야 할 것 같다. 알다시피 국문학과 출신은 영어를 읽을 수는 있어도 말은 잘 못하는 것이 보통이다. 내가 영어를 그나마 아쉬운 대로 말할 수 있었던 것은 공군 장교로 임관될 때 '전투요격기 관제사' 특기를 받아 근무했던 것이 큰 도움이 된 것 같다. 요격기와 통화할 때 반드시 영문 코드로 써야 하고 근무할 때도 미국 군인들과 접촉할 기회가 많았다. 전북대학교에 근무할 때도 당시 한국에 파견되었던 피스코(peace corps)들과 같이 스터디 그룹을 만들어 동료 교수들과 영어로 말할 기회가 많았던 것이다. 어쨌든 이래저래 영어로 말할 기회가 많았던 것이 내가 미국 유학을 하게 된 계기가 되지 않았나 하는 생각이다.

로스앤젤레스의 오리엔테이션

오리엔테이션에 참가하기 위하여 1976년 7월 25일 나는 로스앤젤레스로 가는 비행기를 탔다. 내가 이렇게 정확한 날짜를 기억할 수 있는 것은 막내딸 지미가 바로 그 5일 전에 태어났기 때문이다. 그 애는 아직도 병원에 남아 있었고 아내만 퇴원해서 떠나는 전날 밤을 나와 같이 보냈다.

사실 그 전전날 밤은 여관에서 잤다. 국문학과 동료 교수인 전광현, 최태영, 홍윤표 교수 등과 술을 마시다가 너무 늦어서 집으로 돌아갈 수 없었던 것이다. 당시만 해도 통행금지가 있었기 때문에 밤 12시 이전에 집으로 돌아가야 했는데 아차 하는 사이 그만 12시를 넘겨 버렸다. 당시 나의 주량은 맥주 두 잔 정도였는데, 한 병 정도 마셨던 것 같다. 그래서 여관에 가서도 밤새도록 토해내느라고 잠 한 숨도 못 잤다. 전광현, 홍윤표 교수는 두주불사지만, 최태영 교수는 맥주를 젓가락으로 찍어먹을 정도로 약했던 것인데 어찌된 연유로 그때는 그렇게 마셨는지 모른다. 후배 홍윤표 교수가 밤새도록 등을 두드리며 나를 간호하느라고 제대로 잠을 자지 못했다. 그런데 그날 여관에서 잔 것을 우리만의 비밀로 하자고 했는데, 후에 아내가 그 사실을 어떻게 알게 되었는지(아내는 지미 출산 때문에 병원에 있었다.) 그날 외박한 것을 몹시 타박하는 편지를 미국에 있을 때 보내왔다.

26일 상경해서 처남의 댁에서 자고 다음날 비행기를 타려고 김포 공항에 나갔다. 공항으로 처남과 친구 박문서, 그리고 전북대학 제자인 채길순과 그의 친구가 마중을 나왔다. 내 생애 처음으로 비행기를 타 보는 날이었다.

나에게 지급되는 장학금은 미국 정부에서 나오는 것이므로 한국 비행기는 탈 수 없고, 미국 소속 비행기를 타야 한다는 것이다. 그래서 나는 풀브라이트 한국지부에서 준 노스웨스트 항공 티켓을 쥐고 있었다. 돈을 주는 나라의 국적 항공기를 반드시 탑승해야 한다는 것도 그때 처음 알았다. 우리에 비해 부자국인 미국이 이런 세세한 일까지 규정해서 장학금을 준다는 것에 묘한 배신감 같은 것을 느꼈다.

열 몇 시간의 여행 끝에 드디어 로스앤젤레스 공항에 도착했다. 김포 공항만 보았던 내게 로스앤젤레스 공항은 엄청나게 커서 도무지 어디로 가야 하는지 정신이 벙벙했다. 지시하는 사인에 따라 짐도 찾고 공항 대기실까지 나가기는 했지만 그 다음을 어떻게 해야 할지 몰랐다. 어쨌든 오리엔테이션이 있다는 캘리포니아 대학의 캠퍼스까지 가야 한다. 나는 한국을 떠날 때 전혀 걱정을 하지 않았던 것은 지부에서 알려준 전화번호를 굳게 믿고 있었기 때문이었다. 미국에 도착하면 일러준 번호로 전화를 걸기만 하면 너를 노와줄 것이다, 라고 되어 있었던 것이다.

나는 적힌 번호로 전화를 걸었다. 누군가 전화를 받았다. 나는 내 이름을 대고 내가 어디에서 왔으며, 어디에서 지금 기다리고 있는지 말해 주었다. 그런데 받는 사람은 내가 무엇을 원하는지 물었다. 내 이름을 대면 대번에 알아듣고 거기까지 가는 방법을 알려주든지 차를 보내줄 줄 알았다. 그러나 그 사람은 나의 이름을 처음 듣는다는 듯이 용건을 말하라는 식이었다. 여러 사람의 떠드는 소리가 들리고 있어서 그만 있는 사무실은 아니라는 생각이 들었다. 내 기대와는 썩 어긋나는 것이었다. 나는 그 사람에게 미국에는 처음 오는 사람이라 그곳을 어떻게 가야 하는지 몰라 묻는 것이니 친절히 가르쳐 주었으면 좋겠다고 했다. 어떤 버스를 타고 어떻게 오면 된다고 길게 설명했지만 도무지 알아들을 수가 없다. 나를 거기까지 싣고 갈 차를 보내줄 수 없느냐고 했더니, 그것은 돈이 든다고 했다. 돈이 들어도 좋으니 보내주었으면 좋겠다고 했더니, 내가 지금 서 있는 정확한 위치를 말해 달라고 했고, 말해 주었더니 거기까지 가는 데 삼사십 분은 걸릴 테니 기다리고 있으라고 말했다.

나를 쉽게 찾을 수 있도록 흰 종이에다 내 이름을 크게 쓰고 'Korea' 라는 말을 덧붙여 포켓 위에 꼽고 기다렸다. 삼십 분쯤 지났을까. 미국인 한 사람이 내게 다가와서 한국에서 왔느냐고 물었다. 그렇다고 대답했다. 옳지, UCLA(로스앤젤레스에 있는 캘리포니아 대학의 약자)까지 나를 데려다 줄 사람이 바로 이 사람이구나 하고, 짐을 챙겨 들었다. 그러나 그는 전혀 서두르는 기색이 없이 한국에 대해서 이것저것 묻기만 했다. 나는 아는 대로 성실하게 대답했다. 그와 십여 분 이야기했지만 그는 좀처럼 나를 그의 차에 데려갈 생각은 하지 않는 듯이 보였다. 아하, 내가 잘못 짚은 것이구나 하는 생각이 어렴풋이 떠올랐다. 나를 픽업하러 온 사람이 아니라는 것을 깨닫기 시작했다. 그는 한 권의 책을 보여주면서 이전에 그런 책을 본 적이 있느냐고 물었다. 없다고 했더니 한번 보라고 했다. 가끔 영어도 보였지만 이상한 문자로 적혀진 책이었다. 그 책을 날더러 가지라고 했다. 그리고는 인간이 어떻게 사는 것이 옳게 사는 것인지, 값진 삶은 어떤 것인지, 가치 있는 삶을 위해서 어떻게 몸과 마음을 가져야 하는지 대해서 그는 한참 동안 설명했다. 아하, 이 사람은 자기가 믿는 종교를 전도하기 위하여 나온 사람이구나 하고 비로소 깨달았다. 그의 말을 듣는 둥 마는 둥 하면서 나는 나를 데려다 줄 사람을 열심히 찾고 있었다. 내가 그의 말에 귀를 기울이지 않는 눈치를 보이자, 다른 곳으로 갈 태세를 보이면서 그 종교는 좋은 일을 많이 하고 있으니까 헌금을 좀 하라고 했다. 책값이라고 생각하고 10불을 얼른 그에게 건넸다. 고맙다고 하면서 그는 저쪽으로 갔다. 한참을 더 기다려 나를 데리고 갈 사람이 내 앞에 나타났다. 아주 젊은 사람이었다. 뒤에 알았지만 UCLA 학생으로 적당한 보수를 받고 그 대학의 오리엔테이션에 참석하는 사람을 픽업해 주는 일종의 아르바이트 학생이었던 모양이었다.

30분쯤 걸려서 UCLA의 기숙사에 도착했다. 방학인데도 기숙사 안은 학생들로 매우 붐비고 있었다. 나중에 안 일이지만 나와 같이 오리엔테이션을 받기 위하여 온 학생들도 많았지만 여름 학기에 등록해서 기숙사에 머무는 학생들도 많았던 모양이다. 로스앤젤레스는 좋은 해수욕장도 많고, 여름 한 철 보내기는 아주 좋은 곳이라 학점도 따고 즐기기도 할 수 있어 여름 학기 수강생이 그렇게 많았던 것 같다.

40일간의 오리엔테이션 동안 나는 참으로 즐거운 시간을 보냈다. 내가 속한 오리엔테이션 그룹은 서른 명 정도로 기억되는데 프로그램도 좋았지만 프로그램 리더를 맡고 있는 안나(Anna)가 탁월한 지도력을 갖고 있을 뿐 아니라, 참가자들의 신상을 꿰뚫고 있다시피 해서 전혀 불편이 없었다. 조교들도 그녀의 지휘를 받아 일사불란하게 움직였다. 심십 사오 년 전 일이라 그때의 일이 가물가물하기만 하지만 참으로 즐겁게 보냈던 기억만은 내내 갖고 있었다. 오리엔테이션 참가자 중에 내가 제일 나이 많았기 때문인지 나에게는 좀 특별대우를 했던 것으로 기억된다. 다른 참가자들에게는 이름을 그대로 불렀지만 나에게만은 꼭 '미스터 김'이라고 불렀다. 알다시피 성 앞에 미스터를 붙이면 미국에서는 상당한 존칭이 된다. 조교가 셋이 있었는데, 모두 방학 동안 아르바이트로 이 프로그램을 돕는 학생들이었다. 대그마(Dagma)라는 약간 뚱뚱한 백인 여학생, 줄리아(Julia)라고 하는 흑인 여학생, 그리고 아프리카의 가나에서 유학 온 흑인 남학생 나나(Nana)가 항상 안나의 손발처럼 움직이면서 우리를 도왔다.

내가 미국 갔을 때만 해도 한국은 참 가난했었다. 기숙사의 식당에서 제공하는 식사가 우리 입에 꼭 맞진 않았지만 푸짐했다. 메뉴도 매우 다양해서 한국에서는 쉽게 먹을 수 없었던 것이 많았다. 맛있는 것이 있으면 얼마든지 가져다 먹을 수 있었다. 나는 원래 무엇이든지 잘 먹는 편이라서 미국 기숙사에서 주는 음식을 아주 잘 먹었다. 특히 열대 과일을 얼마든지 먹을 수 있는 것이 좋았다. 당시만 해도 한국에서는 쉽게 먹을 수 없었던 여러 종류의 아이스크림도 마음대로 먹을 수 있었다.

오리엔테이션 프로그램은 대체로 금요일까지 오전은 생활영어를 익혔고, 오후 자유 시간에는 교내 이곳저곳을 돌아다니며 구경하거나 조교들과 어울려 놀았다. 저녁에는 외국인으로서는 쉽게 경험할 수 없는 곳, 이를테면 벨리댄스를 구경하러 간다든지, 헤비메탈로 귀가 멍멍한 댄스홀을 찾아 간다든지, 마을 축제하는 곳을 찾아가는 일등이었는데 우리에게는 좀 신기한 구경거리였다.

조교 중 대그마는 좀 뚱뚱하기는 했지만, 애교가 있고 무엇보다 친절했다. 내가 좀 이해하지 못하는 일이 있어 물어보면 그녀는 아주 친절하고 자세하게 설명해 주었다. 오리엔테이션 중 우리들은 그녀의 집에 가서 오후 하루를 보낸 적이 있다. 아르바이트를 하고 있으니까 좀 가난한 집안이겠지, 하고 생각했는데, 수영장도 갖추고 있는 훌륭한 집에 살고 있었다.

줄리아는 흑인 여학생이지만 외모가 반듯하게 잘 생겼고, 매력이 있었다. 가끔 파티가 있을 때 그녀에게 춤을 청하면 부끄러운 듯이 응했다. 미국에서는 한국처럼 교습소에서 정식으로 배운 춤들이 아니라서 박자만 맞추어 빙빙 돌면 된다. 나는 공군에 있을 때 친구들과 어울려 엉터리로 춘 적이 몇 번 있었다. 장교숙소에서 춤을 출 줄 아는 친구가 있어 기초 스텝을 가르쳐 주었지만 춤에는 워낙 둔한지 조금도 늘지를 않았다. 그 실력으로 춘 것이 지금 생각하면 용감무쌍하다. 한국 카바레에 가서 추었다면 스텝도 제대로 밟지 못한다고 상대 여성으로부터 당장 퇴짜를 맞았을 것이다. 내가 가끔 농담을 하면, "미스터 김은 너무 재미있어요." 하며 그녀는 수줍은 듯이 고개를 외로 꼬며 상냥하게 웃었다.

오리엔테이션이 거의 막바지에 왔을 때 우리 참가자들에게 참으로 근사한 파티를 열어주었다. 음식도 좋았지만 무대를 마련해서 짧은 '스키트'(skit: 가벼운 풍자극)도 꾸몄다. 내게도 한국에서 겪은 재미있는 에피소드를 말할 기회를 주기에 이런 말을 했다. "여러분들도 알다시피 한국은 유교 국가라서 남녀 칠세의 전통이 아직도 살아있는 곳이 많습니다. 특히 도시가 아닌 시골이면 더욱 그렇습니다. 그 때문에 시집가지 않은 처녀들이 집 밖 멀리까지 외출하는 것은 가장인 아버지의 허락을 받아야 합니다. 그 허락이 그리 쉽지 않았습니다. 그러나 예외가 있었습니다. 봄철이 되면 산으로 들로 나물을 캐러 가는 때만은 허락되는 법입니다. 이 때 부르는 노래가 '도라지타령'이라는 노랩니다. 잘 부르지는 못하지만 그 노래를 지금 내가 한번 불러 보겠습니다." 그리고는 "도라지, 도라지 산도라지....." 하고 불렀더니 굉장한 박수갈채가 터져 나왔다.

40일간의 오리엔테이션 기간이 끝나고 우리들은 각자 수학할 대학이 있는 도시로 떠날 날이 왔다. 나는 워싱턴 대학이 있는 시애틀로 가야 했다. 로스앤젤레스에서 비행기로 두 시간 정도 북쪽으로 가야 하는 곳이다. 안나를 비롯해서 조교들 모두가 공항까지 나와서 우리를 전송했다. 헤어질 때 나는 그들 모두와 한 번씩 포옹하면서 작별인사를 했다. 지금은 보통이지만 그때만 해도 한국에서는 감히 할 수 없는 일이었다. 로마에 가면 로마의 법을 따르라는 말이 있긴 하지만, 미국에 왔으니까 미국식으로 한번 해보자고 나는 용기를 내어 그랬던 것이다. 그런데 대그마는 나에게 안기면서 눈물이 그렁그렁했다. 그 새에 정이 들었던지 헤어지는 것이 몹시 서운했던 모양이다. 덩치는 크지만 그녀는 아직 스물한두 살의 수줍은 대학생이었던 것이다.

호스트 패밀리 집에서

두어 시간 비행 후 시애틀 상공에서 내려다보니 바다가 보이고 그 외는 온통 녹색이었다. 비행기에서 내리니 로스앤젤레스와는 달리 완전히 초가을 기분을 느끼게 했다. 정장을 입었는데도 소매 깃 속으로 서늘한 바람이 스며들어왔다. 공항에는 나의 호스트 패밀리인 스티브와 그의 부인 루우가 마중을 나와 있었다. 기숙사에 들어가기 전까지 그의 집에서 거처할 예정이었다. 루우는 몸집이 큰 여자였지만 상냥하고 친절했다. 내게 그 동안 어려운 일은 없었느냐고 묻기도 하고, 나의 가족에 대해서도 이것저것 물었다. 아이가 넷이라고 했더니, 놀라면서 Sang! (그들이 부르는 나의 이름이다.) 넷이나 되는 아이를 가졌어요. 참 좋겠어요. 했다.

그날 저녁 나는 미국에 와서 첫 번째의 난처한 경우를 당했다. 전주에 살 때 우리 집에 세를 들어 살던 아주머니가 내가 미국 간다고 하니까, 그곳은 고추장이 귀할 테니 가져가라면서 고추장을 가득 담은 병을 내게 주었다. 내키지 않았지만 주는 성의를 생각해서 신문지로 꽁꽁 싸서 나의 짐 가방 안에 넣어서 왔다. 이것이 비행기 안에서 폭발했던 모양이다. 그런대로 견디던 것이 더운 로스앤젤레스에서 이미 부글부글 끓기 시작해서 시애틀에서는 드디어 폭발한 것이다. 가방 안은 온통 고추장으로 뒤범벅이 되어 그 안에 함께 있던 옷이 엉망이 되어 있었다. 창피하기도 하고 스티브 내외가 놀랄까 봐 화장실에 가서 조용히 처리하려다가 내 손이 유리에 베어 핏방울이 뚝뚝 떨어졌다. 내가 어찌할 줄을 몰라 쩔쩔매고 있을 때 스티브가 화장실 문을 열고 들여다보았다. "상! 무슨 일이야." 눈을 동그랗게 뜨고 놀라서 나를 바라보았다. 미국에 와서 그 순간만큼 당황한 적은 없었다. 고추장은 맛도 보지 못했지만 고추장으로 범벅이 된 옷이 더 큰 문제였다.

스티브 집에서 열흘 정도 머물었던 것으로 기억한다. 원래는 3-4일 머물 예정이었지만, 기숙사가 늦게 여는 바람에 갈 곳이 마땅치 않아 할 수 없이 그곳에 더 머물 수밖에 없었다. 스티브의 집은 미국인의 집으로서는 차라리 규모가 작은 집에 속한다고 할 수 있을 것이다. 담장이 넝쿨로 덮인 작은 울타리 문을 밀고 들어서면 곧 현관이다. 남향집이니까 현관은 북쪽의 출입문과 바투 위치하고 있지만 집의 남향으로 잔디 깔린 제법 넓은 공간이 있었다. 우리 식으로 말하면 뒷마당이 되는 셈이다. 그들 식구가 살기에는 별로 불편을 느낄 수 없는 집이었다. 작고 아담한 이층집으로 아래층에는 거실과 두 부부의 침실이 있고, 그 옆에 조그만 허드레 방, 이층에 조그만 방이 하나 더 있었다. 손님이 오면 기거하도록 된 방인 모양이다. 나는 열흘 동안 이 이층 방에서 기거했다. 결혼한 지는 육칠 년 된 것 같은데 그때까지 그들은 아기가 없었다. 이 집에는 몸집이 아주 큰 개를 기르고 있었는데, 아침이면 스티브가 뜰에 나가 이 개와 한바탕 재미있게 어울렸다. 개에게 운동을 시키는 것을 겸해서 자기도 같이 운동을 하는 모양이었다.

"수지! 유 아 굿걸! 오, 렛트미 해브 유어 핸드. 오 예스, 그레잇."

나는 아침마다 이런 소리를 들으며 잠을 깼다. 내외가 개를 끔찍이 좋아했다. 나는 눈치도 없이,

"개를 그렇게 좋아할 것이 아니라, 아이를 얼른 낳아 기르란 말이야. 개에 비교도 되지 않을 만큼 좋을 테니까." 라고 말하곤 했다. 스티브는 부정도 긍정도 하지 않으면서 허허 웃기만 했다. 한참 뒤에 다시 생각해 보니 그들이라고 해서 아이를 왜 갖고 싶어 하지 않았겠는가. 아이가 생기지 않아서 그러

고 있는 것을 괜히 마음만 아프게 했다는 생각이 든다. 십 몇 년 뒤에 시애틀에 다시 들를 기회가 있어서 스티브 집에 들렀더니 중학생처럼 보이는 소년이 보였다. 너의 아들이냐고 물었더니 그렇다고 대답했다.

스티브의 직업은 잡지사의 기자였다. 대학에서는 매스컴을 전공했다고 했다. 아침이나 저녁 무렵 시간이 나면 동네를 한 바퀴 돌면서 산책했다. 아는 사람을 만나면 반드시 나를 불러서 인사를 시켜 주면서 자기 집에 잠깐 머물고 있는 '풀브라이트 스칼라'고 소개했다. 내가 풀브라이트 스칼라십을 받고 있다는 것이 매우 자랑스러운 모양이다. 그는 나의 보호자라도 되는 듯이 혹시나 불편한 것이 없는가, 나를 보살폈다.

어느 날 저녁 무렵이었다. 스티브 집 건너편 집 앞에서 젊고 예쁜 여인이 차를 닦고 있었다. 그녀는 흰 피부에 까만 머리털을 갖고 있어서 더욱 눈길을 끌었다. 후에 안 일이지만 멕시칸과 백인의 혼혈아가 대체로 그런 모습을 갖고 있는 것 같았다. 산책 가는 길목이어서 여인에게 말을 걸었다. 무슨 말을 했는지는 지금 다 잊어버렸지만 그녀도 내가 다니려고 하는 워싱턴 대학에 재학하는 학생이었다. 나도 그 대학에 입학한 학생이라고 말하면서 대학생활에 대해서 이것저것 물어 보았다. 다음날 캠퍼스 안을 안내할 수 있느냐고 했더니 언제든지 좋다고 했다. 만날 시간과 장소를 약속하려고 하는데, 스티브가 건너편에서 나를 보고 큰 소리로 떠들어댔다. "너는 결혼했고, 아이들도 있잖아. 젊고 예쁜 여인과 만나면 안 되는 거야. 저녁 준비되었으니 빨리 와." 라고 말했다. 녀석 넘겨짚기는. 내가 뭘 어쨌다고……. 데이트라도 신청하는 줄 아는 모양이지, 하면서 나는 얼른 건너왔다.

워싱턴 대학

워싱턴 대학은 워싱턴 호수를 바로 내려다 볼 수 있는 곳에 위치하고 있었다. 20도 정도 경사진 비탈에 각 대학의 건물이 위치하고 있었는데, 캠퍼스 동편에 잘 자란 키 큰 수목들이 있어서 시원한 느낌을 주었다. 미국의 대학치고 아주 넓은 캠퍼스라고는 할 수 없지만 숲이 전무하다시피 한 한국의 대학에 비하면 풍성하고 안온한 느낌을 주었다. 미국의 역사는 일천하지만 대학의 역사만은 우리보다 훨씬 오래다. 중앙도서관이 캠퍼스의 중앙에 위치하고 있었고, 거기서 이삼십 미터 떨어진 곳에 동아시아 도서관과 학부도서관이 위치하고 있었다. 동아시아 도서관은 주로 한국인, 일본인, 중국인이 이용하는 곳으로 동양서적이 비치되어 있었다. 동아시아 각국에서 발행하는 신문도 거기 비치되어 있어서 이곳에서는 동양인을 자주 만난다. 나도 매일 한 번씩 들르는 이유는 한국 신문을 보기 위해서였다. 한국을 떠나 있어도 한국에 늘 관심이 가 있는 것은 어쩔 수 없는 일이다. 학부 도서관은 책은 별로 비치해 두고 있지 않았지만 대신 편하게 앉거나 누울 수 있는 소파들이 많고 공간이 넓었다. 특별히 찾는 책이 없으면 나는 이 학부도서관을 주로 이용했다. 자유로운 곳이라 앞에 앉은 남녀 학생이 진한 애정 표현을 하는 것을 목도할 때도 있었다. 보지 않으려고 해도 자꾸만 눈이 그쪽으로 가는 바람에 책을 읽는 데 지장을 받기도 했다.

무슨 과목부터 신청해야 할지 몰라 비교문학과 학과장을 찾아갔더니 너는 한국에서 한국문학을 공부했으니 여기서는 영문학을 주로 공부해야 된다는 조언을 해 주었다. 워싱턴대학에서의 나의 학생 신분은 '석사 후, 전 박사과정'(post-master pre-doctoral course)의 학생이라고 했다. 어쨌든 영문학 공부는 해야 될 모양인데 어디서부터 해야 하는지, 누구부터 해야 되는지 엄두가 나지 않았다. 시대를 너무 거슬러 올라가서 선택하면 현대 영어와는 너무 달라 내가 따라 읽기조차 힘들 것 같고, 그렇다고 20세기를 택하면 영문학의 기초가 전혀 되어 있지 않은 나로서는 전후 맥락을 잇기가 힘들 것이라는 생각이 들었다. 그래서 선택한 것이 18-19세기 작가들이었다. 다루는 작가들을 보니 제인 오스틴, 조지 엘리엇, 찰스 디킨스 등이었다. 이들 작가들의 이름은 들어보았지만 디킨스의 작품을 빼고는 거의 읽어 본 적이 없는 작가들이었다. 처음부터 대학원 코스를 선택하면 힘들 것 같아 학부 코스를 선택했다. 300단위의 과목이니까 대체로 학부 3-4학년생들이 수강하는 과목인 모양이다. 첫 시간에 들어갔더니 40대의 교수가 들어왔다. 첫 시간이니까 학생 각자의 이름을 큰 소리로 외치라고 교수가 말했다. 돌아가면서 차례로 자기 이름을 대는데 자기 이름을 대기 전에 반드시 앞의 학생 이름을 대고 자기 이름을 대는 방식이었다. 수강생이 20명 정도였는데 대부분이 여학생이었다. 나는 끝에서 두 번째가 세 번째였는데 바로 앞에서 자기 이름을 말해도 따라 하기 힘든 판인데 그 많은 학생들의 이름을 기억한다는 것은 내게는 불가능에 가까운 일이었다. 지금도 마찬가지지만 미국인의 이름을 말로 듣고 기억하기란 지난한 일이다. 미국인 학생들도 처음 열 명 정도는 그런대로 기억해서 말했지만 뒤로 갈수록 앞의 학생 이름을 제대로 말하기가 쉽지 않은지 쩔쩔매는 학생이 많았다. 나는 흔히 듣는 이름 두 사람만 말하고는 내가 기억할 수 있는 이름은 이들 둘뿐이라고 했더니 모두들 막 웃었다. 자기 이름을 기억해 준 학생 둘은 손뼉을 치며 나에게 감사를 표했다. 담당 교수는 자기의 기억력을 과시라도 하는 듯이 맨 끝에 반 학생 이름을 전부 기억해서 부르고는 자기 이름을 댔다.

이 교실에서의 첫 번째 작품 읽기는 소설 〈오만과 편견〉(Pride and Prejudice)이었다. 작품명은 들어보았지만 읽은 적은 없는 소설이었다. 기숙사에 돌아와 읽기 시작했지만 좀처럼 진도가 나가지 않았다. 어려운 단어가 있는 것도 아닌데 줄거리가 어떻게 돌아가는지 아리송하기만 했다. 좌우간 이번 주 내로 다 읽어야 한다는 강박감 때문인지 읽지 못한 페이지만 지루하게 세고 있었다. 별로 길지 않은 소설인데도 불구하고 한 주일 내에 다 읽는다는 것은 내게는 여간한 고역이 아니었다. 당시는 여인들의 자질구레한 말들이 지루하게만 느껴졌던 것이다. 이 소설에 어지간히 시달려서인지 조지 엘리엇의 〈미들마아취〉나 디킨스의 〈위대한 유산(Great Expectations)〉 같은 소설은 재미나게 읽었다.

다음 학기에 선택한 과목은 '낭만주의 문학'이었다. 다루는 작가들을 보니 블레이크, 워즈워드, 코울리지 등이라서 어느 정도 친근감이 있었다. 블레이크의 시는 워낙 수수께끼 같은 시들이라서 교수도 잘 모르겠다는 부분이 많아 내가 모르는 것은 당연하다는 생각이 들었다. 워즈워드의 시는 내가 몇 편 읽어둔 것이 있어 그 정도면 충분히 즐기며 따라가겠거니 했더니 그게 아니었다. "내 가슴 뛰노누나 하늘에 있는 무지개를 보았을 때"(My heart leaps up when I behold a rainbow in the sky)라는 시는 즐겨 암송하던 시 아니던가. "그녀는 도브의 샘물 옆 아무도 밟지 않은 길섶에 살았다."(She dwelt among the untrodden ways/ Beside the springs of Dove,)도 어느 선배가 하도 좋아해서 나도 따라 외울 정도였다. 교재로는 데비드 퍼킨스가 편집한 〈영국 낭만주의 작가들〉(English Romantic Writers)이었는데 우선 천이백 페이지가 넘는 그 분량에 압도당하고 말았다. 다른 시인들보다 비교적 쉬울 것이라고 생각했던 워즈워드의 서정적 발라드(Lyrical Ballad)를 읽어도 도무지 무슨 소린지 이해하기 어려웠다. 젊은 조교수는 내가 외국에서 영문학을 전공했을 것이라고 믿었던지 가끔 내게 느닷없는 질문을 던졌다. 사실 그때 나는 대체로 졸고 있었다. 무슨 질문을 던졌는지도 모르고 눈만 껌뻑거리고 있는데, 교수는 눈치를 채고는 이런 질문은 누구도 쉽게 답할 수 있는 성질의 것이라고 나의 체면을 세워주면서 비켜갔다. 그 즈음 나는 알레르기 약을 먹고 있는 중이었다. 때문에 밤낮을 가리지 않고 졸려서 교실에 가서 앉았다 하면 꾸뻑거릴 때였다. 대학원 학생은 학부 과목을 수강할 때 점수로 받지 않고 '가' 혹은 '부'로 받아도 되기 때문에 낙제 점수는 면할 수 있었다.

비교문학 과목은 오히려 쉬웠다. 대부분 외국에서 온 교수들이었기 때문이다. 루마니아 태생인 여자 교수로부터 첫 수업을 받았다. 영어가 서툴러서 더듬거리며 간신히 자기 의사를 전달할 정도였다. 게다가 수강 학생들도 대부분 원어민이 아니기 때문에 이런 반에서 영어로 주눅이 들 필요는 없었다. 루마니아 출신의 교수 수업은 비교문학에 관한 이론을 더듬거리는 영어로 반 학기 정도 강의한 뒤에 나머지 절반은 학생 각자가 준비해서 발표를 하게 했다. 일본 학생은 일본 특유의 단가短歌에 대하여 소개했고, 프랑스 학생은 프랑스 문학이 영문학에 끼친 영향을 발표했다. 홍콩에서 온 학생은 비교문학의 키포인트가 무엇인가를 자기 나름대로 요약해 왔는데 다른 동양인들과는 달리 비교적 유창한 영어를 구사했다. 그 외에 네덜란드, 독일, 소련 등 다양한 국가에서 온 학생들의 발표가 있었다. 이들의 영어 발음도 별로 시원치 않았지만 어족이 같아서인지 말의 흐름에 쉽게 끼어드는 것이 우리들 눈에는 신통했다.

다음 학긴지, 아니면 그 다음 다음 학긴지는 확실치 않지만 프랑스에서 온 교수의 비교문학 강좌를 수강한 적이 있다. 이분도 프랑스식 발음에다 더듬거리는 영어라 수강생들이 알아듣기가 힘들었으나 그 즈음 각광을 받고 있던 비평의 이론을 접할 수 있게 과제를 내준 분이라 특별히 기억된다. 마음에 드는 비평방법을 선택해서 반 학생들에게 이해하기 쉽게 발표하라는 것이 과제였다. 그 때문에 나도 당시 이름만 듣던 비평의 이론들을 훑어볼 기회를 가졌다. 학생들에 의해 다양한 비평 방법이 소개되었는데, 그 중에서도 형식주의(formalism) 비평이 전 세계적으로 선풍적 인기를 끌고 있을 때라 소련에서 온 학생의 발표에 모두들 큰 기대를 걸고 있었다. 그러나 막상 그의 발표를 듣고 나서 매우 실망했다. 도대체 요령부득이었다. 나도 도서관에 가서 여러 가지 책을 뒤적이다가 현상학에 기초를 둔 주관주의 비평(subjective criticism)을 공부해서 발표했다. 로만 잉가르덴(Roman Ingarden)과 볼프강 이저(Wolfgang Iser) 등의 이론을 요약해서 말했고, 특별히 벨기에 철학자 겸 문학이론가 조르주 뿔레(Georges Poulet)의 〈인간 시간의 탐구〉(Studies in Human Time)란 책을 읽고 매우 감명을 받았다고 말했다.

다음 학기는 스웨덴 출신의 교수로부터 〈신화와 문학〉이라는 제목으로 강의를 들었다. 내가 듣기에는 거의 완벽한 영어를 구사하는 것처럼 보였는데 자신은 그렇지 않다고 생각했던 모양이다. 학기 중에 〈비교문학과 문학이론〉(Comparative Literature and Literary Theory)이라는 저서를 출간한 바 있는 울리히 바이스타인(Ulrich Weisstein)을 강사로 초청하여 비교문학에 관해서 들은 적이 있었다. 특강이 끝나고 난 뒤에 질문을 하는 과정에서 바이스타인이 그의 말을 잘 알아듣지 못해서 몇 마디 말을 되묻자 자기의 영어 발음이 좋지 않아서 그런 것 같다고 사과했다. 바이스타인 역시 독일 악센트가 그대로 남아 있어 신화학 교수나 별로 다르지 않았다.

신화문학 강의도 절반은 교재 속에서 선택해서 교수가 강의하고 나머지는 학생들의 발표로 진행했다. 나는 "춘향전의 신화학적 접근"(A Mythological Approach to Chunhyang-tale)이라는 제목으로 발표했다. 물론 이 발표는 기말 페이퍼로 제출되기 때문에 정성을 들여야 한다. 발표 후 담당 교수로부터 분에 넘치는 칭찬을 들었다. 성적도 A 플러스가 나왔다.

내가 미국에 온 이후 영어 실력이 조금 향상되었다면 그것은 순전히 유의

상 선생님 덕분이다. 대학의 학생 식당에서 이분을 처음 만났다. 첫 쿼터(워싱턴 대학은 학기제가 아니라 일 년을 네 등분한 쿼터제다.) 말인지 아니면 둘째 쿼터를 시작하고부터인지 정확한 기억은 없지만 내가 워싱턴 대학에 수학하는 동안은 가장 자주 만났던 사람 중의 한 분이다. 학생 식당에 매일 출근하다시피 나와 앉아 식당 한편의 테이블을 점령하고 있었다. 나와 인사를 나누자 그렇지 아니해도 말할 상대가 없어 심심하던 차에 잘 만났다는 듯이 여러 가지 이야기를 풀어 놓았다. 그 동안 젊은 학생들과도 친해지고 싶어 했지만 오히려 슬슬 피해가는 눈치였던 모양이었다. 나이 든 사람을 젊은이들이 좋아할 리도 없지만 이분 역시 조금 괴팍한 곳이 있어 젊은이들이 가까이 하려고 하지 않았다는 것이다. 나는 이곳에서 그분을 만난 것을 천만 다행으로 생각했다. 실력이 좋아서가 아니라, 운이 좋아서 토플 성적이 그런대로 잘 나와서 풀브라이트 장학금을 받게 되었고, 뒤늦게 미국에 와서 공부를 하고 있지만 나의 진짜 영어 실력은 엉망이기 때문이다. 영어의 기초가 전혀 되어 있지 않을 뿐 아니라, 영문학에 대해서도 무지하기 이를 데 없다고 할 수 있었다.

식당이라고 하지만 한국과는 달리 이곳에서 식사도 하고, 스낵도 먹고 커피도 마시면서 노닥거리는 곳이라 넓은 식당이 항상 앉을 자리가 없었다. 어떤 학생은 이곳에서 교재도 읽고, 페이퍼도 쓰고, 친구를 만나는 장소로도 이용했다. 유 선생은 이 식당으로 매일 출근하다시피 했다. 미국에 오기 전에는 연세대학교에서 영어를 가르쳤다고 했다. 스스로 자주 밝히기도 하지만 학력은 제이고보(지금의 경복고등학교)를 졸업했을 뿐이다. 유엔 사령부의 통역관으로 근무하기도 했고, 판문점에서 정전위원의 통역관으로도 일했다고 한다. 연세대학에 계실 때는 영어로 병기해야 할 현판이나, 해설문 등은 거의 도맡아 하셨다고 했다. 누구나 인정하는 그 탁월한 영어 실력 덕분에

고보 학력에도 불구하고 연세대 교수까지 하지 않았나 생각된다. 오래전에 황순원의 〈소나기〉가 영국의 인카운트지에서 무슨 상을 탔다는 기사를 읽은 적이 있었는데, 그 작품을 번역한 분이 바로 유 선생이었다고 한다. 물론 당시 나는 번역자가 누구였는지 기억할 리가 없었다. 미국에 체재하는 동안 거의 3년 넘게 학생 식당에서 유 선생을 만나면서 영어도 배우고 인생도 배웠다. 나의 학기말 페이퍼는 거의 도맡아 프르푸 리딩(검토)을 해 주었다. 나의 지도 교수는 영문학과 학과장이었는데 언젠가 나의 페이퍼를 읽고는 어떻게 이렇게 훌륭한 고전적 영어를 쓸 수 있느냐고 경탄을 마지않았다. 자기들이 쓰는 영어는 너무나 세속화 되어서 '엉망인 영어'(rotten english)라고 했다. 유 선생이 자상히 매만져 주어서 그렇게 훌륭한 페이퍼가 되었다는 말이 목구멍까지 넘어왔으나 꾹 참고 감사하다고만 대답했다. 유 선생의 프루프 리딩은 그만큼 훌륭했던 모양이다. 어학에는 귀재에 가까웠다. 일본어는 물론, 중국어, 러시아까지 잘 했다. 독일어도 몇 마디 했지만 돼먹지 못한 발음 때문에 공부할 생각이 없었다고 말하기도 했다. 나는 삼년 넘게 거의 매일 만나다시피 했지만 이분이 함석헌, 김흥오 선생의 스승이 되는 그 유명한 유영모 선생의 아들이라는 것은 몰랐다. 귀국 후 그것도 몇 년이 지나서 김흥호 목사님 밑에서 서예를 배우면서 알게 되었다. 김흥호 목사님은 유영모 선생의 제자이기도 하지만 그의 한문으로 된 저서를 완역한 분이다.

그럭저럭 하는 사이에 2년 반의 세월이 흘러갔고, 나도 박사종합시험에 필요한 과목을 전부 이수하게 되었다. 1년만 미국 구경을 하고 돌아가겠다던 원래 의도와는 달리 박사학위에 필요한 전 과목을 이수하고 학점을 취득했다는 것은 신기한 일이다. 과정을 마쳤으니 종합시험을 한번 쳐 보기로 했다. 종합시험은 네 분야에 걸쳐 보기로 되어 있었는데, 비교문학, 영시, 영문소설, 한국문학이었다. 그래도 만만한 것이 비교문학이라는 생각이 들어서 그

과목을 제일 먼저 선택했다. 한 달 정도 준비해서 응시했다. 몇 문제가 출제되었는데 허락된 시간은 3시간이었다. 아직도 영문으로 페이퍼를 작성한다는 것이 내게는 여간한 고역이 아니라서 참으로 땀을 뻘뻘 흘리며 3장 정도의 에세이를 만들었다. 일주일 후 당락을 알려준다고 해서 비교문학과 사무실로 찾아갔더니 내가 쓴 시험지를 보여주었다. 세 교수가 채점했는데, 둘은 그냥 'pass'라고 쓴 데 비하여 한 교수는 '간신히 통과'(marginal pass) 라고 써 두었다. 그것을 보니 앞으로 남은 세 과목을 통과할 자신이 싹 가시는 것이었다. 그때 마침 아내도 한국으로 돌아가야 할 형편이어서 나도 시험을 포기하고 가야겠다고 했더니, 아내의 말이 되든지 안 되든지 시험이나 마저 보고 오는 것이 좋지 않겠느냐고 했다. 중도에서 포기하나 시험 치고 떨어지나 결과는 마찬가지 아니냐고 했다. 아내의 말에 용기를 얻어 시험을 계속 쳐 보기로 했다. 한국문학이야 문제 될 것이 없지만 영시와 영문소설이 문제였다. 나의 영문학 쪽 전공이 토마스 하디(Thomas Hardy)였으므로 나의 지도교수가 빅토리아 문학에서 한 문제, 토마스 하디에서 한 문제 내겠다고 했으므로 다소 안심이 되었지만 영시는 별로 읽은 것이 없어 백지를 낼 수밖에 없다는 생각이 들었다. 그렇지만 해보자는 생각에서 영시 작품을 읽는 것은 거의 포기하고 18세기 19세기 시에 대한 비평서를 몇 권 읽었다. 참으로 다행인 것은 바로 내가 읽었던 그곳에서 출제되었던 것이다. 아무튼 'marginal pass' 라고 한 그 교수(이분도 스웨덴 출신으로 옥스퍼드에서 학위를 받았다고 한다.)의 말대로 간신히 전과목을 통과한 셈이 되었다. 시험을 처음 시작한 때로부터 다섯 달 정도 걸린 셈이다. 얼마 후 구두시험을 보겠으니 오라는 통지가 왔다. 2시간에 걸쳐 내게 질문을 던지고 나는 답을 해야 한다고 했다.

그전에 워싱턴 대학교의 동아시아학과 속해 있는 한국문학 전공 분야와

서두수 교수에 대하여 잠깐 설명해 두는 것이 좋겠다. 동아시아학과의 한국 분야는 루코프 교수와 서두수 교수가 담당하고 있었다. 루코프 교수는 미국 명문대학에서 학위를 받고 연세대학에서 오랫동안 근무했다고 한다. 그의 아내도 한국 사람이다. 언젠가 동아시아 사무실에 들렀더니 나이 많은 여직원 한 분이 "그 분은 'cool'한 분이시죠."라고 말했다. 루코프 교수를 4년 동안 지켜본 결과 그야말로 'cool' 하다는 말이 아주 적당한 표현인 것 같다. 서두수 교수님은 경성제대를 졸업하고 해방 후 연세대학교 국문학과에서 잠깐 근무하셨던 분이었다. 미국에 건너와서 콜롬비아 대학에서 교육학으로 학위를 받은 후 워싱턴 대학에서 한국문학을 담당하고 계신 분이었다. 내가 워싱턴 대학에 왔을 때 예순을 훨씬 넘긴 연세가 아니었던가 생각된다. 첫 인상이 서글서글하고 인자하게 생긴 분으로 평소 위트 넘치는 유머를 잘 쓰셨다. 당시 한인 교포사회에서는 정신적인 스승과 같은 분이었다. 오랫동안 워싱턴 대학에서 가르쳤는데도 테뉴어(정년보장)를 받지 못하고 있는 상태였고, 그분의 퇴임 후에는 한국문하 교수직 자체가 없어질 위기에 있었다. 벌써부터 이런 문제를 안고 있었으나 변화의 조짐은 없고 점점 더 기정사실화되어 가고 있었다. 내가 학생회장이 된 뒤 대학원 학생들이 몇 번의 회합을 갖고 우리도 가만있어서는 안 되는 것 아니냐는 의견이 돌았다. 학교 당국에 그 계획의 취소를 강력히 요구하는 동시에 시위도 준비했다. 대학 측의 그런 계획이 쉽게 변경되리라는 생각은 들지 않았지만 전혀 반응이 없자 한국 학생들은 연일 인문대학 학장실 근처에서 시위를 벌였다. 바로 그 인문대학장이 그 계획의 배후에 있는 주동 인물이기 때문이다. 한국문학을 수강하는 학생이 적다는 것이 문제였다. 바로 그 학기부터 서 교수 과목을 수강하기로 했다. 정치학을 전공하는 학생과 한국사를 전공하는 미국인 학생, 그리고 나 이렇게 세 사람이었다. 대학원 강좌로서 세 사람이면 충분했다. 서 교수께서 율곡의 상소문을 읽는 것이 어떠냐고 해서 한문도 배울 겸 모두들 좋다고 했다. 미국인 학생은 피스코로 한국을 다녀온 학생이었다. 한국문학 전공 프로그램의 지속을 위한 투쟁은 다른 곳에서 다시 설명해야 할 것 같다.

나의 종합시험에 관하여 마저 이야기하기로 하자. 종합시험이 끝난 후 한 달 후쯤으로 기억된다. 드디어 마지막 단계인 구술시험의 날이 다가왔다. 심사관은 나의 지도교수인 영문과 교수와 옥스퍼드 출신의 영문학 교수, 그리고 서두수 교수였다. 심사에 들어가기 전에 서두수 교수님과는 이렇게 의논이 되었다. "심사 시간이 2시간이니까 선생님께서 한 시간 반쯤 저에게 질문을 해 주십시오. 한국문학에 대해서야 저희들이 잘 모를 테니까 가만히 있겠지요. 그렇게 해서 다른 심사관의 질문 시간을 줄여야 하지 않겠습니까?" 서 교수님도 쾌히 승낙하시고 그날 심사관의 한 분으로 참석하셨다. 그런데 정작 심사가 시작되었을 때 서 교수님의 질문은 채 40분을 넘기시지 못하셨다. 다음은 옥스퍼드 출신의 스웨덴 인 교수가 질문하기 시작했다. 어떤 작품의 원문을 읽고는 이 점에 대해서는 어떻게 생각하느냐고 물었다. 우선 그가 읽는 원문을 듣고서 이해하는 것조차 쉽지 않았다. 적당히 얼버무리며 대답할 수밖에 없었다. 진땀을 빼고 있는데 이 교수는 다음 질문으로 로버트 브라우닝(Robert Browning)의 시에 관해서 질문했다. 마침 그 시인에 대한 비평서를 얼마 전에 읽었던 기억이 있어서 답을 했더니 그건 그렇지 않다고 나를 몰아세웠다. 그때 나의 지도교수가 내 편을 들어주면서 학생의 의견과 같은 평을 하는 사람도 많다고 나를 지원해 주었다. 나의 지도교수는 토마스 하디(Thomas Hardy)의 소설에 관해서 질문했다. 하디는 영문학 쪽 전공 분야이므로 큰 어려움은 없었다. 어쨌든 그렇게 해서 나는 종합시험을 통과하였다. 이젠 Ph. D candidate(박사학위 후보)가 된 것이다. 며칠 후 나는 그 옥스퍼드 출신의 영문학 교수(그의 이름을 지금 잊었다. 그가 바로 비교문학 대학원 담당 교수였던 것을 뒤에 알았다.)를 찾아가서 당신 때문에 내가 얼마나 진땀을 뺐는지 모른다고 말했더니, "그랬어?" 하면서 씩 웃었다. 박사과정에 있는 한국 학생들에게 그 말을 했더니, "선생님, 참 용감하십니다." 하면서 모두들 깔깔 웃었다.

내 수학 과정에 대해서는 이 정도로 해 두고 나의 미국 생활에 대하여 말해 보기로 하자. 앞에서 말한 바와 같이 나는 미국에 오면서 한국에 있을 때의 생활은 싹 잊어버리고 미국 생활에 적응하면서 대학원 학생으로서 재미있게 보내자고 생각했다. 그 때문에 내가 교수 신분이라는 것도 잊어버리고 유학생과도 교포학생들과도 잘 어울려서 놀았다. 교포학생들은 대부분 학부 학생들이었는데 젊은 유학생들보다 나와 어울리기를 더 좋아했다. 그래서 그들끼리 파티(주로 댄스 파티였지만)를 가지면 반드시 나에게 전화를 걸어서 동석하기를 청했다. 나로서야 불감청고소원不敢請固所願이라고 마다할 일이 없었다. 한국에 있을 때 미국 가면 주로 청바지를 입는다고 해서 한 벌 샀다. 학생들에게 그 말을 했더니 다음날 꼭 한 번 입고 와 보라고 졸랐다. 그러나 막상 입고 출근하려고 하니까 도저히 용기가 나지 않았다. 점퍼를 입고 대학에 출근도 했지만 교수가 청바지를 입고 학교에 출근할 용기는 나지 않았다. 지금 생각하면 애들 말마따나 웃기는 일이다.

그렇게 젊은 학생들과 어울려 놀다 보니 나도 그들과 비슷한 또래의 젊은이로 착각하고 있었던 모양이다. 한국학생회를 한다기에 나가 보았더니, 차기 학생회장으로 나를 거론하는 것이 아닌가. 나는 깜짝 놀라서 그건 절대로 있을 수 없는 일이니, 그런 발상조차 하지 말라고 야단을 쳤다. 그러나 그들은 막무가내였다. 선출해도 소용없는 일이니 그리 알라 하고 내 아파트로 돌아왔다. 얼마 있지 않아 나이 많은 대학원생들이 내 아파트로 우루루 몰려왔다. 이미 선출되었고, 학생회는 이미 끝났으니 되돌릴 없는 일이라고 이들은 우겼다. 한국에서 명색이 교순데 어떻게 여기 와서 학생회장을 하느냐고 완강히 거절해도, 일본 학생회도 교수가 한 일이 있다는 예를 들면서 내가 아니 하면 한국학생회가 와해된다고 말했다. 젊은 학생들과 어울려 놀다가 꼴좋게 되었지, 한동안 자숙하다가 할 수 없이 맡지 않을 수 없게 되었다. 내가 학생회를 맡고부터 한국문학 교수직 폐지 반대 시위를 시작했기 때문에 나는 내 공부에 매달리지 못하고 그 일 준비 때문에 시간을 많이 뺏겼다. 시위 준비를 의논하느라고 밤 2시가 넘어서 집으로 돌아온 적도 여러 번 있었다. 피켓이나 플래카드를 준비하기도 하고 외칠 구호를 준비하기도 했다. 대개 이삼십여 명이 피켓을 들고 교내를 행진하여 가다가 학장실 앞에서 큰 소리로 구호를 외쳤다. 지금 기억되는 구호의 내용은 "한국문학 말살의 음모를 중지하라." 라든지, "동아시아 연구에 있어서 한국문학은 필수적이다." 등이라고 생각된다. 시위행진은 교내를 빙빙 돌다가 학장실 앞에 와서 구호를 외치고 헤어지는 것이었다. 시위 도중에 무슨 일인가 하고 궁금해서 물어보는 백인 학생이 있으면 그 취지를 설명하고 동참하기를 권유했다. 그래서 가끔 시위행렬에 백인 학생이 끼이기도 했다. 그에게 구호 외치는 선창을 맡기면 원어민의 발음이라 썩 훌륭했다. 내가 학생회장을 하는 동안 간단없는 시위를 계속했다. 당시 우리의 시위 상황이 동아일보에 보도되기도 했었다. 그 때문인지 몰라도 서두수 교수는 정년 직전에 테뉴를 받게 되었지만 한국문학 프로그램은 그의 정년퇴직과 더불어 중지되고 말았다. 동아시아에 대한 열기가 식어진 것이 중요한 원인이라고 한다. 육이오 전쟁 발발 이후 한때는 한국학 붐이 조성되어 번성하기도 했다고 한다. 수강생이 얼마나 되느냐가 존폐의 기로가 되는 것이다. 당시는 일본어 붐이 일어나 일어 강좌는 학생이 차고 넘칠 정도였다. 어쨌든 서 교수 퇴임 후 한국문학 프로그램은 중단되고 말았다. 그로부터 20년 후 워싱턴 대학을 다시 방문했을 때 이광수의 손녀가 한국문학 교수로 재직하고 있었다. 그녀는 컬럼비아 대학에서 학위를 받았다고 한다. 그곳을 방문한다고 했을 때 한국문학에 관하여 발표를 해 줄 수 없느냐고 해서 간 김에 '한국문학의 특성'이라는 주제로 강연을 한 바 있다. 그녀는 그 대학에서 테뉴를 받지 못하고 다른 대학으로 옮겨 가고 말았다는 소식을 들었다. 최근에는 경희대학에서 가르치기도 했다.

학생회장을 맡았다는 책임 때문에 그 지방의 라디오 프로그램에도 출연하고, 주립대학 연합회 회장도 만나고, 주지사도 만났던 일이 있었다. 한국을 위한 일이기도 했지만 나를 위해서도 한국문학 프로그램이 중단되는 것은 큰 손실이었던 것이다. 내가 학생회장으로 있는 동안 한국 학생들을 위해서 한국을 잘 아는 명사(라고 할 수 있을지 모르겠지만)를 초청해서 강연회도 수차 가졌고, 야유회도 여러 번 가졌던 일이 있었다. 가령, '한국의 밤'이라는 프로그램을 마련해서 교민들과 함께 재미있는 시간을 보내기도 했다. 그 자금 마련을 위해서 그곳에서 사업을 하고 있는 교포를 찾아가서 기부를 부탁하기도 했다. 그 통에 한국 학생은 나를 모르는 사람이 거의 없을 정도였다. 나보다 수년 앞서 그곳에서 공부하고 있었던 나의 고등학교 동창이 있었는데, 언젠가 만났더니, "한국 학생으로 너를 모른다고 하면 간첩이라고 하던데……." 하면서 나를 놀려주던 기억이 난다. 1년 후 교통부 서기관으로 있다가 미국에 유학 온 정종환에게 회장직을 물려주었다.

정종환에 대해서는 조금 이야기해 둘 필요가 있을 것 같다. 이명박 정권에서 지금 국토해양부장관을 하고 있는 바로 그 사람이다. 어느 날 외국 학생들의 일을 담당하고 있는 대학 직원으로부터 "여기 한국에서 처음 온 학생 둘이 있는데 당신이 와서 좀 도와주시오." 하는 전화가 걸려 왔다. 가 보았더니, 한 사람은 교통부에서 왔고, 또 한 사람은 경제기획부에서 왔다고 했다. 대학 신문의 광고를 뒤져서 그들이 거처할 방을 구해 주었다. 그 인연으로 해서 정종환은 나를 형님이라고 부르면서 잘 따랐다. 붙임성이 좋고, 머리가 영리한 사람이었다. 방학 동안 학부 학생과 대학원생 몇이 어떻게 의논이 되어 캐나다에 있는 빅토리아 섬으로 놀러 간 적이 있었다. 교포학생이 그곳을 잘 알기 때문에 떠났던 것인데 캠프파이어 할 나무도 준비된 곳이었다. 여기서 정종환은 양주를 너무 많이 마셨던 모양이다. 교포 학생들에게 함부로 말을 하면서 평소의 그와는 달리 거친 행동을 마구 했다. 교포 학생 중에 성깔이 좀 있는 학생이 정종환을 패 주겠다고 나섰다. 그것을 말리느라고 나는 혼이 났다. 다음 날 아침, 술이 깬 정종환은 지난밤의 실수를 모두에게 사과하면서, "형님, 내가 지난밤에 양주를 너무 많이 마셨던 모양입니다. 죄송해요." 라고 말했다. 우리들은 아무 일도 없었던 것처럼 다시 화기애애한 분위기로 나머지 여정을 즐겼다.

아내는 내가 미국에 체재한 지 1년 후에 왔다. 미국 정부에서는 초청까지 해주었는데 한국 정부에서 불가하다는 것이다. 내가 국립대학에 있었기 때문에 공무원의 신분이고 공무원은 가족을 대동하고 외국에 나갈 수 없다는 것이 그 이유였다. 갑자기 공무원 가족은 외국에 같이 갈 수 없게 된 이유를 알아보았더니, 내가 출국하기 몇 개월 전에 미국에 주재하고 있던 한국영사 2명이 중동의 분쟁 지역으로 발령이 나자 사표를 내고 미국에서 잠적해 버렸다고 했다. 그 이후 갑자기 그런 내규를 만들었다는 것이다. 당시는 한국인이면 누구나 미국에 한 번 오고 싶었던 때라 아내도 내 옆에 있고 싶다기보다 미국을 구경해 보고 싶은 욕심이 더 컸다는 생각이 든다. 나는 청와대와 외무부에 그 부당함을 편지로 써서 보냈다. 결혼한 부부를 강제적으로 별거토록 하는 것은 선진국에서는 있을 수 없는 일이며 한국을 미개국처럼 취급할까 두렵다는 내용이었다. 친구가 이 말을 듣고 간도 크다고 했다. 사실 박정희 정권 시절은 정부의 뜻에 거슬리는 말은 입 밖에 내지도 못하던 시절이니 그렇게 말할 만도 했다. 조금은 겁도 났으나 그런 편지를 썼다고 죄지은 바도 없는 나를 설마 어쩌랴 하는 심정이었다. 얼마 후 로스앤젤레스 영사가 내게 전화를 걸어왔다. 외무부 당국에서 답을 해 드리라는 명령을 받고 말씀을 드린다고 했다. 현재의 내규 상으로는 공무원 신분이면 어쩔 수 없다고 대답했다. "당신도 미국에 살아보아서 알지만 그런 일은 미개국에서나 하는 일 아니오." 했더니, "선생님 말씀이 백 번 옳습니다만 저희들 쫄짜들이야 명령에 따라야지 어떡합니까." 했다. 당시 동아일보에 "교환교수로 가는 사람은 생이별할 판"이란 제목으로 기사화된 적도 있었다. 그런 기사 때문인지, 나의 탄원이 주효했는지, 아니면 바꾸어야 할 때가 되어서 그랬던 것인지 1년 후 아내를 동반할 수 있다는 허락이 내려왔다. 그러나 자녀는 동반할 수 없다는 것이다. 가난한 나라의 공무원이 외국에 파견되면 돌아올 시기에 잠적해 버리는 예가 허다해서 그랬던 것 같다. 그렇다고 해도 가족을 볼모로 잡아두겠다는 발상은 너무하다는 생각이 든다. 지금과는 천양의 차이가 느껴진다. 아내는 올 수 있다고 해도 아이를 넷이나 둔 우리 가족에게는 여전히 문제였다. 아내는 애들을 함께 데리고 오려고 백방으로 애쓰다가 결국은 실패하고 둘은 어머니에게, 둘은 장모님에게 맡기고 오겠다고 했다. 내가 초청장만 보내면 되는 줄 알았는데 그게 아니었다. 미국 시민이 보증을 서 주어야 하고 예금 잔고 증명도 보내야 한다는 것이다. 그 절차를 몰라 헤매다가 친구의 보증을 받아 아내에게 초청장을 보낼 수 있었다. 아내가 공항에 도착하는 날 유학 온 후배들이 굳이 같이 가겠다고 해서 갔더니 아내는 이전의 복장과는 전혀 다른 스타일을 하고 나타났다. 아내는 예상과는 다른 엉뚱한 데가 있다는 것을 알았다. 이후에도 가끔 그런 일이 있었기 때문에 아내의 성벽 중에는 그런 곳이 도사리고 있었던 모양이다. 아내는 J-2 비자를 갖고 있었기 때문에 미국에 와서 얼마 있지 않아 자기도 일을 하겠다고 나섰다. 당시 한국에서는 일을 하려고 해도 일할 곳을 찾을 수 없었던 때라 아무 일이라도 하겠다고 했다. 집에서 종일 나만 기다리는 것보다 그것이 낫다는 생각이 들어 적극적으로 말리지도 않았다. 재봉틀로 옷을 만드는 공장이었다. 당시 미국에 이민 온 이대생 대부분이 로스앤젤레스에서 재봉틀 일을 한다는 소문이 떠돌 정도였으니 한국이 얼마나 가난한 나라였다는 것을 말해 주는 좋은 예일 것이다. 사실인지 어쩐지는 모르지만 경희대학에서 교수로 근무하다가 미국으로 이민 와서 조그만 한국 슈퍼마켓의 매니저로 일하는 사람을 만난 적이 있다. 한국에서 고급 공무원으로 있다가 이민 와서 꽃가게를 하는 사람을 만나기도 했다. 그만큼 아메리칸 드림을 이루기 위하여 상당한 지위에 있던 사람도 이민을 와서 거의 막노동에 가까운 일을 하는 사람들을 많이 보았다. 이민을 와서 동시에 세 가지 직업을 가진 사람도 있다기에 그 사람은 대체 언제 잠을 자느냐고 묻기도 했다. 한국 사람들의 이런 근면성은 빠른 성공을 거둔 예가 되지만, 동시에 흑인들의 미움을 사는 원인이 되기도 했던 것이다. 아내는 얼마 되지 않은 급료를 타고는 매우 좋아했고, 한국에서는 큰 회사의 사장이나 끊을 수 있는 개인 수표를 마음대로 끊을 수 있다는 것이 도무지 신기하게만 느껴졌던 모양이다. 아내는 나와 1년 반쯤 있다가 한국의 아이들 때문에 귀국했다.

아내와 있는 동안 재미있는 일화는 미국 가정에 가서 어린애를 봐 주기로 한 일이었다. 우리가 살고 있던 아파트는 잠깐 세를 주기로 하고(그것을 여기서는 sublet 라고 한다.) 미국인 집에 들어가 애를 봐 주는 일을 했다. 애들은 세 명이었데 모두 월남에 체류할 때 입양한 아이들이라고 했다. 입양하고 난 뒤에 이들 부부는 이혼을 해서 각기 다른 배우자들과 살고 있었다. 아이들은 여자 쪽에서 맡고 있었는데 우리는 여자의 집에 거처하고 있는 셈이었다. 매일 아침 여자는 전 남편과 만나 아이들 교육 문제로 의논이 분분했다. 가끔은 여자가 화장실에 있을 때 전 남편이 오기도 해서 변을 보면서 화장실 문을 열어놓고 의논하고 있어서 아내와 나는 웃음을 참지 못할 때가 많았다. 워싱턴 호수 건너편의 머써 아일랜드라는 곳인데 경치도 아주 좋았고, 아침마다 호수의 출렁거리는 다리를 건너서 시애틀로 오는 맛도 좋았다. 아내도 애들 먹을거리를 챙겨주는 일뿐이라서 여자가 있을 때는 근처로 산책을 나가거나 호숫가에 나가 섬 주변을 걷는 일을 즐겨했다. 그런데 어느 날인가 대학에 나갔다가 돌아오니 아내가 주인 여자가 자기한테 갑자기 왜 저러는지 알 수 없다고 했다. 내가 여인을 만나보았더니 골이 단단히 나 있었다. 당장 나가 달라는 것이다. 왜 그러느냐고 했더니, 문(아내의 미국식 이름이다)이 아이들을 그대로 두고 외출했다는 것이다. 아내는 그때 시내에 있는 시립 영어학원에 나가고 있었다. 여인이 12시까지 귀가한다고 해서 한 시까지 기다려도 돌아오지 않아 설마 곧 돌아오겠지 하고 집을 나섰다고 했다. 여인이 돌아와 보니 문(아내)은 없고 아이들만 있으니 단단히 화가 난 것이다. 미국에서는 아이들만 두고 집을 비우면 부모가 형사 처분을 받는다는 것이다. 이런 사실을 아내도 몰랐지만 나도 모르고 있었다. 한국에서는 아이들만 두고 어른이 집을 비우는 일은 예삿일이었으니까. 그래서 우리는 한 달도 채우지 못하고 그 집에서 쫓겨났다.

종합시험을 끝내고 난 뒤에 나의 치명적인 게으름이 나타났다. 잠시 쉬고 싶던 차에 재미 한국 학생을 위한 보조 교사를 해 보지 않겠느냐는 제의가 들어와서 받아들이기로 했다. 시애틀 지역의 각 학교에 재학하는 한국 학생들의 학업을 도와주는 일이었다. 미국에 이민해온 지 얼마 되지 않은 교포들의 자녀였다. 이들은 영어를 잘 알아듣지 못해서 학업 성적이 부진하다는 이유로 한국인 보조교사를 채용해서 이들을 도왔다. 미국의 초 중 고등학교는 어떻게 운용되고 있으며 교사들은 대체로 어떤 자세로 수업에 임하고 있는가 하는 것이 궁금했다. 내가 미국 올 때에 갖고 있었던 소박한 궁금증이 도져서 한 일이지만, 강사료로 지급되는 돈을 좀 모아서 사고 싶은 물품들을 사서 귀국할 때 가지고 가겠다는 욕심도 있었다. 다시 생각해 보면 참으로 어리석기 짝이 없는 짓을 했다는 생각이 든다. 9개월이면 적지 않은 세월이다. 그동안 논문을 썼으면 완성은 못했을지라도 그 대강의 얼거리는 짰을 것이다. 그 귀중한 시간을 허비하고 만 것이다. 서두수 교수는 내게 아무 말도 하지 않으셨지만 내심 나의 논문이 완성되기를 얼마나 기다렸을까 하는 생각이 든다. 내 생애를 뒤돌아보면서 이런 결정적인 실수를 몇 번인가 했다. 그 중에 미국에서 9개월을 허비한 이 세월이 가장 후회된다. 한국에 와서 그 논문 준비를 하려고 했다. 그러나 서울대학에서의 학위 논문 준비가 기다리고 있었다. 친구가 그것부터 하라고 권하기에 그 논문을 준비하느라고 진을 빼고 나니 워싱턴 대학의 학위 논문은 뒷전이 되고 말았다.

만 4년 만에 내가 재직하던 전북대학에 돌아오니 그동안 내가 생각하던 것보다 참 많이 변해 있었다. 미국 유학에서 과연 무엇을 얻었을까 하는 회의가 들 때가 많다. 부정 쪽보다 긍정 쪽으로 생각하는 것이 내게 이롭다는 것을 알기 때문에 자기 최면을 걸어서 내 돈 들이지 않고 미국 구경 잘 했지 뭐, 그 덕택에 영문학 맛이라도 좀 본 것 아니겠어, 하면서 혼자 껄껄 웃을 때가 많다. 그렇지만 가끔 불쑥 불쑥 솟는 후회는 어쩔 수 없는 모양이다. 왜 좀 더 열심히 해서 좋은 성과를 거두지 못했을까 하고.

(2009. 8. 2)

교환교수 생활

교수로 재직하는 동안 안식년을 얻어 미국과 독일의 두 대학에 교환교수로 가 있었다. 독일의 훔볼트 대학과 미국의 하와이 대학이다. 한국에서 교수들에게 안식년(연구년이라고도 한다.)을 허락하기 시작한 것은 1980년대 중반부터라고 생각된다. 그 이전에는 꿈도 꾸지 못했던 일이다. 교수로서 생활의 안정을 얻기 시작한 것도 그때쯤부터였다고 생각된다. 그 이전에는 입에 풀칠하기에도 바빴다. 오죽했으면 내가 전북대학의 전임강사로 가 있던 시절 하숙비가 내 급료의 절반 정도였을까. 당장 전주로 이사를 올 수 없어 한 일 년간 전주에서 하숙을 했는데 하숙비를 주고 나면 생활비를 댈 일이 아득했다. 집이 서울이니 오르내리는 차비를 제외하고 나면 손에 쥐는 것이 몇 푼 되지 않았다. 하기야 내가 공군 장교로 근무하던 시절 달러로 계산해 보니 36불이었다. 미국 군인들은 영내에 거주하면서 식사비와 피복비가 전혀 들지 않았지만 우리들은 장교랍시고 영외에 거주하면서 식사도 해결해야 하고 월세도 내야 했다. 명색이 장교인데 미군 사병 급료의 3분의 1밖에 되지 않았던 시절이 있었다. 그래도 그때보다 낫다고나 할까.

언젠가 내 하숙 근처에 살던 아주머니들이 놀러 와서 나의 봉급 액수를 끈질기게 물었던 일이 있다. 궁금했던 모양이다. 교수라면 상당히 높은 급료를 받을 것이라고 생각했던 것 같다. 나는 차마 액수대로 대답할 수가 없었다. 조금 창피했기 때문이다. 하도 집요하게 묻기 때문에 이렇게 대답했다. "교수라면 마땅히 50만 원쯤 받아야 하는데요, 지금 그렇게 못 받고 있어요." 라고 대답했다. 역시 교수는 높은 급료를 받고 있구나 하고 생각했던지 고개를 끄덕이며 모두 감탄하는 표정을 지었다. 50만 원은 다 되지 않지만 40만 원쯤은 받는다고 생각하는 것 같았다. 사실 그때 나의 월 급료는 5만 원 정도였다. 주 담당하는 시간도 12시간이 기본이고, 15시간을 맡을 때도 있었다. 그런데 1980년대에 이르러 비로소 교수 봉급이 많이 향상되었다. 게다가 7년을 지나면 1년간의 안식년이 주어졌다. 참으로 놀라운 발전이라고 하지 않을 수 없다. 주 담당 시간도 9시간으로 줄더니, 내가 정년퇴임할 무렵 1990년대 중반부터는 6시간으로 줄었다. 한국의 경제 성장과 더불어 대학 교원도 여러 가지 면에서 놀라운 혜택을 받게 된 셈이다.

1990년 중반 나도 그 혜택으로 1년간의 안식년을 갖게 되었다. 유럽은 한 번도 간 적이 없었기에 독일의 훔볼트 대학에 교환교수 신청을 내었고 그곳이 안 될 경우를 생각해서 미국의 하와이 대학에도 신청을 냈다. 그런데 하와이 대학의 한국학 담당 교수로부터 마침 한국문학 교수를 모집 중에 있으니 한번 응모해 보지 않겠느냐는 답이 왔다. 되든 안 되든 좋은 일이라고 생각하고 곧 회신을 보냈다. 교환교수로 가기 위하여 이미 이력서를 보냈으니 그것을 활용하면 된다고 하고 응모 원서에 요구하는 내 신상을 있는 그대로 써넣었다. 얼마 후 7명의 응모자 중에 내가 최종 2인의 한 사람으로 선발되었다는 통보를 보내왔다. 항공료와 숙박비를 전액 하와이 대학에서 부담하는 조건으로 인터뷰에 응하라는 통지가 왔다. 즐거운 마음으로 하와이 대학에 갔다. 테스트가 시작되었다. 한국문학 강좌를 수강하는 학생 앞에서 수업을 해보는 것이 첫 번째의 테스트였고, 다른 하나는 내가 준비한 페이퍼를 토대로 해서 공개강좌를 하라는 것이었다. 첫 번째 강좌는 이삼십 명의 학생을 앉혀놓고 하는 것이니까 번역한 한국의 소설 작품을 해설하는 것으로 준비했다. 두 번째의 테스트는 한국학연구소에서 동아시아 교수들과 다수의 학생들을 상대로 해서 일종의 연구발표 같은 강의를 했다. 준비해 간 원고를 슬쩍슬쩍 훔쳐보면서 프레젠테이션을 했다. 발표가 끝나고 난 뒤 강당의 저 뒤쪽에 앉은 교수 한 사람이 내게 질문을 하는 것이었다. 바로 옆에서 해도 알아들을까 말까 한데 저 뒤쪽에서 하니 그의 질문 요지를 정확하게 파악하기도 어려웠다. 대충 이런 질문이겠지 하는 짐작으로 답변을 했다. 미흡했던지 그는 끈질기게 물고 늘어지면서 재차 질문을 했다. 답변을 마치고 나니 등에 진땀이 흥건히 고였다.

최종 2인으로 낙점된 다른 한 사람은 이화여대 영문과를 졸업하고 미국에서 일본문학으로 학위를 받은 후 이십여 년간 대학에서 일본문학을 가르쳤던 분이다. 최근에 전공을 한국문학으로 바꾸어 두서너 편의 한국문학에 관련된 논문을 발표한 이력을 가진 분이었다. 미국의 어느 대학에서 이미 테뉴어(정년보장)도 받았다고 한다. 나보다 영어 구사력이 월등히 낫다는 점은 인정할 수 있지만 한국문학에 관한 업적으로서는 나와 비교가 되지 않았다. 동아시아과 교수들의 투표로 결정한다고 했다. 동아시아학과의 교수 구성으로 보면 70%가 일본인이고, 중국인이 25%, 한국인 교수는 겨우 2명이라고 했다. 당연히 불리한 조건이다. 선발되리라는 기대도 하지 않았지만 선발되더라도 썩 내키는 자리는 아니었다. 나의 영어 실력 때문이기도 하지만 미국에서 나머지 인생을 살고 싶은 생각도 별로 없었다. 되더라도 재직하는 대학에 휴직을 하고 1년 정도 지내보고 결정할 생각이었다. 알다시피 미국의 대학 교수직이 썩 매력적이지 못하다는 것을 아는 사람은 안다. 한 이틀 더 남아서 하와이 관광을 하고 돌아왔다. 귀국 수일 후 채용이 되지 않았다는 통보를 받았다. 그런데 안식년의 후반부를 하와이 대학에서 다시 보내게 된 것이다.

훔볼트 대학

훔볼트 대학의 첫인상은 그 명성과는 달리 좀 초라하다는 느낌이 들었다. 조금 낡은 건물이 시가지 가운데 위치하고 있었다. 시가지의 여느 건물과 별로 구별이 되지 않을 정도로 야트막한 건물들이 몇 개 이어져 있었다. 유럽식의 대학이 그러한 것처럼 운동장이라 할 만한 공간도 없고, 강의실만 연이어 몇 개 붙어 있었다. 학생들은 대략 2만 명 정도라고 하는데 실제로 등록해서 수강받는 학생은 그 5분의 1도 안 된다고 했다. 대부분의 학생들은 부모에 의존하지 않고 자기 스스로 돈을 벌어서 대학을 다니고 있기 때문에 실제로 수강하고 있는 학생은 그 수가 그렇게 적다고 한다. 학생 신분을 유지하고 있으면 여러 가지 혜택을 받기 때문에 정말 공부하기 위해서 수강하고 있는 학생은 그렇게 적다는 것이다. 학부를 8년씩 다니는 학생도 수두룩하다고 했다.

이 대학에 교환교수 신청을 할 때 나는 세 번의 한국문학 특강을 하겠다고 약속했다. 그것도 독일어는 서투르니 영어로 한다는 전제를 붙였다. 수강생은 한국학과 관련 있는 학생이거나 조교들이었다. 나이 든 여인 몇이 보였는데, 간호사로 서독에 파견되었다가 지금은 퇴임해서 학교에 나오는 사람들이라고 했다. 알다시피 독일은 대학 등록금이 없다. 게다가 입학도 비교적 쉬웠다. 그래서 퇴직한 파독 간호원이 대학에 다니는 예가 많았던 모양이다. 영어로 강의했지만 나의 시원찮은 영어에 청강하는 학생들도 썩 잘 알아듣는 것 같지도 않았다. 그 중 한 사람이 한국어로 질문을 해도 좋으냐고 해서 좋다고 했더니, 그때부터 한국말로 질문하고 대답했다. 나이 많은 학생들은 한국말로 질문과 대답을 하는 것이 신이 난 모양이다. 그때부터 생기가 돌면서 너무나 좋아했다. 특별히 생각나는 것은 두 번째 강의부터 S교수가 뒷자리에 앉아 있었다는 사실이다. 물론 나는 그를 처음 보는 편이라 그를 알아보지도 못했다. 강의가 끝나고 난 뒤에 그가 찾아와서 인사를 했기 때문에 알았다. 그는 이미 운동권 학생들에게도 명성이 높이 나 있는 편이라 이름만은 익히 듣고 있었다. 독일에서 학위를 받았고, 교수 자격시험까지 통과한 분이라 대단한 실력을 가진 사람으로 인정받고 있었다. 나의 강의가 끝나는 날 그는 내게 와서 자신의 명함을 주면서 스스로를 소개했다. 아내와 함께 캠퍼스를 걸어 나오는데 그는 우리와 함께 동행하면서 점심으로 냉면을 먹으러 가는 것이 어떠냐고 제의했다. 냉면을 먹으면서 그와 많은 이야기를 나누었다. 그에 관해서는 〈관성〉이라는 글에서 좀 더 자세하게 썼으므로 여기서는 줄이기로 한다. 다만 북한의 김일성 주석과 냉면을 먹었던 일을 내게 이야기했던 것이 기억에 뚜렷이 남는다. 이전 같으면 그와 만났다는 그 사실만으로 귀국 후 정보부에 끌려갔을지도 모른다.

대학에 나오는 날이면 나는 주로 아시아 도서관에 가서 한국 신문을 뒤적이는 것이 고작이었다. 다른 교수들이야 그렇지 않겠지만 나는 교환교수는 명목상으로 내어 건 것이고 이참에 독일의 명소를 둘러보면서 관광을 즐기겠다는 것이 내 본뜻이었기 때문에 그 외의 날은 가까운 거리의 독일 명소와

박물관들을 찾아다녔다.

알다시피 독일은 2차대전 후 연합군에 의하여 분할 점령당했다. 베를린만은 그 지역이 소련 장악하에 있었지만 연합군과 소련군에 의하여 분할 점령되어 있었다. 그래서 베를린 장벽이 생기게 된 것이다. 훔볼트 대학은 소련군에 의하여 지배를 받았던 곳에 위치해 있었다. 동서독의 장벽이 무너진 후 훔볼트 대학도 서방 세계에 개방되었지만 대학 교수들은 거의 동독 시절의 교수들이 그대로 남아 있었다. 한국학을 담당하고 있는 사람은 당당한 체구를 가진 여교수였다. 그녀와 수차례 편지 교환이 있었지만 유감스럽게도 그 교수의 이름을 지금 기억할 수가 없다.

독일에 도착했을 때 우리를 주로 안내한 사람은 젊고 예쁜 독일인 한국문학 강사였다. 처음엔 미혼의 처녀인 줄 알았다. 뒤에 알고 보니 유학 왔다가 망명한 북한 청년과 결혼했다고 했다. 짧게 자른 머리에 화장도 별로 하고 있지 않아서 얼핏 보기에는 선머슴애 같은 인상을 주었으나 자세히 볼수록 이목구비가 뚜렷한 잘생긴 얼굴이었다. 그녀는 우리를 대학 직영의 내빈용 객실(Gast Haus)로 안내했다. 마침 방이 그것뿐이라면서 넓고 제일 큰 방을 우리에게 배당해 주었다. 침실, 주방시설, 욕실이 다 갖추어져 있는 객실이라 웬만한 아파트와 비슷했다. 그러나 사용료가 만만치 않았다. 옆방에 인도인 학생이 살고 있었는데 이사 오던 그날로 찾아와 우리와 친구가 되었다. 그녀는 독일어도 잘했지만 영어도 잘했다. 독일에서 주는 장학금을 받아 생활한다고 했다. 이 학생 때문에 재독 '인도인의 밤'에 가서 인도 고유의 춤과 노래를 듣기도 하고 인도인 식당에서 카레 닭을 먹어보기도 했다. 그 카레 닭을 학생은 극구 추천했지만 우리 입맛에는 그리 맞지 않은 편이었다.

베를린의 박물관은 구동독 지구에 많았다. 하도 여러 곳을 찾아다녀서 어떤 것을 어디에서 보았는지 기억도 없다. 수많은 이집트, 희랍, 로마의 유물들이 전시되어 있는 것을 보고 놀랐다. 특히, 어떤 것은 건축물 전체를 뜯어 와서 전시하고 있는 듯해서 어안이 벙벙했다. 많은 종류가 있다기보다 그 규모가 엄청나서 입을 다물지 못했다. 일찍이 그렇게 거대한 규모의 전시를 본 적이 없었기 때문이다.

괴테와 실러의 유적을 보기 위하여 와이마르에 갔을 때는 그 유적 때문이 아니라, 날씨 때문에 잊을 수가 없다. 독일은 여름이라고 해도 초겨울 날씨처럼 으스스할 때가 많다. 괴테가 거처했던 집의 집기를 보여주는 것이 전부였는데, 우리가 흔히 보던 오래된 가구들과 별로 다르지 않아서 인상적이지 못했다. 그 대신 그 앞의 초원을 걸어 나오는 맛이 좋았다. 그가 근무했던 공국의 관저에 희한한 창문이 하나 나 있었는데, 그 창문을 통해서 괴테는 어떤 귀족부인과 눈을 마주치곤 했다고 한다. 몹시 더운 날씨여서 아이들처럼 연방 빙수를 사서 먹거나 아이스케키를 사 먹으며 더위를 식혔다. 돌아오는 기차에서 그날의 날씨가 얼마나 더운지를 실감했다. 독일은 여름이 되어도 별로 덥지 않아서 냉방을 필요로 하지 않았다. 그러나 그날은 얼마나 더운지 창문마다 열어 놓고 기차가 달리다 보니 요란스럽기 이를 데 없었다. 기차 안은 마치 전쟁이라도 난 듯이 요란한 소음과 함께 집기들을 내동댕이치고 있었다.

가스트 하우스에서 1개월 정도 지났을 때 아내는 그곳 유지비가 너무 비싸다고 하면서 다른 곳으로 옮겨 그 돈을 절약해서 여행이나 다니자고 했다. 한국교민회 사무실에 들렀을 때 교포신문을 한 부 얻어서 훑어보니까 방을 세놓는다는 사람들이 있었다. 값이 적당한 곳을 골라 전화를 걸었더니 당장 와 보라고 했다. 가서 방을 보니 괜찮은 것 같아서 한 달치 방세를 선불로 지불했다. 돌아오면서 교통이 좀 더 나은 듯한 다른 집에 전화를 걸었더니 그 집에서도 당장 만나자고 했다. 이미 다른 집에 계약했으니까 쓸데없는 걸음인 줄 알면서도 일단 만나보기로 했다. 지정한 장소에서 만났더니 당장 자기 집으로 가 보자고 했다. 가면서 여인은 나를 어디서 많이 본 듯하다고 말했다. 나도 여인의 얼굴이 눈에 많이 익었다. 이야기가 되어 맞추어 보니 내가 서울예고에 근무할 때 담임 반 학생인 것이 판명되었다. 당시 피아노를 잘 쳐서 동아음악콩쿠르에서도 상을 타고, 5 · 16 음악콩쿠르에도 상을 탔지만, 학력 성적은 나빠서 속을 썩이던 학생이었다. 그 이름을 대자 금방 생각이 났다. 근 30년의 세월이 흘러갔으니 서로 알아볼 수가 없었던 것이다. "선생님, 저희 집에 계세요. 네……." 라고 졸라대기 시작했다. 이미 선불한 월세가 아까워서 어쩔까 하고 있는데, 아내가 그녀의 집에 거처하는 것이 좋을 듯하다고 해서 그 집으로 당장 거처를 옮기기로 결정했다.

나머지 4개월을 그녀의 집에 머물게 된 것이다. 내가 예고에 근무해 보아서 알지만 피아노 치는 학생은 손가락이 굳는다고 해서 가사의 일 같은 것은 거의 할 생각도 안했다. 그런데 그녀는 우리가 온 바로 그날 그 귀한 손가락을 써서 저녁밥을 손수 지어서 우리에게 대접했다. 그 어머니가 근처에 사셨는데 그러한 일은 아주 드문 일이라고 했다. 이후에도 그녀와 더불어 밖의 식당에 나가 자주 식사를 하면서 해묵은 얘기를 나누며 즐거운 시간을 보냈다. 특히 여름이니까 한국 냉면을 먹으러 간 기억이 많이 나는데 그녀로서는 옛날의 스승이라고 해서 우리들을 극진히 대우하는 것을 느낄 수 있었다. 그녀의 남편은 러시아계 독일인으로 별로 말이 없는 사람이었으나 참 선량해 보였다. 한국에서 결혼한 남편과는 이혼하고 독일에 와서 두 번째 결혼한 남편이었다. 영어도 웬만하게는 하기 때문에 가끔은 함께 식사도 하고 차를 마시러 가기도 했다. 신기한 것은 그의 식사의 메뉴가 일 년 내내 한결같다는 것이다. 아침은 독일식 빵(좀 단단하고 담백한 맛이 나는 빵이다.)과 커피, 저녁은 소시지나 햄 그리고 아침에 먹었던 그 건조한 빵이었다. 그는 매일 회사에 출근하기 때문에 점심은 어떻게 하는지 잘 모르지만, 아침 식사 메뉴와 별로 다르지 않으리라고 생각된다. 아내가 가끔 한국 음식을 만들어서 먹어 보라고 하면 겨우 한두 숟가락 떠 보다가 그만 둔다. 하와이에 가서 만난 독일인 교수도 이와 똑같았다.

독일에 있으면서 우리는 이웃 나라로 관광도 많이 다녔다. 한국에서 15일 분의 유레일패스를 사왔기 때문에 그것으로 이웃 나라도 많이 다녔다. 예를 들면, 체코, 스웨덴, 노르웨이, 이탈리아 등인데, 오래 머물지는 못하고 하루나 이틀쯤 머물다 돌아오곤 했다. 유레일패스는 요령껏 쓰면 하루 분을 가지고 이틀을 쓸 수 있었다.

오래된 일이라 기억이 희미해서 다 쓸 수도 없지만, 이탈리아의 베네치아에 갔을 때가 생각난다. 그때 딸 둘이 동행하고 있었는데 혹시 우리 일행과 헤어져서 곤란한 경우를 당할 때가 있을까봐 150불씩을 주고 급한 일이 일이 있으면 쓰라고 했다. 그런데 둘째 딸이 버스에서 소매치기를 당한 것이다. 거의 만원 버스라 서서 갔는데, 옆에 어린아이를 안은 여인이 가까이 와서 자꾸 부딪치더라는 것이다. 아기가 귀여운 짓을 하고 있어서 그 모양을 보고 있는 사이 돈을 훔쳐 갔던 모양이다.

유럽을 여행하는 동안 우리는 주로 숙박비가 싼 유스호스텔을 이용했다. 베네치아에서는 산마르코 광장에서 배를 타고 10분 정도 가는 건너편 섬에 유스호스텔이 위치하고 있었다. 각자 헤어져 하고 싶은 구경하고 지정한 장소에서 약속한 시간에 만나기로 했다. 나는 돌아볼 데를 다 돌아보고 지정한 장소에 왔지만 40분 이상 시간이 남아 있었다. 그 앞의 섬에 뱃삯도 없이 다녀오는 배들이 많았는데, 대개는 20분 정도 걸린다고 했다. 배 유람을 즐길 셈으로 아무 배나 탔는데 하필이면 그 배는 시간 반이나 걸리는 거리를 다녀오는 배였다. 돌아와 보니 아내와 아이들은 보이지 않았다. 혹시나 하고 30분이나 근처를 찾아 헤맸지만 보이지 않았다. 할 수 없이 건너편 섬에 있는 유스호스텔로 찾아갔더니, 그래도 반가워 하면서 일제히 공격의 화살을 퍼붓기 시작했다. 이후 걸핏하면 시간 약속을 지키지 못하는 사람으로 나를 낙인찍고는 그때의 일을 예로 들어 몰아세웠다. 나는 유구무언일 수밖에 없었다.

베네치아 외에 이탈리아에서는 로마와 피렌체에 더 들러서 관광하고 독일로 돌아오는 기차를 탔다. 도중에 검표원이 와서 우리 표를 보더니 뭐라고 떠들어댔다. 무슨 말인지 통 알아들을 수가 없어서 멍하게 그를 쳐다보기만 했다. 그때 건너편 의자에서 한 청년이 일어나 우리가 기차 칸을 잘못 탔다는 말이라고 했다. 그대로 타고 있으면, 우리가 돌아가고자 하는 독일과는 전혀 엉뚱한 방향으로 간다는 것이다. 우리는 서둘러 다른 차 칸으로 갈아탔다. 과연 두어 정거장 더 가서 둘로 나누어지면서 각기 다른 방향으로 가기 시작했다. 조금만 늦었서도, 그 청년이 알려주지 않았어도 우리는 상당한 곤란을 겪을 뻔했다. 독일 훔볼트 대학에서 약 5개월간 체류하는 동안 참 좋은 경험을 한 셈이었고, 겉 핥기 식이었지만 이곳저곳 관광도 많이 했다는 생각이 든다.

훔볼트 대학은 구동독의 베를린에 위치하고 있지만, 연합군이 주둔한 서독지역에는 자유연합대학이 있었다. 대학에 몸담고 있었기 때문인지 그 대학에도 한번 가보고 싶은 생각이 들었다. 가던 날 마침 운동장 한쪽에서 학생들이 데모를 하고 있었다. 무슨 일인가 하고 가서 한 학생을 붙들고 물어보았다. 그 학생은 잠깐 실례한다면서 데모를 하고 있는 동료들에게 돌아갔다. 서로 의논을 하더니 한 학생이 내게로 왔다. 학생 중에 영어를 제일 잘하는 학생을 골라서 내게로 보낸 모양이다. 무엇 때문에 데모를 하고 있느냐고 물었더니, 학교 당국에서 학생들에게 등록금을 받을 계획을 세우고 있어서 그 계획을 중지하도록 요구하는 데모를 한다는 것이다. 등록금이 얼마나 되느냐고 하니까, 정확한 액수는 지금 기억에 없지만 한국에 비하면 정말 몇 푼 되지 않는 돈이었다. 그 정도 등록금을 가지고 무슨 데모까지 하느냐고 했더니, 아니라고 했다. 지금 등록금을 받기 시작하면 점점 올라가기 시작해서 종당에는 감당할 수 없는 지경에 이를 것이라고 생각되기 때문이라고 했다.

스위스를 방문했을 때는(베른이라고 생각되지만 정확한 기억은 없다.) 관광지에서 내려오다 보니 중고등학교가 하나가 보였다. 마침 숙소하고는 가까운 거리에 있어서 가족들을 보내고 그 학교를 방문했다. 여기서의 학교 수업은 어떻게 진행되고 있나 몹시 궁금했기 때문이다. 한국식으로만 생각해서 무조건 교장을 찾았다. 교장은 지금 외출 중이라면서(미국에서도 교장은 대체로 외부에 나가서 일을 하느라고 학교에는 없을 때가 많다.) 서무실 직원이 무슨 일 때문이냐고 내게 물었다. 나는 한국에서 교수로 일하고 있는 사람인데 이곳 교실 수업은 어떻게 진행되고 있는가 그것이 궁금해서 왔다고 말했다. 직원은 알았다고 하면서 마침 영어 수업을 하고 있는 교실이 있으니 그 선생님에게 부탁을 해보겠다고 했다. 그 교실에 들어서니 담당 교사가 나를 소개했다. 고등학교 3학년인데, ≪Time≫지를 가지고 수업을 하고 있었다. 어느 한 편의 기사를 읽고 학생들이 그것을 요약해서 발표하는 수업 방식이었다. 얼마쯤 진행하다가 내게 시간을 주었다. 나는 한국에서 교수로 있는 사람인데 스위스에서의 수업 분위기는 어떤가, 궁금해서 오늘 이 학교를 방문했다고 말했다. 한국에 관해서 궁금한 점이 있으면 물어도 좋다고 말하면서 나도 학생들에게 스위스의 고등학교 생활이 어떤지 묻겠다고 했다. 몇 학생이 쭈뼛쭈뼛하면서 내게 몇 가지 묻기도 했다. 내가 그때 외국의 중고등학교 수업이 어떻게 진행되나 하고 흥미를 가지게 된 것은 당시 한국독서교육원의 일에 관계하고 있었기 때문이다. 외국에서는 독서 교육을 어떻게 시키고 있는가 하는 것을 알고 싶었기 때문이다. 한국에서 고등학교의 ≪독서≫ 교과서를 다른 교수들과 협동해서 편저하기도 했다.

8월 중순쯤 돌아오자 학술진흥원으로부터 하와이 대학의 교환교수 신청이 승낙되었다는 통지서가 와 있었다. 왕복 교통비와 체재비가 지불되는 것이어서 빨리 서둘지 않으면 안 된다는 것이다.

호놀룰루의 하와이 대학

나는 미국에 4년간이나 살았지만 비자(Visa)에 대해서는 도무지 무식했던 모양이다. 이전에 미국 체재 비자를 받아둔 것이 있으니까 그것만 가지면 미국에 얼마든지 체재할 수 있다고 생각했다. 그러나 그것이 아니었다. 하와이 대학에 교환교수로 가 있으려면 J-1 비자를 다시 받아야 한다는 것이다. 마침 하와이 대학의 동아시아 학과장이 한국 사람이어서 나의 무식을 깨우쳐 주며 초청장을 보낼 테니 빨리 비자 신청을 하라고 했다. 약속한 날짜까지 도착하기가 어렵겠다고 생각했지만, 어떻게 겨우 그날까지 맞추어 갈 수가 있었다.

하와이는 그때 세 번째 방문한 셈이다. 1976년 미국에 공부하러 들어가면서 친구의 동생이 거기서 공부하고 있다기에 잠깐 들렀던 일이 있었다. 두 번째는 앞서 말한 바와 같이 교수 선발의 최종 후보에 들어 3-4일간 머물렀던 적이 있었다. 이번이 세 번째 방문이 되는 셈이었다. 호놀룰루 공항에 내리면 제일 먼저 레이 꽃다발을 목에 걸어준다. 그런 경험을 가져보지 못한 사람이라면 당연히 감격한다. 내게도 분명히 레이 꽃목걸이를 누군가 걸어주었을 텐데 정확한 기억이 없다. 첫 번째는 친구 동생밖에 나오지 않았으니까 그가 걸어주었을 테지만 두 번째 세 번째는 도무지 기억이 없다. 어쨌든 레이를 목에 걸고 나면 비로소 아, 여기가 바로 하와이구나 하는 생각이 든다.

대개 교환교수로 가면 강의를 맡기지 않는 법이다. 그런데 나에게는 두 강좌를 맡겼다. 2~3 학년의 한국 현대소설 강독과 대학원 학생의 논문 지도였다. 그런데 하와이 대학에서는 강사료 한 푼도 주지 않았다. 원래 그 강의에 대한 강사료가 학과로 내려와 있었는데, 내가 맡자 도로 거두어 가버렸다고 한다. 한국 같으면 학과 활동비에서라도 얼마간 수고비를 줄 만도 한데 미국은 그런 배려가 전혀 없었다. 그래도 나는 한 번도 수업을 빼먹은 적이 없었다.

대학과 가까운 곳에 아파트가 있어서 참 다행이었다. 시월인데도 대학을 오가는 길에 온갖 꽃들이 만발해 있었다. 그 향기 또한 매혹적이어서 나를 어질어질하도록 취하게 했다. 독일과는 전혀 다른 분위기였다. 아내는 독일의 다소 음침한 분위기 속에 살다가 활짝 갠 듯한 하와이가 썩 마음에 드는 모양이다. 해변으로 드라이브를 가지 않으면 도서관에 가서 마음 내키는 대로 골라서 책을 읽는 것이 하루의 일과같이 되었다.

하와이 군도라고 할 만큼 여러 개의 섬이 가까운 거리로 흩어져 있다. 그 중에서 가장 큰 섬이 하와이 섬(흔히 큰 섬이라고도 한다.)이고, 다음이 마우이 섬, 오아후 섬 등 여러 개의 섬이 있지만 그 중에서 비교적 큰 섬으로 6개를 두고 말한다. 하와이 대학은 그 중심대학이 오아후 섬의 마노아에 있다고 해서 정식 명칭은 'University of Hawaii at Manoa'라고 한다. 하와이 군도의 인구 80%가 오아후 섬에 살고 있고, 오아후 섬 인구의 80%가 호놀룰루에 산다고 한다. 특별한 관광 목적으로 오지 않으면 대체로 오아후 섬을 한 바퀴 돌고 가는 것이 일반적이다. 하와이 관광을 집약적으로 보여주는 곳이 민속촌인데 그것도 오아후 섬에 있다. 하와이 대학에 온 이후 아내와 같이 구경삼아 돌고, 딸 둘이 각각 따로 와서 돌고, 친구가 와서 돌고 해서 헤아려보니 일곱 번을 돈 셈이었다. 어느 날 섬 주변을 돌다가 아내가 갑자기 이곳에 내려서 수영을 하고 가자고 했다. 물론 우리 외에는 아무도 없었다. 비취 빛깔의 바닷물이 잔잔하게 출렁이고 있었고, 해변이 부드러운 모래로 깔려 있었다. 나는 조금 놀랐다. 아무리 해변의 정취가 좋기로서니 아무도 없는 이 해변에서 둘이서만 수영을 하리라고는 생각도 해보지 않았기 때문이다.

둘째딸이 왔을 때 그 애를 구경시켜 주기 위해 섬을 다시 한 바퀴 돈 적이 있었다. 두어 시간 드라이브하다가 어느 곳에 왔을 때 큰 느티나무가 그늘을 만들어 주고 있는 곳이 있었다. 그 밑에 넓적한 탁자 같은 의자가 놓여 있었다. 나는 그 위에 올라가 잠깐 쉰다는 것이 깜빡 잠이 들었던 모양이다. 주위가 갑자기 왁자지껄 시끄러워 잠이 깼다. 하와이 원주민인 듯한 가족 일군이 바로 옆에서 떠들고 있었다. 그 중에 40대쯤으로 보이는 사나이가 나를 보고 낄낄거리며 놀려댔다. 하와이에서는 팬티만 입고 나들이를 나가는 수가 많다. 나도 그날 통이 넓은 팬티만 입고 나왔던 터라 누워 잠이 든 사이 팬티 가랑이 사이로 보여주지 말아야 할 곳을 보여 주었던 모양이다. 나를 놀려대기는 했지만 장난기가 다분히 있어 보여 화를 내야 할지, 같이 따라 웃어야 할지 판단이 서지 않았다. 결국 따라 웃고 말았다. 그는 준비해온 음식이 많으니 같이 먹자고 했다. 마침 출출하던 참이라 그들이 담아주는 음식과 음료수를 마시며 동참했다. 바다 생선과 돼지고기를 함께 넣어서 구운 듯한 음식이었다. 제법 먹을 만했다. 하와이 원주민의 음식을 먹어본 것은 그때가 처음이지만 그 이후 한 번도 없었다. 맛이 아주 좋다고 했더니 다음 주에도 그 시간쯤 해서 나오면 같이 먹을 수 있다고 했다. 딸이 "아빠는 처음 만나는 사람들과도 잘 사귀어." 했다. 사실은 그렇지도 못한데.

같은 아파트에 한국사람 가족이 둘 있었다. 한 가족은 동국대학에 계신 분이고, 다른 분은 남편이 독일인으로서 하와이 대학 교수로 계신 분이었다. 가끔 우리를 집으로 초대해서 식사도 같이 하고 근처의 명승지로 함께 관광도 했다. 독일인 교수 부인은 아내보다 십여 년 연하였다. 그녀는 친절하고 부지런해서 운전을 못하는 아내를 싣고 자주 코스코 같은 곳에 갔다. 그때만 해도 한국에는 없는 대형 슈퍼마켓이라 아내는 매우 신기했던 모양이다. 같은 물건끼리 묶어서 무더기로 팔았지만 값이 싸고 종류도 다양했다. 일반 슈퍼마켓에서 팔지 않는 냉동한 채소나 새우 같은 것도 싸게 사와서 하와이 대학 식당에서 해 주는 요리를 흉내 내어 해 먹기도 했다. 이따금 독일인 교수 부인이 우리를 초대해서 한국 음식을 먹게 했다. 우리는 맛있게 먹었지만 독일인 교수는 그 음식에 거의 손도 대지 않았다. 독일에서 본 제자의 남편과 같았다. 아무리 정성을 들여 한국 음식을 만들어 주어도 언제나 한두 숟가락 집적거려 보다가 그만 둔다고 했다. 그의 식사 메뉴도 일정해서 독일식 식사 외는 다른 음식은 거의 손도 대지 않는다고 했다. 또 한 분의 한국인 교수는 이전에 하와이 대학에서 학위를 마쳤던 분이다. 동국대학에 재직하다가 교환교수로 온 분이었다. 그를 옥수수 박사라고 했다. 옥수수에 관한 한 국내에서 몇 안 되는 전문가 중에 한 사람이라고 했다. 부인의 건강이 좋지 않아 늘 걱정을 하고 있었다.

나는 한국에서부터 테니스를 해 왔기 때문에 며칠 지나지 않아 테니스 칠 상대를 찾아보기로 했다. 2~3학년 수업에 들어가 테니스 치는 학생이 없느냐고 물어보았더니, 한 학생도 없었다. 그런데 한 학생이 테니스를 좋아하는 분이 있다고 그 분의 전화번호를 가르쳐 주었다. 학생의 말에 의하면 나이가 지긋이 든 사람이라고 했다. 적어준 대로 전화를 걸었더니 그분은 아무 날 몇 시에 어느 코트로 나오면 칠 수 있다고 말했다. 나는 지정해 준 날짜에 그 사람이 일러준 그 코트에 나갔더니 그 사람이 반갑게 맞아주었다. 그런데 남자는 그 사람뿐이고 모두 사오십대 부인들이었다. 이 사람은 정말로 테니스를 즐기는 것이 아니라, 그 부인들과 노닥거리는 것이 더 재미있는 모양이었다. 테니스를 썩 잘 치는 편은 아니었지만 부인들이 즐길 수 있을 만큼 적당한 세기로 공을 넘겨주면서 재미있어 했다. 두어 번 나가다가 그만두고 새로운 파트너를 찾기로 했다. 대학원 박사과정에 있는 한국 젊은이들이 이따금 테니스를 한다고 했다. 이들과 만나 주말이면 어울려 테니스를 즐겼다. 이들의 테니스도 모두 초보들이라서 나와 상대가 되지 않았다. 그러나 테니스를 핑계 삼아 어울려 노는 것이 좋았다. 몇 게임 하고 난 뒤에 맥주를 마시거나 저녁을 함께 먹었다. 내가 귀국한 이후 이들도 모두 학위를 따서 귀국하여 국내의 유수한 대학에 전임 교수로 재직하고 있다. 그 중에는 어느 분야에 전문가가 되어 가끔 텔레비전에 출연하여 전문가로서 코멘트를 하는 것을 볼 수 있다. 귀국 후에도 이들과 가끔 모임을 가지면서 만났지만 최근에는 뜸해졌다.

대학원 학생 중에 나의 지도를 받겠다고 신청한 학생이 있었는데, 고전문학 중 어느 특수한 분야였다. 나도 그 분야에 대해서는 잘 모르는 편이라, 페이퍼를 읽고 추론이 잘못되었거나 판단이 상식에 어긋나는 일이 있으면 고치라고 지적해 주기도 했다. 컬럼비아 대학에서 학부 과정을 마쳤다는 한 여학생은 신경숙을 논문 테마로 삼겠다고 했다. 신경숙을 논문 테마로 삼으려면 아직 몇 년 더 기다려야 할 것이라고 말해 주었다. 신경숙이 인기 있는 작가이긴 하지만 논문의 테마가 되기에는 아직도 한국 학자들은 고개를 갸웃거릴 것이라는 생각이 들었다. 내 나이의 교수라면 비슷한 생각을 가지고 있을 것이다. 그러나 다른 한편으로는 신경숙을 학위 논문 대상으로 삼는다고 해서 반드시 잘못되었다고 말할 수 없다는 생각도 들었다.

하와이 대학에서 한 학기 체재한 것은 내게 있어서 참으로 즐거운 시간이었다. 오래도록 아름다운 기억으로 남는다. 매일 매일이 즐거웠고 행복했다. 이 점에 있어서는 아내가 나보다 훨씬 더 하와이 생활을 즐겼던 것 같다. 몇 년 지나지 않아 이화대학에서 정년을 맞았지만 뒤돌아보면 내 나이 60대만 해도 참 젊은 시절이라는 생각이 든다. 우선 그 시절만 해도 아무리 낯선 곳을 찾아 가서도 겁이 나지 않았다. 차라리 설레는 마음으로 여러 가지 새로운 경험을 즐길 수 있었다. 왜 나이 들면 그런 용기가 줄어드는 것일까. 요즈음 친구가 거의 매일 인터넷으로 보내주는 말에 의하면 나이 들면 모험을 하지 말고 조용히 안분지족安分知足하라는 충고다. 젊었을 때의 그 도전정신이 줄어드는 것은 사실이지만 그렇다고 해서 안방 노인이 되는 것은 싫다.

가끔 내 나이 또래의 사람이 육체적으로나 정신적으로 젊은이 못지않게 일을 하고 있는 사람을 보면 경탄스럽다. 교환교수로 일 년을 외국에서 보낸 셈이지만 그때를 뒤돌아볼 때마다 달콤한 추억으로 나를 행복하게 한다. 이제는 그것을 단지 추억으로만 간직하면서 여행사에서 마련해 주는 페키지투어에만 의존해서 외국 관광을 다녀와야 할까. 아무리 안분지족하려고 해도 그 점이 조금 서글플 뿐이다.

(2009. 5)

관성 慣性

독일 훔볼트 대학에 교환교수로 가 있을 때의 일이다. 이 대학에 초청되는 조건으로 3번에 걸쳐 한국문학에 대한 공개강의를 해야 한다는 것이었다. 독일어로 할 수 없다고 했더니 영어로 해도 상관없다고 해서 서투른 영어로 강의했다. 두 번짼가 세 번째 강의 때 나이가 지긋한 한국 남자분이 뒷좌석에 앉아 있었다. 강의가 끝나고 난 뒤에 인사를 나누고 보니 바로 말로만 듣던 그 유명한 S씨였다. 그도 다른 대학에 있다가 훔볼트 대학에 초빙교수로 와 있다고 했다.

S씨는 박정희 유신 독재시절 반정부 인사로도 유명하다. 북한에도 수차례 왕래했을 뿐 아니라, 한국의 유학생들을 북한으로 초청하게 한 배후 인물로 지목되고 있었다. 유신 독재 시절에는 이분의 글이 운동권 학생들에게는 가히 교문처럼 읽히고 있었다고 한다. 이분의 글을 나는 읽어본 적은 없다. 강의가 끝나고 난 뒤에 함께 냉면이나 먹자고 해서 같이 갔다. 식대를 내가

지불하려고 했더니 굳이 그가 내겠다고 고집했다. 한국 가면 자기에게 냉면도 사 주지 않겠느냐고 말하면서.

이런저런 얘기를 하면서 평양에서 그는 김일성과 같이 냉면을 먹었던 일을 자랑스럽게 이야기했다. 그때 먹었던 그 냉면의 맛이 진짜 일품이었다고 말하기도 했다. 순간 나는 섬뜩한 생각이 들었다. 북에서의 그의 위치가 그 정도로 대단했던가 하는 생각이 들었기 때문이다. 이전 같았으면 나도 큰 실수를 하고 있는 것임에 틀림없다. 그러나 소비에트 연방이 허무하게 무너진 마당에 그가 무슨 말을 하든 믿을 사람이 어디 있을까 라는 생각이 들었다. 그의 말 속에는 아직도 지난날의 행적에 대하여 별로 후회하는 기색이 없는 듯이 보였다. 공산주의 이론이 아직도 그 정당성을 갖고 있느냐고 그에게 물어 보았더니, 허물이 없다고는 볼 수 없지요, 하면서 그래도 미련이 있는 듯 어물어물하게 대답해 넘겼다. 그러나 이런 말도 했다. 지금 같은 때 자기와 같은 사람이 남북한을 위해 절대로 필요하다고 했다. 북한과 남한을 편견 없이 말할 수 있는 사람이기 때문이라는 것이다. 가령 남북 학자들이 학술대회를 가진다고 해도 자기 같은 사람이야말로 중재하는 데 적격이라는 것이다. 하긴 내가 학회를 맞고 있을 때 이북 학자들과 공동으로 학술대회를 가지려고 여러 번 시도했지만 번번이 실패했던 경험을 갖고 있었으니 그의 말이 어느 정도는 맞다.

노무현 정권 때 이분이 초청되었다가 크게 곤욕을 치른 적이 있다. 입국할 때는 그의 팬들로 공항에서부터 야단들이었다. 흠모하는 사람들에게 둘러싸여 나는 접근하기도 어렵다는 생각이 들었다. 물론 나같이 게으른 사람이 공항까지 갈 엄두를 내지도 않겠지만. 그에게 냉면 대접을 하기는커녕 그를 만나기조차 어려웠다. 얼마 있지 않아 사태는 백팔십도로 바뀌었다. 그의 행적에 미심한 부분이 있어 공안 당국의 조사를 받게 되면서 구금되었다.

북한에서 서열 몇 번째의 중요한 요직을 갖고 있는 인물이라는 것이 폭로되면서 사태는 급변했다. 금의환향한 듯이 귀국한 그의 영광은 일장의 해프닝으로 끝나고 만 셈이다.

그는 서울서 명문대학을 졸업했고, 독일로 유학 가서 철학박사 학위를 받았으며, 그곳에서 그 어렵다는 독일 교수 자격시험에도 합격한 사람이다. 유명한 철학자 하바마스의 애제자 중의 한 사람이고도 알려져 있다.(본인 스스로 그렇게 말하고 있어서 신빙성이 있는지 없는지 나는 잘 모른다.) 박정희 전두환 독재정권 시절에는 그의 글이 운동권 학생들의 필독서로 은밀히 유포되었고, 어떤 글은 유수 잡지에 실려 적지 않은 호응도 받았다고 한다. 나는 관성을 생각할 때마다 독일에서 만난 그가 머리에 떠오른다.

물체는 환경의 변화나 외력外力의 작용을 받지 않는 한 정지 또는 운동의 상태를 언제까지나 지속하려는 성질을 갖고 있다. 이것을 관성이라고 한다. 차가 갑자기 정지하면 앞으로 쏠리는 현상도 바로 그 때문이다. 자동차가 충돌했을 경우 부상을 당하거나 목숨을 잃게 되는 것도 대부분 바로 이 관성 때문이라고 한다.

그러니까 우주만물은 모두 관성의 적용을 받는다고 할 수 있다. 그러나 대체로 물체나 혹은 물리적인 힘에서만 그러하다고 생각한다. 아니다. 인간의 정신에도 관성은 그대로 적용되고 있는 것을 본다. 골똘하게 생각하던 일을 금방 지우고 다른 생각으로 전환할 수 없는 것도 그 때문이다. 바둑을 오래 두고 난 후 잠을 자려고 해도 천장에다 바둑알을 수없이 수놓는 일이 많다. 사고하고 행동하는 것의 많은 부분이 정신적 관성에 의하여 이루어지고 있지만 우리는 그것을 인정하려고 하지 않는다.

정신적 관성은 물론 성격과도 연관을 맺고 있다. 자기의 생각과 행동이 잘못되었음을 인정하고 재빠르게 고치는 사람이 있는가 하면, 쉽게 고칠 수 없는 사람이 있다. 어떤 일을 고집스럽게 하는 사람일수록 정신적 관성의 지배를 많이 받는 사람이다. 정당한 일에 대하여 고집을 꺾지 않는 사람을 우리는 존경한다. 반대로 누가 보아도 옳지 못한 일을 고집하는 사람을 우리는 바보라고 비웃는다. 감옥을 수없이 들락거리는 사람 중에는 좋지 못한 쪽의 관성이 많이 붙은 사람들이다. 성범죄를 저지르고 도저히 개과천선을 못하는 사람에게 전자 발찌를 채우자고 했던 것도 바로 그 관성 때문이다.

높은 교육을 받은 사람일수록 관성의 지배가 큰 경우를 본다. 반대로 스스로 무식하다고 자인하는 사람은 자기의 주장을 쉽게 꺾고 남의 의견에 동조한다. 사회에서는 대체로 전자를 우대한다. 하지만 그 폐해도 엄청나게 크다. 한 일이 명백한 오류로 판명되더라도 그 잘못을 쉽게 인정하려고 하지 않는 사람들이 신념을 가진 사람들이다. 이들은 자기의 생각을 바꾸려고 하지 않는다. 뿐만 아니라 상황이 변했는데도 자기의 생각이 옳다는 것을 끝까지 증명하려고 한다.

투철한 신념을 지닌 사람을 사회에서는 존경한다. 그러나 그 투철한 신념 때문에 많은 사람이 피해를 입는 경우도 허다하다. 캄보디아의 폴포트가 바로 그런 사람이다. 자기의 신념이 오류로 판명되더라도 끝까지 고수한다. 무모하기 이를 데 없다. 왜 그럴까. 정신적 관성 때문이다. 어떤 목표를 위해 평생 동안 정성을 쏟아온 사람이 지금까지의 일이 아무 쓸모없는 일이라는 것을 깨달았을 때의 기분을 생각해 본 적이 있는가. 허탈감에 빠져 살 의욕을 잃어버릴 수 있다. 목숨을 걸고 투쟁했던 그 목표가 한순간 허깨비로 변하기 때문이다. 말하자면 정신적 관성의 끈이 끊어져버려 그렇게 되었다고나 할까.

옳지 못한 신념을 고수하면서 계속 자기 합리화를 시도하는 사람, 시대가 바뀌었는데도 생각을 바꾸지 못하고 한 생각에만 얽매여 있는 사람, 이들을 볼 때마다 딱하고 안타깝다는 생각이 들 때가 많다. 생각을 바꾸면 살아온 삶이 일시에 무너지기 때문일까. 비전향 장기수 중에 그런 사람이 있다는 것을 들었다. 간첩으로 남파되었다가 체포되어 오랜 옥살이를 하고 난 뒤에 그 옥살이 한 세월이 억울해서 그런 것일까. 남한 사람들의 생활을 보았으면 생각이 좀 달라졌을 만도 한데 초지일관 변하지 않는 것은 성격 때문일까, 사상 때문일까. 소비에트 공산 사회가 붕괴한 것을 보고도 신념을 바꾸지 못하는 것은 무슨 연유에서일까. 김일성 부자에게 충성을 받치는 것이 허무맹랑하다는 것을 깨칠 만도 한데 변하지 않는 것은 반드시 그의 신념이 옳다고 믿기 때문이 아니라고 나는 생각한다. 자기의 신념을 바꾸는 순간 살아온 인생이 허무하기 때문일 것이다. 일종의 정신적 관성의 희생자들이라고밖에 볼 수 없다

이른 봄 북유럽의 초원에서는 때 아닌 쥐 집단 자살극이 벌어진다고 한다. 얼음이 채 풀리기도 전에 강물로 쥐들은 갑자기 함께 뛰어들어 죽는 일이 자주 생겼다. 쥐는 봄이 되면 자살 충동이 발생하는 줄 학자들은 알았다고 한다. 그러나 그런 것이 아니었다. 캐나다의 생태학자가 최근 연구한 보고에 의하면 이들은 자살을 하는 것이 아니라 몰살을 당한다는 것이다. 먹이를 찾아 헤매다가 달려가던 선두의 쥐가 낭떠러지를 만나면 갑자기 멈추어 설 수 없어 강물에 뛰어들 수밖에 없었다. 뒤에서 따라오던 쥐들은 떠밀려서 떼죽음을 당한다는 것이다. 달려오던 관성에서 벗어날 수 없었기 때문이다.

인간에게도 이런 관성의 떼죽음이 없으라는 법이 없다. 지도자의 잘못으로 한 나라, 한 민족 전체가 떼죽음을 당하는 예가 없지 않다. 멀리 갈 것까지 없이 북한이 바로 그 좋은 예다. 쥐는 저 자신도 알지 못하고 뛰어들어서 죽고 말지만, 인간은 영리해서 자기는 죽지 않고 다른 인간들을 떼죽음으로 몰아넣는다. 그리고는 자기와 자기 주변의 사람은 온갖 호사를 누리며 살고 있다. 북한의 그 많은 정치수용소, 강제노역소가 바로 그런 곳이다. 해마다

수만, 아니 수십만 명이 굶어 죽고 있는데 이들은 눈 하나 깜짝하지 않는다. 쥐처럼 영문도 모르고 죽는 것이 아니라, 선도하는 인간이 다른 사람들을 떼죽음에 이르도록 몰아넣는 것이다.

인간을 생각하는 갈대라고 말했다지만 사실은 생각하는 동물이라고 해야 맞는 말이다. 식물이 무슨 생각을 할 수 있겠는가. 하지만 '생각하는 갈대'라는 말은 갈대와 같이 약한 존재지만 생각하는 힘이 있다는 뜻을 강조한 말이다. 이 말이 명언이 된 이유도 바로 거기에 있다. 갈대와 같이 인간은 약하지만 생각할 수 있는 힘이 있기 때문에 인간이라는 뜻이다. 그러나 다시 생각해 보면 동물은 움직일 수 있지만 갈대는 한곳에 고착되어 있어야 한다. 바람이 불면 부는 대로 흔들리며 산다. 제 의지는 전혀 없이 자연의 속성 그대로 산다. 동물은 자신의 위험을 감지하고 재빨리 피할 수 있는 판단력을 가졌다. 우리는 그것을 본능이라고 한다. 그러나 그것도 관성의 일종인지도 모른다. 생존하려는 관성 말이다. 생존의 관성은 모든 인간이 태어나면서 갖고 있다. 이 지상의 모든 생물이 그러하듯이 말이다. 인간을 생각하는 갈대라고 말한 것도 결국 만물이 갖고 있는 관성 중에 인간만이 생각하는 관성을 가졌다는 뜻이다. 본능의 관성에서 벗어나서 생각하는 여유를 가질 수 있는 힘 말이다.

창의성은 정신적 관성에서 벗어날 수 있는 여유를 말한다. 인간만이 갖고 있는 능력이며 가치라고 할 수 있다. 인간도 사회를 이루고 살다 보니 집단이 만들어낸 온갖 고약한 관습을 많이 갖고 있다. 그 관습도 오래 계속되다 보면 쉽게 깨뜨릴 수 없다. 설사 어리석고 터무니없는 관습이라는 것을 알면서도 말이다. 인류 문화의 발달이란 이 관성의 고리에서 조금씩 벗어나는 일이다. 그래서 새로운 세계를 조금씩 보아 가는 과정이라고 할 수 있을 것이다.

(2008. 10)

3. 이방지대

이방지대異邦地帶
쌍용실버테니스클럽
구일산의 장터를 거닐면서
〈디어 애비〉를 보면서

이방지대 異邦地帶

최근 집창촌이 많은 동대문구의 어느 지역을 경찰이 대대적으로 단속하면서 그곳 분위기가 심상찮게 돌아가고 있다. 이런 단속이 그 이전에도 없었던 것은 아니다. 한참 난리를 피우다가 얼마간 세월이 지나면 잠잠해지곤 했다. 그러나 이번의 단속만은 이전처럼 그렇게 쉽게 지나가지 않을 모양이다. 몇 년 전에도 어느 여자 경찰서장이 이 지역의 매매춘 행위를 뿌리를 뽑아볼 작정으로 강력한 단속을 지속적으로 펴서 일약 유명해졌다. 그러나 그 여자 경찰서장도 결국에는 근절하지 못하고 물러났다. 아직도 그 지역의 단속으로 매스컴이 떠들썩한 것을 보니 매매춘에 사용된 집기까지 뜯어와 경찰서 뒷마당에 쌓아둔 것을 텔레비전으로 보여주는 것으로 보아 이번의 단속은 그 여자 경찰서장보다 훨씬 강력한 모양이다. 경찰 쪽에서 이와 같은 확고한 의지를 보여주는 만큼 이 일에 종사하고 있는 사람들 또한 가히 필사적이다. 맹렬한 시위를 벌이다 못해 몇 사람은 이미 자살한 사람도 있다고 보도하고 있다. 죽음을 선택할 정도로 거센 저항을 하고 있는 이들의 사정도 한 번쯤은 생각해 볼 일이다. 인간에게 최후의 반항 수단이 자살이라고 할 수 있는데 그 자살까지 감행할 정도로 필사적인 것을 보면 이들에게는 여간 절박한 일이 아닌 모양이다. 삶의 벼랑 끝에 내몰렸다고 생각하고 있는 이들에게 대안도 없이 강력한 단속만이 과연 능사인지 다시 한 번 생각해 볼 일이다. 강력한 단속을 펴서 유명해진 그 여자 경찰서장도 최근 신문의 칼럼을 통해서 대안도 없는 단속만이 능사가 아니라는 뜻의 말을 했다. 단속은 일시적으로는 효과가 있는 듯이 보이지만 결국은 실패하고 만다고 말하고 있다.

강력한 단속만이 매매춘을 근절시킬 수 있다고 주장하는 사람들은 떳떳하게 큰 소리로 말할 수 있지만, 그와는 반대 의견을 가지고 있는 사람들은 입만 쫑긋거리면서 입속으로 중얼거리고 있다. 자칫 더러 내놓고 말하다가는 여권주의자들의 몰매를 맞을 위험이 있기 때문이다. 어쨌거나 매스컴에서 이방지대라고 말하는 그곳이 점점 사라져 가고 있는 것만은 틀림없는 사실이다. 집창촌을 이방지대라고 하는 것은 우리들이 통상으로 살아가는 습속과 다른 곳이기 때문이다. 지켜야 할 예의나 체면을 벗어던지기 일쑤이고, 돈으로만 거래되는 성행위가 공공연하게 인정되는 곳이다. 가능한 신분을 감추고 그곳에 들어서야 하고, 아는 사람과 마주쳐도 서로 못 본 척 해야 하는 곳이다. 낮보다 밤이 더 화려하게 전개되는 곳이기도 하지만, 법의 보호를 쉽게 받지 못할 듯한 생각이 드는 곳이다.

'이방'을 사전에서 찾아보았더니 두 가지 다른 한자 표기가 있다. 하나는 이방異方이라고 해서 "풍속과 습관이 다른 지방"이라는 뜻이 있고, 다른 하나는 까뮈의 소설, 이방인異邦人(L'etranger)에서 전용되어 온 말이라는 것이다. 이방인이란 '낯선 지역에서 온 사람'이란 뜻이다. 까뮈의 소설로 미루어 볼 때 "정상적인 도덕과 윤리가 적용되지 않는 사람" 쯤 되지 않을까 한다. 20

대에 그 소설을 읽은 때문인지 이방인이라면 까뮈의 소설에 나오는 인물을 연상한다. 한국 외의 다른 지역을 가리킨다면 대체로 중동지방이나 아프리카 어느 지역을 연상시킨다. 까뮈의 소설 'L'etranger'를 이방인이라고 번역해서 거의 고착된 의미를 띠고 있지만 글자대로 번역한다면 '나그네' 혹은 '낯선 사람'이란 뜻이다. 그 소설의 제목으로서는 '나그네'보다는 '이방인'이 더 걸맞아 보인다.

'나그네'라고 하면 고향을 떠난 사람, 혹은 이곳저곳을 외롭게 떠도는 사람을 말한다. 한민족은 비교적 단일민족에 속하기 때문에 외국에서 온 사람이 아니면 이방인이라는 말을 잘 쓰지 않는다. 지역에 따라 다소의 차이는 있지마는 한국 내의 문화는 크게 다르다고 말할 수 없다. 양반과 상민의 문화가 많이 달랐던 때도 있긴 했지만 이해할 수 없을 정도의 차이는 아니다. 문화와 종교가 달라 전혀 내왕이 없는 아프리카나 중동 지역의 이방과는 다르다.

역사적으로 볼 때 한국에서도 이방문화의 충격이 여러 번 있었다고 생각된다. 이미 신라 때 아랍지방의 사람이 들어온 일이 있다는 고증도 있고, 원 나라의 지배를 장기간 받았던 적이 있으니까 그 문화의 충격이 없었다고는 말할 수 없다. 또 임란 때 어쨌든 일본문화의 충격도 얼마간 받았을 것이다. 그러나 한국문화에 이방문화가 결정적으로 충격을 주었던 것은 서양문화가 전파되면서였다고 생각된다. 영정조 때 청나라를 통해 접한 서양문화(주로 서양의 신부神父들을 통해서였지만)는 이전의 어떠한 문화보다 큰 충격으로 다가왔다고 생각된다. 그것이 이른바 실학實學으로 결실된 것이다. 세상 보는 눈을 새롭게 가지게 되었다고 말할 수 있다. 그때까지 최상의 가치로 알았던 윤리 체계를 비판하고 실제의 생활에 근거를 둔 사고방식을 갖게 된 것이다. 우리 문화의 흐름이 그로 인해 크게 바뀌게 된 것은 틀림없는 사실이다.

그러나 서양문화가 한국 민중에게나 직접적으로 충격을 준 것은 조선조 말이라고 생각된다. 병인양요丙寅洋擾와 신미양요辛未洋擾라는 사건이 그 계기가 되었다. 대원군은 척화비斥和碑까지 세우고 외국인의 근접을 막았지만 물밀 듯이 밀려오는 서방 문화를 어떻게 막을 수 있단 말인가. 그 충격은 한국 역사에서 어떤 문화의 충격에 비할 수 없는 엄청난 파장을 불러일으킨 것이다.

이방이 되는 까닭은 수없이 많다. 정치, 종교, 이념, 인종 등 수없이 많은 장벽이 그 사이에 존재하기 때문이다. 장벽의 이쪽과 저쪽은 갖가지 오해가 생기고 증오가 쌓이지만 일단 허물어지면 새로운 세계가 열린다. 그러나 허물어지기까지 얼마나 많은 고통과 희생이 따르는가. 정치로 인해 생긴 벽은 그 중 나은 편이다. 권력을 잡고 있는 일부의 세력들만 사라지면 그 장벽은 쉽게 허물어진다. 베를린 장벽을 허물어뜨렸을 때 동서독 사람들이 환호작약歡呼雀躍하는 그 광경을 목도하지 않았는가. 한국은 그 장벽을 허물지 못해서 지금껏 적으로 대치하고 하고 있다. 한 때는 같은 니라였지만 정치적으로 남과 북은 이방이 되어 수많은 사람을 죽이는 참혹한 전쟁을 치러야 했다.

88 올림픽의 슬로건이 '벽을 넘어서'였다. 올림픽이야말로 진작부터 국가 간의 벽을 허무는 데 큰 역할을 했다. 문화가 다르고, 종교가 다르고 종족이 달라도 경기를 하면서 벽을 넘는 행위는 얼마나 아름다운 광경인가. 그 경기를 보고 즐기는 우리들도 더할 수 없이 즐겁다. 운동 경기의 룰처럼 국가 간에도, 종교 간에도, 인종 간에도 보편적인 룰이 있어 그것을 지킨다면 알력과 쟁투가 훨씬 줄어들 것이다.

나는 작년에 스페인, 포르투갈, 모로코를 도는 관광여행을 했다. 그룹 투어로 다녀온 것이라 그 문화를 충분히 완상할 기회는 없었지만 그래도 만족한 여행이었다. 스페인, 포르투갈은 오랜 역사를 지닌 나라들이라 그 문화유적도 많을 뿐 아니라 관광할 곳도 많았다. 일정이 12일뿐이라 이 두 나라만 보기에도 턱없이 모자라는 일정이었다. 유명한 명소라는 곳만 잠깐씩 들러서 겉모양만 보고 가는 관광이었다. 그런데 모로코는 정말 볼 것이 없었다. 이렇다 할 문화유적도 없을 뿐 아니라, 빼어난 자연경관도 없었다. 단지 좁고 꼬불꼬불한 시장 안의 골목길을 도는 것이 모로코 관광의 주된 메뉴인 모양이다. 놓치고 나면 미아가 될 것 같은 그 시장안의 골목길을 겨우 빠져 나와 높은 언덕에 올라서 내려다보면서, 그래 시장안의 저 골목길을 보기 위하여 모로코에 왔단 말인가 하며, 가이드에게 불평을 토로했더니 모르는 소리 말라고 했다. 스페인 투어에 모로코를 끼워 넣지 않으면 지원하는 관광객이 적어서 그렇게 되었다는 것이다. 그러고 보니 나도 모로코를 들른다는 바람에 이번의 그룹 투어에 더 매력을 느낀 것 같은 생각이 든다. 모로코는 한국인에게 스페인이나 포르투갈보다 더 이방의 느낌이 드는 곳이다. 아프리카 대륙에 위치하고 있지만 스페인에서 배를 타고 잠깐이면 간다. 그러나 그 사이에는 작은 해협이 있어서 그것이 곧 국경이다. 해협을 건너는 시간보다 배에 오르고 내리는 데 소요되는 시간이 많이 소요되었다. 그런 내력은 모르고 모로코에 들른다니까 가보고 싶다는 욕구가 더 강렬했던 것은 무엇 때문일까. 스페인, 포르투갈보다 더 이방적인 분위기를 풍겨줄 것 같은 생각이 들었기 때문이었다. 이 그룹 투어에 참가한 대부분의 관광객들도 나와 같은 생각이 아니었을까.

이방은 이처럼 무엇인가 호기심을 불러일으키고 궁금증을 만들어주기도 한다. 우리와는 다른 문화가 있다면 그것은 어떤 것인가, 우리가 모르는 다른 세계는 어떤 모습으로 존재하는가, 그들의 사는 방식은 대체 어떤 형태일까 등 알고 싶은 것이 많아 관광여행을 한다. 히말라야 산정에 오르는 것, 북극과 남극을 탐사하는 것, 달이나 화성을 탐사하는 것 등이 모두 미지의 세계에 대한 호기심 때문에 시작된 것이다.

이와는 반대의 경우가 있다. 단지 이방이라는 이유로 적의를 가지고 대하는 것 말이다. 우선 모습이 현저하게 다르면 이방인의 취급을 받는다. 오랫동안 인종차별이 있어온 것도 바로 그 때문이다. 유럽에서는 종교가 이방의 표징으로 되어 있었다. 종교전쟁으로 수많은 인명이 희생된 것도 그 때문이다. 아시아 또한 국경 저쪽의 사람들과 얼마나 많은 전쟁을 치렀으며 그때마다 얼마나 많은 무고한 사람들이 목숨을 잃었는가. 같은 인간임에도 불구하고 단지 이방인이라는 이유로 멸시하거나 인간대접을 하지 않는 경우도 허다했다. 적어도 지금까지는. 아니 지금도.

기독교의 계명 중에 가장 으뜸으로 치는 것은 "네 이웃을 네 몸과 같이 사랑하라." 하는 것이다. 그런데 사실은 이 계명이 다른 어떤 계명보다 실천하기 어렵다. 누가복음에 있는 예화다. 어떤 율법사가 예수를 시험하기 위하여 영생을 얻을 수 있는 방법이 무엇이냐고 물었다. "율법에는 무엇이라 기록되었으며, 네가 어떻게 읽었느냐?" 하고 예수는 되묻는다. "네 마음과 네 목숨을 다하여 하나님을 사랑하고, 또한 네 이웃을 네 몸과 같이 사랑하라."라고 기록되어 있다고 대답했다. "그대로 행하면 영생을 얻을 수 있다."라고 예수는 대답한다. '네 이웃'이란 대체 누구를 가리키는 것이냐고 율법사는 재차 질문했다. 이에 대한 대답으로 예수는 다음과 같은 일화를 들려준다. 어떤 사람이 예루살렘에서 여리고로 내려가다가 강도를 만나 가진 것은 다 털리고 죽도록 얻어맞아 길가에 쓰러져 있었다. 마침 그 길로 제사장이 지나가면서 그 사람을 보았지만 그대로 지나쳤다는 것이다. 레위인도 그대로 지나쳤지만 사마리아 사람은 그 사람에게 다가가 가서 기름과 포도주를 내어 상처 난 데를 발라주고 자기의 나귀에 그 사람을 싣고 주막까지 와서는 주인에게 돈까지 주면서 그 사람이 회복되도록 돌보아 주라고 부탁하고 갔다. “네 의견에는 이 세 사람 중에 누가 강도 만난 사람의 이웃이 되겠느냐?” 하고 물었다. 사마리아인은 당시 유대인들이 매우 멸시하던 종족이었다. 예수는 이천 년 전에 이미 이방인에 대한 편견을 버릴 것을 가르쳤다. 예수를 믿는 기독교인들은 과연 예수의 가르침을 실천했던가. 아니다. 종교가 다른 이방인에 대해서는 강한 적의를 가지고 대했던 것이다.

매스컴에서 이방지대라고 보도하고 있는 그 집창촌이 이제는 점차 사라지고 있는 듯이 보인다. 그에 따라 그 이방지대에 대한 호탕한 남성들의 호기심도 점차 사라질 수밖에 없다. 그곳에만 가면 쉽게 해결할 수 있는 성적 욕구를 다른 어떤 곳에서 찾을 수 있을지 그것이 궁금하다. 한편 매춘 행위로 일용할 양식을 구하는 그 많은 여인들은 대체 어떤 다른 방법으로 살길을 찾을지 그것도 궁금하다. 프로이트도 일찍이 지적한 바 있지만 성욕은 풍선효과를 가지고 있을 것으로 생각된다. 성욕을 쉽게 해결하는 그 특수지역이 사라지고 나면 그 대신 일용할 양식을 구할 여성이 광범위한 지역으로 확산될 수도 있고, 그와 병행해서 전통적인 성 윤리관의 붕괴도 빠르게 진행될 수 있다는 부작용도 있을 듯하다.

(2008. 10.)

쌍용실버테니스클럽

아직도 내가 테니스를 하고 있다면 모두들 조금 놀라는 눈치다. 테니스는 격렬한 운동이라고 하던데 그 나이에 그 운동을 어떻게 하세요, 라고 걱정스럽게 말하는 사람도 있다. 내 나이 올해 일흔셋, 고희古稀도 훌쩍 넘겼으니 그렇게 말할 만도 하다. 게다가 나의 걷는 모습을 본 사람이라면 분명히 농담을 하거나 거짓말을 하고 있다고 생각할지 모른다. 뒤뚱뒤뚱 걷는 모습이 온전한 다리를 가진 사람으로 보이지 않기 때문이다. 한 이십 년 전쯤에 얼음판에서 미끄러져서 오른쪽 발목을 삔 적이 있다. 그때는 대수롭지 않게 생각해서 머큐로크롬을 바르고 며칠 쉬면 되겠지 했는데 그게 아니었다. 이십 년이 훨씬 지난 지금까지 발목이 시큰거려서 절면서 걸을 때가 많다. 정형외과에 가서 치료도 받고 한의사에게 침도 맞았지만 별로 효험이 없었다. 가끔은 신통하게 멀쩡할 때도 있다. 어쨌든 그 걸음걸이로 테니스를 한다는 것이 내가 생각해도 신통하다. 그렇지만 특별한 일이 없을 때는 거의 매일 아침마다 두서너 게임의 테니스를 한다. 내 나이 예순쯤 되었을 때 일흔 된 노인이 테니스를 하고 있어서 나도 저 나이까지만 테니스를 할 수 있다면 원이 없겠다 했는데 그 나이를 3년이나 지났는데도 테니스를 하고 있으니 참으로 고마운 일이다.

2005년 4월에 지금 살고 있는 용인의 민속마을 신창 아파트로 이사를 왔으니까 어느새 4년이 되어간다. 이사를 오기 전에 제일 먼저 살펴본 것이 테니스 코트가 있는가, 없는가였다. 마침 쌍용 아파트 단지 내에 테니스 코트가 두 곳이나 있었다. 내가 테니스를 좋아하는 줄 알고 처제는 이리로 이사를 오면 얼마든지 칠 수 있다고 했다. 민속마을은 쌍용, 현대, 신창 이렇게 세 단지가 있지만 이 중의 어느 아파트에 살든지 당연히 테니스를 즐길 수 있을 것으로 생각했다. 이삿짐 정리를 겨우 하는 둥 마는 둥 하고는 라켓을 들고 테니스 코트로 나갔다. 레슨 코치로 보이는 젊은이가 나이 많은 분들은 저쪽에서 치던데요, 하면서 건너편에 있는 서쪽 코트를 가르쳐 주었다. 갔더니 과연 나와 비슷한 연령의 늙은이들이 치고 있었다. 음 그래, 여기서 치면 되겠구나 하면서 인사를 하고 함께 어울려 몇 게임을 쳤다. 그런데 일주일쯤 후 함께 치던 사람이 나는 신창에 살고 있으니까 여기서 더 칠 수 없다고 했다. 그가 실버 클럽 회장을 맡고 있다고 했다. 테니스 실력이 특출하다면 받아줄 수도 있지만 그렇지도 못한데 구태여 다른 단지의 아파트 사람을 받아들일 수 없다는 것이 그 이유였다. 속이 많이 상했지만 어쩔 수 없는 일이었다. 괘씸한 놈들 하고, 속으로 욕을 하고는 다른 코트를 알아보고 있는 중에 아내가 싸게 나온 쌍용아파트가 있으니 정수를 위해서 사 두자고 했다. 빚을 좀 내고 전세를 끼면 그리 큰돈이 아니라도 살 수 있다는 것이다. 살고 있는 아파트를 살 때도 상당한 빚을 낸 판인데 다시 아파트를 산다는 것은 무리가 아닌가 하는 생각도 들었지만, 당시 아파트 시세가 워낙 낮을 때라

무리를 해서 샀다. 퇴직하면 세를 받아 용돈이라도 얻어 쓸까 하고 사 두었던 일산의 오피스텔을 팔기로 했다. 아내도 자기 몫으로 가지고 있는 오피스텔을 팔았다. 그래도 빚을 다 갚을 수는 없었지만 은행 이자가 싼 때라 큰 무리는 없다고 생각했다. 아파트를 사고 나서 생각해 보니 나도 쌍용테니스 클럽에 가입할 수 있는 당당한 자격을 갖추었다는 생각이 들었다.

이후 지금까지 나는 쌍용테니스 회원으로 아침마다 즐거운 하루를 시작하고 있다. 후에 알고 보니 쌍용에 살지 않은 회원들이 더러 있었다. 대체로 복식 테니스를 치고 있으니까 때로는 테니스를 칠 사람이 없어 정작 쩔쩔맬 때도 있었다. 나 이후 다른 아파트에 사는 사람 몇은 아무 문제도 없이 들어와서 치고 있다. 하필 나만 왜 거절당했는지 모를 일이다. 이따금 나에게 퇴짜를 놓은 사람들에게 쓴소리를 한다. "나이 든 사람이 건강을 위해 운동 좀 하겠다는데 뭐 어쩌고저쩌고 하면서 거절을 해? 저들이 테니스를 치면 얼마나 잘 친다고? 몰인정해도 분수가 있지. 대체 나를 거부한 장본인이 누구야?"라고 힐난하면 옆에서 듣고 있던 장본인들은 씩 웃기만 한다.

쌍용테니스 코트는 젊은이들이 치는 동편 코트와 나이 든 사람들이 치는 서편 코트가 있다. 물론 나도 서편 코트에 가서 주로 친다. 스스로 이름하여 쌍용실버테니스회. 계절에 따라 이르고 늦은 것이 조금 다르긴 해도 아침 일곱 시부터 두어 시간 운동을 한다. 요즈음 들어서는 토요일과 일요일은 운동을 하다가 점심까지 먹고 집으로 돌아오는 것이 흔한 일이 되었다. 그러고도 미흡하면 바둑을 두거나 고스톱을 치러 다시 모여 드는 수도 있다. 코트 한 옆에 텐트로 지은 막사가 있는데, 아파트에서 버린 가구들을 주워 모아서 제법 한 살림 떡 벌어지게 차려놓고 있다. 책상, 의자는 물론 전축, 텔레비전, 냉장고를 다 갖추고 있는 셈이다. 겨울에는 난방도 잘되어 있어 그런대로 견딜 만하다. 꼭 테니스를 치지 않아도 우리들은 그곳에 모여 담소를 즐기며 시간을 보내는 경우가 많다.

최근에 경북대학에서 정년퇴임을 하고 이곳으로 이사를 와서 우리 테니스 클럽에 가입한 문무홍 교수가 어느 날 막사를 불 싸지르든지 폭파해야 한다고 말했다. 놀라서 그의 얼굴을 바라보았더니 빙긋이 웃고 있다. 모여서 술도 마시고 바둑도 두는 것이 좋다는 말을 그렇게 표현한 것이다. 그러나 얼마큼은 진담이 섞여 있는지 모를 일이다. 교수들은 재직 중 공부해야 한다는 압박감에 싸여 시간을 소비하고는 후회할 때가 많다. 정년퇴임 후에도 그 버릇은 그대로 남아 있어 가끔 무언가 잃어버린 것이 있는 것 같아 허둥지둥할 때가 있다. 문 교수의 폭파해야 한다는 말 속에는 얼마큼 그런 생각이 섞여 있는지도 모른다.

어디서든 사람이 모이면 웃음소리도 나지만 가끔은 쨍그랑하는 소리도 나는 법이다. 우리 테니스회도 마찬가지다. 지나고 나면 아무것도 아닌 것을 가지고 얼굴을 붉히며 삿대질을 할 때도 있고 고성을 지를 때도 있다. 가령, 테니스공이 떨어진 곳을 짚으며 세이프다, 아웃이다 하면서 마치 다시 안 볼 듯이 음성을 높이며 얼굴을 붉힌다. 그러다가 대개는 어떤 식으로든 낙착이 되어 다시 게임을 한다. 그 한 포인트 때문에 지고, 이기는 수도 있지만 끝나고 나면 다 부질없이 음성을 높였다는 생각이 드는 모양이다. 사실 누구든 승부욕이 있게 마련이어서 게임에 들어가면 지는 것을 좋아할 리가 없다. 하지만 코트 밖으로 나가는 순간 언제 그랬냐는 듯이 허허 웃고 만다. 물론 게임 승패에 유달리 집착하는 사람도 가끔은 있다. 그런 사람은 돌려 세워놓고 할 수 없는 사람이라는 듯이 눈짓으로 흉을 본다.

테니스 회원들의 면면들을 살펴보면 각기 개성들이 있어서 재미있다. 좋게 말해서 개성이지만 젊은이들과는 달리 이상한 고집들이 있어서 영 말이 통하지 않을 때도 있다. 그래서 누군가 그 개성을 '개 같은 성질'이라고 말했다. 게임을 끝내고 근처의 치킨 집에서 생맥주를 마실 때의 기분은 아마 테니스를 하지 않는 사람은 느낄 수 없을 것이다. 맥주잔을 앞에 놓고 도도하게 떠들어대는 그 모습들은 가히 가관이다. 소란스럽기도 하지만 되지도 않는 말을 주고받고는 재미있어 죽겠다는 듯이 가가대소呵呵大笑다. 하긴 술자리에서도 개성이 있긴 있다. 술만 앞에 놓여 있으면 마냥 즐거운지 시간 가는 것은 아예 잊어버리고 장광설을 늘어놓는 사람이 있는가 하면, 세상 돌아가는 것이 우습다는 듯이 냉소적인 발언을 즐기는 사람도 있다. 나는 어느 편이냐 하면 대강 떠들고 빨리 집에 가서 쉬고 싶은 생각을 가진 사람이다. 우선 주량이 그들을 따를 수 없기 때문이기도 하지만 술을 마시고 나면 잘 때 배가 매우 아프기 때문이다. 그러나 그 정겨운 친구들과의 자리를 마다하고 집으로 돌아오기가 아쉬워 쉽게 일어서지를 못한다. 그런 점에서 개성이 가장 없는 사람 중의 하나인지 모르겠다. '개 같은 성질'이 없다는 점에서는 좋을지 모르지만.

이전에도 이렇게 모여 생맥주로 목을 축인 일이 없있던 것은 아니지만 토요일 마감을 생맥주 파티로 정례화하게 된 것은 순전히 나현구 씨 때문이 아닌가 한다. 그는 술고래다. 그러나 술을 암만 마셔도 자세를 흩트리는 법을 우리는 한번도 본 적이 없다. 그를 나 사장이라고 부르지만(부르기가 애매하면 우리는 모두 사장이라는 호칭을 붙여준다.), 실제로 신세계레코드사 사장을 했던 분이다. 이분의 이력은 좀 특이하다. 내가 중학교를 들어갈 시절의 경기중학교는 각 초등학교에서 일등 아니면 이등, 거의 수재들이 들어가는 학교로 인정되어 있었다. 게다가 그 학교를 거쳐 서울공대를 졸업했다고 하니 이른바 엘리트 코스를 그대로 거친 사람이다. 한때 유행처럼 말하던 KS 마크 출신이다. 건축과를 나왔다니 무슨 건설회사 사장을 하지 않았을까 하고 생각할 만도 하다. 하지만 그는 분명히 레코드사의 사장을 했다는 것이고 유행가의 작 · 편곡을 한 작곡가라는 것이다. 우리가 익히 알고 있는 유행가 상당수를 작 · 편곡했고 지금도 그 작 · 편곡의 저작권으로 생활도 하고 술도 산다고 했다. 가수 아무, 아무개 하면 "아, 그 애, 내가 데리고 있었던 애지." 한다. 유명한 작곡가 나운영 씨의 조카라고도 했다. 그 자신도 선천적으로 음감을 타고 난 모양이다. 못 다루는 악기가 없을 뿐 아니라, 누가 노래를 하면 즉석에서 채보가 가능하다고 했다. 가끔 우리는 돌아서서 그를 괴물이라고 한다. 그의 말이 때로 믿기지 않을 때도 있지만, 농담을 하도 잘해서 우리는 그를 '뻥쟁이'라고도 한다. 한번은 중국집에 갔을 때, 들어서자마자 주방에 대고 "자장면 열두 그릇이오." 하고 소리쳤다. 당연히 열두 그릇이 나올 수밖에 없을 것이다. 어울려 간 사람은 다섯, 주인이 들어온 손님 수를 보아서 당연히 농담으로 받아들이겠지 했는데 자장면 열두 그릇이 그대로 나왔다. 그래서 열두 그릇 값을 물어주었다고 한다. 평소에도 그는 농담이 아주 심한 편이었다. 몸집이 크기도 하지만, 술이 어떻게 센지 술을 좋아하는 정환직, 권영택 씨까지 혀를 내두른다. 주석에 앉으면 다른 사람에게 말할 기회를 주지 않고 도도하게 장광설을 늘어놓는다. 혹여 말에 끼어드는 사람이 있으면, "통화중, 통화중" 하면서 그 사람의 말을 제지한다. 말을 다하고 나면 "뻥 그만 쳐요." 하면서 그에게 술을 권한다. 이때 우리가 그의 말을 '뻥'이라고 하는 것은 과장이 많다는 뜻보다 재미있다는 뜻이 더 많이 담겨 있다. 어쨌든 그의 하는 행동이 도무지 밉지가 않다.

이따금 우리는 "테니스를 치러 오는 거요, 술을 마시러 오는 거요?" 하면서 놀려댄다. 그도 그럴 것이 테니스라야 겨우 한두 게임 하고 생맥주집에 가자면 입이 함박만큼 벌어지기 때문이다. 그가 우리 코트에 처음 나타났을 때, 나 못지않게 민망한 꼴을 당했던 모양이다. 어떻게 왔느냐고 묻자, 테니스를 좀 쳐볼 수 있을까 하고 왔다고 하자, "이 아파트에 살지 않은 사람은 칠 수 없어요." 하고 냉정하게 거절했다고 한다. 가끔은 냉정한 말을 서슴없이 하는 이병덕 씨였다. 머쓱해서 서 있는 그를 정환직 씨가 한쪽으로 불러 저분의 말을 너무 섭섭하게 생각하지 말라고 하면서, 가입할 의사가 있으면 다음에 라켓을 들고 오시오, 라고 말했다고 한다. 그리고 한참 지나서 어쨌든 우리 테니스회에 가입하였고, 주말이 되면 코트에 나오기 시작했다. 그는 우리 코트에서 나이도 제일 많은 편이지만 사실 테니스 실력도 제일 빠지는 편이다. 왕년에는 장충 코트에서도 그의 실력을 알아줄 만큼 잘 쳤다고 하지만, 반은 믿고 반은 뻥이라고 우리는 말하고 있다. 탁구나 배드민턴은 이 코트에서 자기를 당할 사람은 한 사람도 없다고 큰소리치고 있다. 정환직 씨가 옆에서 듣고 있다가 또 뻥 치는구먼, 하고 웃으면 그는 진지한 얼굴이 되어 열다섯 개를 접어줄 테니 자기와 내기를 하자고 했다. 거듭 장담하는 것을 보면 아주 뻥은 아닌 모양이다. 배드민턴 또한 열 점을 접어주고 시합을 하자고 제의했다. 정환직 씨는 자기도 연습을 해서 올 시월쯤 그 도전을 받아주겠다고 약속을 했다. 탁구라면 권영택 씨도 상당한 실력을 갖추고 있다고 스스로 말하고 있다. 한 번쯤 붙어보자고 약속을 해 두었다. 수영 또한 자기를 상대할 사람이 이 코트에서는 없다고 해서 권영택 씨가 그 도전은 언제든지 받아주겠다고 했다. 그가 한 판에 삼십만 원, 하는 것을 내가 너무 많다고 십만 원으로 깎아둔 상태다. 우리 사이에 뻥이다 아니다로 의논이 분분하지만 어쨌든 그것을 기화로 또 한번 걸판지게 술을 마시게 생겼다.

이병덕 씨는 육군사관학교 출신이다. 별을 못 달고 제대한 것을 못내 안타깝게 생각해서 우리는 그를 특진시켜 이 장군이라고 부른다. 옛날에는 두주불사였다고 말하지만 이 또한 뻥이 아닌가 우리는 의심한다. 대체로 술자리를 피하지만, 어쩌다 주석에 끼이면 술은 한 모금도 마시지 않으면서 목소리는 누구보다 크다. 어떻게 큰 소리로 떠드는지 옆 손님에게 폐가 되지 않을까

슬금슬금 눈치를 보면서 제발 목소리 좀 낮추라고 말하기도 한다. 그와 내가 파트너가 되어서 테니스를 치면 그는 반드시 후위를 서고 나는 전위를 선다. 발리나 스매시를 잘하지 못하는 대신에 후위 플레이는 누구도 당할 사람이 없다. 욱 하고 화를 낼 때는 앞뒤를 가릴 새도 없이 고함 소리가 나오지만, 성격이 좀 단순한 편이다. 내 아랫동서의 막역한 친구이기도 하다.(경동고등학교 다닐 때 같은 반이었다고 한다.) 성격이 좀 급한 것이 탈이긴 하지만 꿍꿍이속이 없이 솔직한 것이 그의 장점이다. 최근에 우리 실버테니스클럽 회장직을 맡았다. 전임 회장인 정환직 씨가 워낙 출중하게 회장직을 수행했던 터라 누구도 선뜻 맡을 엄두를 내지 못했다. 차례로 보아서는 이병덕 씨가 꼭 맡아야 하는데 이전에 절대로 맡지 않겠다는 말도 한 적이 있어서 그가 맡아줄지도 의문이고 설사 맡는다고 해도 회원과 다툼이라도 있으면 어떡하나 걱정을 많이 했다. 그러나 그가 일단 회장직을 맡자 우리들의 의구는 일시에 사라졌다. 사람이 달라졌다고 할 정도로 유해졌을 뿐 아니라, 테니스 안팎의 일을 씩씩하게 잘했다. 가끔 막사에서 삼겹살도 구워먹고 술도 마시는 일이 있는데, 이병덕 씨가 갖고 온 프라이팬이 유용하게 쓰일 뿐 아니라, 맛있는 김치를 그가 도맡아서 공급한다. 사실 그가 가져온 가전제품도 우리 막사 내에 많다. 자주 점심 값을 내기도 해서 "이병덕 씨 회장직 수행하다 집 거덜낼라." 하고 걱정하는 사람도 있다.

정환직 씨는 나보다 네 살 아래다. 누구와도 잘 사귈 사람이기는 하지만 나와는 짧은 기간에 각별히 친한 사이가 되었다. 사범학교를 나와서 교원으로 칠팔 년 근무하다가 염업회사에 입사해서 부장으로 퇴직했고 그 후에는 사업을 해서 큰 성공은 아니했어도 남은 인생을 큰 걱정 없이 보낼 정도의 재산을 갖고 있는 것 같다. 대학 졸업자가 수두룩한 그곳에서 말단사원으로 들어가 고속 승진할 수 있었던 것은 오로지 그의 성실성과 부지런함 때문이라고 그는 말한다. 그가 회사에 재직할 때, 매사에 일을 신속하고 능률 있게 처리하는 것을 보고 "당신은 사막에 남아도 살아남을 사람이오." 라고 사장이 말했다는 것이다. 그는 인정이 참 많은 사람이다. 나를 하루라도 보지 못하면 전화라도 걸어야 속이 풀린다고 한다. 내게 베푸는 정성을 나는 반도 갚지 못하는 편이지만 그는 내게 대해 한결같다. 그의 성품이 원래 자상하고 정이 많은 편이다. 퇴직한 지 이미 오래되었지만, 은혜를 입은 옛 상사들에게 지금도 잊지 않고 명절 때 인사를 차린다고 한다. 독실한 기독교인이라서 교회 내에서도 헌신적인 봉사활동도 하고 있지만 어려운 사람을 돕는 것을 즐거움으로 안다고 한다. 그의 선행을 내게 다 말하지는 않았지만 어려운 학생들에게 익명으로 장학금도 주고 고아원이나 장애인 수용소 등을 방문해서 나름대로 도움을 주기도 하는 모양이다. 테니스를 치고 난 뒤에 생맥주를 마시며 즐겁게 환담하다가도, "우리가 이렇게 즐겁게 보내도 되는 거예요."라고 말하기도 한다. 그런 점에서 그는 분명히 옵티미스트다.

테니스 실력은 나보다 한 수 위다. 그렇지만 나와 그가 한 팀이 되면 꽤 강한 팀이 된다. 그와 파트너가 되면 이병덕 씨와는 달리 그가 전위를 서고 내가 후위로 선다. 그의 레프트 슬라이스가 일품이기도 하지만, 몸이 재바르고 스매시가 아주 좋다. 우리가 한 팀이 되면 테니스 코트에서 금물처럼 되어 있는 잔소리를 일부러 한다. 대개 잘 치는 사람이 못 치는 사람에게 잔소리를 하게 마련이지만 우리의 경우는 좀 다르다. 누구에게나 실수가 있기 마련이지만 실수를 하면 재미 삼아 우리는 상대에게 구박하는 소리를 한다. 그 때문에 기분을 상하는 일은 거의 없다. 서로가 말하는 그 뜻을 잘 알고 있기 때문이다.

어느 날 내가 그를 향해 '날강도'라고 했더니, 문 교수가 눈을 동그랗게 뜨고 우리를 쳐다보았다. '날강도'라는 말은 듣기에 따라 여간한 폭언이 아니다. 그 말에는 내력이 있다. 언젠가 그와 몇이 의논이 되어 수안보로 꿩 샤브 샤브를 먹으러 간 적이 있었다. 음식 값은 분담하기로 했는데 다 먹고 나서 호주머니를 뒤져 보니 지갑을 가져오지 않은 것을 나는 발견했다. "어, 나 돈 한 푼도 없는데." 했더니, 나현구 씨가 "배째라. 이거구먼." 했다. "그래 맞다. 나는 배째라다. 어떡할 건데." 용인으로 돌아와서 아무래도 그냥 헤어지기 섭섭해서 어디 가서 저녁이나 먹고 가자고 누군가 제안했다. "그러면 나는 또 배째란데." 했더니, 정환직 씨가 "빌려 주면 될 것 아니요. 저녁은 김 교수님이 사세요." 했다. 그는 그 자리에서 십만 원을 내게 빌려 주었다. "날강도구먼. 빌려 주고는 저녁을 뺏어먹다니." 하면서 그날 저녁 값은 물론 내가 그 돈으로 지불했다. 나의 체면을 살려주기 위하여 그 돈을 내게 빌려준 것이다. 내가 그를 향해 '날강도'라고 한 것이나, 그것을 고깝게 듣지 않고 웃음으로 받아넘기는 것은 그 마음 밑바탕에 선의가 깔려 있기 때문이다. 그것을 우리는 마음으로 읽고 있는 것이다.

전월봉 씨는 일반장교로 들어가 대령까지 진급했다가 예편한 사람이다. 이분에게도 우리들이 일계급 특진시켜 전 장군으로 부른다. 때로는 월봉 스님이라고 부르기도 하는데, 월봉이라는 이름이 어쩐지 스님의 이름과 비슷해서 그렇게 부르는 것이다. 테니스는 공격형이라기보다 방어형이다. 여간 어려운 공을 주어도 다 받아내기 때문에 공격하는 측에서 스스로 지쳐서 지는 경우가 많다. 승벽이 강한 사람이 그와 파트너가 되면 불만이 많다. 이기려는 마음이 도무지 없는 듯이 보이기 때문이다. 언제나 반쯤은 장난으로 공을 받아 넘긴다. 가령, 일부러 가랑이 사이로 받으면서 용용 죽겠지 하는 태도로 공을 친다. 때로는 "할배! 니 이런 공 어떻노." 하면서 공 줄 곳을 미리 말하면서 주기도 한다. 나보다는 칠팔 세 연하인데다가 경상도 친구인지라 사귄 지 얼마 되지 않아 나는 그를 향해 "김해 촌놈아!" 하고 스스럼없이 부르지만,

그는 맞받아서 "남지 할배! 니 왜 그러노." 하면서 빙글거리며 오히려 나를 놀리려 든다. 군에 있을 때 주로 특전사에 근무했다고 하는데 아무리 뜯어보아도 딱딱한 군인정신이 배어 있는 것 같지는 않다. 나와 바둑 실력이 비슷해서 테니스를 치는 여가에 자주 바둑을 두지만 차라리 입으로 둔다는 말이 옳다. 얼마 전까지만 해도 나한테 판판이 졌는데 최근에 들어서는 "이 경우에는 이세돌이가 이렇게 두던데." 하면서 예상했던 대로 두지 않아서 내가 고전을 면치 못하고 있다. 술은 맥주나 소주보다 막걸리를 좋아해서 내가 "촌놈은 할 수 없다." 고 하면, "할배, 니 나보고 자꾸 촌놈이라고 그럴끼가. 남지 사람은 어디 촌놈 앙이가? 할배 니 자꾸 그라면 내 이렇게 공구버릴끼다." 한다. 사귈수록 정이 가는 친구다.

구정모는 우리 코트에서 가장 젊은 친구다. 그래서 대부분의 회원들은 그에게는 말을 놓는다. 젊다고 하지만 그도 올해 회갑이라고 하니, 결코 젊은 나이는 아니다. 실버회원들 대부분이 일흔 전후의 나이가 되고 보니 그는 항상 젊은이 취급을 받는다. 억울하다고 항변도 하지만 어쩔 수 없는 일이다. 그가 실버회원에 가입할 때도 적지 않게 푸대접을 받았다고 한다. 테니스를 시작한 지 그리 오래되지 않은 때라서 실력이 모자란다고 코치로부터 레슨을 받지 않으면 받아들일 수 없다는 조건을 내걸었다고 한다. 내가 회원으로 들어올 당시만 해도 그는 언제나 먼저 동편 코트에 가서 레슨을 받고 우리와 게임을 했다. 그런데 요즈음은 그의 테니스 실력이 놀라보게 향상되어서 그런 말이 쏙 들어가고 말았다. 한동안 "옛날의 구정모가 아니여." 하면서 그의 실력 향상을 놀랍게 생각했지만 일 년 전만 해도 네트에 걸리거나 라인 밖으로 쳐 내는 일이 잦아서 "역시 구정모는 구정모야."라고 말하거나, "구정모 스매싱 그렇지 뭐."라고 말했다. 그렇지만 지금은 그런 말도 쏙 들어가고 말았다. 그는 지금 우리 코트에서 단연 상위급 실력이다. 그의 오늘이 있기까지 그야말로 피나는 노력을 했다. 언젠가 깨알같이 적어 넣은 노트를 보여 주었다. 테니스를 하고 난 뒤에 선배들의 충고를 전부 메모해 두었다는 것이다. 그런 노트가 다섯 권도 더 된다는 것이다. 이쯤 되면 '피나는' 노력이라는 말을 하지 않을 수 없다.

우리 코트에서 테니스 실력이 가장 출중한 사람은 한상기 씨다. 그는 우리 테니스회 전체 회장도 역임했을 뿐 아니라, 용인지구 테니스회 회장도 맡고 있다. 축구 선수 출신으로 은행으로 들어가 지점장까지 승진했다가 퇴임한 사람이다. 선수 출신이라 그런지 승부욕이 강한데다 게임 도중 파트너에게 잔소리를 하는 일이 잦아 싫어하는 사람도 있다. 요 근래는 그 말이 그의 귀에 들어갔는지 자제하는 모습이 역력하다.

이 년 전쯤의 일이다. 구정모가 한상기 씨에게 도전장을 낸 적이 있었다. 누가 보아도 실력의 차이가 나는 것을 알고 있는데 그런 무모한 제의를 하는 것을 보고 모두들 웃었다. 구정모는 30만 원을 걸고 하겠다는 것이다. 한상기 씨는 그 제의를 받고 모욕을 느꼈던 모양이다. 30만 원으로는 할 수 없고, 이백만 원 쯤 되어야 하겠다는 것이다. 시합을 하자면 보약도 좀 먹어야 하고 몸도 다듬어야 하고 지면 자기 체면도 있으니 이백만 원이 되어야 도전을 받아들이겠다는 것이다. 구정모는 여러 사람 앞에서 공언한 말이라 돈의 액수가 높아졌다고 그만 두겠다는 말을 선뜻 못했다. 당시 한상기 씨와 붙어서는 어림도 없다는 것을 구정모 스스로 잘 알고 있었지만 그런 도전을 해서 그것을 이벤트로 삼아 테니스 회원들이 모두 모여 파티를 벌리자는 생각이었다고 한다. 그런데 내기의 액수가 엄청나게 커져 버린 것이다. 다른 사람 같으면 그 정도에서 꼬리를 내리고 그만 두겠다고 했을 것을 이 친구는 평소에도 만용이 좀 있는 편이라 잠자코 있는 바람에 그 시합은 그런 식으로 예정이 잡히는 듯 보였다. 말을 꺼냈다가 그만두는 것은 비겁하다고 생각했던 것 같다. 여섯 달쯤 뒤에 둘의 흥미진진한 시합이 있을 것이라고 전체 회원들에게 공고하다시피 되었다. 아무리 생각해도 그 시합은 말려야 될 것 같았다. 당시의 실력으로 시합이 이루어진다면 구정모가 질 것이 뻔하고 결국 돈은 돈대로 내고 회원들 모두에게 웃음거리가 될 것임에 틀림없었다. 그 후 한 달쯤 지나서였다. 마침 회원들의 회식 자리에서 한상기 씨에게 그 시합 취소할 것을 강력히 권했다. "어린애의 손을 비틀어 과자 뺏어 먹는 격이지. 그게 대체 뭐요." 물론 구정모를 위해서였다. 그 말이 나오자 일제히 같은 의견으로 말했다. 이때 내가 한상기 씨에게 좀 과격한 말을 했다고 해서 지금도 가끔 우스개로 "김 교수님, 너무 심한 말을 했어요."라고 말한다. "그 대신 구정모 너는 우리 회원들에게 한 턱 단단히 내야 해." 하는 조건을 붙였다. 지금의 구정모 실력이라면 그런 거금을 걸지 않는다면 한번 붙어볼 만하다고 생각한다. 아직도 실력의 차이가 상당히 나기는 하지만.

구정모는 우리 코트에서 유일하게 담배를 피운 사람인데 구박을 받다가 어느 땐가 스스로 끊었다. 술도 물론 많이 마시고는 실수를 연발하다가 지금은 자제하고 있는 모습이 역력하다. 재작년 연말 파티라고 생각된다. 좀 근사한 망년회를 갖자는 의논이 돌아 우리로서는 좀 비싼 요리 집에서 하기로 했다. 안주도 좋았지만 주인의 양해를 얻어 집에서 가지고 온 양주들을 함께 마셨다. 평일이라 구정모는 회사의 일을 보고 오는 통에 늦게 참석했는데, 짧은 시간에 주는 대로 받아 마셔서 파티를 파할 무렵에는 거의 인사불성이 되어 있었다. 다리가 꼬여 걸을 수 없는 것을 오문환 씨가 집까지 업고 가다시피 했는데 결국 집 앞 계단에서 넘어져 팔을 크게 다쳤다. 이후 테니스도 한동안 못했지만 술이라면 아예 손을 내저었다. 이전에도 실수를 많이 저지른 일이 있어 나이 많은 회원들로부터 구박을 많이 받았다. 불끈 화를 낼 만도 한데 그는 그 싫은 소리를 아무 소리도 않고 받아들이면서 허허 웃곤

한다. 그래서 모두들 하는 소리가 "역시 구정모는 우리 코트에 꼭 필요한 사람이야. 그가 없으면 우리 코트가 너무 심심할 거야." 한다.

오문환 씨는 공대 출신으로 럭키에서 간부직으로 오래 근무하다가 퇴직한 사람이다. 그는 부지런하기도 하지만 만능 기술자다. 공대 출신이라 반드시 그런 것이라고 생각되지 않는다. 전기제품과 컴퓨터는 물론이지만, 자질구레한 테니스장 안의 손볼 데를 그의 손만 가면 말짱하게 수리된다. 테니스장 앞문을 닫을 때면 언제나 여러 사람이 붙어서 씨름을 했는데, 그가 손을 보고 나니까 다음날로 말짱해졌다. 정환직 씨가 회장을 할 때 그는 총무를 했는데, 둘이 워낙 단짝으로 잘해서 아무도 다음 회장을 할 엄두를 내지 못했다. 눈이 오면 누구보다 먼저 와서 눈을 치우고, 코트를 깨끗이 정리한다. 부지런함이 몸에 뱄는지 한시도 가만있지를 못한다. 교장 선생님을 하고도 퇴직하고 그 학교의 수위를 한다는 말을 듣기는 했지만 오문환 씨야말로 그런 사람이 아닌가 하는 생각이 든다. 아무리 적은 급료를 주어도 일만 있으면 지금도 어디 가서 일을 하겠다는 것이다. 나는 그의 부지런함이 너무 아까워 어떤 회사에 강력히 추천도 했지만, 나이가 너무 많아 안 된다는 것이다. 그의 능력을 보지 않고 나이만을 보는 세상이 참 안타깝다는 생각이다. 지금 그는 어느 아파트의 수위로 근무하고 있다. 큰 회사에서 간부직에 있었던 사람이면 아무리 돈이 급해도 아파트 수위 따위는 하지 않을지 모른다. 그러나 천성이 부지런해서 가만히 있지 못해 수위를 하는 듯하다. 그는 놀기도 잘한다. 어쩌다가 함께 노래방에 가면 마이크를 놓을 줄 모른다. 썩 잘 부른다고 말할 수는 없지만 모르는 노래가 없을 정도다. 어디서든지 없어서는 안 될 사람을 꼽는다면 바로 그 사람이 오문환 씨다.

이 외에도 테니스 코트에서 유행어를 잘 만들어내는 박종태 씨가 있다. 상대방이 실수해서 실점을 하면 "○○ 씨는 역시 양반이야." 한다든지, 공이

라인 밖으로 떨어져서 상대방이 의심의 눈초리를 보내면, "비행기로 두 시간 거리야."라고 한다. 고등학교 교감으로 정년퇴임을 한 이수상 씨는 가끔 전혀 예상치 못한 강한 직구를 주어서 상대방을 당황하게 만든다. 우리는 그런 공을 직사포라고 부른다. 자기 편이 친 공이 아슬아슬하게 세이프가 되면 "오케바리!" 하고 외치면서 좋아한다. 김상국 씨는 최근에 위암 수술을 받았다. 모두들 걱정했는데 수술 후 의외로 경과가 좋아 코트에 이전보다 더 자주 나온다. 스트로크도 수술 전보다 더 강해져서 모두들 놀라고 있다. 신학교수인 강남대학의 이숙종 교수, 목사님이라 그런지 말없이 우리 회식에 자주 찬조금을 내놓고는 본인은 정작 빠진다. 또 교원대학교에서 동양화를 가르치고 있는 박주영 교수가 있다. 그의 딸이 나의 막내딸과 동갑인데 영화잡지사에 근무하고 있을 때 친하게 지냈다고 한다. 나의 딸이 그 잡지에 자주 기고하게 되어 알게 된 사이인 같다. 내 딸을 결혼시키고 난 뒤에 몇 번 점심을 샀더니, 자기는 그 딸이 결혼하면 스무 번도 더 사겠다고 공언하고 있다.

이 글은 이쯤에서 끝내려고 생각했다. 그런데 주말 점심 회식 때 나와 나현구 씨 사이에 대판 싸움이 벌어졌다. 평소의 나나 그의 성격으로 보아서 상상도 못할 일이다. 발단은 내가 그에게 '당신'이란 말을 썼다고 해서 사나운 말로 질책하는 데서 시작되었다. 말이 오가자 점점 감정이 격앙되어 험악한 말이 마구 쏟아졌다. 결국 나는 "당신 같은 사람은 앞으로 상종 않겠소." 라고 했고, 그는 "이 코트에 다시는 안 나오겠다." 라고 공언도 했다. 평소의 그의 성품으로 보아 도저히 있을 수 없는 일이다. 그런 일이 있은 후 그는 내게 두 차례나 전화를 걸어 사과를 했다. 그렇지만 이전의 관계로 복원되려면 아무래도 시간이 좀 걸릴 것 같다. 그가 화를 낸 정작 이유가 무엇인지 우리는 알지 못하고 있다. 우리끼리는 그 이유에 대하여 아직도 의논이 분분하다. 평소 우리는 그를 향해 자주 "뺑이 세다." 라는 말을 한 것은 사실이다. 다른 때는 그 말을 그렇게 고깝게 듣는 것 같지도 아니했고, 오히려 재미있다는 듯이 스스로 뻥이 있다고 말했다. 그런데 그날따라 그 말이 유독 그의 귀에 거슬렸던 것일까. 그가 정작 화가 난 것은 '당신'이라는 말 때문이 아니고, '뻥이 세다.' 는 말 때문이라고 누군가 말했다. 점심 식사 전에 오문환 총무를 불러 자기가 말하는 것은 결코 뻥이 아니라는 증거를 대고 있었다. 가령, 자기 집에는 골프채가 700개, 하모니카가 10개, 색소폰이 10개, 기타가 10개, 탁구 바트가 30개 이런 식으로 한량없이 주워 섬겼다. 부정하지는 않았지만, 또 뻥치는구나 하는 눈치들이 보였던 모양이다. 그에게 '뻥이 세다' 고 한 말은 거짓말을 한다거나 사실을 지나치게 과장한다는 뜻이 아니었다. 그에 대한 일종의 애칭과 같은 뜻으로 쓴 말이다. 하긴 예사로 듣던 말도 때로는 묘하게 귀에 거슬릴 때가 있긴 하다. 그 날이 바로 그에게 그런 날이었을까. 차라리 술에 많이 취해 있었다면 술김에 그렇게 되었다고 생각할 수 있다. 그러나 그것도 아니다. 누구에게나 취약점이 있듯이, 그리고 그 취약점이 어떤 순간에 예고도 없이 폭발할 수도 있다. 바로 그런 계기를 내가 만들어준 셈이다. 인간의 감정 변화는 참으로 미묘하다. 아무리 허물없는 사이라고 해도 누구에게나 아킬레스건과 같은 곳이 숨겨져 있는 법이다. 우리는 그를 통해 다시 한 번 그것을 확인한 셈이다. 그러나 다음날 만나면 허허 웃고 말 것이다. 그 아킬레스건은 그에게만 있는 것이 아니라, 우리 모두가 다 갖고 있기 때문이다.

일흔이 넘고부터 언제 테니스를 그만두게 될지 아침에 눈 뜰 때마다 심한 회의감에 빠진다. 실버회원 대부분이 일흔 전후의 나이들이라 나와 비슷한 생각을 가질 것이라고 생각한다. 그러나 가입한 지 벌써 4년이 되어 가지만 회원 중에 경사는 있었지만 불행한 일을 당한 사람은 한 사람도 없다. 천만다행한 일이 아닐 수 없다. 그러나 우리 모두 내일을 누가 알랴. 미구에 테니스를 치지 못할 사람이 나올 것이 뻔하다. 나부터 오늘 아침도 테니스를 할 수 있을까 하는 생각을 가지면서 일종의 습관처럼 테니스 코트로 나간다. 치지 못하더라도 남이 치는 것을 보는 것만으로 즐겁기 때문이다. 그리고 나가는 자체가 아침 운동이 된다. 딱 한 게임만 하고 가야지 하고 게임을 시작하면 팀원이 모자라 할 수 없이 두세 게임까지 한다. 한 게임이라도 할 수 있을까 하고 걱정할 때와는 달리 게임을 하고 나면 오히려 몸이 가벼워진 듯한 느낌을 갖는다. 그래서 매일 아침 이 코트로 나오는 모양이다. 그러나 쌓여가는 나이를 어찌하랴. 무릎도 아프고, 목도 아프고, 발목도 아프고, 허리도 아프고…….아픈 곳이 한두 곳이 아니다. 그래, 할 수 있는 날까지 해야지. 테니스라면 장관도 하고 국회의장도 한 저 유명한 민관식 씨의 이야기가 신화처럼 전한다. 테니스를 한 다음날 아침 한마디 말도 없이 이 세상을 떠나버린 분, 그는 우리 테니스 치는 사람의 우상이 되어 있다. 이 세상에 왔다가 좋은 일도 많이 남겨야 하겠지만 잘 죽는 것도 큰 복이다. 뒷사람에게 구질구질한 인상을 남기지 않고 그렇게 깨끗한 죽음으로 이 세상을 떠나가는 것, 그게 얼마나 큰 복이냐. 이제 나는 잘사는 복보다 잘 죽는 복을 택해야 할 것 같다. 내 늘그막의 간절한 소원이 있다면 아무 쓸모없이 생명을 부지하지 않고, 자식들에게도 폐를 끼치지 않는 행복한 죽음을 맞는 일이다. 그것이야말로 나 같은 범인이 누릴 수 있는 가장 축복받은 죽음이라는 생각이 든다.

(2009. 2. 13.)

※ 추기 : 이 글의 교정쇄를 받아보는 동안 이숙종 교수가 갑자기 이승을 떠났다. 테니스 회원 모두 그의 급서에 안타깝고 비통한 심정을 금할 수가 없다. 회원들을 대신해서 그의 명복을 빈다.

구일산의 장터를 거닐면서

길을 하나 사이에 두고 신도시와 구일산으로 나누어져 있다. 하지만 주거 환경은 상당히 다르다. 신도시 일산은 서울의 주택 정책에 의하여 마련된 도시지만 구일산은 옛날부터 있어 왔던 마을이다. 따라서 도로가 좁고 건물이 낡고 가게들이 어지럽게 널려 있다. 신도시가 건설된 이후 덩달아서 구일산도 아파트촌이 되어 가고 있는 것은 틀림없다.

구일산에는 아직도 5일마다 장이 서고 있다. 장날에는 거리 양편을 가득 메우며 온갖 난전이 펼쳐지고 있다. 시골 장터에서 흔히 볼 수 있는 싸구려 옷들이 무더기로 쌓여 있고, 길옆으로 최신 유행의 양장에서부터 속옷까지 주렁주렁 걸려 있는가 하면 그 옆에는 야채, 생선, 과일 가게도 질펀하게 펼쳐져 있다. 한쪽에는 예쁜 애완용 강아지가 바구니 안에서 꼬물거리고 그 옆에는 황소만 한 개가 목에 사슬을 달고 점잖게 앉아 있다. 염소, 토끼, 병아리, 오리 등도 제각기 우리에 갇혔거나 발목에 족쇄를 차인 채 지나가는 장꾼들을 무심히 쳐다보고 있다. 쉬는 날이면 나도 집사람과 함께 산보 삼아 걸어서 장판을 돌 때가 있다.

지난여름 나는 이곳에서 모시 남방 두 벌을 샀다. 백 퍼센트 진짜 모시로 된 제품이었다. 산더미처럼 쌓아 놓고 무조건 한 점에 2천 원씩이란다. 브랜드를 보니 제법 유명 메이크 제품이다. 처음 출시되었을 때는 일류 양품점에서 고가로 팔던 제품이었음에 틀림없다. 수십 번의 세일로 팔다 팔다 못 판 옷들이 이 장터까지 굴러 들어온 모양이다. 아내의 성화에 못 이겨 4천 원을 버리는 셈치고 지불하고 가져왔지만 다리미로 다려 놓고 보니 제법 괜찮은 것이었다. 순수 모시 제품을 어디 그 돈에 살 수 있을 것인가?

가끔 생선도 사 오고 과일도 사 올 때가 있었다. 집 근처에 있는 대형 할인점 월마트보다 싸다. 어떤 때는 장본 물건을 아내와 나누어 들고 오느라고 낑낑거릴 때도 있다. 그래도 싼 맛에 욕심스럽게 들고 온다. 지난봄 점포에서 만오천 원에 구입한 등산모를 장터를 지나다 난전에서 물어보았더니 3천 원이란다. 무려 다섯 배나 싸다. 브랜드의 차이는 있겠지만 내가 보기에는 그놈이이나 이놈이나 다를 바 없다.

근처에 재래시장이 있는 것은 참 좋은 일이다. 생활에 편리한 것은 물론이지만 장터에 나가서 이것저것 구경하는 재미도 쏠쏠하다. 시골 출신이라 그런지도 모른다. 내가 자란 소읍에서는 닷새마다 장이 섰는데 그 때마다 괜히 덩달아서 가슴이 설렜던 생각이 난다. 구일산의 장터는 비교적 작은 장터일 것이다. 전국에 이만한 장터는 수천 개는 더 될 성싶다.

장터라면 성남의 모란장이 유명하다. "여기에 없으면 국내에는 없는 물건이라고 보면 됩니다." 모란시장에서 만난 한 상인의 말로 야후 코리아는 설명하고 있다. 그만큼 팔지 않는 물건이 없을 정도로 온갖 것을 다 판다는 뜻일 게다. 꼭 사지 않더라도 이런 데를 어슬렁거리며 구경하는 것도 재미있을 성싶다. 모란 시장의 재미있는 광경으로 소개된 것을 보면 견육 시장이다. 같은 점포에서 기르는 개와 식용 개를 동시에 팔고 있어서 묘한 분위기를 연출하고 있다는 것이다. 한쪽에서는 애완견을 고르고 있는 사람이 있는가 하면 다른 편에서는 식용 개를 고르고 있는 것이다. 그 자리에서 바로 도살해서 보신탕을 끓여 준다는 것이다. 그 옆에는 부위별로 나누어서 견육을 팔고 있다는 것이다. "역시 개고기의 시장답게 견육 도매시장 아래쪽으로는 전국에서 가장 신선한 개고기로 끓인 개장국을 맛볼 수 있다."라고 게시자는 설명하고 있다.

모란시장에 비하면 어림없는 규모지만 일산시장도 그 역사와 전통은 꽤 깊을 것이라고 생각된다. 최근 가와지 유적 발굴에 의하여 밝혀진 바에 의하면 한국 최초의 벼 재배지는 고양군 일산읍 근방이라는 것이다. 지금부터 4300여 년 전이라고 하니 일산 마을이 형성된 시기도 그와 비슷할지 모른다. 지금이야 일산이라면 당연히 신도시로 생각하겠지만 주민의 성격으로 본다면 일산의 전통과 역사를 전혀 모르는 외지 사람들이 판을 치고 있는 셈이다.

신도시가 건설되면서 구일산 마을도 물론 바뀌기 시작했다. 고층 아파트가 들어서기 시작했다. 신도시의 아파트는 15층에서 20층 사이의 건물인데 일산 마을의 아파트는 그보다 한술 더 떠서 25층 아파트가 예사다. 나도 25층의 아파트 22층에 살고 있다. 구름 위에 살고 있는 것 같아서 속세를 내려다보는 듯 주변을 관망하는 맛이 과히 나쁘지 않다. 그러나 우리 아파트가 들어설 때만 해도 괜찮았는데 주변에 우리 아파트와 같은 고층 아파트들이 속속 들어서고 있으니 문제가 많다. 아마도 몇 년 지나지 않아서 일산 마을의 옛 자취는 온데 간데 없이 사라질 것이다. 그나마 5일장이 남아 있는 것이 퇴화한 꼬리처럼 남아 있다.

작은 일산 마을에 거대한 아파트들이 들어서고 있으니 이것을 마을의 발전이라고 보고 좋아라고만 할 수 있을까? 한국의 도시가 기형적으로 발전하고 있는 한 전형을 보고 있는 느낌이 든다. 인근 도시의 발달로 촌락도 아니고 도시도 아닌 어정쩡한 마을로 변형되어 가고 있는 것이 도시 인근의 마을이다. 옛 마을의 정취는 어디에도 찾아볼 수 없게 되면서 어설픈 도시의 형태로 변해 가고 있다. 그게 또한 한국이다. 500년의 도읍지이면서 왕궁을 제하고는 어디에도 옛모습을 볼 수 없는 서울과 같다. 천여 년의 역사를 담고 있는 경주가 아파트 숲과 거대한 호텔 건물에 가려져 천년의 문화재들은 마치 전시관의 모형품처럼 되어가고 있다.

5일장이 서는 이 거리는 최근에 뚫린 구일산에서는 비교적 넓고 큰 도로다. 따라서 승용차는 물론 버스도 자주 다니는 곳이라 매우 번잡하다. 그러나 장날이 되면 이 도로를 반드시 지나야 할 차들은 여간 고역을 치르는 것이 아니다. 길 양편에 벌인 난전은 그렇다 치고라도 이중 삼중으로 무질서하게 주차해 놓은 차들 때문에 도로는 완전히 난장판이다. 영화에서 가끔 보는 아라비아의 토속 시장만큼 붐빈다. 당국에서는 이런 거리를 작은 모란 시장쯤으로 생각하고 방치하고 있는지, 아니면 권장하고 있는지.

어쩌자고 전부 서울로 몰려와 있는지 서울 인구가 지금 천만이 넘는다고 한다. 참으로 거대한 도시다. 서울 근방의 인구까지 합치면 나라 인구의 절반이나 된다고 한다. 그래서 그런지 서울에 있는 것은 무엇이든지 최고라고 사람들은 믿고 있다. 좋은 학교도 병원도 건물도 서울에 있고, 가장 돈 있는 사람도 권력 가진 사람도 서울에 산다고 생각한다. 맛있는 찻집, 식당은 물론, 온갖 향토 음식도 다 서울에서 팔고 있다. 그렇다. 자연 경관만 빼고는 다 가지고 있는 것이 서울이다. 그래도 되는지 모르겠다.

한 외국인이 서울은 거대한 주차장이 될 것이라고 예견한 적이 있다. 여기

저기 새 도로를 뚫고 있어도 그 예견은 적중해 가는 것 같다. 서울만 그런 것이 아니라 지방의 도시들도 마찬가지다. 연전에 고도 안동에 갔을 때 시내의 교통 정체가 심해서 시내를 지나가기가 여간 어렵지 않았다. 도로 양편에 주차해 둔 차들 때문이었다. 시내의 거리는 옛 그대로인데 차들은 엄청나게 늘어나 있었다. 그나마 선거를 의식해서 단속도 못하고 있다는 것이 그 곳 주민의 말이다.

문명의 발전과 함께하는 도시의 발전을 막을 도리는 없겠지만 그와 비례해서 각 개인이 지켜야 책임감도 따라야 할 것이다. 그것이 병행되지 않으면 불편해서 짜증만 난다. 가령, 차를 무책임하게 주차해 놓고, 다른 사람에게 피해를 주는 사람은 도보 문화에 익은 사람이 자동차를 운전하고 있는 셈이다. 이 양자를 혼동하고 있는 것이 문제다.

구일산의 장날을 유지하려면 최소한 지켜야 할 책임과 의무가 있다. 차량 소통을 막으면서까지 자기의 이익만을 챙기는 상인이 많아지면 일산 명물의 장날도 머지않아 사라지게 될 것이다. 불만을 가지는 사람이 많을 테니까. 옛 마을의 문화와 신도시의 문화가 사이좋게 공존하는 것은 참 보기 좋은 일이다. 모든 문화가 갈등을 빚지 않고 오순도순 정답게 지내면서 새로운 시대를 맞는 것이 바람직한 일이다. 구일산에 와서 하나 둘씩 사라져 가고 있는 한국의 옛 정취를 아쉽게나마 실감해 볼 수 있는 것도 혜택이라면 혜택일 수 있지 않을까?

(2002. 10.)

〈디어 애비〉를 보면서

≪코리아타임스≫에 연재되는 '디어 애비(Dear Abby)'를 자주 읽는 편이다. 오륙십 년대 한국의 대중잡지에서 흔히 볼 수 있는 '어찌하오리까' 난과 유사하다. '어찌하오리까'는 대체로 각계의 명사들이 답하는 형식으로 되어 있음에 비하여, '디어 애비'는 상담자가 애비겔 밴 뷰렌으로 고정되어 있다. 나비 넥타이를 맨 중년 여인이 생긋 웃고 있는 모습이었는데 최근에는 다른 젊은 여인의 사진으로 바뀌어져 있다. 이전의 여인보다는 분위기가 한결 다르다. 약간 신비하면서도 로맨틱한 인상을 풍겨주었던 여인에 비하여 새로 등장한 여인은 이를 드러내놓고 웃고 있는 모습이 이웃 아낙 같은 현실감을 준다. 사진도 칼럼의 중앙에 차지하고 있었던 데 비하여, 젊은 여인은 언제나 왼편 상단에 나와 있다. 사진의 여인은 달라도 같은 아비겔 밴 뷰렌의 이름으로 연재되고 있다.

알아보니 '디어 애비'는 원래 진느 필립으로 알려진 애비게일 밴 뷰렌이 썼다고 한다. 그녀의 어머니 포라인 필립스에 창립되어 현재는 "세계적으로 널리 알려진 인기 있는 신디케이트 형태의 칼럼으로서 비범한 상식과 젊은 시각으로" 유명한 모양이다.

내가 '디어 애비'를 애독하는 이유는 미국 서민들의 애환이 이 칼럼 속에 잘 녹아 있다고 생각되기 때문이다. 어떤 때는 우리의 습관과는 맞지 않아 다른 문화권에 속한 사람들의 이야기구나 하는 생각이 들 때도 있지만, 사람 사는 데의 인정기미人情機微란 지역이 다르다고 다른 것은 아니구나 하는 생각을 한다. 내가 읽었던 것 중에 몇 개를 골라서 여기 번역해 보기로 한다.

친구에게 '봄 키친 샤워'를 해 주는데 일기예보가 흐림

애비씨 : 오랜 친구의 딸인 앨리슨이 근사한 패션으로 올 여름에 결혼을 한답니다. 다른 친구와 나는 봄에 부엌살림으로 샤워를 계획하고 있습니다. 며칠 전 앨리슨이 전화를 걸어서 말하기를 우리가 선택한 의도가 그녀가 원하는 선물의 물건들을 포착하지 못했다고 했습니다. 그런 다음 그녀는 나에게 의도를 바꾸어서 크리스털과 은제품 그리고 도자기 샤워로 했으면 좋겠다는 넉살까지 보였습니다.

나의 친구들은 기분이 상했습니다. 앨리슨이 우리가 계획하고 있는 것을 별로 탐탁하게 생각하고 있지 않는 것입니다. 우리들은 앨리슨이나 그녀의 가족과 소원하게 되는 것을 원하지 않습니다. 그러나 그녀가 품위 있게 받아들일 줄 알도록 배우는 것이 필요하다고 생각합니다. 우리가 의도한 대로 알려주는 초청장은 이미 프린트되어 있습니다. 우리가 어떻게 해야 할지 당신의 객관적인 의견을 듣고 싶습니다.

— 중부의 앵돌아진 사람

친애하는 앵돌아진 사람에게 : 신부가 되려는 사람에게 초청장이 이미 인쇄되었다는 것을 알려 주십시오. 그리고 의도를 바꾸기는 이미 늦었다는 것과 함께. 이것은 더 좋은 선물을 받겠다는 앨리슨의 원망에 찬물을 끼얹는 것을 의미하는 것은 아닙니다. 다른 친구나 아저씨 혹은 사촌이 앨리슨이 선택하는 주제로 샤워를 추가해서 갖도록 하는 것을 의미합니다.

미국에서는 결혼할 사람이나 아기를 가지는 사람을 위해서 친지 친구들이 모여서 샤워(shower)를 갖는다. 이때 그녀에게 꼭 필요한 물품들을 사서 선물하는 것이다. "떡 줄 사람은 생각도 않은데 김칫국부터 마신다."라는 우리의 속담이 이런 경우에 해당된다. 미국 생활을 해본 사람은 알지만, 이 정도로 넉살 좋은 사람은 아주 드물다. 대체로 남의 것을 바라지 않는 대신에 자기 것을 주는 경우도 드물다. 상담자가 의외로 온건하게 답하는 것을 볼 수 있다.

애비씨 : 나는 9살 먹은 사내아이의 어머니입니다. 우리 애가 인간의 삶을 솔직하게 들을 만한 나이에 왔다고 생각합니까? 또 그만한 나이의 아이들에 대해서 주의해서 살펴볼 어떤 특별한 징후가 있습니까? 내 아들의 학교 친구가 키스하는 것은 성교를 하는 것이라고 말했답니다. 나의 아들이 잘못된 생각을 가질까 두렵습니다. 왜냐하면 그의 아빠와 내가 매일 키스하는 것을 보았기 때문입니다.

— 밀워키의 어머니

친애하는 어머니 : 그 아이가 친구로부터 잘못된 지식을 가지기 전에 당신의 아들에게 이야기해 줄 때가 바로 지금입니다. 아이들은 이전보다 빨리 성장한답니다.

성교와 키스를 구별 못하는 9세 나이는 아무래도 이상하다. 미국 아이들은 성적으로 조숙해서 한국 아이들보다 더 빨리 알 텐데 이 녀석만 늦은 모양이다. 미국 어머니들 중에 11세 된 계집아이에게 피임약을 우유에 타서 먹이는 사람이 있다고 한다. 아이가 임신하는 줄도 모르고 성교를 하기 때문에 미혼모를 만드는 것이 두려워 그리한다는 것이다. 성에 대하여 책임 의식이 있기 전에 성욕을 갖는다는 것도 문제인 모양이다.

디어 애비 : 14살 먹은 나의 아들 브래들리는 익명의 기부자로부터 받은 정자의 인공적인 시술로 임신되었습니다. 그의 아버지와 나는 그가 아주 어렸을 때 이혼을 했고, 브래들리는 그가 어떻게 잉태되었는지에 대해서 아무도 말해 주지 않았습니다. 그러나 양쪽 가족들 몇 사람은 그 사실을 알고 있습니다. 수년 간에 걸쳐 브래들리의 아버지는 최소한의 재정적 정서적 지원을 아들을 위해서 제공하고 있습니다. (나의 전 남편은 재혼했고, 나는 아직 안했습니다.)

목사님께서는 브래들리에게 그 사실을 지금 말해 주어야 할 시기라고 충고합니다. 그러나 나의 어머니는 브래들리에게 이야기해 주지 말아야 한다고 말하고, 그 사실을 아무도 발설하지 말아야 한다는 생각을 가지고 있습니다. 이런 경우 당신은 어떤 생각을 가지고 있습니까?

— 시카고의 걱정스러운 어머니

친애하는 걱정스런 어머니 : 당신의 어머니는 잘 생각해서 말한 것입니다만, 당신의 목사님 말씀이 옳습니다. 당신의 아들에게 사실대로 말해 주어야 합니다. 그것은 수치스러운 것이 아닙니다. 다른 가족들이 이미 알고 있다면 소년은 다른 사람으로부터 듣기 전에 당신으로부터 들을 필요가 있습니다. 더 늦기 전에 지금이 좋습니다.

정자를 제공받아 인공수정해서 얻은 아이를 부부가 같이 살면서 키우면 괜찮을지 모르지만, 이처럼 이혼을 해 버리면 보통 문제가 아니다. 아이가 자기 출생의 비밀을 알고 나면 얼마나 난감해 할까 하는 생각이 든다. 한국에서도 이와 같이 정자를 기증받아 인공수정시키는 경우가 적지 않을 것이라고 생각된다. 그 중에는 이혼하는 부부도 없지 않았을 것이다. 그러나 한국의 경우는 절대로 그 사실을 발설하지 않을 것이라는 생각이 든다. "사실은 사실대로 밝힌다."라는 것이 미국식 해결법이라고 한다면, 한국은 아이를 위하여 끝까지 숨기는 것을 미덕으로 안다. 아이를 낳지 않겠다는 젊은 세대들이 점점 증가하는 추세다. 젊을 때 즐기고, 뒤에 심심하면 아기를 낳아볼까 하는 젊은이들을 많이 본다. 전 세대들이 아기를 낳아야 한다는 것이 필수적 의무처럼 생각했으나, 이제는 아기를 갖는 것을 취미로 생각하는 경향이 있다. 앞으로의 세상은 어떻게 될까? 효孝라는 것도 이제는 점점 쓸모가 없는 낡은 개념으로 바뀌어 갈 모양이다.

디어 애비 : 엄마와 나는 상대방의 결정에 간섭하지 않기로 합의가 되었어요. 정서적 협조나 재미있는 충고는 서로 환영하지만 간섭은 절대 금물이었지요. 몇 달 전 엄마가 '돈'이라는 사람을 만나기 전까지는 이것이 잘 지켜져 왔습니다. 엄마와 그 남자는 현재 같이 살고 있으며, 이번 여름 결혼하기로 계획을 세워 놓고 있어요. '돈'은 인근의 술집에서 시간을 보내고 있으며, 엄마가 그를 안 이후에는 단지 월 2주만 일했어요. (그는 도둑질을 하다가 해고당했고, 상점에서 물건을 훔치다 체포된 적이 있으며, 동정을 얻을까 싶어서 전쟁 경험이 있는 것처럼 거짓말을 하고 있지요. 내가 조사한 바로

는 하루도 군인생활을 한 적이 없어요.)

엄마는 혼자 살 수 없는 그런 사람 중의 하나인가 봐요. 엄마와 8년간 같이 산 두 번째 남편은 지난해 갑자기 죽었어요. 그 이후로는 엄마의 생활은 정상적이지 못했어요. 내 동생이 '돈'에 대해서 느낀 바를 솔직하게 말했다가("실패자를 버리세요.") 지금 엄마와 말도 안 한답니다. 나는 엄마와 나의 관계를 망치고 싶지는 않습니다만, 내가 갖고 있지 않은 금전을 엄마는 요구한답니다. 나는 엄마에게 무어라고 말해야 되나요?

— 말하기에는 너무 화가 난 사람

친애하는 화가 난 사람 : 엄마에게 "노."라고 말하십시오. 그리고 왜 그렇다는 것을 말해 주십시오. 얹혀사는 애인을 부양할 의사가 없다는 것을 설명하는 것은 간섭이 아니라고요. 진실에 대한 버팀목과 같은 처방이지요. 엄마 앞에 놓여 있는 섬광입니다. 당신이 엄마를 비록 사랑하고 있지만 금전출납기처럼 돈을 내놓기를 거절한다는 사실을 엄마가 알 필요가 있지요. 엄마는 '돈'보다는 나은 사람을 찾아야겠지요.

건달을 데리고 살면서 딸에게 돈을 요구하는 염치없는 어머니의 이야기다. 어머니와 관계를 끊자니 육친의 정을 외면하는 것이 되고, 두고 보자니 어머니가 너무 어리석은 짓을 하고 있다고 생각하고 있다. 이럴 경우 한국의 딸들이라면 그 남자와 대판 싸움을 벌였을 것이고, 엄마를 단단히 나무랐을 것이다. 그래도 엄마와 서로를 간섭하고 싶지 않다든지, 관계를 망치고 싶지 않다는 것은 역시 미국식 사고방식이다.

디어 애비 : 서른두 살 먹은 나의 남편 그래디와 나는 상호의 양

해 아래 3년 이상을 별거하고 있습니다. '이혼'이라는 말은 말한 적이 없습니다. 그는 나의 집에 오고 있고, 가족 컴퓨터를 쓰고 있으며, 내가 보는 신문, 음식, 음료수를 마시고 있습니다. 그래디는 애들이 집에 올 때는 언제나 있으며, 매 휴일과 생일에는 가족으로서 보내고 있습니다. 나는 그가 가고 오는 것을 제한해 본 적이 없습니다. 사실 이전보다 더 잘 지내고 있는 셈이지요.

최근에 그에게 수상쩍은 행동이 보여서 그의 이메일을 조사해 보았습니다. 그는 패스워드를 두지 않았기에(훔쳐보지 말아야 한다는 것을 나는 알고는 있어요.) 나는 무엇이 어떻게 되고 있는지 알 필요는 있다고 느꼈어요. 나의 의심은 확인되었습니다. 그와 옛날의 여인과 서신을 교환하고 있는 것을 발견했지요. 그는 분명히 그 여인과 나들이를 했으며, 내 안방의 컴퓨터에서 그 여인에게 사랑의 시를 썼던 것입니다. 더 나쁜 것은 우리 애들에게는 그 여인에 관해서 이야기했고, 그것을 절대로 비밀로 지키라고 말하면서 나에게는 아무 말도 안했다는 사실입니다.

나는 이용당했고, 배신당했으며, 화가 났고, 소름이 끼쳤으며, 당황했던 것을 동시에 느꼈습니다. 나는 그와 맞부딪혀야 할까요? 아니면 모르는 체하고 넘어가야 할까요? 당신이 주시는 충고를 달게 받겠습니다.

— 코코모에서 알기를 원치 않은 사람.

(P.S. 사실은 홀로 된다는 사실만 생각해도 나는 화들짝 놀란답니다.)

친애하는 알기를 원치 않은 사람에게 : 당신이 훔쳐보지 않았어도 일은 그렇게 되고 말았을 것입니다. 당신은 지난 과거의 환영에 매달리고 있습니다만, 당신의 남편은 과거와 현재 두 세계의 좋은 것만 즐기고 있군요.

분명하게 말하십시오. 그리고 공기를 맑게 하십시오. 빨리 할수록 모든 것이 백일하에 드러날 것이며, 당신의 아이들도 큰 비밀을 지켜야 하는 부담을 갖지 않아도 됩니다. 당신과 당신의 남편은 미래를 어떻게 할 것인가—함께할 것인가 헤어질 것인가—에 대하여 명백한 결정의 시기를 오래전에 놓친 것입니다.

미국에 있을 때 목격한 일이다. 내가 살던 집 안주인에게 아침마다 고개 너머에 살고 있는 어떤 남자가 찾아와서 무엇인가 의논을 하곤 했다. 알고 보니 그 남자는 이 안주인의 전 남편이었다. 그 남편과 살 때 베트남의 아이 세 명을 입양해서 키웠던 것이다. 그런데 안주인은 그 남편과 얼마 전에 이혼을 했다. 그 남편은 옆 동네에서 재혼해서 살고 있고, 안주인은 지금의 남편과 재혼해서 살고 있는 것이다. 전 남편이 아침마다 오는 이유는 함께 살 때 입양했던 이 아이들을 그 날은 누가 맡아서 돌보느냐 하는 것을 의논하기 위해서였다. 아이들은 반드시 전 남편에게만 "아빠"라고 불렀으며, 현재의 남편에게는 언제나 이름을 불렀다. 재미있는 것은 시간이 촉박할 때는 안주인이 화장실에 앉아 있을 때도 문을 열어놓은 채 전 남편과 아이 문제로 의논하는 것이다. 이럴 때 남편은 자기 일이 아니라는 듯이 멀리쯤에서 그들이 무슨 의논을 하건 상관없다는 듯 딴청을 부리고 있는 것이다.

아무리 법을 준수하는 나라라고 하지만 우리들에게는 아무래도 우스꽝스럽게 보였다. 법적으로 아이들의 아버지는 분명히 전 남편이기 때문에 "아빠"라는 호칭이 허용되지만, 현재의 남편에게는 그 호칭이 허용되지 않는다는 것이다. 만약 안주인이 아이들에게 "아빠"라는 호칭을 현재의 남편에게도 강요했다면 전 남편이 고소를 했을지도 모른다는 생각이 든다.

위의 문의에서 보면 별거를 합의해 놓고 아내의 집에 매일 드나들면서 같이 생활한다는 것은 우리네로서는 이해할 수 없는 일이다. 아이들이 자기 엄마와는 다른 여인과 아빠가 만나고 있다는 사실을 알고 있으면서 엄마에게 말하지 않고 있다는 것은 더더구나 이해 못할 일이다. 한국에서는 이혼을 하게 되면 대판 싸움으로 끝나는 데 비하여 미국에서는 우정을 유지하면서 이혼을 하는 일이 흔한 일이다.

(2002. 4.)

4. 소설과 함께 읽는 수필

인연

살아가면서 만남과 헤어짐이 합리적으로 설명되지 않을 때 우리는 흔히 인연이라는 말로 표현한다. 대체로 지난 일을 두고 하는 말이다. 얽히고설킨 일을 다시 생각해 보니 그렇게 된 것도 인연일 수밖에 없다는 생각에서이다. 세상 살다 보면 좋은 인연도 있고 나쁜 인연도 있다. 악연은 가능한 피해갔으면 하는 것이 모두 바라는 바다. 그러나 어찌 좋은 인연만을 기대할 수 있을까. 만나지 말았으면 하는 사람을 피할 수 없이 만나서 인생을 망치는 예도 허다하다.

누구나 살면서 어떻게 살 것인가 계획을 세운다. 치밀하게 세우는 사람도 있고 느슨하게 세우는 사람도 있다. 치밀하게 계획을 세우는 사람이 성공할 확률이 높지만 때로는 뜻하지 않게 낭패를 겪는 수도 있다. 뜻하지 않은 변수가 이 세상에는 너무나 많기 때문이다. 계획의 성공 여부는 대체로 하는 일과의 인연으로, 혹은 그 일로 인해 만나는 사람과의 인연으로 결정된다.

지금까지 나는 어떤 편인가 하면 치밀한 계획을 세우고 산 적이 없다. 늘 막연한 희망을 품고 그렇게 하면 좋은 결과가 오겠지 하면서 살아왔다. 큰 낭패 없이 이 정도로 산 것도 행운이다. 물론 좀 더 치밀한 계획을 세워서 실천했다면 내가 산 인생보다 더 나은 인생을 살았을지 모른다. 뒤돌아보면 좋은 기회를 놓친 경우가 허다하기 때문이다. 그것이 안타까워 잠을 설칠 때도 있었다. 하지만 이 나이가 되니까 그것도 내 운명이고 이승과의 인연이 아닌가 하는 생각이 든다.

계획대로 사는 사람은 인연은 스스로 만드는 것이라고 생각한다. 계획에 따라서 일하고, 그 일에 따라서 사람을 만나야 한다고 생각하기 때문일 것이다. 그러나 인간사가 꼭 계획대로 되는 것은 아니다. 설사 계획대로 일을 처리했고, 계획대로 인연을 맺고 살았다고 해도 역시 지나고 나면 그것도 나의 운명이고 나의 인연이라 하지 않을 수 없을 것이다. 인간에게는 완전한 만족이란 있을 수 없기 때문이다. 뒤돌아보면 만났던 사람과의 인연이 그의 삶을 그렇게 만들었다는 생각이 든다. 그뿐 아니다. 큰 계획은 그 스스로의 계획에 의하여 진행되었다고 해도 살면서 부딪치는 자질구레한 일들은 반드시 계획대로 되는 것은 아니다. 아내를 만났던 일은 계획대로 되었을지 모르지만 그녀와 아침저녁 마주치는 모든 일들이 계획에 의해서 진행되는 일은 아니기 때문이다. 자식을 기르는 일, 사사로이 만나서 정을 나누었던 사람들과의 일이 반드시 계획대로 되지 않았기 때문이다. 현재와 미래만을 보고 산다는 사람도 지내놓고 보면 별수 없이 그와 만났던 사람들, 처리한 일들이 그렇게 될 수밖에 없었고 그 또한 인연에 의해서라는 생각이 들 것이다.

한창 주가가 치솟던 미녀 탤런트가 재벌의 며느리가 된다고 했을 때 세상 사람들의 말이 많았다. 재벌의 아들이 유학하고 있는 곳에 우연히 들른 것처럼 해서 만나게 하고는 결국 결혼까지 하게 되었다는 것이다. 그것이 사실이라면 인연도 계획을 세워서 맺는 데 성공한 셈이다. 그러나 몇 년이 지나지 않아 둘은 이혼을 하고 말았다. 지내놓고 보면 그 계획에 의한 인연도, 그렇게 해서 파탄을 맞은 것도 인연인 셈이다.

인연은 운명과 흡사한 의미를 띨 때가 많다. 다른 길을 가려고 아등바등 애를 써도 결국 그 길에 들어서서 살아가게 되고 그 일로 인해서 만났던 사람과 인연을 맺으며 살아가게 된다. 그것을 우리는 운명이라고 말한다. 선택의 여지가 별로 없었던 삶이나, 그렇게 해서 맺어질 수밖에 없는 인연을 두고 하는 말이다. 사람과의 인연도 그렇고 사물과의 인연도 그렇다. 선택은 운명과는 반대편에 있는 것처럼 보이지만, 지내놓고 보면 그것도 다 인연이고 운명이라고밖에 말할 수 없기 때문이다. 왜 하필 그 때 그런 선택을 했고, 그 사람을 만났을까 하는 생각을 한다.

내 나이 일흔을 지났으니 지난 일들이 모두 나와의 인연 때문에 이루어진 것이고, 그것이 내 운명이라는 생각이 든다. 이 나이에 무슨 새로운 사업을 계획하고, 새로운 사업을 진척시킬 수 있을까. 살아온 나의 삶이 운명이려니 생각하고 내게 지워진 일이나 순종하는 마음으로 살 수밖에 없다. 내 부모에게서 태어난 것, 내가 다닌 학교, 살아오면서 만났던 친구들, 아내를 만나 한 가정을 꾸민 것, 그렇게 해서 네 자식이나 낳아서 기른 것, 그동안 밥벌이하고 있던 대학에서 모난 일 없이 정년퇴임한 것, 만년에 용인에 와서 살게 된 것, 그 모두가 내 운명이고 내 삶과의 인연이다.

윤대녕의 〈천지간天地間〉을 읽으면서 예감하는 인연도 있구나 하는 생각을 하게 되었다. 주인공은 외숙모의 부음을 받고 서울서 광주행 버스를 타고 내려간다. 광주 종합터미널에서 우연히 어떤 여자를 보게 되고 그 여자를 따라 완도행 직행버스를 탄다. 외숙모의 죽음을 문상하기 위하여 광주에 온 그가 이 여자를 따라온 것은 전혀 예상하지도 않았던 일이다. 주인공은 그 여자가 유숙하는 횟집 겸 여관의 옆방에 들어서 여자의 행동을 지켜본다. 우연히 만난 그 여자를 따라온 것은 그 여자에게서 죽음을 예감했기 때문이다. 이틀 동안 서로 말도 붙이지 않고 멀리쯤에서만 바라보던 둘이 마침내 성관계를 맺고, 그 여인은 말없이 떠나간다는 이야기다. 여인은 주인공이 예감한 대로 죽기 위하여 한적한 이곳을 찾았던 것이다. 연인 사이였던 사내와 몇 달 전에 이곳을 다녀간 적이 있고, 지금은 임신 4개월째였다. 그 사내가 이 여인을 버리고 난 뒤에 실연에 빠져 죽음까지 결심하게 되었던 것 같다. 주인공이 광주에서 뒤따르는 것을 알고는 "자신의 전생을 지우기 위해 나와의 관계를 원했고 그리하여 아이는 살리되 아이의 아비에게서는 놓여 날 수 있었다."라고 생각한 것이다. 소설적 미학을 위하여 '백색'의 이미지나 〈심청가〉 중 '범피중류'의 소리가 배면에 깔려서 소설 미학의 효과를 내고 있다.

이 소설을 읽으면 한참 세월을 흘려보내놓고 나서 '아, 그렇게 된 것도 인연이다.' 라고 말할 수 없을 것 같다. 인연을 예감하고 주인공은 행동했기 때문이다. 그 여인과 다시 만났는지 어쨌는지는 알 수 없다. 소설에서 미루어 볼 때는 만나지 못했을 것으로 추측된다. 대체로 만남으로부터 인연이 시작되어 그 만남을 지속해간 결과로서 인연이라는 말을 쓴다. 소설에서와 같이 꼭 한번 만나서 그 만남으로 인생의 엄청난 전기를 만든다고 해도 인연이라는 말을 쓰기에는 무언가 부족한 듯하다. 그래서인지 소설의 화자도 "세상엔 참으로 여러 가지 만남이 있는 모양이고, 그걸 행여 인연이라고 부를 수 있다면 그 여자와의 만남은 분명 기이한 인연에 속하는 것이었다." 라고 말하고 있다. 행복과 불행을 딱히 어떤 것이라고 정의할 수는 없지만 자살한다는 것은 분명히 불행이다. 그 여자가 사생아를 낳아서 그 아이를 키우느라고 온갖 고생을 한다고 해도, 혹은 그 아이를 고아원에 맡기고는 일생 동안 죄책감에 시달리면서 살아간다고 하더라도 자살을 감행하지 않았다는 것, 뱃속의 아이를 살린다는 것은 분명히 불행과는 다른 쪽이다.

최근에 간행한 나의 수필집 ≪정겨운 친구들≫은 내가 지금껏 만나서 인연을 맺었던 사람들을 기억나는 대로 쓴 것이다. 그 중에서 '여자 친구들'이란 제목으로 쓴 대목이 있다. 지금도 나와 내왕이 있는 친구들도 있지만 어디 살고 있는지 알지 못하는 친구도 있다. 물론 그 중에는 내 일생의 반려자가 될 뻔한 친구들도 있다. 나와 부부의 인연보다는 친구로 남아 있으라는 운명인지 모른다.

부부도 사실은 친구 중의 하나라고 나는 생각한다. 아주 특별한 친구, 같이 생활을 하면서 경제 활동과 문화 활동을 같이하는 친구, 성애를 나누면서 그 결과로 아이들을 갖게 되고, 함께 책임지면서 양육하는 친구, 사회적으로는 부부라는 단위로 대우를 받는 친구, 그러나 서로 뜻이 맞지 않으면 헤어져 친구가 아니라 원수가 되고 만다. 미국에서는 부부의 인연을 끊고 난 뒤에도 친구로 남아 절친하게 지내고 있는 사람들도 여럿 보았다. 매일 만나는 부부로서보다는 가끔 만나는 친구가 더 적당하다고 생각한 모양이다.

나의 아내와 만난 것은 〈천지간〉에서처럼 기이한 인연도 아니고, 학교에서나 동네에서 만나 친구로 사귀다가 부부의 인연을 맺은 것도 것은 아니다. 동네 아주머니의 중매로 알게 되었고, 서너 달 사귀다가 부부의 인연을 맺게 되었다. 그때 그 시절 가장 흔하게, 그리고 가장 평범하게 맺어진 부부라고 할 수 있다. 살면서 뜻이 맞지 않아 싸우기도 많이 했고, 거의 갈라설 지경에까지 이르렀던 경우도 여러 번 있었다. 그러나 지금까지 부부로 함께 살면서 사십 년의 세월을 보낸 것을 보면 질긴 인연임에는 틀림없다.

아내를 처음 만난 것은 1969년 초겨울로 기억된다. 내가 서울예술고등학교에 근무할 때이고, 서른두 살의 나이였다. 마침 그 날이 숙직할 차례여서 다른 교사들은 다 퇴근하고 나만 교무실에 남아 이것저것 뒤적이고 있을 때였다. 어머니로부터 전화가 왔다. 빨리 집으로 좀 와달라는 것이다. 무슨 일로 그러시느냐고 여쭈어 보아도 그 말에는 대답도 안하시고 빨리 와서 보면 안다는 것이다. 대강은 짐작이 갔지만, 급히 오라고 하시니까 수위에게 알리고는 택시를 타고 부랴부랴 집으로 달려갔다. 고향 아주머니가 집에서 기다리고 있다가 다짜고짜로 선보러 가자고 하면서 자기를 따라오라는 것이다. 근처의 다방에서 만나겠지 생각하고 아주머니의 뒤를 따라가는데 상가 쪽이 아니라, 동네의 골목길로 가는 것이었다.

"아주머니! 어디를 가시는데 이런 골목길로 가십니까? 다방에서 만나는 것 아닙니까?"

"신부가 될 사람의 집에서 만나기로 했어요." 무뚝뚝하게 대답하고는 더 말이 없었다. 십 분도 걷지 않아 어느 한옥 대문 앞에 서서 초인종을 누르는 것이었다. 그러니까 우리 집에서 직선거리로 백 미터도 채 되지 않는 곳이었다. 이미 내가 오기로 연락이 되어 있었던 모양이었다. 신부의 어머님이 곱게 한복을 차려입고 나를 맞이했다. 첫눈에 매우 품위가 있는 양반 댁 마님같이 보였다. 처녀도 한복을 입었고 다소곳하게 서서 방안에 들어서는 나를 맞이했다. 처녀와 말이 오간 것은 별로 없었고 그녀의 어머니가 나의 신상에 대해 몇 마디 물었다. 나는 무슨 말로 대답을 했는지 기억이 없지만 내온 차를 마시며 이삼십 분 정도 머물렀다. 옆에 앉은 처녀를 힐긋 보니 눈이 빨갛게 충혈되어 있었다. 인물은 그 정도면 괜찮다 싶었으나 붉은 눈과 새빨간 매니큐어를 칠한 손톱이 마음에 걸렸다. 당시만 해도 매니큐어를 칠한 여인을 별로 곱게 보지 않았던 때였다. 아직도 서울 생활에 길들지 못한 내 시골뜨기 편견 때문일 것이다. 그 집을 나오는데 중매한 아주머니가 "총각! 몇 점이나 주겠소?" 하고 물었다.

"59점 반쯤 줄까요." 했더니,

"그럼 틀렸다는 말이네. 한 번 더 만나보는 것이 좋은데……."

"그럼 반올림해서 60점으로 하지요."

"총각! 한 번만 더 만나 보소. 오늘은 처녀와 얘기도 나누지 못했지 않소. 내일 둘만 만나보고 결정하소."

내 뒤를 따라 나오면서 이렇게 말하는 사람은 좀 전에 나를 이 집으로 인도한 아주머니가 아니다. 그러니까 그 분은 나에게 처녀의 집만 가르쳐 준 셈이고, 실질적으로 중매를 한 분은 바로 이 분이다. 현재는 처녀가 살고 있는 바로 이웃집에 살고 있고, 남지에 살 때는 우리 집 이웃에 살았던 분이다. 그 분의 시어머니가 내 어머니의 절친한 친구여서 어머니를 항상 모친이라고 불렀다.

처녀와 중매의 이야기가 오간 것은 처녀의 동생이 결혼할 무렵이었던 같다. 신접살림 이불을 꾸미면서, 이 집에 시집가야 할 처녀가 하나 더 있다는 말이 있었고, 근처에 좋은 총각이 살고 있다는 말을 그 아주머니가 했고, 그렇다면 중매를 하는 것이 어떠냐는 말로 귀결이 났던 모양이다. 나에게 길을 안내한 그 아주머니는 이불 꾸미는 도우미로 왔던 분이다. 고향 아주머니는 이웃에 사니까 처녀 어머니와는 이전부터 친분이 있었던 듯했다. 다음날 광화문로에 있었던 귀거래 다방에서 처녀를 다시 만났다. 전날 보았을 때보다는 좀 더 높은 점수를 줄 만했다. 연분이 되려고 그랬던 모양이다. 그렇게 해서 데이트를 시작했고, 서너 달 후 결혼까지 하게 된 것이다.

지금의 아내와 만나기 전에 선을 몇 번 더 본 적이 있었다. 대체로 그쪽보다는 내가 거절한 셈이 되었지만, 지금 생각하면 여자를 보는 눈을 제대로 갖추지 않아서 그렇게 되었다고 생각된다. 선을 보았던 사람 중에 지금도 그때의 일만 생각하면 혼자 빙긋이 웃을 때가 있다.

자랄 때 동네에서 모두들 나를 두고 일찍 장가를 가야 할 것이라고들 말했다. 외아들이기 때문이다. 그러나 대학을 졸업하고 군 복무를 마치고 나니 어느덧 서른이 되었다. 이때부터는 색싯감이 될 만한 처녀를 만날 기회가 별로 없었다. 어머니는 색싯감을 데려오라고 졸라댔지만 그게 그렇게 쉬운 일은 아니었다. 직장에서 퇴근해 오면 어머니의 그 재촉이 내게 너무나 무거운 스트레스로 작용했다. 그때의 일을 생각하면 나이 든 처녀들에게 결혼하라고 말하는 것이 제일 싫다는 말을 이해할 만하다. 결혼이 늦은 내 제자 중의 하나는 "언제 결혼할 거야?" 하고 물으면, "선생님, 5만 원 내세요." 하고 손을 내밀었다. 중매할 생각도 않으면서 결혼 말을 꺼내는 사람에게 5만 원씩 받기로 규칙을 세웠다는 것이다.

어머니는 내가 결혼할 나이가 지났는데도 데이트하는 처녀조차 없는 것을 보시고는 한 가지 꾀를 생각해내셨다. 당시 집으로 참기름을 대주던 할머니 한 분이 있었다. 어머니는 그분에게 "참기름만 팔 것이 아니라, 우리 아들 중매를 좀 하소. 보다시피 저렇게 나이 많은 총각이 장가도 못 가고 있으니 내가 속이 많이 썩소. 참기름 팔러 여러 집을 다니다 보면 참한 색시가 있는 집도 잘 알고 있을 것 아니오. 중매만 잘하면 내 참기름 한 달 팔고 다닌 것보다 더 많은 중매채를 주리다."라고 그분에게 간곡하게 부탁하셨다. 과연 그 참기름 장수는 며칠 후 참한 색시가 있다면서 나더러 선을 보라고 했다. 일요일 아침이라고 생각된다. 신설동 로터리에 있는 다방에서 만나기로 되어 있었다. 약속한 시간에 나갔더니 그 참기름 장수 할머니는 이미 와서 어떤 아주머니와 얘기를 나누고 있었다. 나는 할머니에게만 인사를 하고 그 아주머니에게는 고개만 살짝 숙이고 색시가 나타나기만을 기다리고 있었다. 얼마를 기다려도 색시 될 사람이 나타나지 않는 것이 아닌가. 내가 아무 말도 않고 앉아 있으니까 참기름 장수 할머니는 "총각, 어째 말이 없소? 무슨 말이라도 좋으니 직접 물어 보시지요." 라고 했다. 그제야 내가 잘못 생각한 모양이구나 하고 깨달았다. 앞에 앉아 있는 아주머니를 찬찬히 살펴보았다. 얼핏 보았을 때보다는 젊은 여인이었다. 색시의 언니쯤으로 생각했던 것인데 사실은 당자였다. 시골에서 초등학교 교사를 하고 있다고 했다. 그 얼마 전에 학교 운동회를 가졌고, 햇볕에 그슬려서 얼굴에 검은 반점이 많아 내가 나이를 올려 보았던 듯하다. 화장 분이 피부에서 떠 있어 더욱 나이 들어 보였다. 입은 옷도 아주머니 스타일로 내가 착각할 정도로 촌스러워 보였다. 무슨 얘기를 주고받았는지 지금 기억도 없지만, 어머니가 참기름 장수에게 부탁하신 것이 잘못이지 하는 생각을 하면서 다방을 나왔다.

아내와 선을 보았을 때 이때의 경험이 크게 작용했을 것으로 생각된다. 그 처녀보다는 당연히 돋보일 수밖에 없었다. 아내는 두 번째 만났을 때 처음보다 인상이 좀 더 좋았다. 데이트를 계속하기로 마음을 먹었다. 그 후 한두 번 정도 더 만났던 것으로 기억된다. 처녀는 청주의 집에 다녀와야 한다면서 한 열흘 후에 다시 만날 것을 약속했다. 지금 살고 있는 제기동 집은 오빠의 집이라고 했다. 취직해서 서울서 근무하고 있는 동안 오빠의 집에 기숙하고 있었던 모양이다. 며칠 후 길거리에서 우연히 중매한 아주머니를 만났는데, "총각! 처녀와 데이트 안해요?" 하고 물었다. "청주 집에 간다고 했는데요." 했더니, "내가 어제 처녀가 집에 있는 것을 보았는데……." 했다. 다음날 첫눈이 내렸다. 나는 기분이 약간 들떠서 처녀에게 전화를 걸었다. 눈길을 같이 걸어보는 것이 어떠냐고 말했다. 그러나 의외로 그녀는 거절했다. 만나기로 한 그 약속 날짜가 되지 않았을 뿐 아니라, 자기는 눈길을 별로 좋아하지 않는다고 말했다. 자존심도 약간 상했지만 첫눈을 맞는 낭만도 모르는 여잔가 싶어 조금 실망스러웠다.

만나기로 한 그날 나는 전화를 걸 것인가 말 것인가 하고 망설이고 있었다. 퇴근 후 적당한 시간으로 약속을 잡았던 것으로 생각된다. 교무실 전화기 앞에 몇 번이나 다가서다가 그만두었다. 마침내 전화하기를 그만두고 교무실 문을 막 나서던 참이었다. 그때에 교무실 전화벨이 울렸다. 처녀의 전화라는 것을 직감했다. 그냥 나가버릴까 받을까, 짧은 순간이지만 전화벨이 몇 번 울릴 때까지 가부의 결심을 망설이고 있었다. 받기로 했다. 처녀의 전화였다. 오늘 바쁜 일이 있어 만나기로 한 날짜를 뒤로 미루는 것이 어떠냐고 나는 말했다. 그럼 내일 저녁은 어떠냐고 물었다. 내일 저녁도 바쁜 일이 있다고 그랬더니, 그럼 모레는 어떠냐고 했다. 모래도 바쁜 일이 있다고 말했다. 처녀는 내 의도를 눈치 챈 모양이었다. 그럼 오늘 저녁 몇 시면 그 바쁜 일이 끝나느냐고 물었다. 9시쯤이라고 했다. 그럼 9시 이후에 만나자고 했다. 상당히 끈질기구나 하는 생각을 하면서 결국 8시쯤에 만나기로 약속을 했다. 첫눈 데이트의 거절에 대한 질책도 있었지만 나에 대한 관심이 어느 정도인가도 테스트하고 싶었다. 그날 걸려온 전화를 받지 않았다면 우리의 인연은 거기서 끝났을지도 모른다는 생각이 든다. 뒤에 들으니 나 이전에 선을 보았던 사람으로부터 연락이 와서 다시 만나지는 제의가 와 있었고, 나도 동료 교사로부터 참한 색시가 있으니 선을 보라는 말을 하고 있었기 때문이다.

어쨌든 그렇게 해서 우리들의 데이트가 계속되었고, 결국 결혼에까지 이른 것이다. 다음 해 4월에 결혼식을 올렸지만, 사실 그 데이트를 하는 동안에도 서로 이해한 것보다 오해한 것이 더 많았다. 만나면 서로 더 잘 이해할 것이라고 말하지만 사실은 상대방에 대한 자기 방식대로 오해하는 것이다. 그래서 남녀가 만나 결혼을 하는 것을 우리는 연분이라고 한다.

오해로 만났건 이해로 만났건 사십 년 가까이 같이 살았으면 그것은 질긴 인연이다. 내 후배 하나는 자기 동창생들의 결혼 상황을 체크해 보니 절반 정도가 결혼을 해서 이혼을 했다고 말했다. 후배가 40대이니 40대의 연령층은 특별히 이혼이 많았던 세대인가. 미국에서도 이십여 년 전에는 한 집 건너 이혼한 사람들이라고 했다. 지금은 그때보다 이혼하는 사람들이 훨씬 줄었다. 이혼도 한때의 유행이었는지 모르겠다. 한국에서는 지금 결혼을 하지 않는 것이 유행인 듯이 보인다. 내 주변에서도 30대 중반을 지났는데도 결혼을 하지 않은 싱글들이 많다. 연분이 닿지 않아서 그렇다고 말하지만 내 생각에는 미디어의 발달 때문이라고 말하고 싶다. 그 중에서도 텔레비전의 영향이 크다.

나의 부모 세대들은 총각의 얼굴도 보지 못하고 시집 온 사람들이 많았다. 총각은 몰래 처녀 집에 가서 처녀를 보았던 모양이지만 결혼은 대체로 부모의 뜻에 따라서 한다고 말하는 편이 옳았다. 지금과는 너무나 다른 결혼 풍습이다. 지금도 부모의 의견을 약간은 참작하겠지만 본인 의사에 반하는 결혼은 거의 있을 수 없다. 결혼 상대는 부모의 어떤 간섭도 받지 않고 자신이 선택한다는 의도지만 사실은 더 큰 영향으로부터 간섭을 받고 있다. 미디어 때문이다. 매일 텔레비전을 몇 시간씩 보고 있는 사이에 그 영향이 이만저만 아니다. 텔레비전에서 매일 만나는 탤런트들이 모두 우리가 일상으로 만나는 그 사람들과 같다고 생각하지만 사실은 아니다. 외모로 보아서 모두 빼어난 사람들이고, 행동도 작가들이 상상한, 우리들 보통 인간보다 훨씬 멋진 매너를 표현한다. 옛날에는 미남 미녀들이 그렇게 노출되지도 않았지만, 일반인들이 대중에게 그렇게 노출될 수도 없었다. 왕비를 간택한다고 해도 그런 미인들을 고를 수 있었을까. 물론 인물만 좋다고 간택되지도 않았겠지만, 신분의 제약도 있고, 화장술도 발달하지 않아서 미인들이 쉽게 눈에 띌 리도 없었을 것이다. 게다가 오늘날처럼 미디어가 발달하지도 않아 미남 미녀가 있었다고 해도 그 인근 동네만 알려졌을 뿐이다. 그러니까 배우자를 만나는 선택의 폭이 이전보다 아주 넓어진 것처럼 보이지만 그래서 사실은 선택하기가 더 어려워진 것이다.

〈천지간〉에서처럼 인연도 예감할 수 있다면 아주 좋은 일이다. 인연을 맺으면 평생이 즐거울 것 같은 사람이 있는가 하면, 그렇지 못할 것 같은 사람도 있다. 예감은 누구나 갖고 있는 것이라서 그 예감에 의해서 대체로 평생의 반려를 고른다. 그러나 그 예감이 빗나가는 경우가 허다하기 때문에 결혼을 해도 파탄을 겪게 된다. 천재는 구십구 퍼센트의 노력과 일 퍼센트의 재능으로 이루어진다고 했던가. 좋은 인연을 이루어 가는 것도 같은 이치라고 생각된다. 노력하지 않고 좋은 인연을 지속하기란 어려운 일이다. 잘 알고 있지만 나는 그 이치를 실천하지 못하고 있다. 나이 일흔을 넘겼는데도 아직도 실천하지 못하고 있다면 대체 언제 실천할 수 있단 말인가.

(2006. 3.)

오해

흔히 오해는 이해의 반대 개념인 것처럼 생각한다. 그러나 오해는 이해의 하나일 뿐이다. 어떻게 이해하느냐에 따라 이해가 될 수도 있고 오해도 될 수 있다. 또 그것은 이해의 정도 문제라고도 할 수 있다. 많이 이해하면 이해한다고 말하지만 적게 이해하면 오해라고 할 수 있기 때문이다. 가령, 다른 사람의 마음이나 뜻을 완전히 받아들인다고 하면 이해한다고 말한다. 그러나 완전이라는 것이 이상이지 현실은 아니다. 사람의 속을 명경처럼 들여다 보듯 볼 수도 없거니와 설사 들여다본다고 해도 순간순간 바뀌는 그 마음을 어떻게 알 수 있으랴. 포착했다고 해도 그의 진정한 뜻이 대체 어떤 것인지 알기 어렵다. 자신도 이해하지 못하는 감정이 있기 때문이다.

다른 사람의 마음을 반쯤 이해해도 우리는 이해한다고 말한다. 이와는 달리 그 절반을 다르게 이해할 경우 이해라기보다 오해라고 하는 것이 옳을 때가 있다. 다르게 이해한 그 절반을 가지고 그의 뜻을 완전히 왜곡해서 말하는 경우도 흔하기 때문이다. 차분히 생각해 보면 남을 이해한다는 것은 쉬운 일이 아니다. 자기가 이해했다는 것이 실은 오해였다는 것을 알게 된다면 얼마나 황당한 일인가. 더구나 그 오해에 따라서 뒤돌릴 수 없는 결정적인 행동까지 취하고 나면 어떻게 될 것인가.

살면서 남을 이해하고 살라고 말한다. 이해하지 못하면 그 사람과 불화가 계속되고, 불화가 계속되면 마음이 편치 못하다. 또 오해로 인해서 그 사람과의 관계를 끊는 수도 있다. 우리는 살아가면서 끊임없이 이해와 오해를 반복하면서 사람과의 관계를 맺고 있다. 대체로 큰 이해 속에 작은 오해는 덮어둔다. 남과의 불화는 이후부터 만나지 않으면 해소된다. 그러나 꼭 만나야 할 사람, 관계를 끊고 살 수 없는 사람일 경우에는 얘기가 달라진다. 부부간이라든지, 부모형제간이라든지, 같은 직장에서 매일 만나야 할 사람일 경우는 이해든 오해든 하면서 살 수밖에 없다. 특히 부부의 경우에는 큰 이해 속에 작은 오해가 계속되더라도 살아가지만 큰 오해가 전제되어 있으면 아무리 작은 이해가 수반해도 돌이키기가 어려워진다. 분명히 오해인데도 불구하고 본인은 오해인 줄 모르고 확신하고 있을 때 주위에서도 보기가 참 안타깝다. 그 오해로 인해서 불화가 시작되고 그것이 지속되면 마침내 이혼하고 마는 경우를 우리는 더러 본다.

박완서의 〈가는 비, 이슬비〉는 남편의 오해로 인해 불화가 7년간이나 지속되다가 결국은 이혼해서 혼자 살게 된 한 여인의 이야기다. 수자는 대학의 첫 미팅에서 찬우를 만났고, "어릿어릿 굴었음에도 불구하고" 애프터 신청을 받았다.(첫 만남도 사실은 오해로 시작되었는지 모른다.) 그것이 너무 신기하고 좋아서 그 남자와 일심단편으로 만나고 그가 대학을 졸업하고 군에 입대하게 되었을 때, 그를 안심시키기 위하여 자청해서 약혼도 하였다. 그러나 결혼하는 첫날밤에 찬우는 수자를 결정적으로 오해하고 말았다. 수자가 처녀성을 지키지 못하고 자기와 결혼한 것이라고 생각한 것이다. 아무 근거도 없이 자기의 추측만으로 수자에게 실토를 하라고 강요한다. 찬우는 수자와 첫날밤을 치르고 난 뒤에 "할 말이 있을 텐데." 하면서, 다른 남자와의 관계가 있었다는 것을 자백하라고 강요한다. 수자 측에서는 도무지 이해할 수가 없다. "내가 뭘 잘못했는지 말해 줘요. 제발." 하고 수자는 사정하지만, 이미 오해로 굳어진 찬우는 수자의 말을 믿으려고 하지 않는다. 부부동반으로 모인 친구들 모임에서 '긴자꾸'라는 말이 자주 나와 수자가 그 말의 뜻을 몰라 어리둥절하고 있는 것을 보고 집에 돌아온 찬우는 "너 그렇게 순진한 척 내숭을 떠는 건 정말 못 봐주겠더라."라고 밤새도록 모욕적인 고문을 하기도 한다. 첫날밤의 그 오해로 인해 7년 동안이나 불화를 계속하다가 결국 찬우와 이혼하고 만다.

이혼 후 수자는 어느 회사에 취직해서 성실히 근무한 덕분으로 과장으로 승진한다. "그녀는 어디서나 인쇄물의 가십 거리를 속독해서 머리에 챙겼지만 마치 직업병인 양 오독도 잘했다." 그렇지만 그 오독으로 인해 낭패를 본 적은 없었다. 말하자면 행운의 오해인 셈이다. 수자가 회사의 입사 시험에서 합격한 것도 중역의 '오해' 때문이다. 홍보 일을 보아야 할 그녀가 어떤 작품을 좋아하느냐는 중역의 질문에 자신도 "예기치 못한" 대답을 했던 것이다. 버지니아 울프를 좋아한다고. 들어본 적도 없는 작가를 말하는 통에 중역과 상사가 될 과장은 수자 본래 실력 이상으로 오해했던 것이다. 오해로 인해 덕을 본 셈이다.

어느 날 회사의 김 전무로부터 "야외로 바람이나 쐬러 가자."라는 제의를 수자는 받는다. 야외에서 먹을 김밥은 자기가 챙겨 가기로 했으므로 모양 좋게 김밥을 챙겨 집을 막 나서는데 이슬비가 내리고 있었다. 비가 오면 가지 말자고 서로 약속했으므로 과연 나가야 할지 말지 망설일 수밖에 없다. 그

때 어머니가 들려준 옛날얘기가 생각난다.

옛날 옛날에, 어느 가난한 집에 달갑지 않은 손님이 찾아왔더란다. 식량은 빤한데 군식구가 생겼으니 어서 갈 날만 기다려질 수밖에. 손님 역시 가난한 처리인지라 끼니 걱정 안하는 맛에 마냥 머물고 싶어도 염치가 있는지라, 언제 언제 떠나겠다고 날짜를 멀찌감치 받아 놨더란다. 주인은 일각이 여삼추로 그날만을 기다리다 마침내 그날이 와 손님이 떠날 채비를 하는데 문 밖에서 부슬부슬 비가 오더란다. 문 가까이 온 손님은 희색이 만면해서 이슬(있을)비가 오네, 하자 주인은 펄쩍 뛰면서, 아닙니다. 가는 비가 옵니다, 라고 했더란다.

같은 사실을 두고 심정에 따라 전혀 다르게 이해한 사실을 두고 한 말이다. 이해라는 말 대신에 오해라는 말로 바꾸어 말해도 이 경우 틀리지 않는다. 수자는 오해로 인해서 이혼을 했지만 또 오해로 인해 회사에 입사할 수 있었다. 지금까지 상대방의 오해로 인해 그녀의 인생은 결정적인 전기를 만났다고 해도 좋다. 이번의 경우도 이슬(있을)비로 생각하고 집 안으로 발길을 돌리는데 과연 그것이 그녀에게 인생의 결정적인 전기가 될지 누가 알 수 있을까.

문명의 발달이라는 것은 오해의 소지를 풀어가는 과정이라고 생각된다. 자연의 위력 앞에 인간의 무력함을 느꼈을 때 높은 산, 큰 바위, 큰 나무, 맹수에 대하여 공포를 느꼈고, 목숨을 살려 달라고 빌었을 것이다. 그러나 인지가 발달해 감에 따라 자연의 섭리를 이해하게 된다. 그 자연을 이용해서 인간의 생활을 편하게 할 때쯤 되어서 그런 공포심은 사라지게 되었다. 바로 그 공포심이 종교의 원천이 되었다고 말하면 틀렸다고 말할 수 있을까. 지금도 그 자연에 대한 공포심에서 완전히 벗어났다고는 말할 수 없지만 그것을 어떻게 이해하느냐에 따라 사람의 인생관도 달라질 것이다. 비록 자연에 대한 두려움으로부터 종교가 생겼다고 하더라도 이제 그 종교는 인간의 거대한 문화로 형성되어 있어서 인간을 지배하게끔 되었다. 소박한 종교도 있지만 대개는 각 종교마다 정교한 이론 체계가 수립되어 있어서 섣불리 그 종교의 허점을 말할 수 없도록 되어 있다. 고급한 종교일수록 빈틈없는 이론으로 무장되어 있다. 수천 년에 걸쳐 그 종교를 믿는 우수한 석학들이 신앙의 체계를 수립해 놓았기 때문에 섣불리 말하다가는 봉변을 당하기 일쑤다. 또 어느 종교에서든지 맹신도들이 있어서 자기 종교에 거슬리는 말을 했다가는 죽임을 당하는 수도 있다. 내 아는 종교 연구가 중에 실제로 그렇게 희생된 경우가 있었다. 교주의 사기 행각이 확실하게 드러났는데도 그를 따르는 신도들은 믿으려고 들지 않는다. 사법당국에서 교주를 심문하려고 할 때 수많은 신도들이 모여 시위를 벌이고, 교주를 옹호하기 위하여 목숨을 거는 경우를 흔하게 보지 않았는가.

종교는 대체로 오해에서 비롯되었다고 말한다면 그냥 두지 않겠다고 협박할 사람이 있을지 모르겠다. 이 지구상의 수많은 종교 중에서 가장 정교한 이론으로 무장한 종교는 아무래도 기독교일 것 같다. 그렇지만 얼마나 많은 모순이 그 속에 내재하는가. 지금도 신구약성서를 그대로 믿고 실천해야 한다고 주장하는 신자들이 많다. 신앙심이 있으면 그 모든 모순이 하루아침에 사라진다고 말한다. 나는 신앙심이 없어서 그런지 그 모순들이 너무나 분명하게 보여서 믿을 수가 없다. 명석한 버트랜드 러셀이 성경 속의 모순을 조목조목 지적했지만 신실한 기독교인들은 그에게 귀를 기울일 생각을 하지 않았다. 신앙은 사실을 밝히는 차원과 다른 모양이다.

야훼는 이스라엘 민족의 신일뿐이다, 라는 생각을 나는 버릴 수가 없다. 아니 사실은 모세가 믿었던 신이다. 이스라엘 민족을 애급의 노예 신분에서 구출한 것은 모세이고 그 모세가 굳게 믿었던 신이 야훼다. 이스라엘 민족이 애급에서 도망쳐 아라비아 광야에서 방황하고 있을 때 모세가 굳게 믿고 그를 인도한 신이 야훼다. 당시 한반도에서 산 사람들은 누구도 그 야훼 신의 존재를 몰랐다.

예수로부터 신약의 시대가 열린다. 로마의 혹독한 탄압을 받고 있을 때 예수는 유태 민족을 해방시켜 주겠다고 외쳤다. 이스라엘 민족의 많은 백성들은 정말 해방이 되는 줄 알았다. 그래서 예수를 따랐다고 생각된다. 그러나 그 민중들과 예수 사이에는 큰 오해가 있었다. 이스라엘 사람들은 현실적으로 로마의 압제를 벗어날 수 있을 것이라고 기대한 반면에 예수는 그들의 영혼을 구원하겠다고 말한 것이다. 그 기대가 오해라는 것을 알자 그를 죽이라고 총독 빌라도에게 들이댄 것이다. 유태인들은 지금도 예수의 의도를 이해하지 못하고 있다. 그를 구세주로 받아들이지 않고 있는 것이 바로 그 증거라고 할 수 있다.

예수의 제자들은 모진 탄압을 받아가며 예수의 뜻을 전하려고 하였다. 그 결과 당시 세계의 거대한 제국 로마 민중들에게 예수의 의도를 마침내 이해시키고 만 것이다. 예수가 믿었고 그 믿음을 따른 제자들이 그들의 신앙을 전파함으로써 오늘날 서구는 거대한 기독교 제국이 되었다. 그러나 아무리 생각해도 기독교와 같은 뿌리에서 태어났다고 생각되는 이슬람과 불구대천不俱戴天의 앙숙怏宿이 되어 있는 것은 큰 불행이다. 서로 죽이고 죽는 수백 년 간의 싸움을 계속하고 있는 것은 아이러니라 하지 않을 없다. 이름만 다를 뿐 뿌리는 같은 전능한 신, 야훼와 알라를 믿는 사람들끼리 적대감을 가지고 증오심을 불태우고 있는 것은 도무지 이해할 수 없다. 이 우주를 창조한 전능한 신이 이름이 다르다고 해서 서로에게 적대감을 갖도록 했을까. 이 세상의 모든 일을 주관한다고 하는 그 신이 서로 싸우도록 했을까? 어찌하여 다른 쪽이 아니라 반드시 이쪽을 믿는 자만이 구원을 받을 수 있다는 말인가?

구약의 신명기(22: 20-21)를 보면 초야에 신부에게서 표적이 나타나지 않으면, "그 처녀를 그 친정 아비 집 문에서 끌어내고 그 성읍 사람들이 돌로 쳐 죽일지니 이는 그가 아비 집에서 창기의 행동을 하여 이스라엘 중에서 악을 행하였음이라."라고 하였다. 아무리 기독교를 철저히 신봉하는 사람이라고 할지라도 지금 이런 행동을 취할 사람은 없다. 우선 법이 그런 무도한 짓을 용납하지 않기 때문이다. 이것은 모세의 율법에 따른 것인데, 철저한 남성 우위 발상이다. 지금은 초야 신부의 표적인 피가 모든 처녀에게 다 나타나는 것은 아니라고 한다. 그것은 처녀막이 파손되어 나타나는 피로 생각되는데 오늘날같이 여성들도 운동을 많이 하게 되면 자연적으로 파손되어 처녀의 표적이 나타나지 않은 수가 있다. 아마 당시에도 처녀의 표적이 나타나지 않는 처녀들도 더러 있었으리라고 생각된다. 그렇다면 억울한 죽음을 당한 처녀도 없지 않아 있었으리라. 공공연한 살인까지 저지를 수 있는 오해가 있을 수 있다는 말이다.

종교도 인지의 발달과 더불어 발전한다. 중세에 기독교의 종교재판에서 행한 수많은 오판들이 그것을 잘 증명하고 있다. 개복 수술을 했다고 해서 종교재판에 회부되어 중형을 받은 예도 있지 않은가. 신이 보지 말라고 덮어 둔 배를 메스로 찢어서 보다니 그런 무엄한 일을 어찌할 수 있느냐고. 지구가 자전한다고 주장했다는 이유로 종교재판에 회부되어 하마터면 목숨을 잃을 뻔한 갈릴레이를 우리는 알고 있다. 고위 성직자들의 무지로 인한 오해로 목숨을 잃은 사람도 부지기수였다.

〈가는 비, 이슬비〉에서는 구약시대가 아니라서 다행히 살인까지는 가지 않았다. 불화만 계속되다가 끝내 이혼하고 만 것이다. 소설에서 찬우가 수자의 처녀성을 그처럼 집요하게 의심하게 된 이유가 잘 나타나 있지 않아 알 수 없다. '처녀의 표적'을 볼 수 없어 그랬던가. 수자의 어떤 행동을 오해하고 나니 그렇게밖에 생각할 수 없어서 그랬던가. 장모가 지나치게 많은 혼수를 해 준 것도 그 오해를 돕는 구실을 했다. 소설에서는 수자가 찬우를 위해 일편단심으로 처녀성을 지켰다는 것으로 암시되어 있다. 순전히 찬우의 오해에서 비롯된 것이다. 한번 오해하기 시작하면 그 오해는 다시 오해를 부른다. 오해가 겹겹이 쌓이다 보면 움직일 수 없는 사실처럼 굳어버린다. 찬우 자신도 수자 이전에 돈을 주고 여자를 사서 성관계를 맺은 적이 있다고 털어놓은 적이 있는데, 어찌해서 수자에게만 순결을 요구하는 것일까. 설사 그의 오해가 사실이라고 하더라도 철저한 남성 우위의 사고에 젖어 있는 그를 우리는 발견한다.

예일대 바프 교수는 특정 단어를 잠시 보는 것만으로도 인간의 사회적 행태가 변한다는 연구 결과를 발표했다. 연구진은 두 팀으로 나눠 각각 '무례한(rude)'과 '공손한(polite)'이라는 단어를 보여준 뒤 공격적인 성향의 빈도를 관찰했다. '무례한'이란 단어를 본 팀이 공격적인 행동을 한 경우가 '공손한'이란 말을 본 쪽보다 4배나 많았다고 한다.(서울대학의 권영걸 교수의 글에서 인용) '공손한'이란 말과 '무례한'이란 말을 단순히 듣는 것만으로 이렇게 행동에 차이를 보인다고 하면 실제로 그렇게 본 사람의 행동과는 얼마나 큰 차이를 보여줄까. 내용은 제쳐 두고 공손한 말을 하는 사람의 말은 이해하려는 쪽으로, 무례한 말을 하는 사람의 말은 오해하는 쪽으로 듣기 마련이다.

신문은 우리 사회가 언어폭력의 폐해가 너무나 심해서 그것을 시정하자는 캠페인의 하나로 연재한 것이다. "섬뜩한 현수막, 낯 뜨거운 광고물", "말의 폭력…… 길 가기 겁난다" 라는 표제가 붙은 기사였다. 사실 우리 사회는 못마땅한 일이 있으면 시위의 팻말로 대부분 '결사반대'다. 원치 않은 혐오시설이 들어설 계획이 있어도 그렇고, 원하는 곳에 지하철 정류장이 서지 않아도 그렇고, 회사로부터 성과급을 받지 못해도 그렇게 외쳐댄다. 심지어 그 지역에서 선출해준 국회의원에게 그 문제를 해결하지 못하면 자폭하라는 현수막을 내걸기도 한다. 이렇게 무시무시한 말의 폭력을 사용하는 것은 표적하고 있는 그 사람이나 기관이 자기들의 의도를 분명히 이해해 달라는 뜻이다. 대부분의 경우 그 '섬뜩한' 말들은 다시 오해를 만들 뿐이다. 그 오해는 불화를 만들고, 불화는 증대되어 마침내 싸움이 된다.

누구나 싸움이 없는 화목한 사회를 원한다. 그것은 가정이나 사회나 국가 간이나 마찬가지다. 개인 간에도 싸워서 좋을 리 없다. 싸우지 않고 해결하려면 먼저 상대를 이해하라고 말한다. 이해는 상대방의 말을 경청하는 것이다. 에리히 프롬도 사랑의 방법으로 가장 좋은 것은 무엇보다 상대방의 말을 경청하는 것이라고 말하고 있다. 우리 사회에서 격렬한 시위로 시작해서 난투극까지 가는 것은 대부분 상대방이 무슨 말을 해도 듣지 않겠다는 데서 연유한다. 자기들 마음에 들지 않으면 공청회 같은 곳에 가서 '깽판'을 놓는 일이다. 경청하는 것조차 원천적으로 봉쇄하겠다는 태도다.

고대소설을 보면 선인과 악인이 완연히 구별되도록 기술되어 있다. 고대 희랍극은 프로타고니스트와 안타고니스트가 확연히 드러나도록 극이 짜여 있다. 안타고니스트는 프로타고니스트의 문제 해결을 방해하는 인물로 설정되어 있고, 대개는 악한으로 되어 있다. 이처럼 악인과 선인이 분명하게 구별되어 나타나던 고대소설과는 달리 현대소설의 인물들은 선인인지 악인인지 판단하기 어려운 인물들이 등장하는 경우가 흔하다. 보통의 인간은 선과 악을 동시에 구비하고 있다는 것이다. 그것은 영웅만이 등장하는 이야기에서 보통의 인간이 등장하는 이야기로 점점 하강해 간다고 주장한 노드롭 프라이의 견해와 같다. 그는 ≪비평의 해부≫에서 신화에서 현대소설까지 통시적으로 관찰해 보면, 신 - 영웅 - 능력이 탁월한 인물 - 보통의 인간 - 보통 이하의 인물 순으로 하강해 간 것이라고 했다. 현대는 보통 인간의 시대라고 할 수 있다. 왕과 신을 겸했던 시대를 우리는 기억한다. 그러나 지금의 대통령들은 서민들이 욕하기 바쁘다. 대통령인들 흠이 없을 수 없으며, 악이 없을 수 있겠는가. 보통의 인간은 다 선한 면과 악한 면을 동시에 지니고 있다. 다만 어느 쪽이 더 성하느냐에 따라 악한 짓을 저지를 수 있고, 선한 행동을 할 수 있다.

신비평(New Criticism)에서는 시를 해석하는 데 '애매성'(ambiguity)과 '모호성'(obscurity)을 높이 사고 있다. 시에서 애매한 말과 모호한 말이 없다면 대체 무슨 맛으로 읽느냐는 것이다. 이렇게도 해석할 수 있고, 저렇게도 해석할 수 있는 것이 시의 매력이다. 요컨대 시의 격을 높이는 데 큰 도움을 준다고 말한다. 애매한 말과 모호한 말은 어떤 뜻을 분명하게 이해하지 못하도록 하는 말로서 오해를 불러일으키도록 하는 말이다. 그것이 높이 평가되는 시대에 왔으니 아이러니라 하지 않을 수 없다.

공산주의자들은 회색분자를 싫어한다고 했다. 특히 지식인들의 애매한 태도가 마음에 들지 않았을 것이다. 많이 배우고, 많이 생각하면 만사를 똑 부러지도록 판단할 수 없는 것이 사실이다. 어떤 일면이 있는가 하면 다른 일면이 있기 때문이다. 분명히 이해했다는 사실이 시간이 흐르고 난 뒤에 다시 생각하면 오해였다는 일이 비일비재한 것이다. 그래서 지식인은 어떤 일에 대하여 분명한 판단을 내릴 수 없다. 앞뒤를 돌보지 않는, 말하자면 조금 무식해야만 과감한 행동을 취할 수 있다. 그래서 공자님은 "말은 어눌하지만 행동은 민첩하라(訥於言 敏於行)." 라고 하셨다. 말만 앞세우고 행동이 없는 지식인을 나무란 것이다. 하지만 생각지도 않고 돌진하는 사람들은 더 큰 문제를 일으키는 수가 있다.

우리가 교육을 받는 이유도 이해하기 위해서라고 할 수 있다. 자기에 대하여, 남에 대하여, 사회에 대하여, 문화에 대하여 보다 넓게 그리고 정확하게 이해하기 위해서 배운다. 그러나 배운 것이 더 큰 오해를 불러일으킬 때도 흔하게 있다. 배우고 나서 오해로 굳어지면 점점 깊어져 자기 신념이 요지부동일 경우도 있는 것이다. 이해하지만 마음으로 긍정하지 못하는 경우도 많다. 그런 경우 이해한다고 해야 하나, 오해한다고 해야 하나. 자기만이 옳게 이해했다고 주장하면서 남의 말은 듣지 않고 과감하게 실천하고 있는 사람, 자기가 정말 바르게 이해했는지 어쨌는지를 몰라 회의하면서 실천을 못하는 사람, 어느 쪽이 사회에 더 이로울까.

역설을 좋아하는 시인 보들레에르는 이렇게 말한다. "모든 사람이 서로 어울리는 것은 보편적인 오해에 의해서다. 왜냐하면 만약에 불행하게도 사람들이 서로 이해한다면 결코 어울리지 못할 테니까." 인간과 인간 간에는 결코 이해는 있을 수 없다는 말이다. 각기 자기 나름대로 오해하면서 사람을 사귀고 있다는 의미다. 오스카 와일드는 또 이렇게 말했다. "결혼에 적응하는 것은 상호 간의 오해이다." 이 말을 반대로 말해도 틀리지 않는다. "결혼에 적응하는 것은 상호 간의 이해다."라고. 같은 사실을 이쪽에서 볼 때와 저쪽에서 볼 때 다르게 보이는 것과 같다. 나는 이들을 흉내 내어 이렇게 말하고 싶다. 인간관계에 있어서는 이해의 관점에서 보고 사물은 끝없는 오해의 관점에서 보라고. 오해가 때로는 뜻밖의 유용한 작용을 할 때도 있는 법이니까.

(2006. 4.)

고통이 골수에 스미다痛入骨髓

텔레비전에서 〈용서의 시간〉이란 프로를 방영하는 것을 보았다. 대체로 부모와 자녀, 또는 형제간에 무슨 사정으로 오래도록 헤어져 있다가 방송국의 주선으로 만나게 되고, 어느 한쪽이 그 헤어짐에 대하여 잘못을 빌고 용서를 구하는 내용으로 되어 있다. 우선 놀란 것은 우리 사회에서 그런 불의의 헤어짐이 의외로 많다는 사실이다. 그리고 그 헤어짐이 양편에 엄청난 고통을 안겨주고 있는데도 만날 수 없었던 어쩔 수 없는 사연들이 있었다는 점이다.

불교에서는 '사랑하고 만나고 헤어지는 것愛會必離'은 인간의 필연적인 운명이기 때문에 그것을 초월해야만 인간고人間苦에서 벗어난다고 말하고 있다. 하지만 보통의 인간에게는 이별이란 참으로 어려운 일이다. 특히 부모 자식간의 헤어짐은 말할 수 없는 고통을 안겨준다. 인간의 생명이 유한하고 죽으면 어차피 헤어져야 하는 운명인데 그것을 우리는 잘 알면서도 그토록 감내할 수 없는 고통을 받아야 하는 것은 부모 자식간의 사랑 때문인가, 아니면 마음 구석구석까지 스며있는 정 때문인가.

텔레비전에서는 아버지보다는 어머니와의 헤어짐이 월등히 많고, 그 아픔이 훨씬 더 아프게 다가온다. 아무래도 열 달 배 아파 낳은 어머니의 사랑에 비하면 아버지의 사랑은 어림도 없다. 연전에 이산가족 상봉을 방영하고 있을 때 나는 당사자도 아니건만 눈물이 앞을 가려 제대로 볼 수가 없었다. 몇 번이나 화장실을 들락거리며 눈물을 닦던 기억이 난다. 애들 보기에 창피스러워 함께 볼 수가 없을 지경이었다. 내 일도 아니고 남의 일을 보면서 어쩌면 그렇게도 많은 눈물을 함께 쏟았는지 알 수 없다. 단지 눈물의 전염성 때문이었을까, 아니면 같은 인간의 운명에 공감했기 때문이었을까.

부모형제가 오래도록 헤어져 고통의 시간을 겪다가 방송국의 도움으로 극적으로 만나게 되는 프로가 자주 있었다. 모두들 불가피한 사정으로 헤어질 수밖에 없었지만 세월이 지남에 따라 서로 만나보기를 간절히 원했던 것으로 보인다. 그 중에서도 어머니와 자식간의 헤어짐이 가장 가슴 아프게 다가왔다. 남편의 주벽이 심해서 집을 나간 어머니, 걸핏하면 폭력을 휘두르는 남편을 피해서 집을 나간 어머니, 딴 여자와 눈이 맞아 가정을 팽개친 남편 때문에 집을 나간 어머니, 그런가 하면 남편이 무직 상태라 돈을 벌기 위해 잠시 나온다는 것이 자녀와의 영이별이 된 경우도 있었다. 대체로 남편의 주벽과 폭력, 가난 등이 복합적으로 작용해서 집을 나올 수밖에 없었던 것 같았다. 그렇지만 자식을 두고 온 어머니는 한순간이라도 그 자식을 잊어본 적이 없다. 집을 나온 이후 다른 남자를 만나 새 가정을 꾸민 경우도 있지만, 두고 온 자식이 가시처럼 가슴에 남아 그녀를 항상 찌르고 있었다. 새 가정을 이룬 그곳에서 다시 여러 자식을 낳아 기르고 살고 있지만, 버리고 온 그 자식 때문에 혼자 눈물을 흘리는 때가 한두 번이 아니었다. 만나보고 싶은 심정에서 자식을 찾기는 했지만, 차마 텔레비전에 얼굴을 내비칠 수 없어 얼굴을 가린 어머니들도 있었다. 다시 시작한 가정에 누가 될 것을 염려해서 그런 것으로 짐작된다.

나는 누선淚腺의 전염을 잘 받는 사람이다. 눈물 나는 사연을 듣거나 옆에서 울고 있으면, 괜히 나도 따라 눈물을 흘린다. 특히 텔레비전에서 어머니와 만나서 서로 부둥켜안고 울고 있으면 나도 모르는 사이 눈물을 줄줄 흘리고 있다. 드라마도 그렇지만, 생중계의 경우는 더하다. 어머니라는 말만 나와도 나의 눈은 물기가 어리기 시작한다. 내 어머니와는 그런 애절한 사연도 없고 그저 평범한 모자간이었다. 그렇지만 어머니와 가졌던 사소한 일이라도 상기되는 일이 있으면 나의 누선은 여지없이 물기로 젖기 시작한다. 자식에 관한 일도 그와 비슷하다. 자식에 대한 사랑이 애절한 사연으로 흘러가면 괜히 나의 누선이 자극된다. 어머니와 자식들, 내게는 누선의 원천인지도 모르겠다.

지금 우리 사회를 되돌아보니 자식에 대한 부모의 사랑은 그대로인데 자식들은 그렇지 않은 것 같다. 부모를 살갑게 섬기는 사람은 오히려 희귀한 사람들처럼 보인다. 옛날에는 부모가 늙으면 당연히 모시고 산다고 생각했다. 그렇지만 지금은 차라리 예외에 속한다. 판사, 의사, 대학교수라면 우리 사회에서는 부러운 사회 계급이다. 그런데 시골에서 뼈 빠지게 농사를 지어 이들을 공부시켰던 그 어버이를 아무도 모시려고 하지 않는 것이 지금의 현실이다. 어이가 없어서 웃음이 나온다. 조선조 사회라면 불효자식들이라고 해서 벼슬길조차 끊겼을지 모른다. 어쨌든 부모를 대하는 태도는 이전과는 전혀 달라져 있다. 부모에게 가능한한 많은 것을 얻어내려고 하지만, 그 부모를 모실 생각은 추호도 하지 않는다.

오로지 자기 자식에 대해서는 아낌없이 투자한다. 사실 사학 열풍, 학군

열풍이 우리 사회를 휘몰아치는 이유는 자식에 대한 사랑이 지나친 데서 연유한다. 어떻게 해서든지 자기 자식만은 더 나은 학교, 더 나은 교육을 받아보겠다는 일념 때문일 것이다. 자식을 외국에 유학 보내놓고 아내와도 헤어져 그 학비 조달에만 전력투구하는 세칭 '기러기 아빠'들, 서구 사람이 볼 때는 도무지 이해가 안 되는 소리다. 그러나 그 당사자들은 그럴 수밖에 없다고 항변한다.

부모의 이런 사랑에 비하여 자식들은 시큰둥한 반응이다. 온갖 정성으로 자식 뒷바라지를 했지만, 그것을 고마워하지도 않는다. 부모가 되면 당연히 그렇게 해야 하는 것이지 그것이 무슨 대수냐는 투다. 평생을 근검절약해서 번 돈으로 자식을 대학원까지 공부시켰지만 취직이 되지 않자 그것이 부모의 탓이라도 되는 듯이 자기에게 해 준 것이 무어냐고 되레 대들더라고 내게 전해주는 친지가 있었다. 재벌의 자식에게처럼 큰 목돈을 물려주거나 빌딩이라도 한 채 자기 앞으로 해 주지 못하면서 무슨 큰 소리냐는 것이다. 모든 부모들이 응당 그래야 되는 것처럼.

요즈음 들어 결혼 적령기가 점점 늦어지고 있다. 부모들이 배필을 짝 지워줄 때보다 훨씬 늦어지고 있다. 옛날과는 달리 이성의 상대를 마음대로 만날 수 있고, 데이트도 자유롭게 할 수 있는 세상인데 왜 결혼은 점점 어려워지는지 알 수 없다. '필이 딱 꽂히는' 사람이 없기 때문이라고 한다. 첫눈에 반한 사람이라고 해도 꽂혔던 그 '필'이 평생 갈 수 있을까. 내 제자 중에는 결혼을 안한 것인지, 못한 것인지 이른바 올드 메이드들이 많다. 이전에는 30세쯤이 올드 메이드인데 지금은 서른다섯을 넘겨야 겨우 올드 메이드 축에 든다고 한다. 결혼을 해도 자식을 보기 어려운 시기에 거의 임박하는 것이다. 옛날 부모들이 골라서 선을 보게 하고 강권하다시피 권해서 결혼하던 시기보다 오히려 어려운 모양이다. 자기가 마음대로 고를 수 있는 시기에 오니까 결혼하기가 더 힘들어진 것으로 생각된다.

그렇게 힘들게 결혼한 그들이 이혼하기를 또 밥 먹듯 한다. 하지만 용케 잘살고 있는 커플이 자녀를 가지게 되면 앞서 말한 사학열풍, 학군열풍에 그들도 단단히 한몫한다. 옛말에도 내리사랑만 있고, 치사랑은 없다고 했지만, 부모들은 오로지 헌신적으로 자식을 사랑해야 하고 그들은 그 사랑에 대한 보답은커녕 왜 더 줄 수 없느냐는 태도다. 유교의 '효孝' 사상이 조선조 사회에서 폐단만 낳았다고 생각했지만 돌이켜 생각해 보면 반드시 그런 것만은 아니다. '내리사랑'은 동물적 본능에 근거한 것이다. 반면에 '치사랑'은 이성에 근거한 사랑이다. 인간에게서 이성을 배제하고 본능에 의해서만 움직인다고만 생각한다면 참으로 끔찍한 일이 벌어질지도 모른다.

유명한 심리학자 에릭 프롬은 "사랑은 주는 데서만 의의가 있고 기쁨을 느낀다."라고 말했다. 아마도 사랑의 긍정적인 측면, 즉 사랑을 함으로써 즐거움을 느끼는 면만 강조한 듯하다. 그러나 사랑을 주지 못할 때, 아니 주고는 있지만 받아들이는 상대는 전혀 느끼지 못할 때, 사기 혼자 사랑하면서 표현을 할 수 없는 상태에 있을 때의 고통을 간과한 것 같다. 사랑은 주는 행태에서 그 아름다움이 있고 즐거움이 있지만, 사랑은 하고 있지만 줄 수 없을 때, 자기 혼자 괴로워해야 할 때의 그 고통도 사랑의 한 행태가 아닌가.

김인숙의 〈조동옥, 파비안느〉는 사랑하지만, 그 사랑을 표현할 수 없었던 어떤 여인과 그녀의 딸에 대한 소설이다. 이 소설은 세 가지 다른 이야기가 통입골수痛入骨髓라는 하나의 주제로 꿰어져 있다. 첫째는 670년 전에 살았던 고려의 수령옹주 묘지에 얽힌 사연이고, 둘째는 옹주의 묘지를 해독하는 주인공 '그녀'의 이야기, 셋째는 16년 전 당시 열여섯 살이던 그녀를 이혼한 남편에게 맡기고 브라질로 떠났던 그녀의 어머니, 조동옥, 파비안느의 이야기다. 세 이야기가 교묘하게 교직되면서 그 어머니의 '그녀'에 대한 사랑이 얼마나 큰 고통을 수반하면서 '그녀'에게 전해질 수 없었던가를 그 어머니가 낳은 또 다른 자식의 편지를 통해서 전해지고 있다.

수령 옹주는 그녀 자신이 왕의 혈통이 아니면서 왕의 혈통에 시집을 가서 옹주가 된 인물이다. 대군인 아들 셋과 옹주인 딸을 두어 살아서 최고의 영예와 부를 누렸으나 사실은 "고통이 골수에 스밀 만큼痛入骨髓" 괴로움을 당한 여인이었다. 자신의 딸을 원나라의 공주로 보낸 뒤에 만날 수 없었기 때문이다. 수령 옹주의 이야기는 이 소설과 직접 관련이 없으면서 전편의 배경처럼 깔려 있다. 마치 그 배경이 살아지면 그림의 가치가 전혀 살아나지 못하는 것처럼.

수령 옹주의 이야기는 그녀가 사귀는 남자가 묘지명을 연구하는 사학도史學徒였기 때문에 관심을 가지게 된 것이다. 그러나 그것은 어머니와 헤어진 이후 무엇인가 땅 속에 묻혀 있는 것을 파내는 그녀의 버릇과도 연관되어 있었다. "어머니는 이혼한 지 1년이 안 돼 그녀를 아버지에게 맡기고 친정식구들이 살고 있는 브라질로 떠나버렸다." 그 일련의 과정이 단호하고 매몰차게 진행되었기 때문에 그녀에 대해서도 그처럼 매몰차게 정을 끊었던 것으로 생각했다. 그 어머니가 죽고 난 뒤에 그간의 생활을 알려주는 이부異父 동복형제의 편지를 받기 전까지는.

어머니와 헤어지고 난 뒤의 "그녀의 16년, 그녀는 네댓 명의 남자와 헤아릴 수 없을 만큼 잠을 잤고, 그 중의 두 남자와는 사랑을 했으며, 적어도 한 남자와는 하마터면 결혼을 할 뻔했다." 그녀는 어머니가 아버지와 이혼하고 난 뒤에 어머니와 살았다. "가난한 동네의 얼치기 피아노 선생이었던 여자와 평생 박사가 되는 것이 꿈이었다는 눈이 깊은 남자 사이에서 태어난" 여인이다. 배가 불러오는 병인 줄만 알고 있을 정도의 열다섯 나이에 아이를 뱄고, 그 핏덩이를 어머니가 받으면서 동네가 알까 보아 "딸의 입을 막으며 소리 지르지 말라고 이를 갈듯 속삭였다." 차마 그 어린 생명을 버리지도 못하고, 그렇다고 받아서 키우지도 못하는 진퇴양난의 어려운 상황에서 사랑하는 딸을 보호하겠다는 지극한 모정을 우리는 충분히 짐작할 수 있다. "딸의 퉁퉁 부은 젖 대신, 자신의 마른 젖을 물렸다. 아무 일도 아니다……. 어미는 빈 젖을 빨리며 중얼거렸다. 정말이지, 아무 일도 없었던 거야. 그녀에게 성령 이야기를 해준 것도 어머니였다. 너 아니? 세상에서 가장 위대한 어머니는 동정녀였어." 물론 딸을 절망의 늪에서 구하기 위해서였다. 그 어머니는 딸과 헤어져 브라질로 이민 가서 수차 재혼했고 스스로 '개잡년'이라고 부르면서 자학하고 있었지만 한국에 남겨두고 온 '그녀'를 한순간도 잊어 본 적은 없었다.

주인공인 '그녀' 역시 낳기만 하고 보지도 못한 그 아기에 대해서 '통입골수'의 모정을 떨쳐버릴 수가 없었다. 다만 그것이 다른 행동으로 전위되어 나타날 뿐이다. 아버지와 같이 살면서 땅속에 묻힌 것을 파내어 수집하는 일이라든지, 수령옹주의 묘지명을 해독하는 데에 집착하는 일, 손이 유난히 큰 남자를 좋아하는 것 등이 그 예이다. 그가 그녀의 그 큰 손으로 얼굴을 덮고 있으면 기분 좋게 잠잘 수 있었던 것이다. 덮여 있는 것을 파내고, 그것을 가짐으로 아픈 상처를 어루만지며 사는 것이 그녀가 고통을 이겨내는 방법이었다.

딸을 원나라 공녀로 빼앗긴 수령옹주의 고통, 딸을 낳았지만 얼굴도 보지 못한 채 어머니가 처리한 대로 둘 수밖에 없었던 그녀, 딸과 헤어져 매몰차게 브라질로 떠났던 어머니의 아픔이 '통입골수'라는 한 낱말로 꿰어져 있다. 사랑은 바로 고통이다, 라는 말이다. 아니 그 반대로 말해도 된다. 고통은 사랑이라고.

한국의 젊은이들이 결혼을 자꾸만 미루고 있는 것은 이 고통을 감내할 자신이 없기 때문인지 모르겠다. 그러면서도 드라마에서는 어느 프로에서든지 사랑을 최고의 가치로 내세우고 있다. 아무리 가난해도, 나쁜 전력이 있었다고 해도, 부모가 없이 고아로 자랐다고 해도, 친구로서 사랑하는 사이가 되면 결혼을 한다는 것이 정석처럼 드라마에서는 되어 있다.

〈춘향전〉에서 춘향이 온갖 모진 고문을 견디며 이몽룡을 기다리는 것, 그 짧은 기간에 이몽룡이 과거에 급제하여 암행어사가 되어 춘향을 구해내는 것, 마침내 춘향이 이몽룡의 정실부인이 되는 것도 모자라 정경부인이 되는 것, 모두가 현실에서는 이룰 수 없지만 〈춘향전〉에서는 이루어진다. 〈춘향전〉같이 해피엔딩이 아니면 우리나라에서는 히트할 수 없다. 〈춘향전〉에서와 같이 이룰 수 없는 일이 실현되는 것을 프로이트의 용어를 빌리면 '원망달성'(wish-fulfilment)이라고 한다. 역대의 어느 고전보다 오래도록 〈춘향전〉이 인기를 누리고 있는 것은 우리 민족이 좋아하는 원망달성과 일치하기 때문이 아닐까.

우리의 고대소설은 비극이 없다고 학자들은 말하고 있다. 이에 비해서 서양 고전은 비극이 주류를 이루고 있다. 호머의 〈일리아드〉나 〈오디세이〉를 비롯해 셰익스피어의 4대 비극, 토마스만의 〈마의 산〉, 토마스 하디의 〈테스 오브 더버빌〉 등 수많은 걸작은 모두 비극으로 되어 있다. 같은 인간을 보면서 이렇게 서양과 우리네는 다르게 보고 있는가. 우리의 삶에는 비극이 없어서 그러했던가. 결코 그것은 아니다.

인간의 운명 그 자체가 비극이다. 모든 인간은 결국에는 죽을 수밖에 없기 때문이다. 서양이나 우리네나 비극은 도처에 깔려 있다. 그 인간의 운명을 직시하느냐 아니 하느냐의 차이가 있을 뿐이다. 사실로 말하면 우리네의 삶에 비극이 더 많다. 다만 그것을 표현할 수 없었을 뿐이다. 서양의 고전에서 말하는 그런 비극은 물론 아니다. 왕이나 귀족의 몰락이 아니라, 서민들의 삶 도처에 깔려 있는 비극이기 때문이다. 서민의 비극은 결과적으로 한恨으로 승화昇華되어 남을 수밖에 없었을 것이다.

근대 사회로 넘어오면서 한恨은 점차 사라지고 있다. 현실을 직시하고 그것을 있는 그대로 표현하려고 한다. 그렇지만 대중들이 즐겨 보는 텔레비전 드라마에서는 비극의 방영을 꺼리고 있다. 비극적 삶이 제시되는 드라마일 경우 틀림없이 시청률을 떨어뜨릴 것이기 때문이다. 그러나 우리 사회에는 도처에 비극적 소재가 널려 있다. 이산가족이 그처럼 국민 전체의 눈물을 흘리게 한 것은 그것이 드라마가 아니라, 현실이기 때문이다.

우리 사회를 되돌아보면 비극적 현실이 너무나 많다. 멀리로는 한사군漢四郡의 지배에서부터 원나라 청나라의 지배에서 생긴 민중들의 그 많은 비극, 가까이로는 일제의 치하에서 강제 징용이나 강제 동원된 위안부들의 당한 치욕적 고통, 육이오 전쟁으로 인한 피아의 학살, 그로 인한 가족들의 비극, 광주의 민주항쟁 때 또한 얼마나 억울한 죽음을 많이 당했느냐. 그 가족들의 비극적 삶 등 어찌 일일이 예를 들 수 있을까.

지금 우리 사회가 안고 있는 일 중의 큰 문제는 이혼으로 인해서 생기는 부모와 자식이 겪는 불행이다. 사랑이 없으면 헤어진다는 서구 사회의 결혼관이 우리 사회에도 도도하게 흘러 넘쳐 이혼이 다반사처럼 되었지만, 둘의 사이에 태어난 아이들은 어떻게 되느냐는 것이다. 아무리 냉정한 사회가 되었지만 부모 자식 간의 사랑은 아직은 적어도 쉽게 떼어놓을 수 없다. 육친의 정이 그리워 몰래 울고 있는 사람이 너무나 많다는 사실이다. 자식을 버리고 떠나간 그 어머니의 고통은 평생의 한이 되어 가슴 깊이 똬리를 틀고 있으면서 매순간 가시로 찔리고 있다는 그 사실 말이다. 나는 남자라 말로만 이해한다고 말하지만 사실 그 아픔, 통입골수痛入骨髓의 아픔을 어찌 느낄 수 있겠는가.

(2007. 8.)

담배 피우는 여자

아직도 우리 사회에서 여자의 흡연에 대해서는 그리 관대하지 못하다. 특히 젊은 여성에게 있어서는. 여러 사람 앞에서 젊은 여인이 담배를 피우고 있으면 누구나 한 번쯤 이상한 눈으로 쳐다본다. 남녀평등이 되어 있지 않아서 그렇다고 말할 사람이 있을지 모르겠으나 이것은 사회적 관습의 문제다. 그 관습을 바꾸기란 그리 쉽지 않다.

조선조 사회에서도 나이 든 여자의 흡연은 허용되었을 것이라는 생각이 든다. 내 어렸을 때만 해도 할머니들이 흡연하는 예를 얼마든지 볼 수 있었다. 그러나 젊은 여인의 흡연은 본 적이 없다. 가끔 과부가 된 젊은 여인이 몰래 흡연하고 있다는 소문이 돌기는 했다. 그 소문은 금방 퍼져서 동네 사람들의 입방아에 올랐다. 곧 뭇사내들과 바람이라도 피울 태세가 된 듯이 생각했다. 요즈음에 와서 많이 줄어들기는 했지만 아직도 젊은 여자의 흡연에 대해서는 상당한 편견을 갖고 있는 것이 사실이다. 여간 관대한 사람도 공개적인 장소에서 여자가 담배를 피우고 있으면 대개는 눈살을 찌푸린다. 앞에 대놓고 말은 못하지만 속으로는 저속한 직업에 종사하는 여인이라고 치부한다.

십수 년 전만 해도 담배를 멋으로 피우는 사람이 많았다. 프렌치코트를 입고 벤치에 앉아 담배 연기를 깊숙이 빨아들이면서 사색에 잠겨 있는 사내, 영화 속의 주인공도 그런 장면을 자주 연출했다. 본인도 그런 기분으로 담배를 피웠고, 보기에도 멋들어져 보였다. 그러나 지금은 사정이 아주 달라졌다. 담배를 피우려면 옆 사람의 눈치를 보아야 하고 실례를 하는 것처럼 생각한다. 담배 피우는 사람 옆에만 있어도 간접흡연이 된다고 해서 한동안 텔레비전에서 떠들썩했다. 옆 사람에게조차 폐해를 준다는 교육이 널리 되어 있어서 담배 피기가 그리 만만치 않다.

한때는 담배를 피우는 것이 성인의 상징처럼 보였던 때도 있었다. 빨리 성인이 되고 싶어서 중학교 삼사학년부터 담배를 배우기 시작했다. 나는 시골에서 중학교를 다녔기 때문에 그것을 잘 안다. 저학년인 우리들에게는 마치 특권처럼 보였다. 어른이 되면 당연히 해야 할 일인 것처럼 담배를 배우기 시작했고 그것은 또 위아래가 분명히 있었다. 집안의 웃어른인 할아버지가 담뱃대를 재떨이에 탕탕 두드리면 온 집안은 그의 일거수일투족에 주의를 기울여야 했다. 담뱃대는 할아버지 권위의 상징이었고, 감히 집안의 누구도 그 흉내를 낼 수 없었다.

통계에 의하면 남자의 흡연은 감소하고 있는 반면에 여자의 흡연은 증가하고 있다고 한다. 한국만이 아니고 세계적 추세라는 것이다. 그동안 남자들의 전유물인 것처럼 생각되던 흡연에 대한 반발심 때문일까. 아니면 여자들의 자유와 권리가 그만큼 신장되었다는 뜻일까. 그러나 저러나 흡연자에게는 유형무형의 제재가 날이 갈수록 심해지고 있는 것이 현실이다. 금연 구역이 곳곳에 설정되고, 금연 캠페인이 날이 갈수록 강도를 더해 가고 있다. 매스컴을 통하여 흡연은 건강에 해롭다는 사실을 귀에 못이 박이도록 심어주고 있을 뿐 아니라, 담뱃갑에 금연 광고를 써 넣는 것도 모자라 망가진 폐의 끔찍한 사진을 넣겠다는 발상도 하고 있는 모양이다.

나는 오래도록 여자대학에 근무했지만 내 앞에서 담배를 피우는 학생을 보지는 못했다. 하긴 아무리 막돼먹은 학생이라도 아직까지는 선생 앞에서 대놓고 담배를 피우지는 못한다. 하물며 여학생이야 말할 필요도 없다. 대학원생 중에 아무개는 담배를 피운대요, 라는 말조차 들어본 적이 없다. 설사 피운다고 해도 혼자 구석진 곳에서 몰래 피울 수는 있겠지. 하지만 담배 냄새가 옷에 배기 때문에 그 소문은 곧 전해지기 마련이다. 20년 가까이 근무했지만 내가 가르친 대학원생 중에는 한 사람도 담배를 피운다는 말을 전해들은 적이 없다. 따라서 젊은 여자는 담배를 피우지 않는다는 상식을 나는 아직도 믿고 있는 편이다.

모르는 소리 말라고 하면서 내게 핀잔을 주는 친구도 있다. 등잔 밑이 어둡다고 E대학생 중에 담배를 피우는 학생이 얼마나 많은데 그러냐는 것이다. 대학 근처의 다방에 가 보라는 것이다. 연기를 굴뚝처럼 뿜어 올리면서 희희낙락하는 학생들이 얼마나 많은데 그런 소리를 하느냐는 것이다. 나도 가끔 대학 근처의 다방에 들렀을 때 담배를 손가락 사이에 끼고 태연히 웃고 담소하는 젊은 여인들을 더러 보았다. E대학 근처의 다방이니 E대학생이 아닌가 하고 생각하겠지만 반드시 그런 것은 아니다. 서울 시내의 젊은 여성들이 많이 오는 곳이니 학생뿐 아니라 직업여성일 수도 있다.

E대학에 재직할 때 화장실에서 담배를 피우는 학생이 있다는 말을 듣긴 했다. 버젓이 내놓고 피울 수 없으니까 화장실에서 몰래 피우는 모양이다. 남자대학이라면 교정에서 흔하게 볼 수 있는 일이다. 아직도 우리 사회가

흡연에만은 남녀평등이 되어 있지 못하다는 뜻이다. 그래서였겠지만 어떤 여교수가 "애들아, 담배를 피우려면 화장실에서 몰래 피우지 말고, 바깥에서 당당히 피워라. 담배 피우는 일이 뭐가 그리 부끄러운 일이라고 쯧쯧……." 했다는 것이다. 그 말 이훈지 모르지만 교정의 벤치에서 담배를 당당하게 피우는 학생들을 더러 보았다.

나도 한때 담배를 피웠던 적이 있다. 한 이 년쯤 될까. 피우다가 끊었다가 그런 일을 열 번쯤 반복했다. 피우지 않겠다고 결심을 하고 나서 담배 생각이 나면 옆방의 교수에게 가서 한 대를 얻어 피운다. 사실 나는 담배를 피우고 나서 기분이 좋다는 생각보다 불쾌한 경우가 더 많았다. 입 안이 쓰고 목이 깔깔해서 물이라도 마셔야만 진정이 되었다. 게다가 담배를 많이 피우고 나면 후두가 붓는 일이 자주 일어났다. 이런 걸 왜 피우나 하면서도 얼마 있지 않아 담배 생각이 간절해져서 옆방의 동료 교수에게 담배를 빌리러 간다. 어떤 때는 일주일쯤 끊었다가 친구하고 술을 마시면서 친구가 권하는 바람에 받아 피운 것이 일주일의 금연이 모두 허사가 된 적도 있다. 마침내 후두가 퉁퉁 부어서 침도 삼키기 어려운 경우를 겪고서는 담배를 끊었다. 끊고 나서 처음 얼마는 하던 일을 그만 둔 것 같아 매우 허전했다. 그러나 지금은 그때 끊었던 것이 천만 번 잘했다는 생각이 든다. 아파트 생활이라 담배를 오래 피우면 그 고약하게 찌든 냄새 때문에 옆 사람에게 여간 불쾌감을 주는 것이 아니다. 게다가 꽁초를 함부로 처리하는 경향이 있어서 주위가 늘 지저분하다.

김형경의 〈담배 피우는 여자〉는 "때로, 담배 한 대로 위안이 되는 일도 있지요."라고 시답잖게 말했지만 그 담배 때문에 목숨과도 바꾸어야 할 상황까지 몰린 어떤 여인의 이야기다. 화자인 '나'는 이웃 아파트의 베란다에서 빨래를 널고 있는 여인을 목도한다. 그 여인은 아주 평범한 주부였지만 담배를 피우는 여인이었다. 그런데 남편은 그녀의 흡연을 아주 혐오하고 있었던 것이다. 자신은 담배를 피우면서도 말이다. 남편은 그녀에게 담배 끊을 것을 강하게 명령했지만 결코 그 담배를 그녀는 끊을 수 없었던 모양이다. 남편은 그녀가 담배 피웠던 흔적이 나타날 때마다 폭력을 행사했다. 그러나 그 폭력에도 불구하고 담배를 끊을 수 없었다. 한때 담배 끊을 것을 맹세하고 친정에도 가 있었던 적도 있다. 한동안은 의지로 담배를 피우지 않았던 때도 있었지만 결코 극복할 수는 없었던 것이다. 여인은 화자의 아파트에 와서 몇 대째의 담배를 연거푸 피우고 돌아가는 것을 일과처럼 했다.

여인은 직장에 다니다가 중매로 지금의 남편을 만났다고 한다. 직장에 다니는 동안 내내 담배를 피웠던 모양이다. 여인이 하는 얘기를 들어보기로 하자.

"신혼 첫날부터, 담배 때문에 문제가 생겼어요. 중매결혼이었는데, 그동안 저는 그이에게 담배 피운다는 사실을 말하지 않았어요. 이해하시죠? 그런 말은 쉽게 고백할 수 있는 게 아니라는 것을요."

그게 현실이다. 남자의 흡연은 전혀 문제가 되지 않는데 여자의 흡연은 이혼의 사유가 된다는 말, 말이다. 여인이 말하는 것을 더 들어보기로 하자.

"일이 잘못되려고 그랬을 거예요. 그 욕실의 잠금 장치가 고장 나 있었던 것, 그이가 욕실에 무언가를 두고 나갔던 것, 그리고 그이가 여자들의 흡연을 병적으로 혐오하는 사람이라는 것, 그런 모든 것들이 그토록 치밀하게 들어맞은 것은 분명, 일이 잘못될 조짐이었을 거예요. 욕조에 물이 채워지는 동안, 변기에 걸터앉아 담뱃불을 붙였지요. 이미 옷은 다 벗은 채였어요. 잠깐, 한 서너 모금만 피우고 끌 생각이었죠. 그런데 그때, 바로 그때 그이가 문을 연 거예요. 그렇게 되었어요. 그이는 말없이 돌아서더니, 방금 푼 짐을 다시 챙기더군요. 당신이 그런 여잔 줄 몰랐다. 더 얽히기 전에 여기서 끝내자. 표정도, 목소리도, 바위처럼 차갑고 딱딱했어요. 저는 무조건 빌었어요. 그이가 왜 화를 내는지, 무엇에 대해 그토록 노여워하는지, 그런 것들에 대해 따져 볼 겨를이 없었어요. 무조건, 반사적으로, 짐을 챙기는 그이의 손을 붙잡고 매달렸지요. 한 번만 눈감아 달라고, 이제부터 꼭 담배를 끊겠다고, 당신을 사랑한다고……. 무릎을 꿇고 애원했어요. 제발, 한 번만……."

담배 피우는 것이 이혼의 사유가 되는지 어쩌는지 나는 잘 모른다. 그러나 남자에게 일방적으로 유리하도록 법에는 규정하지 않았을 것이다. 그렇지만 여인은 담배를 피웠던 것이 발견될 때마다 "얼굴에 멍이 들고, 담배를 끊고, 멍이 풀릴 무렵에는 다시 담배를 입에 대고……. 1년에 한두 번씩 그래요. 물론 금연 클리닉에도 가봤고, 금연 침, 금연 반창고……. 그러나 아니에요. 그런 외부로부터의 물리적인 힘으로는 결코 해결할 수 없다는 걸 제가 알아요." 라고 여인은 말한다. 쉽게 담배를 끊을 수 있는 사람도 있지만 담배를 끊는다는 것이 거의 불가능한 사람도 있는 모양이다. 그렇다면 그런 남편과 헤어지면 될 것 아니냐 라고 생각할 수 있지만, 여인은 남편도 사랑하고, 담배도 사랑하기 때문에 그럴 수가 없다는 것이다.

어느 날 남편의 폭력을 피해 베란다를 건너뛰어서 화자의 아파트로 오다가 추락해서 사망하고 만다. 떠다밀지 않았다는 것으로 남편의 무죄가 인정되었던 것 같다. 여인이 죽고 난 뒤 남편은 남편대로 변명이 충분히 있다. "아내는, 자궁암 수술을 받은 적이 있습니다. 저는…… 아내가 다시 병에 걸릴까 봐……." "아내가 저를 남겨 두고, 먼저 이 세상을 떠날까봐……. 저는 그게 늘 걱정이었습니다. 아내 없이는……. 저는, 아내 없이는. 하루도 살 수 없을 것 같았습니다." 이렇게 말하고 있는 그 남편을 화자는 마음속으로 절대로 용서할 수 없다고 생각한다.

이 소설은 피화자(narratee)가 분명히 느껴지는 소설이다. "네? 제가 너무 담배를 피운다고요? 그렇군요. 이게 벌써 넉 대째군요." 이렇게 말하는 것은 피화자를 분명히 의식한 서술이다. 이웃집 여인을 이야기하면서 사실은 화자의 속내를 풀어내고 있는 것이다. 소제목으로 "초저녁, 바람", "한밤중, 폭우", "새벽, 안개", "오전 햇살", "오후 먹구름", "한밤중, 비바람" 이라고 붙인 것도 그 때문이다. 몇 달에 걸쳐 일어난 이야기지만 소제목만 보면 24시간 안에 일어난 것처럼 보인다.

며칠 전 신문에서 이슬람교도가 딸이 히잡을 쓰지 않는다고 살해했다는 기사를 읽었다. 몇 년 전 딸이 기독교로 개종했다고 해서 아버지가 동네 청년을 시켜서 윤간하도록 했다는 일도 있었다. 천주교를 전파하는 데 한국 최초의 공로자로 인정되는 이벽이라는 청년도 아버지의 엄명에 따라 집안에 감금당해 있다가 결국 음독자살을 택하고 말았다는 것이다.

이 지상에서 인간의 목숨보다 귀한 것은 없다. 가끔 어떤 신념을 위하여, 혹은 어떤 종교를 위해서 목숨을 버리는 일이 있다. 스스로 선택했다면 어쩔 수 없는 일이지만 타인이 그의 신념에 배치된다고 해서, 그의 종교에 어긋난다고 해서 목숨을 버리게 하는 일은 엄연한 범죄다. 아니, 범죄이기 이전에 비인간적인 무지고 야만이다.

담배는 자신의 건강에 해로운 것이니까 끊어야 한다. 남에게도 피해를 주니까 끊어야 한다. 그렇지만 생명이 문제될 만큼 심각한 사람에게 금연을 강요하는 것은 오히려 비인간적이다. 담배를 피우는 것만큼 얻는 것도 있을 테니까.

(2007. 12.)

5. 아름다운 삶을 위하여

삶과 이미지

내가 하와이 대학에서 교환교수로 있을 때, "대통령을 선출하는 당신의 기준은 무엇입니까?"라는 설문조사 결과를 학생신문에서 읽은 적이 있다. "엉덩이가 예쁜 사람"이라고 답한 여학생들이 다수 나왔다는 기사를 읽고 한참 웃었던 일이 생각난다. 익살스러운 대답이기는 하지만 솔직한 일면도 있다. "나 정치에 관심 없소."라는 말을 그렇게 표현할 수도 있고, 거창한 정강 정책보다는 그의 인상이 더 중요하다는 뜻도 된다. 당시 선출된 대통령은 클린턴이었다. 그가 상대의 후보보다 과연 엉덩이가 더 예쁜지 어떤지는 모르지만 분명히 남성적인 매력이 더 있다는 뜻도 될 것이다. 섹스어필이라는 말은 대체로 여성들에게만 적용해서 쓰지만 왜 남성인들 없을까. 더구나 남녀평등의 시대에 아니, 여성 상위의 시대에 말이다. 대체로 이성들이 많이 따르는 사람을 가리켜 그렇게 부르고, 유혹이 많아 또한 바람기도 있기 마련이다. 클린턴 역시 재직 중에 섹스 스캔들을 일으켜 하마터면 대통령직에서 쫓겨날 뻔했다. 그런데도 그 일 때문에 대통령직을 그만두는 일은 없었다. 그를 옹호하는 사람들이 많았기 때문이다. 특히 옹호론자 중에 여성이 더 많은 것을 보고 나는 놀랐다. 한국의 여성들과는 분명히 다른 심리가 도사리고 있다는 것을 나는 발견했다. 음흉하다는 것보다 바람둥이라는 것이 낫다고 생각하는 모양이다. 그 분명한 예를 우리는 닉슨과 케네디에서 찾을 수 있다.

살아가는 동안 우리는 자신의 이미지를 만든다. 좋은 이미지를 만들기 위해서 의식적으로 노력하는 사람도 있겠지만 대체로는 자기도 모르는 사이에 남에 의해서 형성된다. 가끔은 겉으로 드러난 이미지와 그의 본모습과는 다를 수도 있지만 한참 사귀다 보면 그의 진가가 드러나기 마련이다. 평생을 자기의 본모습을 속이고 살 수도 있겠다. 그쯤 되면 속인 그 모습을 그의 진정한 모습이라고 해도 괜찮을 것이다.

처음 보는 인상과는 달리 사귈수록 좋은 사람이 있는가 하면 그와 반대로 가까이 할수록 싫은 사람이 있다. 어쩐지 좋고 어쩐지 싫다는 말로 표현하지만, 이런 경우는 무의식 심리로 설명해야 될지 모르겠다. 꼭 집어낼 수 없는 이유, 그렇지만 잠재의식 속에 분명한 이유가 도사리고 있을 것이다.

융(Jung)에 의하면 우리가 남에게 보여주는 얼굴을 퍼소나(persona)라고 한다. 사회적 얼굴이다. 어떤 일에 오래 종사하거나 높은 지위에 있게 되면 저절로 형성되는 얼굴이다. 목사로 오래도록 봉직하면 목사의 얼굴이 되고, 거지 생활을 오래 하다 보면 거지의 얼굴이 된다. 특히 정치 지도자의 퍼소나는 매우 중요하다. 그의 본모습과 그의 퍼소나가 심하게 어긋날 때는 심리적 착종을 겪게 되어 불행하다고 심리학에서는 말한다.

진정한 그와 이미지는 크게 다를 수 있지만 우리는 그가 보여주는 이미지로 그를 판단할 수밖에 없다. 그의 모습, 표정, 말씨, 행동 등이 종합적으로 이루어내는 것이 그의 이미지라고 할 수 있다. "호랑이는 죽어서 가죽을 남기고, 사람은 죽어서 이름을 남긴다."라는 말을 우리 선인들이 자주 해왔지만, 세상에 좋은 이미지를 남기고 죽는 일이 가장 중요하다는 뜻일 수 있다. 청사에 이름을 남긴다는 말도 사실은 죽어서도 이 세상에 좋은 이미지를 남기겠다는 뜻이 아닐까. 그 좋은 이미지가 망각되지 않도록 기록해 두는 것도 그 때문이다. 하지만 좋은 일을 많이 했지만 이름도 없이 이 세상을 떠나간 사람도 많다. 슈바이처는 그런 일을 해서 이미 유명하게 되었지만, 그를 본받아 지금도 아프리카의 오지에서 불쌍한 사람들을 위해서 헌신하는 사람들이 많은 줄 알고 있다. 정말로 훌륭한 사람은 이런 사람인지도 모른다.

근래 법정 스님이 세상을 떠난 후 '무소유'의 가르침이 크게 부각되고 있다. 불필요한 것은 일체 몸에 붙이지 않는다는 그의 정신을 우리는 높이 살 만하다. 그 많은 책의 저술을 통해서 여유롭게 살 수 있는데도 그 돈을 자신을 위해서는 한 푼도 쓰지 않고 가난한 사람을 위해서 베풀었다니, 그 점만으로도 훌륭한 분이다. 고승의 지위에 있었으니까, 상좌의 보살핌을 받아 노구를 좀 더 편하게 할 수 있었는데도, 강원도 산골의 오두막집에서 불편을 감수하면서 지냈다니 고승의 본모습이라 할 수 있다. 장례식도 극히 간소하게 치르라는 유언을 받아 번거로운 절차를 생략했다니, 그의 무소유 정신이 한껏 빛을 더하는 것 같다. 그렇지만 그의 죽음이 매스컴에서 크게 보도되어 소박하게 죽음을 맞이하겠다는 그의 의도와는 다소 거리가 있는지도 모르겠다. 오지에서 이름도 없이 헌신하다가 이 세상을 떠난 많은 사람들에 비하면 큰 영광이다. 하기야 그 분에게는 그 영광 또한 부질없는 일이라고 웃고 말겠지만.

사실 보통의 사람들은 남에게, 혹은 후세 사람들에게 좋은 이미지로 각인되어 남기를 원한다. 자기의 이미지를 고의로 망칠 생각을 하는 사람은 아마도 없을 것이다. 그러나 여간한 인격 도야나 수행을 하지 않으면 이 세상의 온갖 욕심에서 벗어날 수 없다. 식욕과 성욕은 본능적이기는 하지만 자제만 잘하면 이겨낼 수 있다. 그러나 명예욕은 좀 더 끈질긴 것이라서 쉽게 버리지 못한다. 범인들이야 그것을 오히려 탐해서 자기 이미지를 망치는 수가 너무나 흔한 일이지만. 모두 이기심 때문이다.

뱁새가 황새 따라가면 다리가 찢어진다는 말이 있다. 우리 같은 범인들이야 그런 분들을 흉내 내다가는 존경은커녕 쪽박을 차기 쉽다. 우선 가족으로부터 배척을 받을 테니까. 또한 친구들과도 자연 멀어질 수밖에 없다. 칠십 평생을 이런 스타일로 살아온 내가 어찌 하루아침에 바꿀 수 있을까. 가족들과도 오순도순 정답게 지내면서 좋은 친구들 만나 행복한 나날을 보내는 것이 나의 소박한 욕망이다. 극히 세속적이랄 수 있다.

첫인상이 그 사람의 이미지 형성에 중요한 역할을 한다고 하지만 때로는 전혀 맞지 않은 경우가 있다. 가령, 술꾼 같은 사람이 전혀 술을 못하는 사람이 있는가 하면, 싸움꾼같이 우락부락하게 생긴 사람이 아주 양순한 성격인 사람도 있다. 그런 점에서 나도 젊었을 시절 꽤나 오해를 받았던 적이 있다. 건방지다는 것이다. 군 복무 중에 어떤 점에서 그러했는지 상관으로부터 건방지다는 말을 자주 들었다. 그 때문에 기합을 받았던 일도 여러 번 있었다. 물론 처신이 서툴러서 그러했겠지만 한참 사귄 뒤에는 그렇게 말하는 사람을 별로 본 적이 없다.

30대 때의 일이다. 대학 은사 중의 한 분을 우연히 길거리에서 만난 적이 있었다. 대뜸 하시는 말씀이, "김 군, 자네 요즘도 그렇게 술을 많이 하나? 과음하는 것은 몸에 해로운데."라고 말씀하시는 것이었다. 이분은 내가 대단한 술꾼인 줄 아셨던 모양이다. 당시 나는 술이라면 전혀 입에 대지도 못하던 때였다. 지금은 친구와 어울리면 제법 몇 잔은 할 줄 아는 정도가 되었다.

이 말을 갑자기 들었을 때 그 분에게 어떻게 대답해야 좋을지 몰라 어리둥절했던 생각이 난다.

나는 아버지에 대한 기억이 별로 없다. 일찍 돌아가셨기 때문이기도 하지만 아버지와 공유한 기억이 많지 않기 때문이다. 그렇지만 이따금 아버지에 대한 기억이 불쑥 떠오를 때가 있다. 아버지에 관해서 꼭 한 편의 글을 쓴 적이 있는데 나는 그 글에서 나의 아버지를 자연주의자라고 불렀다. 문학사상에서 말하는 자연주의가 아니고, 자연에서 왔다가 자연으로 돌아가는 것이 인생이라는 생각을 가지신 분이라는 뜻이다. 1950년 당시로서는 죽으면 산에 매장한다는 것이 대세였는데, 아버지는 당신이 돌아가시면 화장을 해서 그 뼛가루를 강물에 뿌려 달라는 유언을 하셨다. 주위의 사람들이 그럴 수는 없다고 주장하는 바람에 시신을 두고 한동안 의논이 분분했지만 결국은 아버지의 유언대로 화장해서 낙동강에 뿌렸다. 명절이 되어도 아버지 산소에 찾아갈 일이 없어 편하기는 했지만 못내 아쉬운 것은 사실이다. 더구나 아버지는 자신의 사진을 남겨 놓지 않았다. 그러니까 아버지의 모습을 기억하고 있는 사람은 내가 유일하다는 생각이 든다. 따라서 내가 죽고 나면 아버지에 대한 기억은 이 세상에서 영영 사라질 수밖에 없다.

그런 점에 있어서는 나도 아버지를 많이 닮았다는 생각이 든다. 나는 천국도 내세도 믿지 않는다. 하지만 기독교와는 오랜 세월 동안 인연을 맺어왔다. 내가 최초로 기독교와 인연을 맺은 것은 소학교 1학년 때였다. 어떤 여선생님이 나와 친구들을 교회로 데리고 가서 성경도 가르치고 찬송가도 따라 부르게 했다. 후에 면장 부인이 되신 분이지만 뜻도 모르는 성경 구절을 읽어주면서 찬송가도 따라 부르게 했다. 예배당에 가는 것은 그 단 한번으로 끝났다. 데려다 주는 사람도 없었지만 어머니가 독실한 불교 신자라서 기독교를 믿을 엄두도 못 내었다. 어머니는 믿던 종교를 바꾸면 재앙을 만난다는 말을 굳게 믿고 계셨다. 고등학교 때 누구의 전도도 받지 않고 내 스스로 예배당에 다니기 시작했다. 세례도 받으려고 했지만 내가 다니는 동네의 예배당은 전도사 신분이라, 세례를 줄 수 없다고 했다. 그로부터 삼사년 더 교회에 다녔던 것으로 기억한다. 대학 때 영어를 배우기 위해서 '말일성도교'에 한 일년 나갔던 기억이 있다.

기독교와 다시 인연을 맺기 시작한 것은 서울예술고등학교에 취직했을 때였다. 미션 계통의 학교인지라 매주 한 번씩 학생 전체가 예배를 보기 때문에 교사들도 함께 참석하지 않으면 안 되었다. 거기서 예배드리는 동안 불렀던 찬송가를 귓등으로 들었기 때문에 지금도 어지간한 찬송가는 따라 부를 수 있다. 이때 교목이던 분과 친하게 지냈는데 기독교 신앙을 화제로 해서 자주 이야기를 나눈 적이 있었다. 어느 날 우연히 천국이 화제에 올랐다.

"목사님, 천국이 과연 존재한다고 믿으세요?" 나는 이렇게 불쑥 물었다.

조금 장난기가 발동해서 한 물음이었다.

"저야 당연히 존재한다고 말해야 되겠지요. 그렇게 믿어야 되고요."

"이 지구상에는 얼마나 많은 사람이 살고 죽고 했는데, 그 사람들이 모두 천국과 지옥에 간다면 어떻게 되겠어요. 설사 천국에 간다고 해서 어디 비좁아서 살 수 있겠어요?"

"하늘나라는 우리들의 생각으로는 측량할 수 없는 곳이니까요."

"그렇지만 수백억, 수백억조 아니, 헤아릴 수 없이 많은 그 사람들을 어떻게 수용한답니까? 설사 천국을 간대도 이 지구상에서보다 재미없겠는데요."

"천국이 꼭 따로 존재한다고 믿지 않는 목사님도 계신답니다. 어떤 분은 하나님의 기억 속에 남기 위해서라고 말하는 사람도 있더군요."

그 말이 너무 재미있었다. "하나님의 기억 속에 남기 위해" 기독교를 믿는단 말이지. 우리들의 존재가 이미지화 되어 그의 기억 속에 남게 된다는 말이다. 어떤 기독교인은 이 말을 듣고 펄쩍 뛰겠지만 나는 하나님의 기억 속에 남는다는 말이 썩 마음에 들어서 그 목사님을 좋아했다.

이미지는 우리들 마음속에 존재하는 실재다. 실물에서 추출되었거나 실물을 기반으로 해서 형성된 것이지만, 사실에 있어서는 실물 이상의 힘을 지니고 있다. 어머니가 내 마음속에 살아 계시는 것은 이미지 형태로다. 하지만 그 이미지는 나에게 강력한 힘으로 작용한다. 예수를 실제로 본 사람은 극소수에 불과하다. 그렇지만 지금 우리가 알고 있는 그 분의 모습은 이미지일 뿐이다. 후세의 화가들이 상상해서 그린 그림을 통해서이거나 성경을 통해서다. 그야말로 그분의 이미지를 통해서 그분을 실감한다.

덧없는 인생이다. 남은 삶이 그리 오래지 않다고 생각한다. 남에게 비친 나의 이미지가 어떠한지 알 수 없지만, 좋은 이미지를 남기고 세상을 떠나고 싶다. 세상에 크게 남을 일을 한 적도 없고, 누구에게 깊이 기억될 만한 일을 한 적도 없어 아, 그 사람 세상을 떠났어, 하고 말겠지만 잠깐이라도 내 생각을 떠올린 사람들에게 좋은 이미지로 남고 싶다. 이런 생각을 하는 자체가 수양이 덜 되어서 그렇다고 하겠지만 평범한 사람은 평범한 생각밖에 더 하겠는가. 하기야 그 이미지조차도 오래 남지 않겠지만. 누군가 본성을 찾아라, 라고 말했다지만, 나는 나의 이미지를 찾아라, 라고 말하고 싶다.

(2010. 3. 28.)

삶과 프레임

"본 대로 배운 대로 산다."는 말이 있다. 이 말은 교육의 중요성을 강조하기 위하여 한 말이지만 사실은 자신이 본 대로 배운 대로 사는 것이 인간의 삶이다. 설사 같이 보고 같이 배웠더라도 믿고 행동하는 것은 전혀 다를 수 있기 때문이다. "인간에게는 자유 의지가 있다." 라고 말한다. 따라서 사물도 자유 의지에 의해서 보고 생각하는 것처럼 보이지만 사실은 전혀 그렇지 않다. 성장하면서 그만이 보고 느끼는 관점이 생기게 된다. 그것은 성장해온 문화 환경 때문인지 받아온 교육 때문인지 아니면 유전자 때문인지 모르지만 각자가 갖고 있는 삶의 프레임(frame)이 있다. 그 프레임을 벗어나서 보고 생각하기란 지극히 어려운 일이다. 나이가 들면 들수록 배우면 배울수록 그가 가지는 프레임은 더 확고해진다.

화가들은 대상을 어떤 위치에서 어떻게 보느냐가 중요하다. 천지만물 모든 것이 눈에 들어오는데 하필이면 그가 보는 프레임 속에 들어오는 것만 그린다. 사실화가에게는 그것이 분명히 드러나지만 추상화가에게는 애매한 듯이 보인다. 그러나 추상화가에게도 마찬가지다. 보이는 대상, 생각하는 대상을 추상으로 그렸을 뿐이다. 사실화가보다 대상을 보면서 대상을 통해 펼치는 상상이 그의 그림에 있어서 더 중요한 역할을 하는지도 모른다. 그것도 그가 보고 느끼고 생각하는 프레임에 의해서 결정된다. 사실 그 프레임 바깥에 있는 것이 얼마나 많은가. 그럼에도 불구하고 그 프레임 속의 것만이 그의 화폭에서 의미를 지니는 것이다. 그 밖의 것은 보는 사람의 짐작에 맡길 뿐이다. 수만 가지 대상들은 그의 그림에서 존재하지도 않을 뿐 아니라 존재할 가치도 없다.

그와 마찬가지로 세상 사람들은 각자의 프레임 속에 들어오는 것만을 보고 그것의 의미만이 중요하다고 생각한다. 프레임은 높은 교육을 받을수록, 신념이 확고할수록 바꾸기가 어렵다. 때로는 자기가 가지고 있는 프레임이 틀렸다는 것을 알면서도 수정하기를 거부하는 사람들도 있다. 그동안의 그의 행적이나 주장이 일순간에 무너져 내리는 고통을 감당하기 어렵기 때문이다. 여러 사람에게 영향력을 행사할 수 있는 사람이 잘못된 프레임을 가지고 있을 때는 그 폐해가 이만저만 큰 것이 아니다. 때로는 큰 재앙을 불러올 수 있다. 특히 정치 지도자나 어느 집단의 수장일 경우 그 잘못된 프레임을 지적하는 것조차 쉽지 않다.

프레임(frame)이란 말은 건물, 선박, 비행기 따위의 뼈대를 의미하는 말에서 왔을 것이다. 그것이 '이야기'에도 전용되어 'frame story'가 있어서 수없는 변용을 이루어낼 수 있다. 골격이 되는 최초의 '이야기'를 추적하는 것은 불가능하다. 인간이 언어를 가지게 된 그 시점으로 거슬러 올라갈 수 있기 때문이다. 기독교의 천지창조 신화처럼 아담과 이브가 언어를 가진 최초의 인간이라고 생각한다면 그것은 간단하다. 그러나 원시 인간들은 도처에 산재해 있었고, 그들이 한 말에 대한 기록도 곳곳에서 나타나 있기 때문이다. 성경에 기록한 것만이 옳다고 믿는 것은 기독교인의 프레임에서 본 '이야기'일 것이다. google에서 frame story를 찾아보았더니, B.C. 수천 년 전에 인도에서 만들어진 '이야기'가 가장 오래된 것이라고 말하고 있다. 산스크리트 서사시로서 '마하바라다'(Mahabharata)와 '라마야나(Ramayana)', 비슈누의 '사르마의 판차탄트라'(Sarma's Panchatantra), 신티파의 '일곱 현사들'(Syntipas' The Seven Wise Masters), 설화집, '히도파데샤 와 비크람'(Hitopadesha and Vikram) 그리고 '뱀파이어'(The Vampire)들이라고 한다. 이러한 형태의 '이야기'가 점차 서방 세계에 퍼져서 몇 세기를 거치는 동안 유명한 ≪천일야화≫(Arabian Nights), ≪데카메론≫, ≪캔트베리 이야기≫가 되었다는 것이다. 그 외에 세계의 명작들도 이 프레임 스토리가 변용되어 이루어졌다고 한다.

'프레임'(frame)이라는 말은 심리학에서 흔히 쓰는 말로 "세상을 바라보는 마음의 창"을 의미한다. 어떤 문제를 바라보는 관점, 사안을 해석하는 방식, 사물을 바라보는 고정관념 등은 모두 이 범주에 속한다. 그런데 변하는 세상에 대하여 적응하지 못하는 프레임은 큰 문제를 일으킨다. 그 반면에 체험해보지 못한 일에 대하여 대수롭지 않게 생각하는 프레임은 위험한 일을 예사롭게 생각할 수 있다. 전자는 구세대라고 생각되는 사람들의 반응을 말하는 것이고, 후자는 이전에 일어났던 일을 대수롭지 않은 것처럼 생각하는 신세대들의 사고방식을 말하는 것이다.

김구 선생은 그 시대에 있어서는 선각자에 속했다. 그렇지만 나라에서 단발령을 내렸을 때 "차라리 두발을 자르느니 내 목을 잘라라."라고 종로 거리에서 외쳤다고 한다. 김구 선생이 이 정도였으면 당시 신문명을 거부한 유생들은 대체 어떤 태도였을까.

프레임이 같을 수는 없다. 같은 학교에서 배우고, 비슷한 환경에서 자랐다고 해도 그것은 결코 같은 프레임을 갖고 있다고 볼 수 없다. 부모 자식간은 물론 같은 핏줄을 타고난 형제끼리도 같을 수 없다. 개성이 각각 다르듯이 생각의 프레임 역시 다를 수밖에 없다. 그러나 개별적인 프레임이 다르긴 해도 어떤 사안에 대해서 같은 관점을 갖고 있어서 집단행동을 취할 수는 있다. 이 집단행동이 극렬해지면 사회가 불안해진다. 국운이 기울기 시작하는 징조는 꼭 이러한 현상이 나타나는 시기와 맞물린다. 그것을 뭉뚱그려 보수와 진보 세력으로 나눈다. 그 다툼이 격렬해져서 외침에 대하여 미리 성문을 열어 놓는 격이 된다. 조선조 말도 그런 꼴이었다. 개화파와 수구파의 대립이 도저히 화해가 되지 않아 마침내 나라가 망하고 난 뒤에야 후회하는 꼴이 되었다.

지금 한국이 처해 있는 현실을 보면 이 집단적인 프레임의 갈등이 너무 심한 것 같다. 똑같은 현실을 보면서 전혀 다른 해석을 내리고 있다. 어느 쪽이 옳으냐 그르냐는 차치하고라도 사사건건 이쪽의 의견은 저쪽에서 반대하고 저쪽의 의견은 이쪽에서 반대하고 있다. 반대를 위해서 반대하고 있는 것이 아닌가 하는 생각이 든다. 민주주의 정치제도를 단순하게 말한다면 찬성과 반대 의견을 수렴해서 최선의 방책을 강구하는 것이라고 나는 생각한다. 서로 반대에 목숨을 걸고 다툼을 일삼고 있는 현실을 보면서 백 년 전의 일이 생각난다.

미국산 쇠고기 수입을 두고 그것을 반대하는 프레임을 가진 사람들이 몇 달간 서울 도심을 점령하고 촛불 집회를 계속했다. 바로 그 일 때문에 대통령이 집무를 제대로 집행할 수 없을 정도였다. 일부 시위대는 청와대로 쳐들어가 대통령에게 직접 항의를 하자는 사람들이 있었다. 청와대에 진입하는 것을 막기 위하여 물대포를 쏘아댔더니, 과잉진압이라고 크게 떠들고 다니는 사람도 있었다. 그렇게 기사를 쓴 신문들도 몇몇 있었다. 광우병을 우려해서 그랬다고는 했지만, 그 이전에 이 정권이 수행하는 일이 자기 프레임과는 어긋나서 그랬다는 것이 맞다. 광우병 공포를 불러일으키도록 원본과는 다른 연출을 시도했다는 MBC 피디의 고백을 듣고도 그것을 인정하지 않는 사람들이 많았다. 처음부터 현 정권이 미웠던 것이다. 그가 하는 어떠한 행위도 마음에 들지 않아 그런 것이다. 그가 시도하고 있던 굵직굵직한 국가사업 모두가 지금 찬반의 시험대 위에 놓여 있다. 세종시 문제도 그렇고 사대강 사업도 그러하다. 전교조 지지의 교육감이 많이 당선되어 교과부와 교육감 사이에 마찰을 빚고 있는 것도 그 때문이다.

사람마다 다른 프레임을 가지고 있는 것은 사실이지만, 그 프레임에 갇혀 지내는 것이 문제다. 때때로, 아니 자주 자주 그 프레임이 사회와 문화에 맞는 것인가 틀린 것인가를 점검해 보아야 한다. 틀린 프레임을 고집하는 사람이 많은 사회일수록 발전이 느릴 수밖에 없다. 때로는 나라 전체가 망해가는 길로 들어서는 수도 있을 것이다. 안경이 잘 보이지 않으면, 헝겊으로 잘 닦아서 깨끗이 보이도록 해야 할 것이다. 그와 마찬가지로 자기의 프레임에 혹시 이상이 없는지 반성하는 자세를 가져야만 자신도, 사회도, 정체되지 않고 더 나은 단계로 발전할 수 있다.

(2010. 8.)

아름다운 삶을 위하여

- 이화수필문학 문우들에게 드리는 글

우리는 작품을 읽고, 또 쓰고 있지만 때때로 우리 스스로에게 물어보지 않으면 안 된다. 무엇 때문에 문학이 필요하냐고. 그 물음은 예술 전반에 걸쳐 던져도 좋다. 수필도 문학의 한 장르, 아니 예술의 한 장르에 속하고 있으니까 당연히 같은 질문을 던질 수 있다. 왜 수필을 쓰느냐고. 무엇 때문에 작품을 이루기 위하여 고심하고 있느냐고. 이 물음은 문학이 생산되기 시작한 이래 아마도 끊임없이 제기된 질문일지 모른다. 문학 창작 행위를 시작한 것과 거의 동시에 자신에게 던지는 질문인지도 모르기 때문이다.

예술 행위는 꼭 무엇을 이루려고 생각해서 시작한 것은 아니라고 생각된다. 그저 가만히 있을 수 없어서, 아니 심심해서 시작했을 것이다. 그것이 인간의 성정이다. 동굴의 벽에다 그림을 그린다든지, 기분이 좋아 춤을 추고 노래를 한다든지 하는 행위, 그 반대도 있을 것이다. 기분이 나빠서 슬픈 몸짓을 하고 슬픈 노래를 부를 수 있다. 때로는 고된 노동을 잊기 위해서 노래를 하고 춤을 출 수도 있다. 이른바 원시 원시종합예술(Ballad dance)이고 예술의 기원이다. 거기에서 분화된 것이 미술이고, 무용이고, 연극이고, 문학이다. 물론 원시종합예술은 예술 작품이라고 이를 만한 것을 이루지 못했을지 모른다. 그러나 세월이 지나감에 따라, 인지가 발달해감에 따라 점점 고차적인 예술 형태를 갖추게 되고 불후의 예술 작품이 창작되었을 것이다. 그와 동시에 왜 인간은 예술 작품을 생산하는 것일까, 그것은 인간에게 어떤 의미를 갖게 되는 것일까 하고 되돌아보게 된다. 비평 분야가 성립되기 시작한 것도 그 무렵쯤부터였을 것이다. 조금 유식한 말로 문학은 어떤 기능을 가졌는가 하고 되묻는다. 문학에는 쾌락적 기능과 교시적 기능이 있다고 비평가들은 말한다. 로마의 철학자들이 'dulce et util'이라고 말한 것이 바로 그것이다. "달콤하면서도 유용하다."라는 뜻이다.

문학의 역사를 상기해 보면 이 두 기능 중 어느 한쪽에 치우쳐 예술 활동을 한 시기도 있었고, 그 한 쪽만이 가치 있는 예술이라고 주장한 사람들도 있었다. 계몽문학이 그 한 쪽이라면, '문학을 위한 문학'을 표방한 사람들이 그 다른 한 쪽의 사람들이다. 그러나 정도의 차이만 있을 뿐 문학은 항상 'dulce et util'의 균형을 유지해 왔다. 불후의 명작은 항상 어느 한쪽에 치우친 것이 아니라, 언제나 양쪽의 기능을 공유하고 있는 것이다.

다시 물어본다. 왜, 무엇 때문에 문학을 읽고 창작하느냐고? 읽고 쓰는 가운데 즐거움을 느끼고, 읽고 쓰는 가운데 배우는 바가 있기 때문이다. 단지 작품을 읽고 쓰는 것이 즐거움만을 위한 것이라면 그것은 아이들이 즐겨 찾는 게임이나 오락과 무엇이 다르겠는가. 지식만을 얻을 생각을 한다면 이 세상의 수많은 책들과 무엇이 다르겠느냐고.

어떻게 말해도 우리들의 건전한 삶을 위해서 작품을 읽고 쓰는 것은 꼭 필요한 일이다. 문학 작품을 읽을 때 즐겁지 않은 사람이 있는가. 그 '즐겁다'

는 말 속에는 우리들의 희로애락喜怒哀樂이 모두 포함되어 있다. 그리고 그 속에서 우리는 무엇인가 배운다. 당장 생활에 필요한 어떤 것이 아니라, 깊은 삶의 의미를 배운다.

아, 그렇다. 아예 그쪽에 관심도 가지지 않는 사람들도 있다. 주식 값이 올라가는 것, 우리 동네의 부동산 값이 올라가는지에 대해서는 지대한 관심을 갖고 있으면서 문학 같은 것은 관심거리도 되지 않는 사람들도 많다. 그런 사람들에게는 우리들이 하는 말은 딴 나라 사람이 하는 말과 같다. 문학은 삶을 풍요롭게는 하지만 돈을 벌도록 해 주지는 않는다.

수필 쓰기의 동인지에 참여하는 사람들은 내 삶을 풍요롭게 하기 위하여 찾아온 사람들이다. 다른 사람들은 예사롭게 보고 넘긴 일을 자세히 관찰하면서 그 속에서 삶의 의미를 찾으려고 노력한 사람들이다. 내가 보고 느낀 바를 그냥 지나치지 않고 글로 써서 남기려고 한 사람들이다. 자신을 표현하면서 이 지상에 사는 나의 의미를 생각해 본 사람들이다. 비록 그 글이 대가들이 이루어 놓은 수준만큼 훌륭하지 못해도 나에게 있어서만은 가치 있는 글이다.

요즘 고속도로의 화장실에 들어가면, “아름다운 사람은 그 머문 자리도 아름답습니다.”라는 글귀가 쓰여 있다. 누가 한 말인지 모르지만, 마음속에 오래 오래 새겨두어야 할 말 같다. 우리는 살면서 많은 흔적을 남긴다. 우리가 머문 자리도 누구나 아름답게 남아 있기를 소원한다. 어떻게 사는 것이 아름다운 삶일까?

지난 한 해를 뒤돌아보면 내가 보고 느끼고 생각한 것을 수필이라는 문학 형태로 표현하려고 노력해 왔다. 뜻대로 써지지 않는다고 짜증을 내기도 하고, 불평을 할 때도 있었다. 그런가 하면 내가 써 놓고도 대견해서 기분이 썩 좋은 때도 있었다. 우리 모두는 생활을 해야 하니까, 매일 해야 할 일이

참 많다. 그 바쁜 중에서도 틈을 내어 수필 쓰기를 해 왔다. 내 마음속을 털어놓은 일도 있고, 내 가족에 관한 얘기도 있고, 친구에 관한 얘기도 있다. 속상한 얘기를 화풀이 하듯이 쓴 것도 있고, 마냥 즐거운 일을 잊어버리기 싫어서 적어 놓은 얘기도 있다. 그러나 그 모두가 내 삶의 일부분이다.

시간은 우리들을 무정하게 남겨두고 간다. 아니, 시간과 더불어 가고 있는지도 모른다. 그러나 한참 세월을 보내고 나면 세월은 그대로 있는데, 나만 늙어 버린 것 같다. 빠르게 지나가버린 세월이 안타깝다. 화장을 아무리 해도 지나가버린 그 세월을 찾아올 수는 없다.

그러나 내가 쓴 글 속에는 나의 삶이 그대로 담겨 있다. 꼭 같은 시간을 아무 뜻 없이 보낸 사람이 있는가 하면 풍요롭게 누린 삶이 있다. 어느 쪽을 선택할 것인가는 오로지 나의 의지에 달려 있다. 이 지상에 주어진 우리들의 삶은 한정되어 있다. 사람에 따라 얼마간의 차이는 있지만, 백 년을 넘기기는 지난한 일이다. 내게 주어진 이 삶을 아름답게 가꾸면서 즐거워할 수 있는 것은 오로지 내 마음의 선택에 달려 있다.

내 자신을 뒤돌아보면서 아름답고 풍요롭게 가꾸는 하나의 방법으로 우리는 수필 쓰기를 선택했다. 우리 문우들의 희로애락이 우리가 쓰는 수필 속에 담겨 있다. 다른 사람이 어떤 말을 해도 나는 아름답고 풍요로운 삶을 위하여 수필을 쓰고 있다. 그래서 아직도 미숙하지만 작은 결실의 하나로 동인지를 엮어서 내기도 한다. 이 동인지가 출판되어 나오면 우리 모두 손을 잡고 잔치를 벌이는 것처럼 즐겁다. 마음과 마음을 활짝 열고, 그 속에 담긴 얘기들을 도란도란 얘기하면서 맛 나는 음식을 나누어 먹듯이 이야기 할 것이다. 다음에 낼 보다 나은 동인지를 기다리면서.

(2010. 8.)

사랑의 뇌파 검사

사랑은 열렬해야만 아름답다. 텔레비전 드라마에서도 인기를 끄는 연속극은 대체로 사랑에 목숨을 거는 스토리다. 순탄한 사랑의 드라마는 재미가 없다면서 다른 채널로 돌려 버릴 게다. 사랑을 이루려는 데 온갖 장애가 나타난다. 사랑하는 사람과 결혼하려는데 훼방을 놓는 사람이 많다. 아니면 극복해야 할 난관이 너무 많다. 이쪽에서 반대하고 저쪽에서 반대하고, 주변에서 반대한다. 관습상으로 이루기가 어려운 사랑인 경우도 많다. 그런데 반대하는 사람들의 의견은 무시하고 사랑의 성취만을 고집한다. 온갖 난관을 극복하고 마침내 결혼에 성공하면 아주 멋있는 사랑의 결실로 생각한다. 그런데 현실은 그렇지 못하다. 설사 그렇게 해서 결혼에 성공했다고 해도 그 뒤에 오는 시련은 보여주지 않기 때문에 사랑의 아름다움만 우리 마음속에 남게 된다. 하지만 결혼은 현실이다. 그 현실을 무시하고 사랑만으로 결혼한 사람들은 열이면 아홉은 실패하고 만다. 결혼에는 사랑보다 중요한 요건들이 너무나 많다. 우선 먹고 살 수 있어야 사랑타령도 가능하다. 내가 '먹고 산다'는 속된 표현으로 말했지만 결혼에는 기본적인 생활조건이 해결되지 않으면 사랑은 공염불에 불과하다.

드라마에서는 결혼 조건을 따지는 사람들을 고운 눈으로 보지 않는다. 대개는 약삭빠른 사람, 실리에 밝은 사람, 결혼을 전제로 해서 출세를 도모하는 사람들로 묘사된다. 생활에 기반을 둔 사랑이 아니기 때문이다.

사실 사랑은 전류와 같은 것이라고 나는 생각한다. 전류가 흐르고 있을 때는 무서운 힘을 가지고 있다. 그러나 전류가 나가 버리면 어떻게 되는가. 그냥 동선에 불과하다. 사랑의 감정이 처음처럼 얼마큼 지속될 수 있는가는 미지수다. 결혼에는 사랑이 가장 중요한 요소라고 흔히 말한다. 하지만 부모가 주선해서 결혼하던 그 세대보다 이혼율이 훨씬 높은 것은 웬일일까. 자기 눈으로 확인하고, 자기가 사랑한다고 분명히 생각해서 결혼한 사람과 3년도 못 살고 헤어지는 것은 무엇 때문일까. 젊은 세대들의 이혼율이 예상보다 훨씬 높다는 것은 결코 이 세대만의 특성이나 유행 때문만이 아닐 것이다.

내가 어릴 때만 해도 여자는 대개 이십세 전후에 결혼을 했다. 남자는 그보다 조금 많은 나이로 생각된다. 물론 결혼 전에 남녀가 만나는 것은 아주 몹쓸 짓으로 생각했다. 동네에서 아무 아무개가 몰래 만나고 있다는 소문이 돌면 어른들은 행실이 나쁜 젊은이로 규정하고 좋게 보지 않았다. 중매쟁이를 통해서 어른들이 보는 앞에서 만나야 법도 있는 집안의 결혼 절차라고 생각했다. 그 시절에는 사귀고 싶은 처녀 집에 전화를 걸거나 편지를 보내서 만나자고 하는 것이 알려지면, 처녀의 아버지나 오빠로부터 된통 혼이 나는 것이 보통이다.

그런데 언제부터인가 결혼을 앞둔 처녀의 집에 전화 오기를 은근히 기다리는 세태가 되어 버렸다. 교육수준이 높아졌기 때문인지, 아니면 서구의 데이트 풍속이 들어오기 시작해서 그런지 모르겠다. 딸에게 남자로부터의 전화가 오면 온 식구가 숨을 죽이며 방해하지 말라고 아버지는 오히려 호통을 치던 시절이 있었다. 그런가 하면 전화는 물론이고 데이트를 하더라도 훌륭한 신랑감만 데리고 오라고 권장하는 아버지들이 생겨나게 되었다.

통계에 의하면 결혼 적령기를 넘긴 남녀들이 너무 많이 넘쳐난다고 한다. 사실 내 주위에서 보더라도 나이가 마흔 가까운 처녀들이 많다. 물론 남성들도 많지만 정 어려우면 외국 처녀들을 데리고 와서 결혼하는 수도 있다. 그러나 여성이 나이 마흔 가까이 되면 결혼을 해도 아이를 낳기가 쉽지 않다. 그래서 남성 쪽에서는 젊은 외국 처녀들을 데리고 와서 결혼을 하는 모양이다. 국가에서는 남녀의 결혼이 늦어지고, 그래서 출산율이 떨어지게 되니 나라의 장래가 걱정된다고 야단이다.

옛날 방식의 중매는 거부하고 마음에 드는 상대는 나타나지 않고, 우물쭈물하는 사이에 나이가 그렇게 들어 버린 것이다. 하기야 결혼 중매회사가 곳곳에서 생겨나서 옛날 부모나 친지가 해 주던 일을 대신하고 있다. 여기에 신청하려면 우선 돈이 든다. 신청해도 성공 확률은 그렇게 높지 못한 것 같다. 돈보다는 자존심 상하는 것이 아직은 더 큰 문제다. 결혼 중개소를 통해서 만나 결혼한 사람은 어지간해서는 그 말을 하지 않는다.

우연히 만나게 되었거나 학교 선후배 관계로 만났거나, 아니면 친구의 소개로 만났거나 해서 결혼한 것을 더 떳떳하게 생각한다. 왜 그런 생각을 가질까. 그렇게 맺어진 결혼은 서구에서 말하는 이른바 'romantic love'로 시작된 결혼이 아니라고 생각하기 때문이다.

그렇게 멋지게(?) 만나서 이루어진 결혼도 몇 년이 지나지 않아 파탄을 맞는 것은 아무래도 '사랑'이란 것에 문제가 있는 것 같다. 우리 부모들이 전하는 바에 의하면 결혼 전에 얼굴도 채 보지 못하고 중매쟁이의 말만 듣고 양쪽 부모가 대신 만나서 혼인을 결정했던 때도 있었다고 한다. 그러고도 평생을 해로한 부부들이 많았다. 전설 같은 이야기다. 하기야 그때는 여자는 무조건 참아야 한다는 관습 때문에 여자 쪽의 희생에 의해서 이루어진 것이라고 말할 수도 있을 것이다.

참고 견디어서 해로한 결혼생활과 부당한 대우를 참을 수 없어 과감하게 이혼한 삶 중에 어느 것이 더 나은지 단정하기는 어렵다. 각자의 사정이 있고 각자의 삶 방식이 있을 테니까 말이다. 조금만 더 참고 노력했더라면 파탄을 내지 않고 해로할 부부도 있는가 하면 그 조금을 참지 못하여 마침내 이혼하고는 후회하는 수도 있다.

며칠 전 ABC 방송에서 흥미로운 것을 보도한 바 있다. 서로 사랑해서 이제 갓 결혼한 남녀를 대상으로 해서 실험한 것이다. 두 남녀는 한 오토바이를 타고 6개월 동안 여행했다. 여행을 떠나기 전에 두 남녀는 사랑의 뇌파 검사는 받았다. 사랑이 열렬한 상태로 있을 때는 붉은 색으로 빛나고 있었다. 6개월의 여행이 끝난 후 다시 두 남녀의 뇌파 검사를 해보았더니, 여자는 이전과 거의 같은데 남자는 상당한 변화가 있더라는 것이다. 즉 남자는 6개월이 지난 후 사랑의 감정이 다소 퇴색해져 버린 반면에 여성은 거의 그대로 존재하고 있었다. 사랑의 지속 상태가 남녀 각각 다르다는 것을 뇌파로 알 수 있다는 뜻이다. 기자가 남자에게 어떻게 된 것이냐고 물어 보았더니, 그 대답이 걸작이다. 활발하게 뛰고 있는 개구리를 해부하고 나면 죽고 말지 않느냐고 대답했다. 사랑을 해부하면 안 된다는 함의가 담겨 있는 대답이긴 하지만, 열렬한 사랑은 남자 쪽이 먼저 식는다는 것이 실험 결과인 셈이다. 항상 뜨거운 사랑만이 사랑이 아니다. 조금 덜 뜨겁지만 얼마큼 오래오래 지속하는가도 사랑에 있어서 중요한 문제인 것이다. 그 실험은 그것을 알려주지 않았으니 정확한 사랑의 뇌파 검사라고는 할 수 없다.

일생 동안 한결같이 처음처럼 사랑할 수는 없다. 그런 사람도 더러 없지는 않겠지만 아주 드물다. 열렬하게 사랑해서 결혼했지만 살다 보면 생활 속에서 사랑은 희미한 기억으로 존재할 뿐이다. 결혼생활을 사랑으로 지탱한다기보다 당위에 의해 지탱하는 수가 더 많기 때문이다. 살다 보면 서로의 뜻에 어긋나는 일을 할 수도 있고, 처음은 그런대로 참고 지냈지만 날이 갈수록 취향이 달라 화가 나는 수도 있을 것이다. 그런 일이 반복되면 사랑의 감정은 사라지기 마련이다. 그렇다고 해서 이혼할 수는 없는 것이니까 속으로 삭여야 한다. 내 생각으로는 속으로 삭여야 할 일이 얼마나 되는지 그 한도를 초과하는 경우 대개 이혼을 하는 것으로 생각된다.

결혼 전에는 사랑이 매우 중요하다. 하지만 결혼 후에는 상대를 배려해주는 지혜가 더 중요하다. 사랑으로 시작한 결혼생활이지만 결혼생활을 지탱해야 하는 의무감이 따라야만 해로할 수 있다. 사랑과 의무 어느 것이 더 무게를 가지는가는 사람마다 다르겠지만 그 밸런스를 맞추는 것이 현실적인 결혼생활이 아니겠는가 하는 생각이 든다. 살아 있는 개구리를 해부하면 죽어버리지 않느냐고 말한 그 사람의 말처럼 사랑은 해부할 수도 분석할 수도 없지만 간직해야 할 소중한 것임에는 틀림없다. 사랑은 반드시 한 가지 형태로 존재하는 것은 아니니까 말이다.

(2010. 9.)

화성에서 온 남자, 금성에서 온 여자

존 그레이가 쓴 ≪화성에서 온 남자, 금성에서 온 여자≫가 한때 베스트셀러가 된 적이 있었다. 이 책의 저자는 남자와 여자는 마치 다른 행성에서 온 사람들만큼이나 다르다는 것이다. 그 차이를 인식하지 못하고 같은 인간이라고 생각하고 행동하기 때문에 남녀의 결혼생활에 파탄이 온다는 것이다. 책의 저술 목적을 그레이 자신의 말로 들어보기로 하자.

> 남녀가 서로의 차이를 인정하고 서로를 존중할 때 비로소 사랑은 꽃을 피울 기회를 얻게 되는 것이다.

이와는 반대로 시모느 드 보봐르는 "남자와 여자는 태어나는 것이 아니라, 만들어지는 것이다." 라고 했다. 보봐르가 이런 말을 했을 때 우리들은 일종의 신선한 충격을 받았다. 그녀 자신이 탁월한 철학자일 뿐 아니라, 사르트르와 듣기에도 희한한 계약부부 관계에 있었기 때문이다. 태어날 때는 남녀가 꼭 같지만 사회적 관습에 의하여 혹은 교육에 의하여 후천적으로 다른 성으로 길러진다는 뜻이다.

재미있는 말이라고 생각되지만 범인인 나에게는 남성 위주로 되어 있는 사회관습을 고쳐 달라는 강력한 메시지로밖에 들리지 않는다. 우선 인간인 점에서는 동일하지만 생물학적 구조에서 남자와 여자는 분명히 다르게 태어났다. 여자는 아이를 낳을 수 있는 반면에 남자는 아이를 낳을 수 없다는 것부터 그렇다. 여자보다는 남자가 힘이 세다. 치장하는 것도 여자와 남자는 분명히 다르다. 웃음 웃는 모습도 다르고 울음소리를 내는 것도 다르다. 물론 예외는 얼마든지 있다. 그렇게 다르기 때문에 서로의 매력에 끌려 일생을 같이 산다. 사랑하기도 하고 미워하기도 하면서 말이다.

시대를 거슬러 올라갈수록 인간은 생물학적 특성 그대로 살았다는 짐작이 간다. 남자는 남자의 일에 맞는 일을 주로 하고 여자는 여자의 일에 맞는 일을 했다고 추정된다. 그런데 인류 문명의 발달이 진전될수록 남녀의 하는 일에 그 구별이 애매해지기 시작했다.

아득한 원시시대로 거슬러 올라가서 생각해 보기로 하자. 인간이 해결해야 할 첫째의 과제가 무엇이라고 생각되는가. 주린 배를 채우는 일이었을 것이다. 다른 동물들을 사냥해서 배를 채우는 일은 당연히 여성보다는 힘이 센 남성의 몫이다. 아이는 여성밖에 낳을 수밖에 없으니까 그 아이를 돌보는 것도 여성이 할 일이다. 그것은 매우 자연스러운 일이다. 사냥에서 남자의 힘이 돋보이는 것도 당연하지만 그 사냥한 것을 지키는 것도 힘이 센 남자의 몫이다. 왜냐하면 이웃 종족들이 쳐들어 와서 빼앗아 가기 때문이다. 인간은 원래부터 고약한 심보로 태어났는지, 다른 종족이 갖고 있는 먹이를 손쉽게 뺏고 싶은 욕심이 있었다. 동물의 속성이 그렇다는 점에서 하등 의아할 필요가 없다. 종족 간의 싸움은 그렇게 해서 시작되었을 것이다. 종족 간의 싸움이 시작되면 남자의 힘이 무엇보다 중요하다. 싸움에서 지면 목숨을 부지하기 어렵다. 설사 살았다고 해도 산 목숨이 아니다. 승자의 노예가 되어 인간 대접을 받을 수 없다. 승자와 패자의 처지가 그렇게 다른데 어찌 남자의 힘이 중요하지 않겠는가.

종족 간의 싸움이 끊임없이 일어나고 있을 때는 최고의 가치는 힘이고, 그 힘에 의하여 질서가 이루어진다. 그러니까 힘이 센 남성의 법칙이 지배한다. 생존하기 위해서는 첫째가 먹이를 확보하는 일이고 확보한 먹이를 다른 종족에게 뺏기지 말아야 한다. 이런 사회에서는 남성 원리가 절대적으로 작용할 수밖에 없다. 여성의 발언권은 끼어들 여지도 없는 것이다. 종족의 남성들이 힘이 모자라서 다른 종족에게 패하고 나면 남성이건 여성이건 타종족의 노예가 되는데 어찌 여성의 말이 통하겠는가.

그런데 인간의 역사를 거슬러 올라가면 모계사회였다는 것이 인류학자들의 공통된 견해다. 그도 그럴 것이 인지가 점점 발달해 갈수록 생활을 하는 데는 서로 협농하는 것이 필요하다는 섯을 깨닫게 되었을 것이다. 그래서 가족이 형성되었다고 본다. 아직도 윤리나 도덕 따위가 성립되지 않았을 때는 일부일처의 개념조차 없었을 것이다. 본능에 따라 교합했을 것이고, 아니면 힘이 센 남자의 욕망에 따르지 않을 수 없었을 것이다. 누구의 정자를 가졌든 간에 아기는 당연히 여성이 돌볼 수밖에 없다. 이렇게 해서 가족의 중심은 어머니가 된다. 물론 혈연에 의해 끈끈한 정이 생기게 되고 가족이라는 유대가 이루어지게 된다.

인지가 발달하면 단순히 본능의 세계에만 머물 수 없게 된다. 본능에 제약을 가하는 규칙을 세울 수밖에 없다. 왜냐하면 개개인의 본능에만 따르면 가족간에서는 물론 이웃 간에도 끊임없는 분쟁이 계속될 것이기 때문이다. 규칙은 당연히 남성의 몫이다.

한자의 어미 '母'는 여성의 유방을 의미한다. 그와는 달리 '父'는 도끼를 들고 있는 사내의 형상이다. '아비'라는 뜻도 지니고 있지만, '사내'라는 뜻도 지니고 있다. 도끼는 원시인들의 무기였을 것이다. 무기를 지녀야만 사냥도 할 수 있고, 자기 부족을 방어할 수 있다. '어미'는 자연 그대로의 생체를 의미하지만 '아비'는 인공人工 즉 자연을 가지고 가공한 기구를 지니고 있는 것을 의미한다.

인류학자들은 고기를 날로 먹다가 구워서 먹기 시작하면서 인간의 문명이 시작되었다고 보고 있다. '날것'과 '익힌 것'의 차이가 자연과 문명의 차이라는 뜻이다. 그래서 '불'이야말로 인류 문명에서 가장 위대한 발명이 되는 것이고 그 이전과 이후가 확연히 구분된다. 이와 비슷한 시기에 인간은 비로소 본능을 제어할 수 있는 능력을 발휘하기 시작했고 사람과 사람 사이에는 어떤 규약이 필요하다고 생각했을 것이다.

서양이나 동양이나 남녀평등이 실현되기 시작한 것은 그리 오래되지 않았다. "Lady first"라고 외쳐대는 서양에서조차 여성의 참정권이나 선거권이 보장되기 시작한 것은 불과 한두 세기를 넘지 못한다. 하기야 'Lady first' 라는 자체가 여성을 보호하는 듯하면서 '남성원리'(male-principle)를 적용하고 있다는 그 반증인 셈이다.

유교 문화권에 있는 나라들, 중국이나 한국, 일본에서는 지금도 은연중에 남성원리가 작용하고 있다. "여자의 음성이 담 넘어가면 안 된다."든지, "암탉이 울면 집안이 망한다." 등의 말은 내 어릴 때는 흔히 듣던 얘기다. 족보가 남자 중심으로 만들어져 있는 것도 그 한 예지만, 돈 많은 남자는 첩을 몇씩 거느려도 괜찮지만 그 반대는 상상도 할 수 없는 일이다. 불과 삼사십년 전까지만 해도 이웃에서 흔하게 볼 수 있는 일이었다.

오늘날은 '남녀평등'이 세계적 구호가 되어 있다. 이 구호에 이견을 다는 사람이 있다면 여성의 공적이 되기 십상이다. 그 사람을 옹호하는 사람조차 타도의 대상이 된다. '남녀평등'은 개화기 이래 남녀를 불문하고 줄기차게 외쳐온 주장이고, 백번 옳은 말이다. 그러나 가끔 그 주장을 남녀 성의 차이와 혼동하는 사람들이 있다. 마치 페미니즘에 집착한 나머지 노브래지어 운동도 남녀평등의 원칙과 동일한 것으로 보는 사람들이 있다.

키르키스탄에서는 지금도 납치결혼이 흔하게 일어나고 있는 모양이다. 며칠 전 납치결혼에 희생당해 비참하게 살고 있는 여인들을 텔레비전에서 보여준 적이 있다. 나라의 법은 그런 관습을 금하고 있지만 실제로 그런 불법을 저지르고도 처벌을 받지 않는다고 한다. 그런 일이 있은 후 대개는 관습에 따라 마을의 어른들에 의하여 심판을 받기 때문에 처벌은 유야무야로 끝난다. 한 여성을 불행의 나락으로 떨어뜨린 것에 대해서는 누구도 책임지지 않는 셈이다. 한국에서도 과부를 보쌈해서 데리고 산 관습이 조선조에는 있었으니 하기야 남녀평등 이념에는 떳떳하게 내세울 형편이 못된다.

남녀평등과는 참으로 어긋나는 행위가 조선조의 열녀문이다. 열녀문이 세워지는 것이 가문의 영광으로 알았던 때가 있었다. 이것이야말로 남성들의 권력으로 만들어낸 남녀불평등의 대표적 사례라고 할 수 있다. ≪열녀의 탄생≫이라는 저서를 낸 강명관 교수의 말에 의하면 열녀는 "조선조 사대부들이 국가권력을 이용하여 만들어낸 것"이라고 한다. 만들어진 것이라도 이념이 되고 관습이 되면 소수의 반대의견은 이불 속에서나 중얼거릴 뿐이다.

이제는 물리적인 힘에 의한 지배는 가족 안에서나 사회에서 끝장 난 것이 틀림없다. 부인을 완력으로 장악하려 하면 십중팔구는 이혼이라는 불행을 맞게 된다. 텔레비전에서 방영되는 〈용서의 시간〉을 자주 보게 되는데 대개는 남편의 술주정이나 폭력 때문에 자식을 두고 도망친 여자의 이야기다. 자기가 낳은 아이를 팽개치고 나왔으니 얼마나 가슴 아픈 세월을 보내겠는

가. 이런저런 사정으로 만나지 못하고 있다가 방송국의 주선으로 수십 년이 지난 후 성장한 아이들을 만나게 된다는 이야기다. 여성의 생존권이 전혀 보장되지 않았던 시대상의 한 단면이다. 지금도 그런 상황이 사라졌다고는 절대로 말할 수 없다. 남성의 폭력적 힘이 작용하는 가정이 수다하게 있기 때문이다. 그러나 그것은 남녀평등으로 가는 과도기 현상이라고 생각된다. 조선조에서라면 어쨌든 대부분들의 여성들이 그 모진 학대를 견디며 살아야 했다. 오죽하면 '시집가면 그 집 귀신이 되라.'고 했을까.

이제는 남녀평등이 아니라, 여남평등이라고 한탄하는 남성들이 많다. 평등이라고 말하지만 여권 쪽으로 약간 기운 느낌이 들기 때문일 것이다. 이제는 도끼를 들고 적을 방어해야 하는 시대도 아니고, 완력으로 여성을 제압할 시대도 아니기 때문일 것이다. 물리적인 힘은 우리가 오락으로 관전하는 운동 경기에서나 필요한 것이 되었다. 현대사회를 지배하는 힘은 바로 돈이다. 지금도 나라 간에는 치열한 싸움이 있다. 그러나 그들의 무기는 도끼와 칼이 아니다. 그것들은 이미 라켓이나 야구방망이로 바뀌어 우리들이 즐겁게 관전하는 게임으로 변한 것이다. 물론 그 원시적인 무기들이 과학의 힘에 의하여 대량살상 무기로 발전해서 그때나 이때나 막강한 힘으로 뒤에서 버티고 있다. 그러나 각 가정에서는 적어도 그런 힘은 아무 소용없고 돈을 쥔 사람이 권력을 갖고 있다.

이즈음 각 가정에서 돈의 권력을 쥐고 있는 사람은 대체 누구일까. 십중팔구는 여자다. 그 때문에 다툼이 났다 하면 열에 아홉은 남자의 판정패로 끝난다. 남자의 힘이 효력을 가진 시대는 이미 지나갔다. 다툼이 났다 하면 우선 여자의 화술에 당해낼 남자가 없다. 일시적으로 논리를 세워 남자가 이기는 듯하지만 끝내는 백기를 들고 만다. 여자의 장기적이고 끈질긴 공격에 당해낼 남자는 없기 때문이다. 아주 드문 일이기는 하지만 남자가 설전舌戰에 능해서 이긴다 하더라도 경제권을 누가 쥐고 있는가를 확인해 보면 그 결정적 승리를 충분히 예측할 수 있다. 대개의 경우 남자가 한 달 내내 일해서 받는 급여가 여자가 관리하는 통장으로 들어오기 때문에 그렇다. 그 급여를 받기 위하여 남성들은 종일 일하고 돌아오지만 그 돈을 쓸 권리는 사실상 아주 미약하다. 기껏해야 병아리 모이처럼 떼어주는 용돈으로 한 달을 버텨야 하는 것이다. 자기가 번 돈이지만 여자에게 사정사정해야 겨우 조금 더 얻을 수 있다. 물론 확고한 명분이 준비되어 있다. 절약해야 집도 늘리고 자녀도 좋은 교육을 받을 수 있다는 것이다. 특히 샐러리맨에게는 사교육비가 감당하기 어려운 과제라는 점도 있다. 그러나 참으로 희한한 일은 이러한 확고한 명분에도 불구하고 소문난 음식점에는 주로 여성들로 만원을 이루고 있다는 사실이다. 이러한 현상을 어떻게 설명해야 좋을까.

그뿐이 아니다. 종래에는 남성이 독차지하다시피 하고 있던 직장에 여성들이 점점 늘어나고 있는 현상이다. 남녀평등을 위해서 매우 바람직한 현상이라고 말할 수도 있겠다. 그러나 그 증가 추세는 참으로 놀랍다. 얼마 있지 않아 그 비율은 역전으로 나타날 것으로 예측된다. 다른 부족과의 싸움에서는 무엇보다 힘이 우선시된다는 점에서 남성우위의 사회가 되었지만 물리적인 힘으로 상대와 싸울 필요가 없게 된 세상에는 그 힘은 단순한 노동력으로 전락할 수밖에 없게 되었다.

주변을 돌아보면 적령기를 훌쩍 넘긴 남녀들이 많다. 삼십대 후반, 사십대 초반의 남성과 여성들이 아직도 마땅한 상대를 고르지 못해서 결혼 대기 중이다. 그 때문인지 인구 증가를 그렇게 걱정하던 정책을 바꾸어 인구 감소에 대비한 여러 가지 정책을 내어놓고 있다. 최근의 발표에 의하면 한국은 세계에서 인구 증가수가 가장 낮은 나라의 하나가 되어 있다는 것이다. 내가 결혼할 당시만 해도 전혀 상상할 수 없던 일이다. 아이를 많이 낳는 사람에게 여러 가지 혜택을 준다는 정책을 공포하고 있지만 별로 개선될 기미가 보이지 않고 있다.

적령기를 넘긴 남녀들이 결혼하기가 그리 쉽지 않은 모양이다. 이삼십 년과는 달리 남녀가 매우 자유롭게 만날 수 있는 세상이 되었는데도 결혼은 쉽지 않다니 참 이상도 한 아이러니라 하지 않을 수 없다. 그 때에 비하여 남녀가 만날 수 있는 기회는 얼마나 더 많은가. 나도 중매결혼을 했지만 그때는 중매결혼이 대세였다. 정확한 통계는 본 적이 없지만 중매결혼이 팔 할이라면 연애결혼은 이 할 정도나 될까.

중매결혼은 부모들의 의견이 음으로 양으로 많이 반영된다. 남녀가 자유롭게 만날 수 있는 세상이 되었는데도 왜 상대를 고르기가 더 어려운가. 게다가 며칠 전 발표한 통계에 의하면 결혼한 신혼부부 3할이 이혼을 한다고 한다. 세 사람 중에 한 사람이 이혼을 한다는 말이다. 자기가 마음대로 골라서 결혼하고도 부모의 주선으로 맺어준 결혼보다 이혼율이 높다는 것은 이해하기 어려운 일이다.

자연의 이치로 따지면 남녀가 함께 살아야 한다. 성인이 다 된 사람들이 동성끼리 사는 것은 아무래도 이상하다. 서양에서는 게이나 레즈비언이라고 보고 법으로 다스린 적도 있었다. 아직도 그 문제에 대해서는 의견이 나누어져 있지만. 인간이 성욕을 가지고 있는 한 남녀는 서로에게 끌리게 되어 있고, 함께 살기를 바란다. 그런데 결혼 연령이 자꾸 늦어지고, 결혼했다 해도 이혼하는 경우가 많은 것은 웬일일까. 잡혼의 시대로 돌아가고 싶다는 뜻인가. 아니면 인간들이 정한 일부일처제에 이제 그만 싫증이 난 것일까.

결혼이라는 제도는 인간들이 만든 규약이고 관습이다. 그것이 법으로 보호를 받는 것은 인간들끼리의 다툼을 가능한 줄이자는 데 그 취지가 있을 것이다. 힘이 세다고 해서, 잘났다고 해서 혹은 돈이 많다고 해서 마음에 드는 이성을 마음대로 골라서 성욕을 채운다면 지금의 세상보다 개인 간의 싸움이 훨씬 많아질 것은 명약관화한 일이다. 그러나 함께 살다 보면 싫증이 날 수도 있고, 성격에 맞지 않을 수도 있고, 다른 이성에게 끌릴 수도 있다. 그때마다 같이 살던 사람을 버리고 다른 상대에게 갈 수는 없는 것 아닌가.

"다시 태어나도 당신만을 사랑하리라."라는 노래가 한때 크게 유행했었다. 제목이 〈아내에게 바치는 노래〉로 되어 있는 것을 보면 아무래도 남성우위의 발상에 근거하고 있는 것을 볼 수 있다. 다시 태어나서 결혼하더라도 당신을 선택하겠다는 남자의 의지를 표현한 것이지만, "아, 웬수, 다시 결혼한다면 당신 같은 남자하고는 절대로 결혼하지 않을 거야." 라고 생각하는 아내가 많다면 어떡할 것인가.

'참는다'는 것은 자연을 거스르는 일인지 모른다. 자연 상태의 욕망에 제지를 가하는 것이기 때문이다. 그러나 인류 문명의 시작은 자연을 거스르는 일로부터 시작되었다는 사실을 알고 있다면 그것을 반드시 거부할 수는 없는 일이다. "백 번 참아서 안 되는 일이 없다."고 권하는 것이 동양의 미덕이다. 그간에 미국의 이혼율이 높았던 것은 참는 미덕을 별로 대수롭지 않게 생각했기 때문이다. 한국의 이혼율이 높아지는 이유도 바로 그 '못 참는' 풍조를 수입했기 때문이 아닌가 생각한다. '참는다'는 것은 '개인의 자유'와는 반대쪽에 서 있다. '자유'와 '평등'은 어찌 보면 공존할 수 없는 것인지 모른다. 남의 자유를 지켜주려면 자기의 자유는 얼마쯤 희생해야 한다. 나의 자유와 남의 자유가 어쨌든 어느 선에서 타협해야만 평등이 이루어진다. 그것이 법률이고 관습이며 사회적 정의이다.

심리학자이며 동물학자인 데이비드 버래쉬와 정신과 의사인 주디스 이브 립턴 부부가 공동 저술한 〈일부일처제의 신화〉에서 "수컷뿐 아니라 암컷에게도 중복짝짓기(multiple mating)가 자연 상태에서 일반적"이라는 것이다.

철새는 대체로 일부일처제라는 종래의 연구와는 달리 혼외 성교가 많다는 것이다. 수컷은 자기 종자를 많이 뿌리겠다는 욕망에 근거해 있지만 암컷은 우량한 종자를 받겠다는 본능에 근거해 있다고 한다.

'화성에서 온 남자'와 '금성에서 온 여자'는 일부일처제를 전제로 해서 발상되었고, 부부의 행복한 해로偕老를 위해서 쓴 것이다. 자기의 자유를 어느 선에서 지켜야 하며, 상대방의 자유를 또한 어느 선에서 지켜주어야 하는지 그 타협점을 찾는 것이 이 저술의 취지라고 할 수 있다. "완벽하게 맞물리는 좋은 일부일처제 혼인은 타고나는 것이 아니라, 만들어지는 것이다." 라고 한 버래쉬 부부의 말도 이와 같은 맥락이다.

그럼에도 불구하고 각자 자기의 자유를 존중할 줄 아는 짝을 잘 찾아야 한다는 생각에는 변함이 없다. 결혼도 하기 전에 그것을 어떻게 아느냐 하는 것이 문제다. 그렇다고 해서 어느 학자가 주장하는 것처럼 시험결혼을 거친 후에 결혼을 할 수 없는 것 아닌가. 설사 시험결혼을 거친 후에 결혼을 한다고 해도 지금보다 이혼율을 줄일 수 있다는 보장은 없다. 그렇다면 결국 좋은 짝을 만나는 것은 운명이라고 하는 미지의 노림수에 기댄다고 하는 것은 어쩐지 찜찜하다. 왜냐하면 적어도 자기의 운명은 자기가 개척하고 싶기 때문이다.

(2009. 5.)

평생교육원에서

평생교육원에서 '생활수필쓰기'라는 과목명으로 시간을 맡은 지 어느덧 8년이 된다. 길어야 이삼 년쯤 맡고 있다가 그만 두겠지, 라고 생각했던 것이 어느새 그렇게 긴 세월이 흘러간 것이다. 대개 두 세 학기 하면 강의 밑천도 떨어지고 수강생도 신물을 내는 통에 강의를 접는 것이 보통인데 어찌된 셈인지 이번의 경우는 다르다. 그렇다고 해서 내가 특별한 입담이 있다거나 수강생의 관심을 끌 만한 재주를 지니고 있는 것도 아니다. 더 신기한 것은 내가 맡았던 첫 학기부터 등록해서 지금까지 한 번도 거르지 않고 내 과목을 수강하는 분들이 있다는 사실이다. 대부분의 수강생이 50대를 넘어 60대, 심지어 70대의 고령인 분도 계시다. 40대의 신입생이 들어오면 햇병아리 같다고 해서 반의 귀여움을 독차지한다. 대신 잔심부름을 도맡아야 하니 귀찮게 생각하면 견디기 어려울 것이다. 젊은 분 몇이 등록했다가 한 학기 하고 그만 둔 이유도 그래서 아닐까 하는 생각도 든다.

수필 교실에 처음 들어왔을 때의 인상을 적은 어느 수강생의 글이 생각난다. 50대의 이분은 수강생 대부분이 30대쯤으로 생각했던 모양이다. 어떻게 젊은 사람 속에 섞여 앉아서 수강할까 그런 걱정부터 먼저 했다고 한다. 그런데 등록한 첫날, 반에 들어오니까, 기대했던 30대는커녕 오륙십대 수강생들이 대부분인 것을 보고 숨이 가슴에 와서 턱 닿는 듯한 느낌을 받았다는 것이다.

수필반을 평생교육원에서 맡게 된 것은 순전히 내 나름대로의 착각에서였다. 정년퇴임이 가까워 오니까 퇴임 후 집에서 빈둥거릴 생각을 하니 은근히 걱정이 되었다. 동료 교수들 중에는 강의도 없어졌으니까 이제는 모름지기 연구에 몰두해야지 하고 다짐하는 분들도 있었다. 나는 천생 학자가 아닌지 하는 일 없이 집에서 지낸다는 것은 아무래도 갑갑하다는 생각이 들었다. 그래서 생각한 것이 이 수필문학 강의다. 이전에 '문학개론'을 평생교육원에서 가르쳐 본 경험이 있었다. 솔직히 말해서 성공을 거두지 못했다. 수강생들도 별로 흥미를 느끼지 못했고, 나도 힘들어 그만두었다. 학점을 딸 이유도 없는 이분들에게 한 시간 내내 흥미진진하게 이끌 만큼 지도할 수 있는 능력도 가지고 있지 못할 뿐 아니라, 사람의 귀를 잡아 끌 만한 입담도 나는 가지고 있지 못했다. 대학에서 교양과목으로 ≪문학의 이해≫를 꽤 오랫동안 맡은 적이 있었다. 평생교육원에서는 그 방식대로 수강생을 지도하면 성공할 수 없다는 것을 뒤늦게 깨달았다.

대학생들은 학점을 따기 위하여 수강한다. 아무리 명강의라고 해도 두 번 수강하는 일은 없다. 그래서 일단 등록한 과목은 학점 취득 때문에 열심히 듣는 편이다. 물론 강사야 떠들어라 하고 잠만 자는 학생도 없지 않다. 그런 학생이 좋은 학점을 받을 리는 없다. 나의 수필 강좌는 말하자면 매 학기 같은 과목을 반복하는 셈이다. 그런데도 같은 학생들이 등록하고 수강한다는 것은 참으로 별난 일이다. 매번 같은 학생에게 같은 내용의 강의를 계속하고 있다고 하면 참을성이 아무리 많은 사람도 싫증을 낼 것이 틀림없다. 그런 점에서 나는 목사님들의 능력을 높이 평가한다. 같은 교인들을 앉혀 놓고 매주 "예수를 잘 믿어라."라는 내용의 강의를 반복하는 셈이니 말이다. 바로 그 때문에 목사님의 설교를 그 주일에 놓치면 한 주 내내 서운하다고 생각하는 교인이 많다는 것은 참으로 재미있는 아이러니다.

'수필반'을 맡으면서 나는 강의 방식을 완전히 바꾸어버렸다. 내가 한 시간 내내 혼자 강의하는 방식은 지양해 버린 것이다. 그 대신 수강생 스스로 참여해서 공부하는 방식을 취했다. 각자 집에서 수필 한 편씩을 써 와서 반에서 발표하고 그 발표한 것을 가지고 또 각자의 의견을 말하는, 일종의 합평회 같은 형식의 수업이었다. 우선 한 시간 내내 목이 아프도록 떠들지 아니해서 좋고, 수강생들도 수업에 적극적으로 참여한다는 기분이 들어서 좋았다. 무엇보다 반 전체가 활기에 차 있었다. 수필을 잘 쓰려면 귀로 듣는 강의만으로 절대로 안 되고, 무조건 많이 쓰는 것이 최상의 방법이라고 나는 늘 강조했다. 수필을 쓰는 데 무슨 신통한 방법을 전수하는지 궁금해서 수강한 사람들은 대개 한두 학기 듣고 그만 두었다. 그 대신 좋은 수필을 써 보겠다고 작정한 사람은 지금까지 계속 수강하고 있는 것이다.

나는 수강생이 발표한 작품에 대하여 먼저 의견을 묻는다. 내 의견을 먼저 말해 버리면 하고 싶은 말이 있어도 더 이상 말을 하지 않기 때문이다. 가끔 수강생들의 의견이 분분해질 때도 있다. 그때서야 내가 중재를 하거나 시비를 가려서 최종적인 판단을 내린다. 대체로 옳고 그르다는 것보다 각자의 의견에 경청할 만한 점이 있다는 점을 말한다. 처음에는 그 합평회로서 수업을 대신했으나 내가 수정한 글을 받아보고 싶어 하는 사람들이 많아서 확인하는 작업을 다시 했다. 발표할 때는 수강생 수만큼 복사해서 나누어 준 다음에 발표하는데 나는 그 원고를 집으로 가지고 가서 꼼꼼하게 수정한 다음 복사해서 수강생에게 다시 나누어준다. 어떻게 수정되었는지 보는 것이 자기 글쓰기에도 도움이 된다고 생각하기 때문이다. 대체로 그렇게 수정한 이유를 말해주는 것으로 그날의 수업이 시작된다. 그 방법을 모두들 좋아했다. 수정된 이유를 알면 더 좋은 글을 쓰는 데 도움을 받을 수 있을 것으로 생각한 것이다. 대개는 빨간 볼펜으로 수정해 주는데 새빨갛게 수정된 글을 보고는 김재은 교수가 "호객 행위 하는군." 했다. 수강생이 좋아할 것이라는 뜻으로 말한 것이다.

'생활수필'이라는 이름으로 설강한 이유는 수필을 쉽게 접근해 보라는 뜻에서였다. 수필 하면 당연히 문예 수필을 떠올리고, 또 그것은 문학에 소양이 있는 사람만이 쓰는 글이라고 생각한다. 이 강좌를 개설할 때의 취지는 꼭 문학적 재질을 타고나지 않은 사람이라도 글을 쓰는 습관을 길러보자는 뜻에서였다. 생활하면서 보고 느낀 점을 쓰는 습관을 기른다면 꼭 문인이 되지 않더라도 좋은 취미생활을 가지는 셈이 되기 때문이다. 글을 쓰려고 하면 우선 많은 독서를 해야 하고, 글을 쓰는 사이에 좋은 글을 가려볼 수 있는 안목도 생기게 된다. 무엇보다 중요한 것은 생활에 밀착되어 자기를 뒤돌아볼 여유가 없는 사람들에게 글을 읽고 쓰면서 보다 높은 문화생활을 하자는 뜻에서 시작한 것이다.

8년 넘게 이 강좌를 맡고 있는 사이 매학기 같은 수강생들과 만나 이제는 이들과 친구처럼 되어버렸다. 수강생끼리도 매주 같은 교실에서 얼굴을 대하다 보니 동기간 이상으로 친해졌다. 옆에서 보기에도 좋아 보인다. 특히 수필은 주로 자기 체험을 적는 것이니까 서로의 생활을 잘 알게 된다. 그 때문에 더욱 빠르게 친하게 된 것 같다. 남에게 잘 얘기 않던 가정사, 감추고 싶었던 비밀, 당면하고 있는 고민 등이 글로 표현된다. 좋은 수필을 쓰기 이전에 맺혔던 마음을 풀어주고 치료하는 효과도 있었다. 일찍이 아리스토텔레스도 마음의 정화淨化가 문학의 중요한 기능이라고 말하지 않았던가.

그 간에 우리 수강생들은 네 번의 동인 수필집을 간행했다. 처음 수필집은 다소 어설펐지만 세월이 지날수록 장정도 세련되고 내용도 충실해졌다. 2002년 3월에 ≪원석을 캐는 마음으로≫를 상재했다. 각자의 마음속에 원석이 도사리고 있다고 가정하고 그것을 캐어낸다는 심정으로 첫 수필집을 내었던 것이다. 2003년 5월에 ≪내 마음의 보석≫이라는 제2 수필집을 간행했다. 원석을 깎아서 이제는 보석으로 가공하게 된 것이다. 남이 보석으로 인정해 주지 않는다고 해도 우리에게만은 보석이라는 뜻이 담겨 있다. 2005년 다시 제3집 ≪새로운 지평을 위하여≫를 엮어 내었다. 우리의 작은 세계 안에만 머물러 있지 말고 새로운 지평을 바라보면서 글을 쓰자는 뜻이다. 이때부터 우리 수필반원들은 각종 문학행사에도 열심히 참석하였다. 2005년에는 이화수필문학회가 창립되었고, 이어서 ≪꿈이 영글다≫라는 제4 수필집을 간행했다. 소박한 수필반원들의 꿈이 영글어서 이제 어디 내놓아도 부끄럽지 않은 수필들을 쓸 수 있는 능력이 생겼다는 뜻이다. 그 사이에 김옥춘, 신정호, 이선화, 배정순, 김순희, 이차순, 강진희 이경숙, 황정희, 최현희, 정순자, 이금희, 변숙영, 김선례, 이춘란, 이명희 등이 ≪수필과비평≫지의 신인상을 받고 문단에 등단했다. 그 외에 다른 문예지를 통하여 등단한 사람도 있다.

나는 문단에 이름을 올리는 것이 중요한 일은 아니라고 자주 말한다. 보다 좋은 수필을 쓰는 것이 우리 모임의 목적이다. 그래서 문학적 성장을 하고 있다는 것을 자신도 깨닫는 것, 좋은 수필이 있으면 서로 추천해서 읽고, 읽었던 수필을 얘기하면서 그 즐거움을 나누는 것, 좋은 수필을 쓸 수 있도록 서로 도와주는 것, 때로는 비판하고 때로는 격려해 주는 것, 요컨대 이저(Iser)가 말하는 문학의 행위를 풍요롭게 하는 것이 중요하다. 좋은 수필을 읽고 쓰면서 아끼는 보석을 꺼내보는 것과 같이 우리들의 소박한 즐거움을 함께 누리자는 뜻이다.

평생교육원 혹은 사회교육원이라는 이름으로 한국에서는 1970년대 중반부터 문을 열었다. 1970년 초 산업사회에 들어서면서 공장 노동자나 예비 노동자들에게 기술을 가르치는 직업훈련원이나 사설학원 등의 사회교육 프로그램이 설강되면서 시작되었다. 그즈음 하여 진학하지 못하는 청소년들에게 학력 보충의 기회를 제공하거나 건전한 시민으로서의 기본적 자질을 함양시키는 야학, 산업체부설학교, 방송통신고등학교, 방송대학 등 각종 평생교육시설들이 잇따라 생겼다.

대학의 평생교육원은 1980년대에 와서 몇몇 대학에서 소규모로 운영되다가 이제는 설치되어 있지 않은 대학이 거의 없을 정도다. 미국에서는 '지속교육(continuing education)'이라는 이름으로 대학마다 우리보다 훨씬 앞서 설치되어 있었다. 물론 입학자격이 있을 리 없고, 학점을 줄 리 없다. 내가 1976년 도미하여 워싱턴대학에 있을 때, 이런 교육 형태가 있는 것을 처음 알았다. 강사들은 대학원 학생이거나 그 방면에 전문지식이 있는 사람들이었다. 외국인 학생 가족을 위하여 어학 프로그램을 개설하고 있었고, 쉬운 경제학, 심리학, 사회학, 스포츠 댄스, 사교댄스, 무술 등 대학에 설강되어 있지 않은 여러 종류의 과목이 설강되어 있었다. 강사의 자격도 천차만별이었다. 한국에서 그런 형식의 교육기관이 설치되어 있었는지 없었는지 눈여겨보지 않아서 잘 몰랐다.

평생교육원은 사회변화에 따른 새로운 교육적 요구를 기존의 교육체제가 충족시키지 못한 데서 비롯되었다. 산업화의 여파로 교육의 요구가 다양해진 점, 과학기술의 빠른 발전과 그에 따른 직업세계의 변화, 교육적으로 불리한 여건에 있는 사람들의 교육적 욕구를 충족시켜야 한다는 점 등이 평생교육원이 생기게 된 배경으로 생각된다. 1965년 12월 유네스코의 성인교육 발전을 위한 국제위원회(International Committee for the Advancement of Adult Education)는 랭그랑의 지속교육에 관한 연구 논문을 검토한 끝에 "출생에서부터 죽음에 이르기까지 인간의 일생을 통하여 행하는 교육 과정의 원리로서 평생교육이라는 구상을 승인해야 한다."라는 건의를 받아들였다. 그 후 그 실천 계획이 유네스코 사무국에 제출되어 1970년대의 유네스코의 기본교육 사업으로 채택 되었고, 그 해를 '국제교육의 해'로 정했다.

1970년대까지만 해도 한국은 공급자 중심의 교육이었다. 세계적 추세에 따라 점차 수용자 중심으로 바뀌어 갔다. 십여 년 전에 설강되었던 대학의 강좌와 지금과를 비교해 보면 한눈에 드러난다. 대학을 상아탑象牙塔이라고 흔히 말해 왔다. 대학을 처음 시작한 서구의 교육 전통을 따라서 좋은 뜻으로 그렇게 불렀다. 해방 후 미국 문화가 물밀듯이 밀려오자 미국의 실용주의가 한국의 교육이념에도 큰 영향을 끼쳤다. 공급자 중심에서 수용자 중심으로 교육 목표가 바뀌게 된 것도 그 하나의 예다. 지금은 세계적 추세라고 생각된다. 한때는 시류에 물들지 않은 학자를 존경했으며, 대학은 고고한 학문의 전당이라는 이미지가 강했다. 학자나 학생이 일반사회의 영향을 지나치게 받으면 타락한다는 생각이 그 저변에 깔려 있었던 것이다. 그러나 지금은 대학인지 사설학원인지 거의 분간이 가지 않을 정도로 대학의 강좌가 취직과 연관되어 있다.

대학의 교육이 직업과 너무 밀착되어 있는 것도 문제다. 건전한 사회로 나아갈 수 있는 방향타 구실을 해야 하는 것이 대학의 사명이라고 생각하기 때문이다. 그렇지 못할 경우 대학의 존립 이유를 잃게 된다. 이전과는 달리 교수들이 매스컴에 나와서 그의 소견을 말하는 경우를 많이 본다. 따라서 매스컴에 많이 등장하는 교수가 각광을 받고 유명해진다. 반드시 나쁘다고

만 할 수 없을지 모르지만 그 역작용도 만만치 않다. 당장의 실용성이 보이지 않는 순수학문은 점차 사라질 운명에 처해지기 때문이다. 그 뿐만 아니라 사회의 저속한 습속을 대학에 옮겨와서 대학의 아카데미즘을 타락시키는 경우도 흔하기 때문이다.

미국에서는 대학에서 저명한 교수를 초빙하여 강연할 때 근처의 주민들이 많이 와서 청강하는 것을 보았다. 대학의 도서관은 주민들에게도 자유롭게 개방되어 있다. 증명서만 있으면 대출도 가능하다. 대학이 대학생들만의 대학이 아니라, 그 지역 주민들의 대학도 된다는 뜻이다. 우리네는 대학의 도서관을 그 지역 주민들이 이용할 수 없게 되어 있다. 자녀들을 원하는 대학에 입학시키는 일은 가히 필사적이지만 일단 입학하고 나면 대학의 하는 일에는 거의 관심을 끊고 있다. 입학식이나 졸업식을 제외하고는 주민들이 대학에 들어오는 일조차 드물다.

대학 부설 평생교육원이 개설되면서 지역주민과 대학과의 거리를 좁혀놓았다. 지금 평생교육원에 나가보면 20대에서 60대까지, 심지어 70대의 사람들도 교육을 받으러 등교하고 있는 모습을 본다. 참 보기가 좋다. 지금은 평생교육원이 전국의 대학에 유행처럼 설치되어 있어서 가끔은 그 취지가 의심스러울 때도 있다. 다들 하니까 우리 대학에서도 한다는 식이거나 그 지역 주민에게 봉사한다는 생각보다는 수지 타산을 먼저 생각하는 대학도 없지 않기 때문이다. 그렇든 저렇든 평생교육원은 우리 사회에 여러 가지 점에서 공헌을 하고 있는 것은 분명하다.

나는 대학에서 정년퇴임을 하고 난 뒤에 평생교육원과 더불어 새로운 삶을 시작하고 있는 셈이다. 대학에 있을 때 '수필' 과목의 필요성을 절실히 느끼고 있었지만 한 번도 가르칠 기회가 없었다. 평생교육원에 와서는 수필이 내 전공이 되었다. 수필집을 네댓 권 출간했지만 나는 정식으로 문단에 수필 장르로 등단하지도 않았다. 마침 어느 문학 단체에서 최근에 출간한 내 수필집에 대하여 상을 준다고 하니 아주 반갑다. 면허증도 없이 운전하다가 면허증을 겨우 취득한 것 같은 생각이 든다. 나는 평생교육원에서 수필을 가르치면서 많은 것을 배운다. 수강생들의 글을 수정해 주면서 겅중겅중 읽던 버릇을 꼼꼼하게 읽는 버릇으로 바꾸게 되었고, 그들의 다양한 삶을 접하면서 인생을 배우고 있다. 나는 그들의 선생이 아니라, 동행자라고 늘 말하고 있다. 수필을 같이 읽는 즐거운 동행자. 나는 그동안 바른 선택을 못해서 항상 손해를 보았다고 말하곤 했는데, 이번의 선택만은 아무리 생각해도 내 인생에서 정말 잘한 선택이라는 생각이 든다.

(2008. 3.)

6. 세대갈등

노무현 대통령의 말
법 앞에 만인은 평등한가
세대갈등
유머와 정치
정치인과 도둑놈
좌파냐 우파냐

노무현 대통령의 말

청문회의 스타 노무현 씨가 대통령이 되리라고는 아무도 예상하지 못했다. 그가 자조하듯 뇌까린 상고 출신의 일개 무명의 변호사가(그러나 그 말 속에는 당당한 자존심이 도사리고 있다.) 어찌 장차 대통령이 되리라고 상상이나 할 수 있었을까. 현란한 언변과 과감한 행동으로 국회의원이 되었고, 때마침 군사정권이 붕괴하여 한국에서 내로라하는 사람들이 국회의 청문회에 불려와 야단을 맞을 때 그의 언변은 과연 빛을 발했다. 모두들 음성을 높여 질타했지만 그는 낮고 부드러운 음성으로 증인들의 어리석음을 자인하도록 만들었고, 때로는 준열하게 꾸짖기도 해서 온 국민들의 박수갈채를 한 몸에 받았다. 당시 텔레비전을 시청하던 모든 사람들이 청문회의 스타는 단연 노무현이라라고 지칭했다. 바로 그 무렵부터 이 젊은 정치인은 대통령의 길을 닦기 시작한 것이다.

십수 년이 지난 뒤에 찬란한 경력을 지닌 상대의 후보를 누르고 과연 그는 당당하게 대통령으로 당선되었다. 그가 대통령이 된 데는 여러 가지 요인이 있었겠지만 그 중에서 제일로 꼽는다면 그의 현란한 언변이다. 대통령 취임 후 가진 검사들과의 토론에서도 그의 언변은 단연 돋보였다. 그를 상대해서 수십 명의 검사들이 말의 잽을 던졌지만 그는 끄떡도 않고 들어오는 펀치를 교묘하게 피해서 상대에게 일격을 가했던 것이다. 물론 대통령이라는 유리한 고지를 점하고 있는 것이 아무리 말 잘하는 검사라고 해도 주눅 들게 했으리라. 그 점을 충분히 감안해도 노무현 대통령은 대검사들과의 대결에서는 판정승이라는 느낌을 떨칠 수 없었다. 말싸움에 있어서만은 누구와 상대해도 자신이 있다고 생각하고 있는 듯하다. 대통령이 되자마자 검사들과 토론회를 가진 것부터가 그의 내심을 드러낸 것이다. 그와 토론의 상대가 된 검사의 집단 또한 어떤 사람들인가. 일류대학을 나와 사법고시를 당당히 합격한 세칭 수재들이 대부분 아닌가. 그런데도 그를 당해 내지 못했다는 것은 아무래도 노무현의 탁월한 언변 실력을 당할 수 없었던 것이다. 그날 검사 한 사람이 그를 '토론의 달인'이라고 말했는데, 그것은 미처 겨루어 보기 전에 그들 스스로 한 수 아래임을 드러내는 것과 같다고 할 수 있다. 알다시피 대통령 취임 초에는 그에 대한 국민들의 지지도도 매우 높았다. 그런데 4년이 지난 지금 형편은 어떠한가? 한 마디로 참담하다. 그 이유야 참 많겠지만 그 중에 큰 몫을 차지하고 있는 것은 그가 뱉어내는 말 때문이라는 것은 참으로 아이러니라 하지 않을 수 없다.

그가 입만 열었다 하면 국민들은 끝까지 듣지도 않고 입을 씰룩거린다. 그를 아끼는 사람도 또 무슨 말이 튀어나올지 조마조마한 심정이라고 한다. 국내적으로도 그렇고 국제적으로도 그렇다. 대통령으로서 해야 할 말과 하지 말아야 할 말이 시도 때도 없이 그의 입에서 튀어나오기 때문이다. 사석에서 했더라면 한바탕 웃음으로 선사할 수 있는 말들이다. 그러나 그 말이 대통령의 입에서 나오니까 듣기가 민망하다. 텔레비전에 나와, "기자실에서 몇몇 기자들이 딱 죽치고 앉아 보도 자료를 가공하고 담합하고……."라고 한 말, 사석에서는 흔히 할 수 있는 말이다. 또 "젊은이들이 군대에서 썩지 말고 집에 돌아가서 장가도 가고 애도 낳아야 될 것 아닌가." 라든지, "대통령직 못해 먹겠다." 라든지 하는 말도 사석에서는 듣고 한바탕 웃고 말 일이다. 오늘 신문(2007. 2. 8 중앙일보)을 보니, 안동에 내려가서, "대통령은 누가 만드느냐, 장관이 만든다. 장관은 어디에서 사느냐, 서울에서 일류대학을 나온 사람들 아니냐. 서울에 앉아서 아침, 점심, 저녁 먹고 오페라도 서울에서 보는 사람들이 지방에 관해 무엇을 알겠느냐."라고 했다는 것이다. 그러면 장관은 지방에 거주해야 하고 일류대학을 나와서는 안 된다는 말인가. 이 말도 사석에서라면 한번 웃고 말 일이다. 하긴 일류대학을 나오지 못한 그의 콤플렉스가 느껴지기도 하지만. 그는 사석과 공석을 구별하지 못하고 말하는 버릇이 있나 보다. 그의 말이 신문이나 텔레비전을 통하여 전해지면 어떤 반향을 일으키게 될지 전혀 생각을 하지 않고 한 말이다.

이 세상에 같은 사람이 없듯이 발설된 말은 절대로 같은 뜻을 지닐 수 없다. 발설된 말을 만약 기록을 해 둔다면 틀림없이 같은 말이다. 그러나 기록되어 있는 말은 발설될 때의 상황을 지니고 있지 않다. 이런 말을 정태적인 말이라고 한다. 조르주 뿔레의 말처럼 종이 위에 잉크로 쓰인 글자에 지나지 않는다. 그 글을 누군가 읽기 시작할 때 그 글은 비로소 의미를 만들기 시작한다. 유명한 언어학자 야콥슨은 인간의 언어가 소통이 되려면 적어도 6가지 요소가 필수적이라고 말하고 있다. 말하는 사람(Addresser), 그 말을 듣는 사람(Addressee), 그리고 메시지(Message), 그 말이 속해 있는 문맥

(Context), 말하는 자와 듣는 자의 접촉(Contact)이 있어야 하고 양자가 이해할 수 있는 코드(Code)가 있어야 한다는 것이다. 이것이 유명한 야콥슨의 소통 모델이다. 이 중의 어느 하나가 바뀌어도 뜻이 달라지거나 소통이 불가능해진다. 상식으로도 대개 이해되는 것이지만 흔히 간과하기 쉬운 요소 중의 하나가 문맥이다. 언어가 수행되고 있는 문맥이 달라지면 같은 말이라도 전혀 다른 뜻으로 받아들여질 수 있다는 말이다. 언어학자들은 한 문장을 주어지는 상황(문맥)에 따라 수십 가지 다른 뜻을 나타낼 수 있다는 예를 보여주고 있다. 그러나 글은 대체로 문맥이 주어져 있는 편이라서 말보다는 해석의 여지가 적다. 말은 같은 상황에서 이루어지는 경우가 거의 불가능하다. 그래서 예부터 뱉은 말과 쏟아진 물은 주워 담을 수가 없다고 했던가. 같은 뜻의 말은 재현될 수 없는 것이다.

대체로 정치인의 말이나 사회 유명 인사의 말은 매스컴을 타고 우리에게 전달된다. 그것도 매스컴의 편십자들이 그가 한 말의 전부를 진해주는 것이 아니라, 자기의 생각대로 편집을 해서 우리에게 전달하는 것이다. 노무현 대통령이 한국에서 유력한 신문으로 지칭하는 조 · 중 · 동의 신문에 분노를 터뜨리고, 그 매체들을 매도하는 이유도 바로 그 때문이다. 그가 전달하고자 하는 의도를 늘 왜곡해서 보도한다는 것이다. 오죽하면 일국의 대통령인 자기보다 언론 권력이 더 세다고 했을까. 잘못된 이들 신문들의 고약한 버릇을 고쳐주는 것이 그의 남은 인생의 목표인 것처럼 말하지 않았던가. 그러나 그 신문들만을 탓할 것이 아니다. 그 고약한 신문들에는 독자가 많다. 그 독자들 모두가 고약한 신문의 경영자나 기자, 논설위원, 편집국장들의 왜곡된 꼬임에 빠져서 구독하고 있다는 생각은 하지 말았으면 좋겠다.

일상의 말은 대개 그 말이 행해지는 그 상황만으로 끝난다. 물론 그 말이 과격하거나 상대를 음해하는 말일 경우에는 그 파장이 오래간다. 그로 인해 인간관계도 소원해지고 심지어는 고소 고발도 이루어진다. 중요한 말은 대개 그 상황의 효과를 그대로 간직하기 위하여 녹음을 하거나 문서로 작성해 둔다. 특히 부동산매매계약서나 모든 상행위계약서 같은 것은 문자로 기록해 두는 것이 반드시 필요하다. 그러나 일상생활에서는 기록해 둘 수 없는 말들이 수없이 많다. 정치인들의 말 역시 그런데 이들은 유명 인사들의 말이기 때문에 매스컴들이 주워 담게 되고 그것이 보도되면 보통 사람들의 말처럼 그냥 지나치지 못할 때가 숱하게 많다. 그때의 상황에서는 적절한 말이었지만 나중에 매스컴으로 보도되고 난 뒤의 의미는 전혀 다른 것으로 나타날 수가 있는 것이다. 현장에서는 재미있는 유머와 위트가 매스컴으로 보도되고 난 뒤에 보면 아주 저속하고 품위 없는 말이 되는 경우도 있다.

흔히 말과 글을 같은 것으로 본다. 말을 눈으로 볼 수 있는 글자로 바꾸어 놓은 것이 글이라고 생각하기 때문이다. 그래서 언어라고 하지 않는가. 그러나 말과 글 사이에는 커다란 차이가 있다. 단순히 전달하는 매체 때문만이 아니다. 우리는 말로 할 때보다 글로 쓸 때 여유를 가지고 더 많이 생각한다. 따라서 글은 말보다 앞뒤가 맞고 조리가 더 정연하다. 그러나 말의 효과와 글의 효과가 전혀 다르게 나타날 때가 많다. 우선 말로 해야 할 때 글을 써와서 아무리 말하듯이 읽어도 전달되는 분위기는 전혀 다르다. 필요 없는 말이 많고, 더듬거리고, 중복되는 말이 많고, 전후가 맞지 않은 말을 하더라도 현장에서는 생동하는 분위기를 자아낸다. 그와 반대로 유머가 있고, 위트가 있는 말이라도 청중 앞에서 읽고 있으면 그 말은 효과가 반감한다. 그렇지만 두고두고 음미해야 하고 비판이 따르는 말이나, 연설인 경우에는 글로 써서 차근차근 읽어 주는 것이 훗날을 위해서 백번 좋다.

말이나 글의 경우 우리는 스타일이 중요하다고 말한다. 흔히 스타일이라고 말하지만 어떤 경우에서 지칭하는 것이 애매할 때가 많다. 스타일은 시간과 공간에 의해서 달라질 수 있다. 가령 정철이 살고 있던 시대의 사람들이 쓰는 스타일과 오늘날의 사람들이 쓰는 스타일이 다를 수 있다. 외국 사람이 쓰는 스타일과 한국 사람이 쓰는 스타일이 다르다. 좀 더 좁혀 말한다면 한국이라도 지역에 따라 조금씩 다르게 말하는 방법이 이에 해당한다. 둘째, 청자에 따라 다르게 사용한다면 그것도 스타일의 문제다. 동료에게 하는 말, 어른에게 하는 말, 아이에게 하는 말이 각기 다르다면 그것도 스타일의 차이라고 할 수 있다. 셋째, 상황에 따라 다른 어법을 쓴다면 그것도 스타일의 문제다. 상가에 가서 위로의 말을 할 때와 시위를 선동하는 어법이 다를 것이다. 네 번째는 개성에 따른 말의 스타일이다. 개성에 따른 스타일은 앞의 세 어법을 잘 익히고 난 뒤에야 빛을 발한다. 물론 되는 대로 듣기 싫은 말을 제멋대로 하면서 그것이 자기 스타일이라고 말할 수도 있을 것이다. 그러나 그것은 스타일이라고 말하지 않는다. 좋은 스타일을 지닐 때만이 스타일이라고 하는 것이다. 어쨌든 말에 있어서나 글에 있어나 자기의 스타일을 가지는 것이 매우 중요하다.

처음에도 말했지만 노무현 대통령은 대단한 언변가다. 그의 말은 솔직담백하면서도 상대의 의표를 찌르는 놀라운 힘도 갖고 있다. 내가 그의 글을 보지 못하여 무어라 말하기는 어렵지만 말을 함에 있어서는 그는 특이한 스타일을 지니고 있다. 그것을 우리는 높이 사도 좋을 것이다. 그러나 그는 대통령이라는 막중한 공직에 있다는 사실을 깜빡 잊고 말할 때가 있지 않나

하는 생각을 한다. 그의 말은 그가 말하고 있는 상황에서만 적용되지 않는다는 사실을 깨달아야 할 것이다. 아무리 위트 있고 유머러스한 말이라고 하더라도 매스컴에서 그 말이 다시 울려 펴져 나올 때 그의 의도와는 사뭇 다른 뜻이 되어 나타난다는 사실을 알아야 한다. 하고 싶은 말이 있어서 입이 근질거리더라도 참모나 장관이 하도록 해야 할 것이다. 온 국민이 그 말을 꼭 해 주었으면 하고 간절히 소망하고 있을 때 대통령은 마지못한 듯이 느릿느릿하게 말해야 한다. 그는 상황의 문체를 좀 공부했으면 싶다.

우리 대통령의 말이 자주 국민의 조롱거리가 되고 있는 것이 안타까워 이런 고언을 드리고 싶다.

(2005. 10.)

법 앞에 만인은 평등한가

법 앞에서는 만인이 평등하다고 흔히 말한다. 적어도 민주정치를 지향하는 한에 있어서는 이의를 달 수 없는 대의처럼 보인나. 그러나 실제 싱황에시는 잘 지켜지지 않는 예가 너무나 많다. 돈으로, 권력으로, 혹은 속임수로 그 평등이 차별로 바뀌는 수가 흔하기 때문이다. 하기야 법을 지키는 것도 사람이고, 법을 집행하는 것도 사람이니 언제나 정당한 판단 아래 해석될 수도 없고, 집행될 수도 없을지 모른다. 게다가 법 같은 것은 아예 무시하고 군중의 힘으로 밀어붙이는 일이 비일비재하면 법의 존재가 아주 초라하게 되어 버린다.

최근의 예만 해도 그렇다. 노무현 전 대통령이 비리에 얽혀 피의자 신분이 되면서 곤경에 빠지자 봉하마을 뒷산에서 투신자살했다. 이 엄연한 사실에도 불구하고 그가 죽고 난 뒤의 상황은 전혀 다르게 전개되고 있다. 그의 죄과를 거론하는 것조차 불경스럽게 되었다. 전례 없이 성대한 국민장이 치러지고 있을 뿐 아니라 애도의 행렬이 끝도 없이 이어지고 있다. 국민장이 발표되고 그 장례위원만 해도 정·재계, 학계를 망라한 저명한 인사 수천 명으로 구성되어 있다. 그뿐 아니다. 전국 곳곳에 빈소가 설치되어 수백만의 조문객이 몰려들고 있다. 봉하 마을 사저에는 천리를 멀다 하지 않고 찾아온 조문객으로 넘쳐서 몇 시간을 기다려야 겨우 조문을 할 수 있다고 보도하고 있다. 전직 대통령이 자살했다는 바로 그 사실 때문에 하루아침에 상황이 바뀌어버린 것이다. 일국의 대통령을 지난 사람의 죽음이니 그만한 대접을 받아 마땅하지 않느냐고 말할지 모른다. 내가 이런 말을 꺼내는 것조차 참람僭濫한 짓이라고 분개할 사람이 있을 성도 싶다.

그와 함께 일했던 청와대 비서관이나 그를 도왔던 기업인들이 여러 가지 비리로 구속되었다가 장례식에 참석해야 한다는 명분으로 전부 가석방되었다. 법으로 그런 행위가 허용되는지 어쩌는지는 나는 잘 모르다. 하지만 전례가 없었던 사실이라 그저 놀랄 뿐이다. 그래, 일국의 대통령을 지냈던 분과 일반 서민이 같단 말이야 하고 내게 퉁바리를 줄 사람도 있겠지만 법 앞에는 만인이 평등하다는 그 정신과는 어째 좀 어긋난다는 생각이 든다. 게다가 자살했다는 그 충격 때문인지, 국민 전체의 안녕이 문제되는 북한의 핵 문제가 터졌는데도 아예 뒷전으로 밀려나고 있다. 대통령의 장례 행사 보도로 연 일 매스컴은 난리가 났다. 노사모나 그의 정신을 추종하는 사람들이야 그것도 모자란다고 생각할지 모른다. 하지만 정부 측에서도 그들의 격앙된 감정이 무서워 지나치게 호들갑을 떨고 있는 것이 아닌가 하는 느낌도 든다.

광우병 소동이 났을 때를 기억한다. 나는 촛불 집회가 처음 시작되었을 때 정부가 국민의 건강을 너무나 소홀하게 다루고 있다는 것에 대한 경고의 시위라고 생각했다. 그러나 그 촛불 집회가 연일 계속되면서 점점 과격해져서 마침내 정권 타도의 구호까지 등장하고 청와대로 진격해 가면서 막아서는 경찰들에게 몽둥이로 대항하는 시위군이 점점 불어나는 것을 보았을 때 아하, 그게 아니로구나 하는 생각이 들었다. 시내 요소요소에서 "타도 이명박"이라고 쓴 플래카드가 나부끼고, 성난 구호를 외쳐대고 있는 것을 보았을 때 다만 그들의 뜻을 알리려는 태도는 아니었다. 그렇게 해서 4·19 혁명같이 정권을 뒤엎을 수 있다고 생각하는 것 같기도 했다. 국회의원들까지 데모 현장에 가세하고 있는 것을 보니 의회민주주의보다 직접민주주의가 더 옳다고 믿는 것이 아닌가 하는 생각마저 들었다. 민주정치의 선진국이라고 말하는 나라에서도 이런 일이 자주 벌어지고 있는지 알고 싶다.

인민재판을 나는 내 눈으로 보지는 못했다. 그러나 6·25 당시 북조선군이 점령한 지구에서 실제로 인민재판이 자행되었다는 글은 많이 보았다. 죄인이라고 지목되는 사람을 끌어다 놓고 거기에 모인 사람의 의견을 물어 처벌하는 재판을 말한다. 그것이 제도로 확정된 것인지 어쩐지는 모르지만 지금도 북한에서는 자주 이런 재판을 한다는 탈북자의 증언이 있는 것을 보면 아주 거짓말은 아닌 모양이다. 6·25 때 팔봉 김기진 씨가 서울에서 인민재판을 받았던 경험을 그로부터 직접 들은 적이 있다. 새끼줄에 묶여 3일간이나 의식불명 상태로 끌려 다녔다는 것이다. 전시하에서의 일이니 그런 일도 흔하게 일어날 수 있겠다는 생각이 들지만 법치국가에서 평시에 이런 일이 스스럼없이 저질러진다면 그 나라는 법이 없는 것이나 마찬가지다. 데모로 정권을 바꾸겠다고 생각하는 사람은 인민재판을 정당하다고 생각하는 사람과 다를 바 없다.

소크라테스는 일찍이 "민주정치는 우중愚衆 정치"라고 매도한 바 있다. 스스로 현인이라고 생각하고 국민 다수를 우습게 여기는 것도 큰 문제이지만 많은 국민이 사기성이 있는 선동가에 속아서 나라의 앞날을 그르칠 수 있다는 것은 새겨두어야 할 말이다. 가끔 정치가로 자처하는 사람 중에는 정치가가 아니라 정치꾼이 있다. 이 정치꾼은 선량한 사람들을 속여서 대표로 선발되어 일을 제 마음대로 꾸며서 만든다. 몇 년 전까지만 해도 학생회 대표들이 그렇게 해서 선출되었던 예가 많다. 아주 소수가 조직적으로 움직이면 다수는 얼떨결에 당한다.

대다수의 국민들은 조용히 자기 생업에 종사하면서 정치에 별로 관심도 갖지 않고 살아간다. 화목한 가정을 이루어 이웃과 오순도순 살고 싶어 한다. 사람 중에는 스스로 모임이나 조직의 대표가 되어 자기의 뜻대로 이끌고 나가면서 조직의 우두머리가 되고 싶어 하는 사람이 있다. 그것도 각기 개인이 지니고 있는 성향 중의 하나라고 생각된다. 그런 성향을 가진 사람이 국회의원이 되고, 시도의원이 되고, 무슨 모임의 장이 된다. 물론 봉사의 정신이 강하여 그런 직책을 스스로 맡아하는 사람도 있다. 또 여러 사람의 권익을 보호하기 위하여 어쩔 수 없이 그런 자리를 맡는 사람도 있다. 그러나 스스로 정치가가 되고 싶어 하는 사람들은 성향부터 그러한 사람이다. 이런 사람일수록 수단과 방법을 가리지 않고 전체의 이익은 제쳐 놓고 자기 이익을 우선시한다. 그래서 한국에서는 정치가를 불신하는 것이 일반적인 경향으로 되어 있다. 사기꾼이거나 도둑놈이라고 싸잡아 욕하는 사람들을 흔하게 볼 수 있다.

사기꾼이건 도둑놈이건 정치하겠다는 사람이 없다고 가정한다면 그것도 여간 큰 일이 아니다. 누군가가 있어 반드시 정치를 해야만 우리가 살 수 있다. 여기에 정치의 모순이 도사리고 있는 것이다. 그러니까 옳고 바른 정치가들이 많이 있으면 나라가 편하고 사기꾼 같은 정치가가 많으면 나라가 어지럽다. 어찌 되었든 그 정치가들의 손에 의해서 우리들의 안녕과 행복을 맡기고 있으니 말이다. 정치하고는 아예 담 쌓고 오불관언吾不關焉으로 남의 일 보듯 하는 사람도 결코 나라에 유익한 존재는 아니다.

노무현 전 대통령이 자살로 그의 생을 끝냈다는 것은 그를 위해서나 나라를 위해서나 참으로 불행한 일이다. 국정의 최고 책임자로서 어쨌든 나름대로 진력한 것만은 사실 아닌가. 일을 하다 보면 좋은 일도 있고 나쁜 일도 있다. 그 결과를 놓고 왈가왈부할 것은 당연한 일이다. 오죽했으면 자살을 선택했을까 하는 생각도 들지만 그것이 바른 선택이라고는 생각되지 않는다. 이왕 이승을 떴으니 예의를 갖추어 그의 죽음을 애도하는 것은 국민 된 도리라고 생각된다. 설사 그 국민장이 지나치다고 해도 전국적으로 달아오르고 있는 애도의 열기를 보면 입이 있어도 말을 할 수가 없다. 잘못 입을 열었다가는 몰매를 맞을지도 모르기 때문이다.

법은 다수결의 원칙에서 비롯된다. 왕조시대나 독재시대는 이 다수결이 왜곡될 때가 종종 있었다. 최고 권력자의 비위를 거스를 수 없어 그렇게 되었던 것 같다. 각 개인의 의견이 다르듯이 각 정당, 단체의 의견도 다를 수밖에 없다. 그 다른 의견을 하나로 통일하는 일은 거의 불가능하다. 차선의 방법으로 다수가 찬성하는 쪽을 선택할 수밖에 없다. 소크라테스는 이 원칙을 비웃었겠지만 민주정치는 다수결의 원칙과 담을 쌓고는 아무 일도 할 수 없다. 한국 국회에서 밤낮 없이 싸움이 벌어지고 있는 것은 이 다수결의 원칙이 틀렸다는 것이다. 걸핏하면 몸싸움으로 의사가 중단되고 집기가 난무하는 것은 여야 간에 타협이 되지 않기 때문이다. 여야 어느 쪽의 잘잘못을 따지기 전에 한국 국회는 싸움만 하는 국회로, 아직도 민주주의를 하기에는 이른 나라로 알려질 가능성이 크다. 시비의 곡절은 어떻든 간에 국민들은 그런 국회를 눈살을 찌푸리고 바라보고 있다. 조만간 고쳐질 기미는 보이지 아니한다. 하기야 다수결에서 패배하기 마련인 소수 정당은 나름대로 할 말이 많을 것이다. 누군가 말한 바 있는 '다수의 횡포'라고. 그러나 그에 대한 무슨 대안이 있느냐고 묻고 싶다. 법을 제쳐두고 악만 쓴다고 그 주장이 반드시 옳다고 할 수 있을까.

법 앞에는 만인이 평등하다는 대의는 아무리 강조해도 지나치지 않다. 그러나 앞서도 말했지만 그 대의를 지키는 일은 쉬운 일이 아니다. 적어도 현재의 상태로는. 민주정치를 지향하는 한 그것은 우리 모두의 이상이며 목표라고 할 수 있다. 사실 그 이상을 실현하기에는 너무나 어려운 조건들이 많다. 흔히 유전有錢 무죄無罪, 무전無錢 유죄有罪라는 말로 서민들 스스로 자조自嘲하고 있지만 끼리끼리 감싸고도는 것도 법의 원칙과는 거리가 멀다. 그러나 민주정치는 우리가 도달해야 할 목표라면 그 조건들이 아무리 어렵다고 하더라도 험로를 뚫고 가야 한다는 사실에는 변함이 없다.

노무현 전 대통령의 죽음을 두고 매스컴에서 연일 보도하는 그 애도의 물결과는 달리 사석에서는 전혀 다른 의견을 가진 사람들을 많이 만난다. 어느 유명한 정치 평론가는 그게 어디 자살이지 무슨 서거逝去냐고 말하기도 했다지만, 돌아가신 분에 대하여 야박하게 말하는 것은 한국인의 정서와는 거리가 멀다. 서거와 자살 사이에 무슨 큰 차이가 있는지 잘 모르지만 명예로운 죽음과 그렇지 못한 죽음과의 차이로 보는 듯하다. 요즈음 들어 젊은이들의 자살이 부쩍 늘고 있다. 자살 사이트도 생겨나 동반 자살을 기도하는 젊은이들도 많다. 자살이 데모를 부추기는 예도 얼마든지 있다. 군사정권 시대도 그랬지만 최근에 일어난 화물연대의 과격한 데모도 그 한 예에 속한다.

하기야 우리들의 삶에서 죽음보다 더 큰 사건이 있을 수 있을까. 죄를 지은 사람도 그가 죽고 난 뒤에는 야박한 말을 하지 않는다는 불문율이 우리 사회를 지배하고 있다. 하물며 대통령을 지냈던 사람이 스스로 목숨을 끊었다는 사실에 대하여 우리는 무슨 나쁜 말을 할 수 있을까. 성대한 국민장을 준비하고 있는 것에 대하여 사석에서 불만을 토로하는 사람들을 더러 만난다. 죄를 지었으면 솔직히 고백하고 당당하게 "나 형무소 가겠소." 하는 것이

사내대장부가 할 짓이지, 기껏 자살을 택해서 세인의 동정을 사겠다는 태도가 어째서 떳떳하냐고. 분노하는 사람도 있다. 그러나 그 많은 조문행렬을 보고 누가 감히 그런 말을 공공연하게 할 수 있을까.

법 앞에는 만인이 평등하다는 말, 참 듣기 좋은 말이다. 민주정치의 근본이 아닌가. 하지만 때때로, 아니 자주, 우리 사회에서는 그 말이 무색해지는 경우가 있다. 힘없는 서민에게는 희망을 주는 말로, 권력과 재력을 가진 사람은 정당성을 인정받는 수단으로, 시위를 주업으로 하는 사람은 목표를 성취할 때의 슬로건으로. 그럼에도 불구하고 그 말은 결코 폐기처분할 말은 아닌 것 같다. 왜냐하면 우리가 지향하는 민주정치의 이상이 축약되어 있기 때문이다. 비록 성취하기 어려운 목표인 것을 알고 있지만.

(2009. 5. 31.)

세대갈등

'세대갈등'이라는 말은 개화 이후 계속 쓰여 왔던 말이다. 지난해의 대통령 선거 이후 그 말을 부쩍 많이 사용하고 있다. 대통령을 뽑는 기준이 젊은 세대와 나이 든 세대 간에 많은 차이를 보였기 때문이다. 갈등이라는 말의 부정적 어감에도 불구하고 긍정적인 면과 부정적인 면을 동시에 갖고 있다. 세대 간의 갈등적 요소가 없다면 정체된 사회임에 틀림없다. 그러나 갈등이 심하면 그 사회는 안정을 잃고 혼란을 겪게 된다. 새로운 세대는 끝없는 시행착오를 거듭하면서 실제의 수확은 아주 빈약하다. 나이 많은 사람의 축적된 지혜와 경험을 부정하고 검증되지 못한 개혁에만 의존하게 되면 그 부작용이 더 커질 수 있다.

대선 결과를 '세대갈등'과 연결시켜 그 파장을 증폭시키려는 신문들이 있다고 불평한 칼럼니스트가 있었다. 대기업의 대규모 인사이동을 분석하면서 "40대 임원의 전성시대"라고 보도한 것이 바로 그것이라는 것이다. 40대 임원의 전성시대라는 말은 우선 듣기에 좋지만, 사실은 그 이면에 큰 함정이 도사리고 있다는 말이다. 인건비 절감, 강압적 인사 적체 해소, 재벌 2세의 초고속 승진과 그에 따른 전반적인 경영체재 전환 등과 관계가 있다고 했다. 그 필자는 세대 갈등을 주로 재벌의 횡포에 초점을 맞추고 그것을 부추기는 것이 신문이라고 했지만, 정작 우리 사회는 세대 갈등이 상당히 뿌리 깊이 만연되어 있어서 걸핏하면 각 분야에서 폭발한다.

세대 갈등을 부추기는 진원지는 신문이 아니라, 나는 차라리 텔레비전이라고 생각한다. 뉴스를 제외하고는 대부분 십대와 이십대를 겨냥해서 편성되어 있기 때문이다. 출연진의 연령도 물론 젊지만 그들을 뜨게 만드는 것은 십대나 이십대들이기 때문에 프로도 그들의 구미에 맞게 편성되어 있다. 게다가 일단 인기 있는 연예인이 되고 나면 공중파 방송이건 유선 방송이건 가리지 않고 그들의 노닥거림이 텔레비전을 점령하고 있다. 어느 채널을 틀어 봐도 그 얼굴이 그 얼굴이다. 골든 아워에는 전부 이들이 판을 치고 있어서 방송에 출연시킬 사람이 저리도 없나 하는 생각이 든다. 나는 독일에서 몇 달 머문 적이 있지만, 한국처럼 젊은이 일색으로 텔레비전의 프로그램이 편성되어 있지는 않았다.

나이가 들수록 대체로 기계 종류에 접근하기를 싫어한다. 물론 예외에 속한 사람도 더러 있다. 내가 퇴직하기 전에 주위를 둘러보면 내 나이 어름의 교수들은 대체로 컴퓨터를 쓰는 사람과 쓰지 않는 사람이 반반이다. 내가 아는 친구는 학회 회장을 맡고 있었지만, 컴퓨터를 쓸 줄 몰라 조교가 학회에 관해 무엇을 저장해두었는지 알지를 못했다. 내가 열어서 그 속을 읽었더니 매우 신기한 듯이 나를 바라보았다. 새롭게 발전해온 신기술에 관해서는 나이 많은 세대가 젊은 세대를 당할 도리가 없다. 그러나 그 신기술에 의한 것만이 학문이고 또 가치 있는 것이라고 생각한다면 오산이다. 인류가 오랫동안 경험하고, 생각하고, 통찰한 것이 귀중한 자산이 되듯이 나이 많은 사람의 경험과 슬기도 소중한 것이다.

젊은이들의 때 묻지 않는 순수, 그리고 뜨겁게 용솟음치는 정열이 귀중하다는 것을 나는 인정한다. 그러나 순수와 정열 때문에 사태를 그르치는 경우가 허다하다는 사실이다. 나는 신문에서 1982년 "미국 문화원 방화사건"으로 오랫동안 옥고를 치르고 나온 문부식 씨의 글을 읽었다. 그는 "친구여……. 반미를 외쳤던 나는 촛불을 들지 못하네." 라고 쓰고 있다. 광화문에서 수십 일 동안 밤만 되면 계속되고 있던 촛불 시위에 대해서 하는 말이었다. 미군 장갑차에 깔려 죽은 두 여중생을 애도하면서 미군의 만행을 규탄하는 시위였다. 그러나 그는 "친구여, 촛불과 깃발과 구호와 함성이 뒤엉킨 광화문에서 나는 시간이 흐를수록 '말해지지 않는 것들'에 대한 아쉬움과 함께 복잡한 심정이 되고 말았다."고 토로하고 있다. 혹자는 그를 변절자라고 말할지 모른다. 사회의 때가 묻어 순수한 감정을 지니지 못했다고 말할지 모른다. 아니면 나이가 들어 이제는 용기가 없어졌다고 말할지도 모른다. 그러나 그렇지가 않다. 적어도 내가 보기에는 절대로 그렇지 않다. 운동권에 가담하여 열렬히 투쟁하다가 나이가 점차 들어 전과 같이 열렬성을 보이지 못하면 변절자로 낙인을 찍는 경우를 흔히 본다. 앞뒤를 되돌아볼 겨를도 없이 달려가기만 하는 것을 단순히 젊은이의 순수로만 보아서 마냥 고무해 주어야 할까?

내가 대학을 갓 졸업하던 해 4·19 학생의거가 일어났다. 그것은 학생들의 뜨거운 정열이요, 순수의 발동이었다. 그 봉기야말로 우리 역사에서 참으로 큰일을 이룩해 놓았다. 그런데 그때 학생 선봉대의 일부는 3·8선으로 가자고 외쳤다. 북의 민족도 우리 민족인데 못 만날 이유가 없다는 것이다. 사상을 떠나서 민족과 민족이 만나자는 데 무엇이 잘못이냐고 했다. 그 배후에 어떤 세력이 있었는지 없었는지 나는 잘 모른다. 나도 그때는 그들과 동조하는 편이었다. 그러나 지금 생각하면 학생들의 그러한 행동이 얼마나 무모하고 어리석은 짓인지 북한 당국의 하는 짓을 보면 알만 하다.

일제 통치를 오랜 동안 겪은 한국인에게는 '민족'이란 말이 마치 감정을 격발시키는 방아쇠와 같다. 민족이라는 말만 들어도 분출하는 애국심을 잠재울 수가 없다. 우리가 최후까지 의지해야 할 어떤 성스러운 것인 것처럼 생각하는 것이다. '우리 민족'이라는 말을 영어로 어떻게 번역해야 하는지 나는 잘 모른다. 하지만 아무리 그럴싸하게 번역해도 우리가 민족이라고 부를 때의 그 감정을 다 실을 수 없다고 생각한다. '민족주의자'를 섣불리 직역해서 'racist' 쯤으로 들리게 한다면 참으로 고약한 느낌을 줄 수도 있다. 'racist'는 전 세계적으로 기피하는 혐오의 대상이 아닌가.

한국민족을 흔히 단일민족이라고 말한다. 같은 민족임에도 불구하고 한반도를 나누어서 남북의 정권이 대치하고 있다는 것을 우리 모두 가슴 아프게 생각하고 있다. "우리의 소원은 통일"이란 노래가 그처럼 가슴을 울리는 이유도 바로 그 때문이리라. 그러나 그 통일의 염원 때문에 그 속에서 살고 있는 우리의 삶이 간과될 때가 있다. 우리가 행복하게 살기 위하여 통일이 필요한 것이지, 통일을 위해 우리 국민이 희생되어서는 안 된다. 통일을 위해서 잠시의 희생은 감수할 수 있다. 그러나 본말이 전도되어서는 결코 용납될 수 없다. 공산주의의 낙원을 건설하기 위하여 수많은 국민이 강제노역에 처해지고 있다면 그 낙원이 건설된들 무슨 소용이 있겠는가? 통일된 한국을 건설하기 위하여 나라의 질서를 계속 어지럽히고 있다면 그런 행동은 우리 민중의 삶에 무슨 도움이 되겠는가. 요컨대 통일이라는 민족의 과업이 중요한 것이 아니라, 한반도 안에 살고 있는 우리네 삶이 더 중요한 것이다.

김대중 정부가 들어서면서부터 이북을 향하여 화해의 제스처를 많이 취하고 있다. 북한의 김정일 위원장을 만난다든지, 막대한 돈을 여러 루트를 통하여 이북 정권에 송금하는 것이 그 예다. 또 식량과 의약품을 민간 차원에서도 많이 지원하고 있다. 김대중 대통령이 한국인으로서는 감히 넘보기 어려웠던 노벨 평화상까지 수상한 것도 그 때문이 아니던가? 이북 정권을 대하는 태도 때문에 한국의 국론이 크게 분열되어 있다. 자기의 주장들이 옳다고 생각하고 있으니 어느 쪽이 옳은지 세월이 한참 지난 뒤에야 판가름이 날 것이다. 그러나 통일 과업의 달성이 아무리 우선시된다고 해도 우리네의 삶을 지나치게 희생하고 통일 과업을 추진한다는 것은 다시 한 번 생각해볼 일이다.

일제가 한국을 장기간 통치하는 동안 이른바 친일파가 많이 생겨날 수밖에 없었다. 그들 중에는 우리 민족에게 씻을 수 없는 죄과를 저지른 인사들도 많다. 하지만, 살기 위해서, 특히 가족들이 살기 위하여 부득이 일제에 협조한 사람도 있을 것이다. 일제가 우리 민족의 생사여탈권生死與奪權을 가지고 있는 상황에서 어느 정도 협조해야 하고, 어느 정도 협조하지 말아야 하는지의 구별은 쉽지 않았으리라고 생각된다. 그러나 일제하에서 국내에 살았고 일제의 강압으로 부득이 그 정책에 따르지 않으면 안 되었다는 사실만으로 친일파로 규정짓는 것은 도가 지나치다. 가령, 어떤 교육기관의 책임을 맡고 있었던 사람이라고 하자. 그 학교가 폐쇄되지 않기 위하여 일제에 협조하지 않을 수 없었던 경우도 있었을 것이다. 그 모든 사람들을 민족 반역자로, 혹은 친일파로 단죄한다면 그것은 너무나 편협한 소견이다.

국내외를 막론하고 일제와 투쟁한 독립투사들의 희생정신을 우리는 절대로 간과해서는 안 될 것이다. 그렇지만 기미독립선언서의 공약 3장에 있는 것처럼 한국인 전부가 "최후의 일각까지, 최후의 일인까지 투쟁할 것"을 실행할 수는 없다. 그것은 오로지 선언적 다짐이다. 한국인 전체가 실제로 그렇게 할 수가 없다. 또 그렇게 해서도 안 된다. 민족이 전멸되고 난 뒤에 투쟁의 정신만 있으면 무슨 소용이 있겠는가? 어떤 형태로든 한국인이라는 의식을 잃지 않고 산다는 것이 중요한 것이다.

젊은 좌파 지식인들 중에는 검증되지도 않은 자기 혼자만의 생각에 집착해서 극렬한 행동을 하는 수가 종종 있다. 일제통치 하에서 살아남은 자는 전부 일제에 협력한 동류로 간주해서 타도의 대상쯤으로 생각하는 사람이 있다. 나이 든 사람은 이미 구세대의 악에 물들어 있어서 차라리 숙청해 버리는 것이 새나라 건설에 도움이 된다는 생각을 하는지도 모른다. 캄보디아에서도 그렇게 해서 수백만의 국민을 무참하게 살해했던 것이다. 새로운 나라, 이념에 충실한 나라를 건설하기 위해서 말이다. 더구나 수뇌부에 있었던 소수의 지식인에 의해서 저질러졌다고 하니 그야말로 식자우환識字憂患이 아닌가.

노무현 정부가 들어서면서 '개혁'이란 말에 부쩍 힘을 실어서 쓰고 있다. 개혁적 인사가 아니면 정부의 실세가 아닌 듯이 보인다. 개화기 이래 여러 번의 개혁적 조치가 단행되었다. 일제는 일제 나름대로 우리 민족에게는 비수를 꼽는 개혁을 실시한 바 있지만, 해방 후에도 박정희 정권의 '유신', 전두환 정권의 '정의구현사회' 등이 있다. 긍정적인 효과가 전혀 없었다고는 말할 수 없지만, 정권 유지를 위한 방편 구실을 한 것도 사실이다. 고쳐서 좋은 것도 있고, 고쳐서 더 나빠진 경우도 있다. 무조건 고친다고 해서 좋은 것은 아니다.

젊다는 것은 '힘'과 '박력'을 의미한다. 어떤 일이든지 강력하게 추진할 수 있는 힘을 지니고 있다. 그러나 그 힘의 방향이 잘못 설정되어 있을 때 돌이킬 수 없는 재앙을 불러올 수 있다. 노무현 대통령 자신이 젊었으니까 그 밑에서 일하는 장관들도 자연 젊어질 수밖에 없겠지만, 개혁만이 살길이라는 듯이 무엇이든지 바꾸려고 들면 일을 그르칠 수 있을 것이다. 젊은 혈기와 개혁이라는 말은 대체로 공명하는 경우가 많은데, 나라의 정치가 행여 젊은 혈기에 이끌려 그릇된 곳으로 향할까 걱정스럽다.

나이 든 세대는 젊은 세대처럼 추진력이 없다. 항상 머뭇거리면서 이것저것 살피다 세월을 보낼지도 모른다. 그러나 그들은 그동안 무수한 시행착오를 통해 얻은 풍부한 경험이 있고, 그 경험을 통하여 얻은 지혜를 갖고 있다. 젊은 혈기가 늙은 지혜의 도움을 받을 때 바른 길을 갈 수 있다고 생각한다. 이 양자의 갈등이 크면 클수록 그만큼 국가적 힘이 소모되는 반면에 양자가 조화롭게 공존할 때 국가의 건전한 발전을 기대할 수 있다.

세대의 갈등은 어느 시대 어느 민족에게도 있을 수 있다. 그러나 그 갈등을 어떻게 슬기롭게 극복할 수 있느냐가 우리 민족의 앞날을 결정하는 중요한 관건이 될 것이다.

(2004. 4.)

유머와 정치

미국의 어느 시골 마을에 한국 사람이 들어와서 점포를 열었단다. 같은 업종을 개설하고 있었던 유대 상인이 이를 보고는 점포를 철수해서 다른 마을로 떠나갔다. 한국인이 개설한 가게는 날로 번창해서 많은 돈을 벌기 시작했다. 장사가 잘 된다는 소문이 돌자 한국 교포들이 떼거리로 몰려오기 시작했다. 바로 같은 업종의 가게를 열기 시작하는 것이다. 작은 마을에 같은 업종의 점포가 여러 개 생기니 잘 될 리가 없다. 그러자 그 마을을 떠났던 그 유대인이 다시 들어오더라는 것이다. 한국 사람들끼리 치고받고 싸우다가 결국 망할 것이라는 것을 이미 잘 알고 있었기 때문이다. 사실에 근거한 말인지, 아니면 지어낸 말인지 확인할 수 없지만 한국 사람들의 떼거리 성향, 분열성을 잘 드러낸 이야기라는 생각이 든다.

이번의 쌍용차 노조원의 격렬한 스트라이크를 보면서 교포 사회의 이 일화를 다시 한 번 떠올린다. 70일간의 공장 점거 농성에서 노조원이나 정부

당국이 얻은 것은 도대체 무엇이란 말인가. 저번 용산 참사도 이와 다르지 않다. 주장하는 바를 굽힐 줄 모르고 싸우는 것, 타협하는 것을 거부하고 박이 터지도록 싸우는 성향, 그것을 어떻게 보아야 할까.

우리의 국회도 이와 조금도 다르지 않다. 개원도 되기 전에 기 싸움부터 시작한다. 법안 상정은 항상 뒷전이다. 상정도 하기 전에 이미 여야의 의견이 팽팽하게 맞서 있어 일촉즉발의 분위기를 조성한다. 어떻게 어떻게 해서 법안이 상정되면 소수의 당은 극한투쟁을 불사하겠다는 태도를 보인다. 마침내 말싸움은 끝나고 몸싸움이 시작된다. 급기야는 여야의원끼리 난투극을 벌인다. 다수당이 문을 걸어 잠그고 일방적으로 법안 심의에 들어가자 소수당은 도끼로 문을 부수고 돌진해 들어가서 의사진행을 방해한다. 국회에서 일어나는 일을 가끔 텔레비전에서 중계하는 것을 보게 되는데 의원들끼리의 험악한 말이 볼썽사납게 그대로 나온다. 심지어는 쌍욕을 하는 의원들도 적지 않다. 그뿐 아니다. K-1 선수들처럼 의원들끼리 치고받는 것을 예사로 한다. 저런 국회가 과연 존재할 가치가 있는지 심히 의심스럽다. 의원 한 사람에게 지불하는 국민 세금이 연간 5억 원이 더 된다고 한다. 민주정치를 해 보지 못했던 한국 사람들에게 민주주의의 정착을 위해서 필요한 경비라고 생각하면 다소의 위로는 되지만 그래도 한심한 마음은 누를 길이 없다.

미국 의회에서 토론하는 것을 텔레비전 중계를 통하여 몇 번 본 일이 있다. 발언하는 의원의 의견과 다르다고 해서 그처럼 과격한 말을 하는 것을 보지 못했다. 어찌 보면 화기애애한 좌담회를 열고 있는 분위기를 느끼게 한다. 어찌해서 우리 국회와는 이처럼 다른가. 미국 국회에서 발언하는 의원들의 말 속에 항상 유머가 배어 있다. 상대를 공격하는 발언을 하는데도 시종 웃음이 떠나지 않는다. 가끔은 멋진 유머로 인해 웃음바다가 되기도 한다. 영국의 유명한 정치가 디스레리에 대해서 쓴 것을 보았는데 그는 국회 연설에서 항상 멋진 유머를 썼다고 한다. 그의 의견에 반대하는 의원들조차 박장대소하며 웃었다고 한다. 반드시 그 때문만이 아니겠지만 그를 위대한 정치가로 존경하는 영국인의 가슴속에 그의 멋진 유머를 빼놓을 수 없다. 우리 정치가들도 사석에서는 재미있는 유머를 자주 한다고 들었다. 그러나 국회에 일단 들어갔다 하면 그 유머는 어디로 갔는지 독한 말만 쏟아 붓는다. 이조 오백년 동안 지켜온 유교적 엄숙주의가 그곳에 깊은 뿌리를 내리고 있는가.

한때는 지역감정 때문에 골머리를 앓았던 적이 있다. 그것을 치료하기 위하여 온갖 아이디어가 등장했다. 영호남인이 상호방문해서 지역 문화의 차이를 줄이는 계획을 세우기도 하고, 그 지역에서 열리는 페스티벌에 대거 초청해서 화기애애한 분위기를 조성하기도 했다. 나도 영남인이지만 전주에서 오래 살았고, 내 아이들도 전부 전주에서 태어났다. 직장에서 한 번도 차별을 느껴본 적이 없다. 호남 사람이 혹 영남에 가서 차별을 받았던 일이 있는지 모르지만, 사람과 사람 사이의 문제는 지역 문제가 아니라, 인간의 됨됨이 문제가 아닐까. 그런데 요즘은 좌파와 우파가 나누어져 나라가 매우 시끄럽다. 학자들의 말에 의하면 그들의 주장하는 바를 보면 진정한 좌파도, 우파도 아니라고 한다. 어디에 연유하는지는 모르지만 한국 정치에 대한 일종의 편향성이라고 할 수 있다. 그러나 일단 어느 한쪽으로 마음이 굳혀지면 옳은 것도 반대하고 그른 것도 찬성하는 이상한 풍조가 생겼다. 이런 현상으로 인해 자기 의견만 고집하다 보니 상대의 말은 아예 들으려고도 하지 않는다. 자기의 의견을 무조건 꺾고 상대의 의견에 찬성하라고 권고하고 싶지는 않다. 비록 다른 의견이 나오더라도 먼저 그 의견을 경청한 다음 자기의 의견을 말하는 매너가 필요하다. 상대의 말은 아예 들으려고 하지 않고 자기 의견만 고집하는 경우, 설명회를 열면 무조건 쫓아가서 회의를 무산시키는 태도는 어떻게 말해도 민주시민의 자질을 갖고 있다고 말할 수 없다.

더 중요한 것은 발언하는 사람이나 듣는 사람이나 도무지 여유가 없다는 점이다. 유머는 여유를 가질 때만이 생겨난다. 상대의 의견이 비록 자기 의견과 맞지 않다고 해도 여유를 가지고 말하면 듣는 사람도 여유를 가지고 듣는다. 그 여유에서 발생하는 것이 유머다. 이때의 유머는 분위기를 한결 부드럽게 하면서 보석과 같은 가치를 발휘한다. 친구지간에 별 일 아닌 일로 다투다가 살인까지 하는 일을 종종 보게 되는데 양편 다 여유를 가지지 못해서 그렇다. 대개는 상대의 말은 듣지 않고 자기 말만 하다 보니 서로의 화가 상승해서 급기야 그런 끔직한 일을 저지르고 만다.

언젠가 전주의 덕진 공원에서 본 일이지만 지나가는 두 사람이 사소한 일로 시비가 붙었던 모양이다. 한 사람은 술이 좀 취해 있는데다가 덩치로 보아서 도저히 상대가 되지 못했다. 덩치 큰 사람의 주먹 한 방에 땅바닥으로 나뒹굴었다. 그런데 땅바닥에 넘어진 그 사람을 덩치 큰 사람이 구둣발로 마구 짓이기는 것이었다. 보다 못해 내가 가서 말렸지만, 그냥 두면 패서 죽이기기라도 할 태세다. 방어태세도 취하지 못하는 패자에게 아무리 성이 났기로서니 그렇게 잔인하게 짓밟아야만 속이 풀리는 것일까. 몽고인이 세계를 정복할 때 배신자에게는 아무리 용서를 빌어도 모조리 죽인다는 얘기를 들었다. 그 몽고인의 피가 우리에게도 흐르고 있는 것인가. 하기야 우리 한국인은 일본인과는 달리 절대로 패자임을 자인하려 들지 않는 성벽이 있다고 한다. 오죽하면 죽으면서까지 "내 저승에 가서도 네 놈에게 원수를 갚고야 말겠다."고 했을까. 일본인은 한번 '마엣다'(졌다) 하면 그 다음부터는 충심으로 그 사람에게 충성을 바친다고 한다. 한국인과 일본인의 성격 차이겠지만 이미 이길 상황이 아닌데도 끝까지 버텨서 '너 죽고 나 죽자는' 식은 양편 다 극심한 손해만 입을 뿐이다. 물론 불굴의 투지가 필요할 때가 있다. 그러나 민주주의는 타협의 산물이다. 매사를 불굴의 투지로 해결하려 든다면 민주주의를 포기하는 것이 낫다. 타협할 줄 모르는 사람들끼리의 대결은 공멸을 가져올 뿐이다. 오늘날 노사의 문제도 마찬가지다. 문제를 양측이 머리를 맞대고 의논할 태도는 취하지 않고 걸핏하면 극한투쟁으로 돌입한다. 해결해야 할 문제는 뒤로 제쳐둔 채 박이 터지도록 싸우다가 엄청난 희생을 치른 다음에야 끝이 나고 마는 것이다.

유머는 기계가 돌아가는 데 윤활유 역할을 한다. 아무리 좋은 기계라도 윤활유가 부족하면 어떻게 될 것인가. 망가질 수밖에 없다. 한국의 정치 현실을 보면 마치 윤활유가 없이 돌아가는 기계와 같다는 느낌이 든다. 특히 국회가 가장 전형적인 예로 보인다. 의원들의 발언을 보면 어떻게 하면 상대에게 치명타만 입힐까 그것만 골몰하는 사람들 같다. 술좌석에서 앉으면 그처럼 흔하게 던지던 그 유머는 다 어디로 갔는가. 국회만 들어가면 돌변해서 악바리같이 싸움을 능사처럼 하려 든다. 화난다기보다 차라리 슬픈 일이다.

지금 야당은 미디어 악법의 철폐를 위하여 의회를 버리고 거리로 뛰쳐나가서 외쳐대고 있다. 이천 년 전에 시행했던 희랍의 직접 민주주의를 시도해 보려는 생각인 모양이다. 미국산 쇠고기 수입이 허락될 때도 그랬다. 아니, 지금보다 훨씬 격렬한 군중집회를 열었다. 명색이 촛불 집회로 시작했다가 점점 군중이 불어나서 일부 과격한 군중들은 청와대로 돌진해 가기도 했다. 이명박 대통령의 퇴진을 요구하면서. 야당들은 박수를 치면서 좋아했다. 쇠고기 수입 문제로 대통령이 물러났다고 하면 세계의 웃음거리가 되었을 것이다. 의사당을 비우고 군중들과 합류하면서 그들의 데모대를 부추겼다. 미국산 쇠고기를 먹고 지금까지 한 사람이라도 죽은 사람이 있는가. 의료사고나 투약의 잘못으로 일 년에 몇 백 명이나 목숨을 잃고 있다는 사실은 알고 있는가. MBC의 한 편성작가가 이명박 대통령이 미워서 번역자의 의도와는 달리 고의로 왜곡 방송을 하도록 했다는 것이 판명되었는데도 MBC는 사과할 줄 모르고 변명만 늘어놓고 있다. 그로 인해 엄청나게 소모된 국력은 대체 어디에서 찾을 수 있단 말인가. 그런데도 책임져야 할 사람들은 지금도 잘했다는 듯이 홰를 치며 떠들고 있다.

박정희 대통령이 고속도를 건설한다고 했을 때 웬만한 정치가들은 모두 반대했다. 그런데 지금 그 고속도의 건설이 잘못 되었다고 탓할 사람이 있는가 묻고 싶다. 그 시절의 정치가들이 그때의 단견을 한 번도 사과한 적이 없다. 지금 정부가 내놓는 계획마다 반대하고 나서는 단체들이 과연 몇 십 년 후에도 옳다고 말할 수 있을지 의심스럽다. 한 여승의 단식 투쟁으로 천성산의 도로가 완성을 보지 못해서 수백억 원의 국고 손실이 났다는 것을 우리는 잘 알고 있다. 그 방면에 지식도 없는 한 여승의 결사반대로 입힌 국가적 손해는 대체 누가 보상해 줄 수 있다는 말인가.

박정희 시대의 이야기다. 지식인이면 박정희 독재정권에 반대하지 않았던 사람은 없었을 것이라고 생각한다. 그런데 내가 존경하던 김붕구 교수가 대놓고 박정희 대통령을 지지한다고 했다는 말을 들었다. 모두들 그 사람 미쳤나 했다. 나는 원래 투사가 못 되어 대놓고 박정희 대통령을 반대하지는 못했지만 내심으로는 욕을 있는 대로 다 했다. 그 사람의 말을 지지하는 듯한 말을 꺼내는 사람에게 침을 뱉었다. 그렇지만 박정희 독재가 아니었으면 오늘날과 같은 한국의 번영을 누릴 수 있었을까 하는 말에는 유구무언이다. 얼마 전에 역대 대통령 중에 누구를 가장 존경하느냐는 여론 조사에 박정희 씨가 단연 일위로 꼽혔다는 것은 무엇을 의미하는가.

이 세상에는 사람이 많지만 꼭 같은 사람은 한 사람도 없다. 설사 체구나 얼굴이 비슷하게 생긴 사람은 있을지라도 성격이나 심정까지 같이 생긴 사람은 없다. 따라서 같은 사항에 대하여 의견을 물으면 각인각색일 수밖에 없을 것이다. 그런데 그 의견을 어떻게 수렴해서 국정을 펴느냐 하는 것이 문제다.

나라의 주권은 분명히 국민에게 있다고 헌법에 명시되어 있다. 하지만 5천만 국민 각개의 의견을 어떻게 일일이 물어볼 수 있단 말인가. 그래서 채택된 것이 대의정치다. 대통령도 뽑고 국회의원도 선출해서 그들이 우리를 대신해서 정치를 한다. 일단 뽑았으면 그들의 정치를 지켜보아야 한다. 물론 소수의 정당들은 그들의 정책 시행에 제동을 걸 수는 있다. 그러나 육탄전으로 막는 것은 불법이다. 대의정치의 근간은 다수결이기 때문이다. 교과서 같은 말을 왜 하느냐고 나무랄 사람이 있을지 모르겠지만 그 원칙이 지켜지지 않으니까 국회는 허구한 날 표결에 앞서 난투극이 벌어지는 것이다. 다수당의 의안이 잘못 되었다면 그것은 다음 선거에서 국민이 심판하면 된다. 정치학자들이 하는 말에 의하면 의안에 대하여 의원 각자의 소신대로 가부를 표현하지 못하는 것은 미국과는 달리 자기 당의 우두머리 의견을 무조건 따라야만 되기 때문이라고 한다. 다음 공천과 아주 밀접한 연관이 있기 때문이란다. 그러니까 한국의 민주주의는 아직도 갈 길이 한참 먼 셈이다. 그렇지만 다수결의 원칙을 부정하고는 민주정치의 첫걸음부터 제대로 갈 수가 없다. 이즈음의 우리 국회를 보면 다수결 따위는 아예 무시하고 자기 당의 의사대로 되지 않으면 물리적인 방법으로 저지하려고 한다. 육탄적인 돌진을 하거나 기물을 파손하면서 의사진행을 방해한다. 소수의 의견을 무시하고 다수당의 횡포가 심한데 어찌하느냐고 항변하는 사람도 있을 듯하다. 반드시 틀린 말은 아니다. 그러나 악법도 지켜야 한다고 소크라테스도 말했듯이 법이 제정되었으면 우선은 지켜야 한다. 그것이 민주정치의 대원칙이다. 선량이기에 앞서 대한민국의 국민이라면 우선 제정된 법을 지키고 할 말을 하는 것이 도리가 아닌가.

국회의원들이여! 계속되는 세계의 웃음거리가 되고 싶은가. 어찌 국민을 대변해서 법안을 심의하는 국회의원들이 K-1 선수들처럼 육탄전으로 법안을 심의하는가. 그럴 바에는 처음부터 싸움 잘 하는 사람을 국회의원으로 뽑는 것이 낫지 않은가. 물론 말만 번드레하게 잘 하는 사람도 문제다. 진실성이 없기 때문이다. 그래서 혹자는 정치가는 사기꾼이다, 라고 말하는 사람도 있다. 어떻게 말하든 그들은 우리들의 의견을 대변하는 선량들이고 그들 없이는 정치를 할 수 없으며, 그들 중에 대부분은 자기 직무를 성실히 수행하고 있다고 생각된다. 그러나 내가 꼭 부탁하고 싶은 말은 국회 내에서 쌍말을 쓰거나, 막된 말로 상대를 공격해서는 안 되고 더구나 난투극을 벌여도 안 된다는 말이다. 폭언은 폭언을 생산할 뿐 맡아서 해야 할 일을 못한다.

어떻게 하면 화기애애한 분위기 속에서 의안을 심의할 수 있는가. 영국의 의회정치 사상 위대한 정치가로 추앙받는 디스레리와 그랏드스톤이 주고받았던 말을 좀 배워야 한다는 사실이다. 그들의 뛰어난 정치 감각도 본받아야겠지만 그보다 그들이 구사한 유머를 배우야 한다고 생각한다. 반대의 의견을 가진 사람도 웃길 수 있는 그 유머 감각 말이다. 의원으로 선출되어 국회에 등원하기 전에 유머를 전문적으로 가르치는 학교에 들어가서 교육을 받고 오는 것이 어떨까 하는 생각이다. 국회의원쯤 되면 내 말이 참 우습다는 듯이 비웃을지도 모른다. 각자 스스로 유머 감각을 충분히 지니고 있다고 믿고 있기 때문일 것이다. 그러면 무슨 소용 있나. 일단 국회에 들어갔다 하면 독기 어린 말만 쏘아붙이는 데 길이 든 사람들을 어떻게 치료할 수 있을까. 언필칭 국민을 대변해서 싸운다고 한다. 오늘도 국회의원이 의사당을 버리고 거리로 뛰쳐나와 자기의 주장을 외쳐대는 사람이 있다. 국회의원이 의사당을 버리고 거리로 뛰쳐나오면 이미 의원의 자격을 상실한 사람들이다. 독기 어린 말 대신 유머가 가득 담긴 말, 유연하게 받아넘기는 위트가 국민의 가슴속에 더 오래 남는다는 사실을 아는가. 국회의원이 되면 그 당을 상징하는 옷을 입고 집단적인 연수를 시작하는 것을 흔히 보았다. 이때에 유머 감각을 익히는 프로그램을 필수과목으로 넣는 것이 어떤가. 상대방이 아무리 독한 말을 하더라도 멋진 유머와 위트로 받아넘길 수 있도록 하는 프로그램, 그 이수 성적이 좋으면 좋을수록 한국의 국회는 그만큼 업그레이드 될 것임에 틀림없다.

(2009. 8. 7.)

정치인과 도둑놈

정치인 C씨가 굿모닝 시티로부터 돈을 받았다는 혐의로 검찰에 기소되었다. 본인은 정치 헌금으로 받은 것이지, 부정한 돈을 받은 것은 절대로 아니라고 주장했다. 독지가의 헌금이냐, 어떤 대가를 기대해서 돈을 갖다 바친 것이냐가 핵심 포인트인 것 같다. 정치 헌금은 받아도 되지만 대가성이 있는 돈이라면 죄가 된다는 뜻이다. 돈을 받은 것은 분명한 사실이고 그 대가성을 어떻게 규명하느냐가 검찰의 당면 목표인 셈이다. 아무 조건 없이 그런 거액의 돈을 줄 사람이 대체 어디 있을까 하는 것이 우리들의 상식이지만 정치권에서는 그렇지도 않은 모양이다. 애써 태연한 척하는 것인지, 아니면 정치인치고 그 정도의 돈을 받지 않은 사람이 대체 어디 있느냐고 생각하는 것인지 죄인의 태도가 아니다.

사실 그만이 특별히 부패한 정치인이라고 나는 생각하지 않는다. 부모의 후광으로 정치에 입문했지만, 좋은 교육을 받았고 촉망받는 정치인으로 출발했기에 그에게 많은 기대를 걸었던 것도 사실이다. 저간 얼마간의 시련도 있었지만 마침내 여당의 대표까지 되는 것을 보고 그의 앞길은 탄탄대로로 열리겠구나 하는 생각을 했다. 예상대로 되지 않는 것이 정치인의 운명인 것 같다. 그것을 증명이라도 하듯이 그 사건에 연루되어 검찰의 조사를 받고 있으니 지금으로 보아서는 정치 생명이 끝나는 것이 아닌가 하는 느낌마저 있다. 그러나 누가 알랴. 이 위기를 극복하고 새로운 정치 지도자로 태어날지. 과거에도 그런 예는 수없이 있었으니까.

정치인이 되면 알게 모르게 돈을 많이 써야 되는 모양이다. 그 돈을 어디선가 구해 와야 하는데 그 돈 때문에 그에게는 언제나 무서운 함정이 도사리고 있다. 돈이 없으면 국회의원 되기도 어렵다. 되었더라도 힘없는 국회의원이 될 수밖에 없다. 우리는 그것을 너무나 잘 알고 있다. 세비로는 국회의원 신분을 유지하는 데 어림없다는 조사가 연전에 나왔다. 정치인은 대체 돈을 어디서 구해 오는가? 천사가 아닌 다음에야 돈을 주는 사람이 그냥 줄 리는 없다. 그에게 이권과 관련되는 어떤 문제를 해결해 줄 것을 기대하면서 돈을 준다고 보아야 한다. 어떤 사람이 주는 돈을 받을 것인가, 왜 돈을 주는가 하는 것을 잘 판단하는 것이 정치인이 갖추어야 할 중요한 자질인 셈이다. 가끔 순수한 우정에서 그의 정치활동에 보태 쓰라고 기부하는 분도 없지는 않는 모양이다. 가물에 콩나듯 한 일이다. 설사 그렇더라도 그 친구가 곤경에 처해서 부탁하는 것이 있다면 외면할 수 없는 것 아닌가.

국회의원은 그에 걸맞은 품위 유지비라는 것이 있다. 그런데 세비로 그 품위 유지비를 지탱하기가 어림없다면 대체 어디서 돈을 구해서 쓰는 것인가. 정치 못지않게 이 돈을 구하는 것도 그의 정치적 능력의 하나라고 생각된다. 대체로 그에게 부탁하면 되리라고 생각해서 건네는 어떤 돈일 경우가 많을 것이다. 부탁한 일이 그의 주선으로 요행히 아무 탈 없이 넘어가면 다행이고(대부분의 정치인은 그 다행의 곡예를 잘 타고 있다), 잘못 되어 부정한 압력으로 판명되면 법의 제재를 받게 된다. 정치인이 청탁 사건에 연루되지 않고 정치생명을 유지할 수 있다면, 그것같이 좋은 일은 없다. 그러나 현실은 그렇지 못하다. 대체로 문제를 해결하는 솜씨가 뛰어나거나, 운이 억세게 좋거나 둘 중의 하나일 것이다. 이런 당연한 상식에도 불구하고 일단 정치인이 뇌물 사건으로 연루되면 신문에 크게 보도된다. 그리하여 치명타를 입게 된다. 그로 인해 정치 생명이 끝나는 수도 있지만, 얼마 있지 않아 아무 일 없다는 듯이 정계에 당당하게 복귀하는 수도 있다.

노무현 대통령은 서울서 거의 당선이 확실시되는 지역구 출마를 버리고 부산에서 국회의원 출마를 했다. 예상한 대로 그는 보기 좋게 낙선했다. 그래서 그를 바보 노무현이라고 불렀다. 그러나 그 바보스러움이 전화위복轉禍爲福이 되어 마침내 대통령까지 된 사람이다. 최근에 대선 자금이 문제가 되면서 부산에서 출마할 당시 돈을 원 없이 썼다는 말을 했던 모양인데 그 말이 전해지면서 온갖 구설수에 오르고 있다. 노무현 대통령은 어디에서 돈이 나서 원 없이 썼을까 하는 의문이다.

여당 내부의 폭로로 지난번 대선 자금이 도마 위에 올랐을 때 노 대통령은 여야가 함께 공개하자고 제의했다. 대선 자금이 깨끗하다면 야당이야 어쨌거나 자기들만 밝히면 된다. 선거 자금에 있어서는 누구도 깨끗할 수 없다는 전제가 깔려 있는 것이다. 노 대통령은 특별기자회견을 통해 입장을 밝히면서 여당만 먼저 공개하는 데 반대하는 이유로 김근태 의원이 민주당 대통령 경선 때 불법 정치자금 수수 사실을 고백했다가 웃음거리가 되지 않았느냐고 했다. 사실이지만 '웃음거리'가 됐다는 표현에 김근태 의원은 기분이 상했던 모양이다. '웃음거리'라는 말이 연상 작용을 일으켜 김근태라는 인간 자체가 웃음거리로 고착될 위험이 있어서 그랬을 것이다.

가만있었으면 아무 일도 없었을 것을 괜히 선거 자금에 대하여 고해성사를 해서 '웃음거리'가 되었다는 것이다. 세상이 알지만 모르는 척 해 두려던 일을 신문 지상에까지 발표해서 떠들썩하게 만들었으니 선거위원회에서도 그냥 지나치지는 못했을 것이다. 마침내 재판도 받게 되고, 벌금도 물게 되었다. 양심적인 정치인이 되려다 오히려 화를 입게 된 것이다. 그는 재판의 최후진술에서 이렇게 말했다. "우리 사회는 원칙과 상식을 가지고 살아가려고 하면 아름다워지는 것이 아니라, 오히려 추해지도록 만드는 야만이 여전히 지배하고 있다. 이런 야만을 그냥 둔 채로 저만을 예외로 해달라는 '선처'를 간청할 생각은 없다."

정치인은 원천적으로 양심대로 정치를 할 수 없다고 고백한 것이다. 여기서 항간의 말, 정치하는 사람은 도둑놈이라는 말이 새삼스럽게 실감난다. 정치하는 사람만 그런가? 아니다. 그들은 매스컴의 조명을 받기 때문이다. 공무원의 부정도 수시로 터지는 것을 보면 아직은 민주정치를 할 단계가 아니라는 의미도 된다. 그러나 어쩌랴. 아무리 시행착오를 거듭한다고 해도 그 목표를 향해 가야 하는 것을.

정치인은 모두 거짓말쟁이고 도둑놈이라고 흔히들 말한다. 대개는 싸잡아 매도할 때 쓰는 말이다. 그러나 눈앞에 정치인이 나타나면 굽실거리면서 존경하는 척 한다. 권력을 갖고 있기 때문이다. 바로 그 맛에 지방에서나 중앙에서나 정치 지망생은 끊이지 않고 줄을 서 있다. 하긴 거짓말쟁이든 도둑놈이든 정치하는 사람이 있어야 사회가 지탱된다. 그들의 정치에 의하여 온 나라 백성들의 생활이 이렇든 저렇든 지탱되고 있기 때문이다. 따라서 우리는 정치가를 경멸하면서도 그들을 따를 수밖에 없다.

문제는 돈이다. 정치를 하려면 어쨌든 돈이 들기 마련이다. 돈을 워낙 많이 가지고 있어서 자기 돈을 써 가면서 정치를 하는 사람도 있을 것이다.

그러나 그런 사람은 아주 드물다. 설사 돈을 가진 자라고 해도 정치를 이용해서 돈을 더 가지려는 것이 정치인의 속성이다. 대개는 정치를 하면서 돈도 모으고 권력도 쥐고 있다. 그런데 그 정치인이 어디에서 돈을 구해서 쓰느냐 하는 것이 문제가 된다. 한국 정치판에서는 돈을 구해 오는 그 구멍을 알지 못하면 정치가의 생명을 지탱할 수가 없다.

부안군민들이 위도의 핵폐기물 설치 반대로 연일 극렬한 시위를 벌인 것을 우리는 기억하고 있다. 고속도로를 점거하면서까지 자기들의 주장을 관철시키겠다는 태도를 보였다. 고속도로 점거는 불법인 것은 말할 것도 없지만 나라의 동맥을 마비시키는 일이다. 이런 불법시위를 이럭저럭 용납해온 정부 당국도 문제지만 정부의 결정에 시위로 막겠다는 발상 자체가 문제다. 게다가 시설 설치를 지지했다는 이유로 군수까지 납치해서 온갖 수모를 주었다니 어떻게 이런 국가를 법치국가라고 할 수 있는가. 이 극렬한 데모를 정치인이 뒤에서 부추겼다는 말도 있다. 후에 정부는 방침을 바꾸어 핵폐기물 설치를 하는 지역에 특혜를 준다고 하면서 자유 공모를 제안했다. 다른 지역에서 유치경쟁에 뛰어드니까 그렇게 극렬하게 데모를 하던 부안 군민들이 오히려 머쓱해졌던 사실을 기억한다.

법은 인간의 사회생활을 원활하게 하기 위하여 만든 것이다. 그러나 그 법이 반드시 공평무사하게 집행되지 않는다는 것도 우리는 잘 알고 있다. 또 그 법은 가끔 개인에게 억울한 일을 만들어 주기도 한다. 죄인 아닌 사람이 무죄임을 증명할 길이 없어 억울한 누명을 쓰고 감옥에 가는 것도 참 많이 보아 왔다. 그러니까 법이 해결하기 전에 우리들 개인이 바르게 살면 그것보다 좋은 일은 없다. 선진국이란 개인의 질서의식이 후진국보다 앞서 있는 사회다. 법의 제재를 받기 전에 질서 있는 생활을 각자 실천하고 있으면 좋은 사회가 되는 것이다.

우리 사회를 되돌아보면 자기의 이익을 위해서는 영악하도록 영리하지만, 공동의 이익을 위해서는 무책임한 경우가 많다. 우리가 살고 있는 나의 국가를 위해서는 터무니없는 바보짓을 했을 때를 수없이 목도했기 때문이다. 일본에게 국권을 뺏길 때도 그랬지만 남북으로 갈라져 싸울 때도 그랬다. 눈앞의 이익 때문에, 혹은 이념이라는 명목으로 우리 민족 전체의 재앙이 된다는 사실을 무시한 경우를 수없이 목도했다. 결국은 그 재앙이 자기 자신에게 돌아온 뒤에야 바보짓을 했구나 하고 깨닫는다. 아니 영영 깨닫지 못하는 예도 허다하다.

정치하는 사람을 '도둑놈'이라고 욕을 해도 우리는 결과적으로 그들의 말을 따를 수밖에 없다. 정치하는 사람 없이 나라를 꾸려갈 방도가 없기 때문이다. 일단 그들이 정치권력을 잡게 되면 우리 생활의 구석구석에 그 영향력이 미치고 있다. 민주주의는 우리가 그들을 선출하기 때문에 우리가 권력을 가진 것처럼 보인다. 그래서 가장 좋은 제도라고 생각하고 전 세계가 민주 방식을 채택하고 있다. 그러나 말이 그렇지, 권력을 휘두르는 것은 정치인 그들이기 때문에 그들이 부패해 있으면 나라가 망할 수밖에 없다. 이에 앞서 그들을 선출하는 국민들이 자기 이익만 챙기기고 있으면 그들의 '도둑놈' 기질에 무감각해지고 만다.

좋은 정치가 우리 사회에서 이루어지느냐 마느냐는 하는 것은 정치하는 사람보다 우리 국민들의 양식과 수준에 달려 있다. 한국인이면 누구나 이 땅에서 좋은 정치가 이루어기를 갈망하고 있다. 그리고 그것을 그저 남의 일 구경하듯이 바라만 보아서는 아무 의미가 없다. 자신의 태도는 항상 접어두고 정치인에게만 만사 해결을 바라는 것은 썩 어리석은 짓이다. 우리가 오늘날 당면하고 있는 가장 큰 문제는 너나 할 것이 이런 태도를 가지고 있기 때문에 문제다.

법의 손길이 닿기 전에 사회 질서를 준수하는 것이 민주주의의 첩경일 것이다. 그러나 우리 사회는 그런 천사들과 같은 사람만 사는 곳은 아니다. 질서를 어지럽히는 사람에게는 과감하게 법이 집행되어야 한다. 그에 앞서 양식에 따라 행동하는 사람을 존중할 줄 아는 사회가 되어야 한다. 정치인이 되고자 하는 사람, 먼저 자신에게 물어보라. 사회의 건전한 양식에 따라 내가 정치를 하려고 하는가 하고. 정치인을 도둑놈이라고 말해 왔지만 그것은 그들을 탓할 것이 아니라, 그들을 선출하는 우리 자신들을 탓할 일이다. 도둑놈은 언제 어디에나 있는 법이니까.

(2004. 4.)

좌파냐 우파냐

어릴 때 흔히 듣던 말로 "애들은 싸우면서 자란다."라는 말이 있다. 한국의 민주주의가 자라기 위해서는 허구한 날 싸움으로 지새고 있는 것도 그 때문인지 모르겠다. 민주주의 역사로 보면 한국은 아직도 어린애밖에 되지 않으니까 말이다. 우리가 국회의원들을 선출한 이유는 국회에 가서 법률을 제정하고 행정부가 하는 일을 감시하라는 데 뜻이 있다. 그러나 그 최종적인 목표는 온 국민이 잘살 수 있도록 하기 위해서다. 그런데 우리 국회는 어떻게 된 셈인지 법안 심의는 뒷전으로 하고 매양 싸우느라고 정신없다. 그렇다면 그들을 선출해서 국민의 혈세를 지불해야 할 이유가 어디에 있는가. 게다가 한술 더 떠서 국회는 내팽개치고 걸핏하면 데모를 하기 위해서 거리로 나온다. 하기야 뜻대로 되지 않으니까 오죽 답답하면 그러겠느냐 하겠지만 본말이 전도되어서는 안 된다. 국회의원이 일반 민중들을 선동해서 광장을 난장판으로 만드는 것은 결코 용납할 일이 아니다.

최근에 들어서 좌파와 우파가 갈라져서 일일이 충돌하고 있는 것을 보니 예삿일이 아닌 듯 보인다. 전체주의 국가가 아닌 이상 정부의 하는 일을 찬성할 수만은 없다. 얼마든지 반대 의견을 내놓을 수도 있고 비판할 수도 있다. 그런데 언제부터인지 같은 사항을 두고도 전혀 다른 의견을 개진하는 경향을 보이고 있다. 이른바 '좌파'와 '우파'로 나누어져 사사건건 충돌하고 있다. 하기야 한국의 좌우파도 그 역사를 따지면 꽤나 오래되었다. 그 태동은 1920년대 초쯤으로 거슬러 올라갈 수 있지 않을까 한다. KAPF가 태동하던 그 무렵이었을 것이다. 그러나 실제로 심한 암투가 시작된 것은 해방 후로 보는 것이 옳다. 남북한의 정권이 수립되기 전, 그러니까 1945년에서 48년 사이였을 것이다. 결국 남북에 각기 다른 정권이 수립되었고, 마침내 6·25의 피비린내 나는 동족상잔同族相殘의 전쟁이 시작되었다. 김일성 정권은 한반도를 통일하겠다는 뜻을 가지고 남침을 개시한 것이다. 통일된 정부를 수립하겠다는 구실로 일으킨 전쟁이지만 그 전쟁으로 인하여 얼마나 많은 인명이 살상되었는가. 참으로 참혹한 전쟁이었다. 그 전쟁으로 인하여 남북민 모두 엄청난 희생을 치른 셈이다.

이념으로 나누어 치르는 싸움은 결코 아이들 장난처럼 가볍게 끝나는 것이 아니다. 전쟁이 일어났다 하면 이념 따위는 문제도 되지 않는다. 다만 적과 아군으로 대치될 뿐이다. 죽이느냐 죽느냐의 극한 상황만 존재할 뿐이다. 6·25 전쟁은 바로 그런 것이었다. 해방 후 좌우익의 대립은 결국 무고한 백성들의 엄청난 희생을 치르고 난 뒤에야 남북 모두 아무 이익도 없이 휴전이란 이름으로 옛날 그대로의 대치 상태로 돌아간 것이다. 내가 이념이라고 했지만 거기에는 복잡한 국제 관계가 얽혀 있다고 볼 수 있다.

집단이 있으면 조직이 있고, 그 조직 속에는 권력을 차지하기 위한 치열한 투쟁이 있다. 명분이야 어떠했던 권력을 쥐기 위하여 피비린내 나는 싸움을 계속하던 조선조의 역사를 우리는 기억하고 있다. 사색당쟁이 바로 그런 것이 아닌가. 짐승들도 우두머리를 차지하기 위하여 치열한 투쟁을 하는 것을 우리는 동물의 세계에서 본다. 그 투쟁은 질서를 잡기 위한 한 방편인지 모르겠다. 짐승들은 힘겨루기에서 물러서는 것으로 끝난다. 격렬한 싸움에서 좀 다칠 수도 있고, 심하면 목숨을 잃는 수도 있다. 그러나 그 피해는 당자에 한해서 끝난다. 그러나 인간은 무기를 가지고 있어서 대량 살상이 가능하다. 싸움이 붙으면 그 우두머리 당자뿐 아니라, 그의 영향 하에 있는 수많은 사람이 살상을 당한다. 아니 우두머리는 멀쩡한 반면에.

민주정치는 투쟁의 역사를 바꾸어 놓은 데 의의가 있다고 할 수 있다. 어느 집단이나 권력을 쥐는 자가 있고, 권력을 잃는 자가 있다. 그 권력을 위해서는 반드시 격렬한 투쟁이 따르기 마련이다. 권력을 잃을 때 패자는 죽음을 당하거나 쫓겨나게 되어 있다. 그러나 민주 제도하에서는 그 권력의 이동이 비교적 평화적으로 이루어진다고 볼 수 있다. 비록 권력을 이양받았다고 하더라도 통치자가 마음대로 권력을 휘두를 수 있는 것도 아니다. 법과 제도에 따라야 한다. 가끔은 권력을 쥔 자가 법과 제도를 무시하고 통치하다가 국민의 격렬한 저항을 받기도 한다. 민주정치는 여론의 행방이 가장 중요하다. 여론을 외면하고 통치하면 차기에는 다른 집단으로 권력이 이동된다. 그것이 바로 민주정치의 정도일 것이다.

해방 후 남한은 우익 정권, 북한은 좌익 정권이 수립되었다. 이제는 더 이상 좌우익의 충돌이 각 정부의 통치영내에서는 없을 줄 알았는데 전혀 그렇지 못했다. 북은 워낙 무서운 탄압정치를 펴고 있으니까 우익의 의견이 표현될 자유가 전혀 없었다. 그러나 남에서는 달랐다. 이적 행위를 하지 않는 한 비교적 자유롭게 자기의 의견을 개진할 수 있었다.

그런데 최근에 와서 남한 내에서 좌파와 우파가 서로 앙숙이나 된 듯이 갈등을 빚고 있다. 보통의 사람들은 자기가 좌파에 속하는지 우파에 속하는지조차 모른다. 매스컴에서 그렇게 떠들어대니 좌파와 우파가 있구나 하고 알 정도이다. 해방 전후의 좌우익과는 또 다른 의미의 이념 그룹임에 틀림없다. 그런데 서로의 주장에 아주 못마땅하다. 이들은 자기의 주장을 가만히 펼치는 것이 아니라, 집단을 이루어 데모를 하듯이 시끄럽게 야단을 치고 있다.

'좌익'이니 '우익'이니 하는 말은 알다시피 프랑스 혁명에서 그 근원이 있다. 1792년 프랑스 혁명 당시 국민공회의에서 의장석을 중심으로 해서 극렬파인 자코뱅당이 왼쪽 자리에, 온건파인 지롱드당이 오른쪽에 앉은 데서 유래되었다. 이후 정치적, 경제적, 사회적 비전을 달리하는 집단을 이렇게 구별해서 불렀다. 전자는 제도를 급진적으로 바꾸려는 성향을 지닌 사람들이고, 후자는 현 제도를 유지하면서 서서히 바꾸려는 태도를 가진 사람들을 일컫는 말이다. 러시아의 공산혁명이 성공하면서 좌익은 사회주의를, 우익은 자본주의를 가리키는 말로 써 왔다. 그러나 그 뜻은 시간이 흘러감에 따라 뜻이 변질될 수밖에 없었다. 나라에 따라, 지역에 따라, 혹은 상황에 따라 각기 다른 뜻으로 쓰고 있다.

한국에서 지금 자칭이거나 타칭이거나 좌파다 우파다 하고 쓰고 있는 말도 사실은 원래의 뜻과는 전혀 다르다고 학자들은 말하고 있다. 그렇지만 내세우는 주장이나 행동들은 뚜렷이 구별되고 있다. 좌파들의 주장을 우파 쪽에서는 도저히 용납할 수 없다고 생각하지만, 좌파 쪽 사람들은 우파들을 고루한 생각들만 가지고 있는 사람들이라고 비웃는다. 오죽하면 '수구골통'이라는 말을 쓰고 있을까. 김대중, 노무현 정권을 좌파 정권이라고 한다면 이명박 정권을 우파 정권이라고 한다. 그래서 좌파의 사람들은 걸핏하면 대규모의 집회를 가지고 이명박 정권을 규탄한다. 미국산 쇠고기 수입을 반대하기 위하여 백일 이상 도심을 마비시키며 데모를 벌인 것도 그 때문이다. MBC의 PD가 번역자의 의도와는 달리 이명박 정부가 미워서 고의로 광우병 조작을 선동했다는 것이 판명되었는데도 사과할 생각이 전혀 없다. 어떻게 보면 텔레비전 매체를 통한 사기라고 할 수 있다. 대체로 우파 쪽의 사람들은 나이 든 사람들이고 좌파 쪽의 사람들은 젊은 사람들이 많다. 따라서 좌파 쪽은 행동 개시가 빠르고, 극렬하고 집요하다. 반면에 우파 쪽은 행동은 없고 걱정만 태산같이 한다. 가끔은 참다 참다 못해 우파 쪽 사람들이 피켓을 들고 나올 때가 있다. 얼핏 보기에는 좌파 쪽 사람들이 훨씬 많은 듯이 보이지만 사실은 그렇지 않다. 한국의 좌우파도 극렬하고 온건하다는 점에서는 프랑스 좌익과 우익을 많이 닮았다.

좌파의 사람들은 최근 자기들을 '진보파'라고 불러달라고 요청하고 있다. 하긴 좌파들 중에 종북파從北派와 구별해 달라는 뜻으로 진보파라고 스스로 칭하는 것 같다. 그러나 일반 백성이 볼 때는 색깔이 비슷하다는 느낌을 받는다. 6·25 때 좌익들의 하는 짓에 놀란 사람들은 '좌'자만 붙기만 해도 겁이 나고 만정이 뜨는 모양이다.

북한의 실정을 어느 정도 아는 사람이라면 김정일 통치를 찬양하는 사람은 아마도 없을 것이다. 가끔 좌파 중에는 김일성, 김정일의 말에 맞장구를 치는 사람이 있다고 말하는 사람이 있지만, 과연 그럴까 나는 반신반의半信半疑한다. 이 지구상의 어떤 정권도 북한의 가혹한 정치를 능가할 수 있는 곳은 없다. 그런 곳을 찬양하고 있다면 정신이 바로 박혔다고 할 수 없을 것이다. 정 믿지 못하겠다는 사람이 있으면 북한의 정치수용소에 한번 다녀오는 것이 좋을 성싶다.

가끔은 전혀 엉뚱한 소리를 하는 사람이 있는 모양이다. 좌파의 정신적 스승이라고 할 수 있는 리영희 씨는 "인간의 삶에 우리(남한)가 잃어버린 것을 저쪽은 간직하고 있다."면서 북한을 서슴없이 찬양했고, 북한에 종교의 자유가 없는 데 대해서는 "어쩌면 북한은 하나님 없이도 행복할지 모른다." 라고 했다니, 참으로 가관이라 할 수밖에 없다. 동아일보 주필인 배인준 씨는 이 말에 대해서 "나한테는 진실 탐구자의 말이 아니라 미친 사람의 잠꼬대로 들리지만 아무튼 그는 그렇게 사람들을 세뇌했다."라고 적고 있다.

스위스 국제경영개발원(IMD)이 발표한 2010년 국가경쟁력 평가에서 한국의 순위가 사상 최고인 23위를 했다고 기록하고 있다. 2008년 31위에서 매년 계속 상승해서 8계단이나 올랐다니, 놀랍다. 물론 나한테는 피부로 느껴지지 않지만, 그래도 어쨌든 듣기는 좋다. 게다가 일본은 17위에서 10단계나 추락해서 27위가 되는 바람에 일본을 앞질렀다니 그것도 기분 좋은 일이다. 경제 성과는 작년 45위에서 21위로 껑충 뛰었고, 정부 효율성도 36위에서 26위로 10단계 상승했다. IMD는 글로벌 위기 이후 한국 경제가 신속하고 선제적인 정책으로 빠르게 회복한 점을 긍정적으로 평가했다는 것이다.

그리스는 지금 거의 파산 위기에 와 있다. 그리스 때문에 유로화의 가치가 떨어지고 유럽 전체에 경제적인 먹구름을 끼게 하고 있다. 노조의 등살에 못 이겨 임금을 턱도 없이 올리고, 정부 당국자는 선심 행정을 한답시고 재원도 없이 복지 정책을 한없이 늘려갔기 때문이라고 한다. 그런데 이제 와서 구조 조정을 하고 세금을 높이려고 하니까 국민들은 격렬한 저항을 하고 있다. 시가지에서 데모하고 있는 현장을 텔레비전을 통하여 보여주고 있다. 과연 데모로 경제 문제를 해결할 수 있을까.

어느 나라든지 좌파적인 성향을 띤 정당이 있는가 하면 우파적인 성향을 띤 정당이 있다. 미국의 민주당과 공화당이 그렇고, 영국의 노동당과 보수당이 그러하다. 좌파적인 성향을 띤 정당은 대체로 국민 소득의 분배에 역점을 두고 있는 반면에 우파적인 성향을 띤 정당은 자국의 안보와 경제 성장에 역점을 두고 있다. 그러나 그들의 정당들은 도를 넘어 다투지 않는다. 어느 당이 여당이 되고 다른 당이 야당이 되더라도 서로 견제하면서 국민의 여론을 가장 우선시한다. 요컨대 발전과 분배의 균형을 유지하면서 국익을 위해서 정치에 참여하고 있다.

나는 이번 천안함 참사를 처리하는 과정에서 한국의 야당과 진보 세력에 대해 크게 실망했다. 북한의 어뢰에 맞아 침몰했을 것이라는 추측이 무성한데도 야당이나 진보 정당의 사람들은 선체가 좌초해서 일어난 참사라는 점을 고수하고 있었다. 그렇게 믿고 싶었던 것일까. 심지어는 떠도는 미군 어뢰정에 맞아 폭파한 것이라고도 했다. 한술 더 떠서 선거에 이용하기 위하여 정부의 자작극일 수도 있다고도 했다. 그동안 북한의 어뢰 공격이라는 증거를 찾기 위해서 민군합동조사반이 끈질긴 노력을 기울여 왔다. 이 조사반에는 외국인들도 참여한 어뢰 전문가들이었다. 치밀한 과학적 분석 결과로 북한의 어뢰정 공격이 확실하다는 보고가 있은 직후는 "북의 소행으로 밝혀진다면 이명박 정권의 안보 무능을 보여주는 것"이라고 갑자기 태도를 바꾸어 말한 정치인이 있는가 하면, "북의 소행이라면 대북 증오 정책에 맞선 보복 심리의 선물"이라고 말한 정치인도 있다. "베일 속에 조사한 천안함의 진상을 일방적으로 발표하는 것은 적절치 않다."라고 주장하는 정치인도 있다. 한국을 위해서 일한다는 정치가들이 이렇게 때마다 말을 바꾸어 함부로 내뱉어도 되는지 모르겠다. 군 기밀에 속한 것까지 자세하게 발표하지 않으면 믿지 않겠다는 것은 정말 못 믿어서 그런지 북한군에 군 기밀을 낱낱이 공개해서 적을 이롭게 하는 것이 옳다는 것인지 모르겠다.

나는 이명박 정권을 두둔하고 싶은 생각은 추호도 없다. 물론 야당을 비난할 생각도 없다. 그러나 여당과 야당이 나누어져서 공방을 주고받는 것은 우리 국가를 이롭게 하기 위해서다. 정권을 쟁취하기 위해서 나라에 해가 되는 것도 서슴없이 행하는 것은 정치가가 아니라 사기꾼이다.

좌파든 우파든 국가의 정책을 펴는 데 그 방법상의 차이에서 다를 뿐이다. 국익과 배치되는 일이나 말을 할 때는 여지없이 징계해야 한다. 그들을 징계할 사람은 우리들 국민들이다. 국가의 안보 문제를 놓고 말의 농간을 부리는 정치가는 우리 사회에서 영원히 추방해야 된다. 그것이 좌파이든 우파이든 상관없이.

(2010. 5.)

7. 거짓말의 진실

거짓말의 진실

거짓말이 나쁘다는 것은 누구나 알고 있다. 그러나 대체로 선의善意의 거짓말은 용서된다. 아니, 용서된다기보다 착한 일이라고 오히려 권장되는 경우도 있다. 가령 환자의 수명이 얼마 남지 않았다는 사실을 의사는 솔직하게 알려주지 않을 때가 있다. 살려는 의지조차 꺾어 버릴 수 있기 때문이다. 수명의 경우 솔직하게 알려주어야 할지, 말아야 할지 한때 논의의 대상이 되기도 했다. 지금은 차라리 솔직하게 알려 주는 것이 옳다는 의견이 지배적이다. 적어도 세상을 떠나기 전에 신변 정리를 할 수 있는 기회를 마련해 주는 것이 도리 아니냐는 편이다. 물론 그 반론도 만만치 않지만.

최근의 텔레비전 드라마를 보고 있으면 등장하는 인물들이 수시로 거짓말을 하고 있는 것을 본다. 물론 선의의 거짓말이다. 헤아려 보았더니 한 드라마에서 수십 번도 더 하는 것을 보았다. 우리의 일상이 그러한 모양이다. 착한 인물일수록 이 선의의 거짓말을 더 많이 하는 것을 알 수 있다. 가령,

기분 나쁜 일을 당해서 언짢은 표정을 짓고 있는 인물에게 "무슨 일 있었니?" 라고 어른이 물으면, "아니에요. 아무것도 아니에요." 라고 답한다. 그렇게 대답해야만 착한 인물의 전형이 되는 것처럼.

솔직하게 말했더라면 일이 쉽게 풀릴 수 있었던 것을 숨기고 말하는 통에 일이 점점 더 꼬이게 되는 수가 있다. 이런 경우를 보자. 남편이 딴 여자와 노닥거리는 것을 보고 기분이 몹시 상해서 돌아와 혼자 끙끙 앓는다. 시어머니가 그 언짢은 표정을 보고 무슨 일이 있었느냐고 묻는다. 착한 여자는 금방 표정을 바꾸어 아무 일도 아니라고 대답한다. 너무도 능청스럽게 대답해서 시어머니는 정말 아무 일이 없는 것으로 여기고 그냥 넘어간다. 그렇게 해야만 착한 며느리의 전형이 되는 것으로 설정한 모양이다. 아무것도 아닌 것이 아니라는 사실이 알려지게 되면서 남편과의 갈등은 더욱 심화된다. 시어머니에게 그때 그 사실을 그대로 말했다면 일이 더 나쁘게 진행되는 것을 막았을지 모른다. 물론 극의 긴장을 위해서 필요한 장치인지 모르겠다. 사실을 눈치채고 묻는 시이머니에게 아니라고 대납하는 것은 분명히 거짓말이다. 이런 거짓말은 얼마든지 해도 좋다는 상식이 깔려 있는 것이다. 아니 선의의 거짓말을 하는 것은 착한 사람의 모델이 된다는 뜻인지도 모르겠다. 그러나 거짓말은 거짓말이다. 아무리 선의의 거짓말도 자꾸 하게 되면 거짓말 자체에 둔감해질 수 있다는 뜻이다.

흔히 거짓말이 유머가 되는 수가 있다. 그러나 그것은 곧 상황이 반전되어 유쾌한 웃음으로 끝날 때 말이다. 거짓말을 하고도 시침을 떼고 있다가 그것이 사실이 아닌 것으로 판명 나고서야 유머였다고 변명하는 것은 유머도 선의의 거짓말도 아니다. 악랄한 거짓말일 뿐이다. 요즈음의 세태를 보면 나는 사회 전체가 이 악랄한 거짓말에 중독되어 있다는 느낌을 받는다. 거짓말을 하고도 솔직하게 시인하는 경우가 드물기 때문이다.

텔레비전 드라마에서 극중의 인물들이 수시로 거짓말을 하고 있는 것을 보고 있으면 비록 선의의 거짓말이라고 해도 우리 민족이 그런 DNA를 갖고 있는 것인지 의심될 때가 있다. 아니면 오랜 유교문화의 전통에서 온 것인지도 알 수가 없다. 가령, 아직도 더 먹고 싶은데 체면을 차리기 위해 사양하는 경우가 흔했다. 가난했을 때의 그 겸양의 전통이 남아서 그런지 모르겠다. 불쾌한 말, 억울한 말을 듣고도 어른에게 바른 대로 말하면 안 된다는 그 예의를 지키기 위해서 사실과는 다른 말을 할 수도 있다. 물론 이러한 전통이 점점 사라져가고 있는 것은 사실이지만 아직도 언행 속에 얼마쯤은 살아 있다. 이러한 전통 때문에 선의의 거짓말이 오히려 미덕으로 간주되었는지 모른다. 드라마 인물들의 거짓말도 이의 연장선상에 있다. 그러나 선의의 거짓말로 인해 사실과 거짓말의 구별이 애매해져 가는 것은 분명히 큰 문제라 하지 않을 수 없다. 사회 전반이 거짓말에 대해서 자꾸만 둔감해져 가고 있는 듯한 느낌을 받기 때문이다.

국회의 청문회를 볼 때마다 장관들의 거짓말이 항상 문제가 된다. 장관될 생각을 하지 않고 있다가 장관이 되고 나니까 그의 거짓말 했던 이력이 샅샅이 드러나는지, 아니면 국민들 대부분이 그런 거짓말을 예사롭게 했는데 들통이 나고 보니 죄가 된다고 생각하는지 모를 일이다. 자녀를 위해서 허위 전입했던 사실은 안한 사람이 거의 없을 정도가 되니까 그것은 눈 감아 주자는 의견이 나올 정도다. 하기야 가옥 매도 계약 시 사실대로 신고하지 아니해도 법에 전혀 저촉되지 않았던 시기가 있었다. 이른바 다운 계약서 작성이다. 흠집을 내기 위하여 그 사실을 들고 나왔던 의원도 있었다. 질책하고 있는 그 사람을 청문회에 세워도 아무 흠이 없을까 생각해 볼 일이다. 그러니까 보통의 사람들은 대부분 그런 거짓말을 하면서 그것이 잘못이 아니라고 생각하고 산다는 말이다. 자기의 아버지가 만주에서 지독한 친일파 형사를 했는데도 독립운동을 했다고 거짓말을 했다가 창피를 당한 국회의원도 있었다. 자기 선조에 대해서 거짓말을 하는 것은 그렇다 치더라도 자신에 대해서 당장 드러날 거짓말을 버젓이 하고 있는 것은 낯 뜨거운 일이다. 때로는 거짓말이 유리하다는 것을 알고 예사롭게 거짓말을 하고도 그것이 잘못인 줄도 모르고 행동하는 일이 비일비재하다. 한 걸음 더 나아가서 자기의 거짓말은 선의의 거짓말이고 남의 거짓말은 악의의 거짓말이라고 생각하는 경향까지 있다. 특히 정치인들에게 그런 경향이 두드러지게 나타난다. 그런데 정치인은 거짓말을 밥 먹듯이 하는 거짓말쟁이로 국민들은 알고 있으니 한심한 일이다.

후진국일수록 거짓말을 예사롭게 한다고 알려져 있다. 정치인들도 그렇지마는 일반인도 마찬가지다. 내가 미국에 유학하는 동안 후진국에서 온 유학생들이 하도 거짓말을 잘해서 자기들이 피해를 본다고 불평을 하는 한국 유학생들을 많이 보았다. 거짓말 하는 그들은 거짓말이 나쁘다는 생각은 전혀 하지 않고 그것이 유리하게 사는 한 방편이라고 생각한다는 것이다. 피해는 애꿎은 옆 사람이 당한다고 하소연하고 있었다. 한국 사람은 그들보다는 낫다고 생각하고 있는 것이다.

알다시피 선진국에서는 거짓말은 절대로 용납되지 않는다. 닉슨이 대통령직을 사임한 것도 도청 자체보다는 도청했다는 사실에 대해서 거짓말을 했기 때문이다. 그 거짓말이 판명되지 않을 때까지는 이익을 보는 듯하다. 그러나 일단 그 사실이 탄로나면 그의 어떤 말도 신뢰를 받을 수 없다. 한 번의 거짓말로 찬란한 미래가 나락으로 떨어지는 경우가 많다. 거짓말로 일시적 이익을 보았다가 평생을 괴롭게 산다고 생각하면 거짓말할 엄두를 내지 못할 것이다.

미국에 처음 갔을 때의 일이다. 물건을 사서 얼마 지나지 않아 실수로 깨뜨린 경우, 그 점포에 가서 처음부터 이런 결함이 있었다고 말하면 두말없이 바꾸어 준다. 한국 사람에게는 그것이 너무 신기했다. 한국에서는 처음부터 결함이 있는 물건도 다시 가서 교환해 달라고 하면 거절당하거나 한참 승강이를 벌여야 겨우 교환이 되던 시기였다. 그런 것에 익숙했던 우리들에게는 그런 일이 신기할 수밖에 없었다.

미국에 사는 친구의 이야기다. 그의 친구가 병원을 개업하고 있을 때, 손님들이 가지고 오는 돈을 슬쩍 자기 주머니에 넣었다가 큰 코를 다친 적이 있다는 것이다. 한국 같으면 자기 병원에 온 환자의 치료비를 자기 호주머니에 넣는 것이 죄가 된다고 생각하지 않는다. 미국에서는 어떤 수입이든 반드시 세금 신고를 해야 한다. 신고를 하지 않고 자기 주머니에 슬쩍 넣는 것은 도둑질이나 다름없는 것이다. 당시 한국에서는 정직하게 신고하는 것이 오히려 바보에 속한다고 말하던 시기였다. 그 일이 있고부터 간호사가 치료비를 받아서 아무 말도 않고 자기 주머니에 챙겨 넣기 시작했다는 것이다. 그것을 따졌더니 당신은 그러지 않았느냐고 오히려 당당하게 대들더라는 것이다. 해고를 시키면 지금까지 포탈한 세금을 전부 폭로할 것이라고 오히려 위협했다. 속이 쓰렸지만 엄청난 벌금이 무서워 속으로만 끙끙 앓았다는 것이다.

지금까지 한국에서는 연례행사처럼 노동쟁의가 시끄럽게 진행되었다. 시위를 시작했으면 마침내 파업까지 치닫고는 끝이 난다. 나는 과격한 노동단체들의 지나친 행위가 못마땅했다. 그러나 그 속에는 사업주들의 거짓말에 대한 반항이 많이 담겨 있다고 생각한다. 계속해서 터지고 있는 비자금 사건이 그것을 잘 말해 주고 있다. 해마다 있었던 자동차 노조의 파업이 올해는 조용히 지나간다니 신기하고 반갑다. 비자금 수사가 철저해지니 사업주들도 조심하고 있기 때문인가. 그것도 분명히 무파업 협상에 일조를 하고 있을 것이다.

미래학자 존 나이스비트는 중국이 서구 민주주의의 대안을 만들어 줄 수 있다고 말한 바 있다. 중국은 권력을 양단하여 지도부와 피지배자층이 상하 관계를 유지하면서 통치되고 있다는 것이다. 문맹에 가까운 무식층과 교육을 많이 받은 지도층이 다 각기 한 표의 투표권만 행사할 수 있는 상태에서는 통치의 방향이 어디로 갈지 모르는 것이 사실이다. 현명한 지도자만 만난다면 그런 정치가 좋은 제도로 이루어질 수 있다. 일찍이 소크라테스는 민주주의를 우중愚衆 정치라고 했다는데 사실 후진국에서는 잘못하면 우중 민주정치가 될 수 있다. 물론 독재정치로 변질되어 국민을 괴롭힐 수도 있지만.

기 소르망은 "중국이라는 거짓말"이라고 폄하했다지만 어떤 국가에서도 민주정치가 최선의 정치가 될 수 있다고 나는 생각하지 않는다. 이념이 옳다고 해서 반드시 옳은 정치가 되는 것이 아니라, 현실에 맞는 정치, 상황에 따라 옳고 그름이 달라질 수 있는 정치가 좋은 정치다. 일사불란한 정치가 반드시 좋은 정치라고는 물론 나는 생각하지 않는다. 그러나 정치가 싸움질하는 것으로 생각해서 매양 여야가 으르렁거리고 다투면서 하는 정치도 결코 좋은 정치가 될 수 없다. 이 시점에서 한국의 정치제도를 어떻게 운영해야 될지 근본적으로 숙고해 볼 필요가 있다. 온갖 집단들이 저마다 옳다고 주장하고 있는 정치, 백가쟁명百家爭鳴의 의견으로 배가 산으로 올라가는 한국의 정치, 그 말을 어떻게 다 들어줄 수 있을까. 미디어가 발달하고 보니 제멋대로 한마디씩 하는 세상이다. 그 중에는 거짓말도 이루 헤아릴 수 없이 많다. 거짓말을 하고도 전혀 책임의식을 느끼지 못하는 세상이 되었다. 특히 댓글이라는 것이 그렇다.

잘한 정치와 못한 정치는 세월이 한참 지나고 나서야 판가름 나는 것이니, 현명한 정치란 참으로 알기 어렵다. 근래 박정희 대통령에게 그렇게 앙숙처럼 대어들던, 백기완 씨가 박정희 씨를 저렇게 높이 찬양하는 글을 인터넷에 올리는 것을 보니 수십 년 전 일이 새삼스러워진다. 자기들 같은 사람 3천 명이 죽어라고 반대하던 일들이 후에는 3천만 국민을 살리는 길을 열었다고 고백하고 있으니 그의 잘못을 솔직하게 시인하는 것도 대단한 용기지만 반대를 위해서 반대하는 사람들, 반대해야만 높은 식견을 가지고 있다고 생각하는 유명 인사들에게 경종이 되는지도 모를 일이다.

(2010. 9.)

싸움 본능

한국 국회는 왜 그리 만나면 허구한 날 싸움만 해대는지 모르겠네, 라고 혼잣말처럼 중얼거렸더니, 곁에서 듣고 있던 이어령 교수가 싸워서 다져진 몸 아닌가, 우리 민족은 싸우면서 삶의 의지를 불태워 온 민족이니까 싸우는 것도 나쁘지 않다는 것이다. 좁은 국토에서 잘 버티고 살 수 있었던 것도 싸움으로 내성이 길러진 덕분이라는 말이다. 마치 감기 바이러스에 내성이 길러져서 다음에 들어오는 감기에는 강해지는 이치와 같다는 뜻이다. 하기야 애들은 싸우면서 큰다는 소리를 어른들로부터 어려서 많이 들었다. 민주정치의 역사로 말하면 한국은 아직도 어린애에 불과하니까 서로 싸우면서 의회정치를 익히는 과정인지도 모르겠다.

며칠 전 인요한 교수가 텔레비전에 나와 '갈등을 넘어 세계로'라는 주제로 강연하는 것을 들었다. 그는 순천에서 태어나 4대째 한국에 살고 있는 미국인이다. 물론 조부는 선교사로 파송되어 왔고, 미국인이라고 하지만 한국 사람보다 한국말도 잘하고, 한국 문화에 대해서도 많이 알고 있었다. 이따금 한국인이 도저히 따라할 수 없는 그의 선행이 신문에 보도된 적이 있었는데 모두들 놀라움을 금치 못했다. 현재 그는 연세대학 의과대학 교수로서, 그리고 훌륭한 의사로서 한국인이 못할 일을 많이 하고 있다.

하지만 그의 핏줄에는 코케이시안의 혈액이 흐르고 있는 것을 나는 분명히 느낀다. 사물을 판단하는 것이 감정에 치우치는 한국인과는 달리 냉철하다는 점 때문이다. 그의 강연 요지는 "세계에서 가장 우수한 두뇌와 재능을 가진 한국인들이 올해 한국 사회를 짓눌렀던 갈등과 분열을 넘어 새해에는 단합과 화합으로 세계의 모범국가가 되길 바란다."라는 내용이었다. 앞의 부분은 한국인을 칭찬하는 것임에 틀림없지만, 뒷부분은 분명히 우리를 꾸짖고 있는 말이다. 국회의원들의 싸움질이나 광우병 시위로 몇 달 동안 한국을 들끓게 했던 일, 용산 재건축으로 인한 시위와 참사, 평택 쌍용 자동차 시위꾼들의 끈질긴 투쟁 등을 마음에 두고 있었던 것이 분명하다.

해방 후 한국은 갈등의 소용돌이 속에 있었다. 국제 정세 때문이라고 할 수 있지만, 남과 북의 분단, 그로 인한 6 · 25 전쟁, 전쟁으로 인한 피비린내 동족끼리의 살육, 아프리카의 미개민족도 아닌데 이념이 다르다고 해서 상대를 그렇게 무자비하게 죽일 수 있는가. 전쟁터에서야 어쩔 수 없다고 치더라도 후방에서 민간인끼리 이리 밀리고 저리 밀리면서 서로를 잔혹하게 죽인 경우가 얼마나 많았던가.

지금은 어쨌든 남과 북이 휴전선을 경계로 해서 나누어져 있으니까 그 어처구니없는 싸움은 멈추어져 있는 듯하다. 하지만 한국의 국회를 보면 그 싸움질의 근성은 그대로 간직하고 있는 듯이 보인다. 서로 잘 의논해서 좋은 법안을 만들고 나라 정치를 잘하기 위해서 국회의 존재 가치가 있는 것이지 정권을 쟁취하기 위한 수단으로 존재하는 것은 아니다. 밤낮 싸움질이나 해

대니 분명히 본말이 전도되어 있다. 중요한 안건을 처리할 때마다 말로 하는 것이 아니라, 몸으로 부딪쳐 끝장을 낸다. 그런 국회의원들을 위해서 국회가 존재하는 것도 아니고, 더구나 그들을 위해서 국민의 세금을 쓴다는 것은 아깝기 짝이 없다. 민주주의는 코케이시안이 고안해 낸 이상적인 정치형태이고, 우리 민족에게는 맞지 않는 것이 아닌가 하는 의구심이 들 때가 있다. 이성보다는 늘 감정이 앞서서 행동하는 국회의원들을 보고 우리 민족 전체의 몸안에 그런 DNA를 갖고 있지 않는가 하는 생각이 들어서 하는 말이다.

내가 워싱턴 대학에서 유학하는 동안 어떻게 한국학생회 회장직을 맡은 적이 있다. 그때 시애틀 신문에 〈한국인은 동양의 니그로〉 라는 제목의 기사가 실린 적이 있었다. 한국인 한 사람이 같은 한국인에게 총에 맞은 사건이 일어난 일이 있어서 수사당국이 조사하는데 한국인들이 도무지 협조를 해주지 않는다는 것이었다. 요행히도 피해자는 허리띠의 버클에 총탄을 맞아 생명은 건질 수 있었다고 했다. 한국에서 들어온 조폭이 무슨 이권 때문에 그런 일을 저질렀다고 얘기하는 사람도 있있지만 모르는 일이다. 수사 당국도 어렴풋이 짐작은 하고 있었지만 사건은 오리무중이었다. 미국 경찰은 한국인들을 찾아다니며 수사를 했지만 아무도 입을 여는 사람이 없었다는 것이다. 그 무렵 샌프란시스코의 차이나타운이 문제가 되어 있었다. 차이나타운 안의 사건은 자기들끼리 해결하기 때문에 살인사건이 일어나도 경찰이 쉽게 손댈 수 없었다. 미국 안에서 일종의 치외법권 지역으로 알려져 있었다. 한국교민이 늘어가는 데다가 가끔 이런 사건이 일어나니까 경찰 당국이 예민한 반응을 보일 수밖에 없었다. 경찰이 조사에 나서면 한국인들은 전부 쉬쉬하면서 입을 열지 않는다고 했다. 제이의 차이나타운이 되지 않을까 당국은 염려하고 있었다. 이런 한국인의 태도를 곱게 보지 않았던 신문은 조금 꼬집는 태도로 보도했다. 유학생 몇이 내게 전화를 걸어서 시애틀신문사 앞에 가서 규탄하는 시위를 벌이자고 했다. 한국인을 오죽 무시했으면 '동양의 니그로'로 표현하느냐고 했다. 한국인을 모욕해도 유분수지 어디 흑인에 비유하느냐는 것이 데모를 하자는 취지였다. 신문의 이 타이틀도 어떤 한국인이 자조적으로 한 말이라고 한다. 내가 학생회장이니까 한국 학생들을 그 시위에 좀 동원해달라는 뜻이었다. 나는 참가하고 싶지 않다고 분명히 말했다. 한국인을 니그로에 비유하는 말이 무슨 그리 큰 모욕이 되느냐는 생각에서였다. 그런 시위를 벌인다면 흑인들이 분노해 한국인에 대해서 시위를 벌일지도 모른다는 생각이었다.

6 · 25 전쟁 때 참전한 흑인을 처음 본 한국 사람들은 심한 편견을 갖고 있었다. 당시 흑인에 대해서 온갖 헛소문이 떠돌고 있었는데, 참말이라고 믿고 있는 사람이 대부분이었다. 값나가는 물건, 이를테면 금반지나 시계 같은 것을 차고 있으면 무조건 뺏어간다든지, 벌건 대낮에도 한국 여자를 보면 덮친다는 소문이 그 무렵 돌았다. 나의 고모님도 실제로 그렇게 믿고 바깥출입을 할 때 남장을 하고 다녔다. 조금 과장해서 말한다면 흑인을 우리와 같은 사람으로 보지 아니 했던 것이다. 흑인들과 접촉할 기회가 거의 없었던 탓이다. 물론 미국에서 차별이 사라진 것도(지금도 완전히 없다고는 할 수 없겠지만) 그리 오래 되지는 않았다. 이제 흑인 대통령까지 나왔으니 그때와는 많이 달라졌다고 할 수 있다. 수십 년 전의 한국이야 오죽했을까.

어쨌든 그런 기사 때문에 시위를 하는 것에 대해서 나는 찬성하지 않았다. 민주주의는 시위를 자유롭게 할 수 있는 문화로 착각하고 있는 사람들이 의외로 많은 듯하다. 말보다는 주먹이 먼저라는 그 전통 때문일까. 독재 정권에 오랫동안 시달려 쌓아 온 불만 때문일까. 하기야 지금도 독재정치 물러가라고 외치는 사람들이 더러 있기는 하지만 분명히 독재정치가 아니다. 그럼에도 불구하고 말보다는 시위로 문제를 해결하려고 드는 사람이 많다. 하긴 광복 이후

줄곧 시위가 우리 정치의 중심에 서 있지만, 요즈음 들어 부쩍 더 심한 것 같다. 특히 노동계가 시위 문화를 주도하고 있지만, 때로는 민주주의의 본질이 툭하면 시위인 것처럼 행동하는 사람들이 있다. 한국인을 '동양의 니그로'라고 한 신문에 대하여 시위로 본때를 보여주자는 발상도 그래서 생긴 것 같다.

몇 년 전 타임지 기자가 우리 집에 머물다 간 적이 있었다. 어느 날 헐레벌떡거리며 집에 황급히 들어왔다. 그가 남대문 시장 근처를 지나가는데 앞에서 오는 사람이 자기의 어깨를 툭 치며 지나가더라는 것이다. 싸움을 거는 줄 알고 주먹으로 한 대 갈기고는 겁이 나서 집으로 도망쳐 오는 길이라고 했다. 들으니 그가 잘못한 것이 분명했다. 한국 거리에서는 어깨를 부딪치며 걷는 것이 예사라고 설명해 주었다. 아마 그 사람은 왜 미국인이 자기를 때렸는지 몰랐을지도 모른다. 혼잡한 곳에 가면 흔히 어깨를 부딪치는 것이 예사인데 서양인의 생각은 그렇지 않은 모양이다. 넓은 곳에 사는 사람과 비좁은 곳에 살던 사람과의 차이인지 모른다.

한국의 국회를 보면 의원들끼리 몸을 부딪치거나 주먹을 날리는 것이 흔한 일로 되어 있다. 그러고도 흉기로 찔렀다거나 총을 쏘지 않았던 것을 보면 한국적 싸움에 어지간히 이력이 난 모양이다. 어떤 정책을 수행하기 위하여 설명회를 열거나 공청회를 하면 한번도 제대로 진행되는 것을 보지 못했다. 들으나 마나 한 소리를 짜고 한다고 생각하는지 아예 설명회 자체를 열지 못하도록 한다. 우리들의 국회도 마찬가지다. 대화를 가지지 못하는 국회, 겨우 성원만 시켜놓고 좌석을 비우고 돌아다니는 국회의원들, 오죽하면 국회의장이 출석을 부르겠다고 했을까. 의안이 상정되면 충분한 토론을 거쳐서 좋은 법안이 되도록 노력해야 할 텐데, 아예 가부를 정해 놓고 토론 자체를 거부하고 있는 태도, 걸핏하면 단상부터 점거하고는 몸싸움부터 하는 국회, 그런 국회가 민주 국회인지 의심스럽다. 내가 이런 말을 하면 뭐 다 아는 얘기를 새삼스럽게 하느냐고 한심하다는 듯이 바라보는 사람도 있을 것이다. 그러나 원칙에 따르지 않는 것은 민주주의를 포기하는 행위와 같다.

맹수들의 싸움을 동영상으로 본 적이 있다. 박진감 넘치는 싸움이어서 손에 땀을 쥐게 했다. 특히 호랑이와 사자의 싸움은 어느 쪽이 이길까 평소 아주 궁금했는데 격렬한 싸움 뒤에 과연 어느 쪽이 이기고 졌는지 가늠을 할 수 없을 정도로 지쳐서 널브러져 누워 있었다. 두 놈 다 그 싸움에서 심한 상처를 입은 듯했다. 결국 죽자 살자 싸운 결과는 거의 치명적인 상처뿐이라고 할 수 있다. 싸움을 붙인 쪽은 아마 인간일 것이다. 동물원 같은 곳에서 두 놈의 싸움 결과가 어떻게 되는지 싸우는 광경이 재미있을 듯해서 칸막이를 풀어놓고 싸우게 한 것으로 생각된다. 맹목적으로 싸우는 그들의 모습을 보면서 우리 인간들의 싸움도 그럴 것이라는 생각이 들었다. 창조주가 있다면 인간의 싸움이 얼마나 재미있는지 저 위에서 지켜보고 있을지도 모르는 일이다.

육식동물이 초식동물을 잡아먹는 것은 싸움이라고 할 수 없다. 그 결과는 언제나 일방적이기 때문이다. 저가 살기 위해서 약한 초식동물을 공격해서 먹이를 얻는 것이고, 당하는 쪽은 운이 없어 희생당하는 것이다. 대등한 힘을 가진 동물은 서로의 영역을 지키기 위하여 싸우거나, 무리의 우두머리가 되기 위해서 싸운다. 호랑이와 사자의 싸움이나, 같은 사자끼리, 호랑이끼리의 싸움은 위계질서를 정하기 위해서일 것이다. 양이나 염소 등도 우두머리를 차지하기 위하여 그들끼리 맹렬한 싸움을 벌일 때가 있다. 싸우다가 목숨을 잃는 경우도 있겠지만 대개는 지는 쪽에서 물러나는 것으로 끝난다.

그러나 인간끼리의 싸움은 대규모전이다. 인간은 무기를 점차 대량살상 쪽으로 발전시켜 왔기 때문에 싸움이 시작되었다 하면 수많은 사람들이 참혹하게 죽는다. 세계일차대전이나 이차대전의 그 무모한 대량살상이 바로 그러한 예다. 모든 전쟁에는 원인이 있다. 그러나 호랑이와 사자의 싸움처럼 하지 아니해도 될 전쟁을 하는지도 모른다. 저 하늘 위에서 구경하는 것을 재미있어 할 하나님을 위해서 말이다. 인간들이 수없이 죽어가는데도 끝낼 줄을 모르고 어느 한쪽이 졌다고 손들 때까지 싸운다. 가끔 소국들의 싸움은 뒤에서 편을 들어주는 대국들에 의하여 휴전을 하는 수가 있다. 지금은 핵이라는 무서운 무기를 갖고 있어서 싸우면 공멸한다는 생각 때문에 대국들은 싸움 붙기를 서로 겁내고 있다. 그러나 인간도 동물의 하나인지라 싸움 본성은 몸속에 깊이 감추고 있을 것임에 틀림없다.

나는 가끔 테니스를 치다가 문득 내가 들고 있는 이 라켓이 옛날 옛적에는 무기가 아니었을까 하는 생각을 한다. 테니스뿐 아니라, 모든 운동 시합은 싸우는 동물의 본성에서 출발했다는 생각이 든다. 축구, 농구, 야구, 골프 모두 그렇다. 싸워도 서로의 몸에 큰 손상을 입히지 않는 싸움, 그것을 인간은 개발한 것이다. 성인들은 인간의 이 싸움 본능을 경계해 왔다. 사랑, 자비, 인애, 평화 그런 말로 싸우지 말 것을 가르쳐 왔다. 그러나 그들의 가르침은 좀처럼 실현될 기미가 보이지 않는다. 그러나 운동 시합으로 그 싸움 본능을 돌리게 한 것이 큰 효과를 보는 듯하다. 서로의 몸에 큰 손상을 입히지 않고 그 싸움 본성을 재미있게 즐길 수 있는 것이 바로 운동 아닌가.

정치에 있어서도 마찬가지다. 옛날에는 정적과 싸우다가 지면 유배당하거나, 투옥되거나, 심하면 목숨을 잃게 된다. 민주정치에서는 지더라도 목숨을 잃지 않는다. 아니, 언젠가 그 정적을 물리치고 다시 승자가 될 수 있는 기회를 만들 수 있다. 여당과 야당이 그렇게 해서 생기는 것이다. 승자와 패자의 지위가 바뀔 때 큰 희생을 치르지 않아도 되는 것이 선진한 민주주의 정치다.

우리나라의 국회를 보면서 동물적 싸움의 본능을 어느 정도 자제할 수 있는지 가늠해 본다.

(2008. 10.)

배신의 역사

배신背信이란 신의信義를 저버리는 일이다. 대체로 믿었던 사람으로부터 배신을 당하기 때문에 당하고 나면 괘씸하기 이를 데 없다. 낯 모르는 사람이나 설핏 안 사람으로부터 배신을 당하는 경우는 사기를 당했을 때를 이른다. 금액이 큰 경우는 지체 없이 경찰에 고발하거나 고소를 하기 마련이다. 그러나 친구나 친지의 경우는 큰 손해가 나지 않았다면 속으로 괘씸하게 생각할 뿐 다음부터 상대하지 않으면 되지 하는 생각으로 그냥 넘겨 버린다. 남녀 관계의 배신이란 대체로 결혼을 전제로 해서 사귀고 있던 사람을 바꿀 때 일어난다. 혼인빙자간음죄라는 것이 있어 결혼할 것처럼 사귀면서 성관계까지 맺었다가 마음을 돌리는 경우 이런 죄목으로 처벌했다. 내가 알기로는 최근에 이런 죄목으로 처벌하는 경우가 없어진 것으로 안다. 결혼한 사람이 배신한다는 것은 바람을 피운 경우를 말한다. 그로 인해 다투다가 배신한 쪽의 사과를 받아들이는 선에서 마무리되는 수도 있지만 이혼까지 가는 경우도 있다. 어쨌든 배신을 하는 쪽은 지탄을 받기 마련이고 배신을 당하는 쪽은 한동안 속앓이를 한다.

개인 간의 배신은 정신적이든 물질적이든 크거나 작거나 피해를 주고받는 것으로 끝난다. 그러나 조직의 경우에는 목숨이 걸리는 경우가 흔하다. 그 조직이 크면 클수록 배신의 징계는 매우 엄하게 집행된다. 조폭 사회에서도 조직을 배신한 사람에게 가하는 징벌이 엄한 것을 우리는 알고 있다. 하지만 그것은 어디까지나 불법이라 내놓고 할 수는 없다. 국가와 같은 큰 조직의 경우 배신행위는 법에 의하여 처벌을 받는다.

무릇 모든 인간은 조직체 안에서 생활한다. 본인이 어떤 조직에 속하고 싶지 않다고 거부해도 소용없는 일이다. 조직은 태어나자마자 마치 운명처럼 우리에게 덮씌워져 있다.`

생존의 방편으로 조직이 생겨났을까, 아니면 자연의 섭리일까. 동물의 세계를 보면 자연의 섭리라는 생각이 든다. 대체로 동물들은 무리를 지어 살게 되이 있고, 무리가 있으면 우두머리가 있게 마련이다. 그 위계질서는 힘에 의하여 결정된다. 그 우두머리가 노쇠하거나 힘이 약해지면 다른 힘센 놈에 의하여 우두머리가 바뀌고, 새로운 질서가 수립된다.

그러나 인간의 경우 조직의 체계가 매우 복잡하다. 관습, 문화, 종교 등이 거기에 개입되어 있기 때문이다. 국제적인 관점에서 보면 물론 힘이 조직의 가장 중요한 요소가 되어 있다. 그러나 이 지상에는 수백 개의 국가가 있고, 수천의 종족이 있고, 문화와 종교가 있으니, 단순한 힘만으로는 조직이 유지될 수 없다. 더구나 국제 관계는 복잡한 사슬에 얽혀 있어서 그 힘도 대다수의 인간들에 의하여 정당성을 인정받아야 한다.

이나미 리츠코가 쓴 ≪배신자의 중국사≫를 읽으면서 그 배신자들의 행위에 앞서 조직이라는 것이 얼마나 무서운 것인가를 새삼 깨달았다. 알다시피 중국은 한족이 8할 이상을 차지하고 있다. 그런데 한족이 지배한 나라는 그리 많지 않다. 대부분의 경우 한족이 오랑캐라고 멸시하는 민족의 우두머리가 조직한 국가에 의하여 다스림을 받았다. 이민족이지만 일단 정권을 장악하고 그 정권이 만든 조직 속에 살게 되면 개인의 생각이 아무리 다르더라도 어쩔 수 없이 따라야 한다. 소수민족에 불과했던 청나라가 중국 전체를 그처럼 오래도록 다스린 것을 보면 조직이라는 것이 얼마나 무서운 것인가를 새삼 깨닫는다. 중국은 워낙 넓은 지역이라 무수한 나라가 세워졌다가 망하고, 다시 다른 조직에 의하여 나라가 세워지기도 했다. 그런데 이나미는 그 바뀐 역사를 배신자들의 관점에서 보고 기술하고 있다.

구왕조를 멸하고 새 왕조를 여는 것은 어떻게 말하든 배신행위라고 할 수 있다. 외부 조직에 의하여 망하는 수도 있지만, 내부 조직의 배신으로 망하는 경우도 많다. 이나미는 주로 이 내부 조직의 의하여 망하는 것에 초점을 맞추어 ≪배신자의 중국사≫를 쓴 것이다. 그런데 왕조를 창건한 사람이 정당성을 가질 때는 배신자라고 부르지 아니한다. 그 '정당성'이란 주로 역사를 기술하는 사가들에 의하여 결정된다. 동물의 세계도 배신에 의하여 조직이 바뀌지만, 기록하는 자가 없으니 그것은 자연 현상으로 치부되지만 인간은 기록을 남기기에 배신이 될 수도 있고 정당한 조직의 교체도 될 수 있는 것이다. 고려 왕조를 무너뜨리고 이씨 왕조를 창건한 것은 그 당시로서는 이성계가 분명히 배신자이지만 그를 우리는 배신자로 부르지 아니한다. 그를 정당화하는 역사가들이 더 많기 때문이다.

중국의 수많은 왕조들이 배신자들에 의해서 망하고 다른 왕조가 시작되었지만, 유독 필자의 눈을 끄는 것은 왕망에 대한 기록이다. 왕망王莽은 세도가 집안에서 태어났지만 "화려한 나날을 보내는 사촌들"과는 달리 불우한 세월을 보내고 있었다. 그렇지만 속으로 결심한 바가 있어서 사촌들과는 철저히 반대의 길을 걷기로 마음을 먹었다. ≪예기禮記≫를 배워 예교의 규범대로 살았다. 허술한 옷을 몸에 걸치고 청빈한 선비의 생활을 즐겼으며 사별한 형수와 조카들을 성심껏 돌보면서 어머니에게는 효도를 극진히 했다. 이리하여 세간의 평판이 사뭇 높았으며 그가 관직을 맡는다면 모든 사람의 모범이 될 것이라고 생각할 정도였다. 때마침 왕씨 일족의 총수인 왕봉이 중병에 걸렸을 때 만사를 제치고 병상으로 달려가 몇 달 동안이나 봉발구면(蓬髮垢面 : 헝클어진 머리에 때 묻은 얼굴)에 불면불휴(不眠不休 : 자지도 않고 쉬지도 않고)의 헌신적 수발을 계속했다. 이를 고맙게 생각한 왕봉의 부탁으로 작은 관직에 임명될 수 있었다. 이를 계기로 해서 왕망은 내외의 신망을 받아 출세의 가도를 달리기 시작했다. 마침내 최고의 실력자인 대사마의 지위에 오른다. 여기서 주목할 것은 "성인군자의 가면"을 쓴다든지 "성인군자의 포즈"를 취한다고 이나미는 기록한다는 점이다. 중고등학교 시절 동양사를 배울 때 왕망이라는 인물을 으레 부정적으로 기술하고 있었던 것을 기억한다.

왕망의 모친이 병에 걸렸을 때 조정 중신의 부인들이 모두 문병 왔고 이때 왕망의 부인을 모두 하녀로 알 정도로 허술한 옷을 입었다고 한다. 그뿐이 아니다. 둘째 아들이 하인을 때려죽이는 사건이 일어났을 때 그 아들을 자살하게 만든다. 장남도 그를 반대하는 무리에 섞였다고 해서 죽음으로 몰아넣는다. 왕망이 최고의 권력을 잡았을 때 제일 먼저 착수한 대사업이 학문의 전당을 짓고 학자들을 초빙하여 그 의견을 모으는 일이었다. 최고의 권세를 쥐고 있으면서 이 정도로 몸을 낮추고 아들마저 죽일 정도로 옳은 일에는 시비가 분명하게 행동을 한다는 것은 결코 쉬운 일이 아니다. 더구나 학문을 진흥시키고 선비들을 대우했다면 결코 그를 나쁜 치자治者로 몰아붙일 수는 없다고 생각된다. 그런데 이나미는 거짓 군자의 행세를 하면서 학자를 모아서 용의주도하게 이론 무장을 하고 여론을 조작하여 인기를 한껏 부추긴 뒤

권력을 한 손에 쥐고 왕위를 찬탈하는 데 성공했다는 것이다.

중국사를 보면 왕위 찬탈이 많이 있었는데도 불구하고 유독 그에게만은 한결같이 혹독한 평가를 내리고 있다. 그것은 정통의 한漢 왕조를 망하게 했다는 사실 때문일 것이다. 그보다 더 중요한 것은 그가 만든 신왕조는 불과 15년밖에 지탱하지 못했다는 사실이다. 이나미는 그가 세운 왕조를 "허구의 유교 왕국"이라고 기록하고 있다. 왕망의 왕조가 너무나 짧았기 때문에 그를 정당화해 줄 사가들이 없었다는 점이 결정적 사유다. 조선의 경우에도 쿠데타로 창건한 이성계의 왕조가 짧은 기간 유지되었다가 끝났다면 오늘날과는 전혀 다른 평가를 받았을 것이다.

배신의 종류는 참 많다. 작게는 친구나 형제를 배신하는 것에서부터 부모와 스승을 배신하는 것이 있을 수 있고, 크게는 그가 속한 사회와 국가를 배신하는 것이 있을 수 있다. 왕조 시대에는 왕을 배신하는 것이 가장 큰 죄목이다. 아무리 어리석고 못난 왕이라도 딴 마음을 먹지 않고 성실히 보필하는 것이 충신忠臣이다. 왕조에 있어서는 인간의 가장 큰 덕목이 바로 충忠이라고 할 수 있다. 그러나 왕이 사라진 지금은 충忠이란 한낱 역사적 사실일 뿐이다. 그때나 지금이나 변하지 않는 것은 인간 간의 신의信義가 으뜸 덕목이라는 점이다.

민주 사회에서에서도 왕조 시대와 같은 충忠이 존재한다. 그러나 그 대상이 다를 뿐이다. 이전 같으면 왕이라고 할 수 있는 대통령에 대한 충성이지만 과연 그때와 같은 평가를 받을 수 있을까. 그에 대한 충성은 단지 직책을 성실히 수행하는 것으로 이해될 뿐이다. 하기야 노무현 대통령이 서거하고 난 뒤에 그에 대한 충성을 나타내는 사람들이 구름같이 모여든 것을 보면 왕조 시대의 그 미덕이 아직도 사라지지 않고 있다는 것을 실감한다.

각 정당에는 세력을 쥐고 있는 우두머리가 있다. 정치인으로 출세를 하려면 그 우두머리에게 충성을 바쳐야 한다. 그것을 좋게 말하면 정치 이념을 펼치기 위한 방편이라고도 할 수 있지만, 나쁘게 말하면 어떻게 줄을 잘 타서 세도를 잡는 편에 끼어 볼 수 있을까 하는 생각 때문이다.

어느 사회에 있어서나 배신은 있기 마련이고, 때로는 그 배신이 칭송을 받는 경우도 있다. 가령, 공무원 사회에서 부정부패의 사슬이 만연되어 있어 내부자의 고발이 없으면 그 부정부패는 언제까지나 지속될 수밖에 없을 때 어느 용감한 인사가 있어 그 사실을 폭로하는 것은 그 조직에 있어서는 분명히 배신이다. 그러나 그러한 배신은 공명정대한 사회를 위한 용감한 사람의 행위로 칭송받을 수 있다. 그보다 더 큰 조직인 국가를 위해서는 장려할 만한 일이기 때문이다. 민주사회에 있어서 가장 큰 배신은 무엇일까. 바로 국민에 대한 배신이다. 국가를 배신하는 것은 나라를 망하게 하는 일이다. 을사오조약을 주도한 조선 측 대신들을 매국노賣國奴라고 하는 것도 그 때문이다. 그때의 사정이 어쩔 수 없었노라고 주장할 수도 있겠지만 궁색한 변명에 불과하다고 매도된다.

왕에 대한 배신은 언제나 가혹한 처벌로 대가를 치른다. 그러나 사실 과연 어느 쪽이 배신을 했는지 애매할 경우가 많다. 권력 다툼에서 진 쪽이 언제나 배신으로 낙인 찍혀 희생을 당하지만 정권이 바뀌면 다시 그들은 복권되고 명예를 회복한다.

민주정치에 있어서 가장 큰 배신은 국민에 대한 것이다. 그래서 정치를 하는 사람은 모두 국민을 위해서라고 주장한다. 그러나 과연 어떻게 하는 것이 국민을 위하는 길인지 국민이 판단하기란 그리 쉽지 않다. 선거를 통해서 정치하는 사람을 뽑는 것이 민주정치의 근간인데 내세우는 주장이나 정강을 보고 뽑을 수밖에 없을 것이다. 그렇지만 정치를 수행하는 과정에서 수정해야 할 경우가 많을 것이다. 실제로 정치를 잘못 수행해서 온 국민이 경제적으로 어려움을 겪거나 부당하게 자유를 구속당하는 일이 자주 일어난다면 바로 그것이 국민에 대한 배신이다.

박정희 대통령에 대한 평가를 보면 참으로 아이러니컬하다는 생각이 든다. 그의 생전에는 위압적 통치 때문에 불평불만을 품은 사람이 많았다. 그러나 그의 사후 20년도 되지 않아 역대 치자 중에 가장 존경할 만한 인물이라고 여론 조사는 밝히고 있다. 반면에 그의 독재체제에 혹독한 시련을 겪으며 마침내는 대통령이 된 두 분에 대해서는 국민들의 평가가 그리 좋지 않다. 그 중의 한 분은 한반도의 평화를 추구하기 위하여 노력했을 뿐 아니라, 한국인으로서는 최초로 영예로운 노벨상까지 받지 않았는가. 그럼에도 불구하고 그를 비판하는 사람이 적지 않다는 것은 무엇을 의미하는가.

북한의 정치 현실을 생각할 때마다 가슴이 답답해온다. 치자가 국민에 대해서 엄청난 배신을 하고 있음에도 불구하고 그 체제가 반세기를 넘게 지속되고 있다. 북한은 지금 소수의 특권층을 제외하고 온 국민이 혹독한 고초를 겪고 있다. 수백 수천만 명을 아사지경에 몰아넣고 수도 셀 수 없을 만큼 많은 사람들이 강제수용소에 감금되어 있다. 저 참담한 현실을 우리는 어떻게 보아야 할 것인가.

조국의 배신자, 민족의 배신자, 인간의 배신자다. 김일성 부자가 만든 기이한 정치 조직은 반드시 그 두 사람만의 책임이라고만 볼 수도 없다. 그를 따르고 있는 소수 특권의 사람들 때문만도 아니다. 그 조직을 뒷받침해 준 많은 엘리트들도 있었고, 그런 정치 조직이 될 수밖에 없는 국내외의 정세에도 큰 원인이 있다고 할 수 있을 것이다. 그러나 내가 염려하고 있는 것은 한국의 정치 현실을 볼 때 우리 민족의 피 속에 그러한 조직을 구축하는 DNA를 갖고 있지 않는가 하는 의구심 때문이다. 일단 조직이 구축되면 쉽게 붕괴될 수도 없지만 오랫동안 지속된 조직이 붕괴될 때도 적지 않은 굉음을 내며 조직에 속에 살았던 사람들에게 후유증을 안겨준다.

그 후유증은 조직 속의 사람들만 겪는 것은 아니다. 민족 전체가 엄청난 희생을 치러야 한다. 잘못해서 무력충돌이라도 일어나는 날에는 남북한 모두 공멸의 길을 걸을 수밖에 없다. 설사 북한 내부의 사정으로 그 조직이 갑자기 붕괴한다고 해도 남한 전체가 감당하기 어려운 혼란에 직면할 수밖에 없을 것이다. 아, 안타깝도다. 이 답답한 가슴을 풀어줄 날이 대체 언제쯤 올 것인가.

(2009. 2. 5.)

작은 질서

내가 사는 아파트는 주차공간이 넓어서 언제 주차해도 신경을 쓸 필요가 없다. 잠실에 살 때만 해도 전혀 그렇지 아니했다. 저녁 늦게 들어오면 주차할 공간이 없어서 헤매기 일쑤였다. 집집마다 승용차를 가지게 된 지도 그리 오래 되지 않았다. 게다가 지하에 주차장을 마련한다는 발상이 없을 때의 이야기다. 용인 민속촌 근처로 이사를 오고부터는 주차 때문에 신경을 쓸 필요가 없어졌다. 지하 1층에 빈자리가 없어서 2층으로 내려가면 텅텅 비어 있다. 그만해도 우리네의 살림살이가 나아졌다는 얘기가 된다. 최근에 지은 아파트들은 대체로 지하에 넉넉한 주차공간을 확보하고 있어서 주차에 관한 한 별로 신경 쓸 필요가 없다.

그런데 문제는 주차하는 방향이다. 벽을 향해 주차하게 되어 있는 곳에는 반드시 '전면주차'라는 표지가 있다. 벽면마다 큼직하게 표지되어 있지만 표지를 따르는 사람이 오히려 드물다. 얼마 전 우리 아파트는 지하주차장을 새롭게 도색했다. 산뜻한 기분을 느끼게 해서 좋았다. 관리사무소는 벽을 향해 주차하는 차들은 반드시 '전면주차'할 것을 당부했다. 방송도 하고 엘리베이터마다 경고문을 붙이기도 했다. 그러나 다음 날 보아도 규칙을 지키는 차는 별로 없었다. 딱지를 붙이겠다는 엄포도 했지만 관리소의 엄포쯤이야 무시해도 좋다는 태도들이었다. 아파트의 주인은 난데 제까짓 것들이 뭔데 이래라 저래라 한단 말이냐 하는 심보들인지 모르겠다. 알다시피 전면주차를 하면 자동차에서 내뿜는 배기가스 때문에 벽면이 쉬 더러워져서 보기가 흉하다. 더러워지는 동안 보기도 싫지만 다시 도색하자면 결국 아파트 주민이 그 비용을 지불해야 한다. 그 비용쯤이야 라고 생각하기 때문인지……. 그렇다면 '전면주차' 따위의 경고문을 아예 붙이지 말든지.

우리나라의 정치 행태도 바로 이와 같은 것이구나 하는 생각이 든다. 서구에서 수입한 우리나라의 민주정치는 이상과는 달리 그 실천이 다르다. 자동차를 운전해 본 사람은 누구나 한번쯤 겪어 보았지만 도저히 주차할 수 없는 곳에 버젓이 주차하고는 차 주인은 어디 가 있는지 보이시 않는 경우가 허다하다. 그 주차 때문에 다른 사람이 지장을 받고 있다는 생각은 하지도 않는 모양이다. 내가 주차를 예로 들었지만 우리나라의 정치 행태도 그와 비슷한, 지극히 작은 질서를 지키지 않는 습관에서 비롯되는 것 같아서 씁쓸하다.

민주 정치는 개인의 자유를 최대한 보장해 준다는 점에서 이상적인 정치 형태라고 할 수 있다. 그러나 개인의 자유가 중구난방衆口難防 식으로 표현된다면 차라리 독재체제보다 못하다. 왜냐하면 개인의 의견은 각기 다르게 마련이고, 그것을 무제한 허용하면 혼란밖에 오지 않기 때문이다. 질서가 없는 혼란한 사회보다는 질서가 있는 독재체제가 낫다. 매일 매스컴에서 보도되고 있지만 인간으로서는 도저히 상상할 수 없는 만행을 저지르고도 태연한 사람도 있다. 그런 인간들에게도 개인의 자유를 최대한 보장한다면 이 사회는 대체 어떻게 되어 갈까. 그래서 준수해야 할 법이 있다. 그러나 법은 언제나 저질러 놓은 뒤에 옳고 그름을 판단하는 잣대다. 사회가 너무나 혼란스러우면 법도 무용지물이 되고 만다.

한국의 정치 현실을 보면 법관들에게 너무 많은 짐을 떠맡기고 있는 것 같다. 판결해야 할 일이 너무 많으면 판검사들도 제대로 일을 수행할 수 없을 것이다. 법이 관여하기 전에 건전한 양식이 사회를 지배해야 한다. 허구한 날 싸움질이나 하고 있는 국회를 보고 있으면 여간 짜증스럽지 않다. 여당은 여당대로 야당은 야당대로 옳다고 주장한다. 그러다가 마침내는 법정에 서 가리자고 고소까지 한다. 정치적인 문제인지라 판사들도 판결하기가 여간 난처하지 않다는 태도들이다. 어떻게 하는 것이 국익에 도움이 되는지를 생각하기보다 소속된 당의 눈치를 먼저 살피는 것이 한국 국회의원들의 정치 행태다.

정치 지도자가 현명하고 진정으로 국민을 위해서 일하고 있다면 독재 정치도 반드시 나쁘다고만 말할 수 없다. 혼란을 거듭하고 있는 민주 정치보다 국가 발전도 빠르고 그 속에 사는 국민도 행복하기 때문이다. 반면에 정권 유지에만 급급하고 있는 독재 정치는 참으로 불행한 사태다. 북한 김일성 부자의 독재 정치가 바로 그 꼭 맞는 예다. 말이 나왔으니 하는 말이지만 우리나라 역사에서 이들 부자만큼 백성들에게 죄를 지은 놈들이 있을까. 흔히 하는 말로 그 죄 어떻게 앙갚음 받으려고 그 짓을 세습해서 하고 있는가. 백성들은 아사지경에 몰아넣고 이들은 온갖 호사를 다 누리고 있다. 거스를 기색만 보여도 강제노역소에 보내고, 재판도 없이 처형할 수 있는 곳, 이 지상에서 최악의 생존 여건을 가진 국가, 그러고도 같은 민족인 남한에 걸핏하면 핵무기로 섬멸하겠다고 위협하고 있는 집단, 그런 독재체제는 아마도 인류 역사상 전무후무하리라고 생각된다.

얼마 전에 중국에서 유랑하는 탈북 소년의 이야기를 인터넷에서 보았다. 아버지는 대학 교수였고, 어머니는 중학 교원이었다고 한다. 아버지가 술좌석에서 북한 노동당에 거슬리는 말을 했다고 해서 다음 날로 온 가족이 체포되어 재판도 없이 모진 고문을 받기 시작했다. 아버지는 강제수용소에 끌려가고, 어머니와 누나는 13세 되는 소년 앞에서 모진 고문을 당했다. 모녀가 발가벗겨 뒤로 묶여서 차마 인간으로서는 할 수 없는 짓을 하더라는 것이다. 김정일이가 그런 것까지 일일이 시키지는 아니 했겠지만 같은 사람을 어떻게 그렇게 혹독하게 다룰 수 있을까. 나는 그날 밤 잠을 이루지 못했다. 취조를 하고 있는 그도 같은 사람인데 그렇게 짐승만도 못한 일을 저지를 수 있는지, 한국인에게는 그런 잔인한 DNA가 내재해 있는지, 아무리 북한 정권이 그렇다고 해도 개인이 개인에게 그런 짐승만도 못한 짓을 저지를 수 있는지 분이 나서 참을 수가 없었다.

천안함 격침이나 연평도 포격 사건이 있은 후 그래도 대화하면서 감싸야 한다, 전투기로 적의 심장부를 폭격해야 한다 하고 논란이 많았다. 어느 정책이 옳은지 가늠이 가지 않는다. 그래도 이만큼 성장해온 한국 경제를 망치면 안 된다고 생각하는 사람과 계속 참고 있으면 북이 자꾸 그런 짓을 저지를 터이니 이 기회에 톡톡히 맛을 보여주어야 한다는 주장이 팽팽히 맞서 있다. 앞으로 일어날 일을 누군들 장담할 수 있겠는가. 그러나 북한 정권을 언제까지나 계속되도록 두고 볼 수 없다는 데는 이의가 없을 것이다.

벽면을 향해서는 반드시 '전면주차'를 해야 한다는 관리소의 지침 같은 것은 얼마든지 무시해도 좋다. 그러나 그러한 작은 질서를 지키는 것으로부터 민주 정치는 시작된다. "국가의 주권은 국민으로부터 나온다."라는 말은 지당한 말이다. 나라의 주인은 국민이라는 말이다. 그러나 그 국민들이 모두

정치를 할 수는 없다. 누군가 자기 대신 정치해 줄 사람을 선출해야 한다. 국가의 주인은 국민이니까 각자가 주인이라는 생각으로 각자의 마음대로 행동해도 괜찮다고 생각한다면 나라의 질서는 어떻게 될까.

민주 정치는 국민의 건전한 양식 수준에 따라 수행된다. 이 사회의 질서를 바로잡고, 법을 만들고, 집행하는 사람들은 우리가 뽑은 대리인들이다. 물론 그들을 뽑는 것은 국민이다. 대통령, 국회의원, 시, 지사 등등 선출권을 갖고 있는 국민이 옳고 바른 양식을 갖고 있을 때 비로소 우리의 민주정치도 제대로 수행될 수 있다. 그 양식이란 '전면주차'를 지키는 작은 질서에서부터 시작한다. 우리의 민주주의는 국민들의 수준에 맞게 발전되어 갈 것이다. 그래서 나는 작은 질서에부터 그것을 실천해 갈 것을 당부하고 싶다.

운전을 하는 사람의 대부분은 좁은 공간에서 전진 주차하는 것보다 후진 주차하는 것이 편하다고 말한다. 주차에서 빠져 나갈 때도 후진 주차해 놓은 상태가 더 좋은 것은 말할 필요가 없다. 도색하는 비용보다 훨씬 더 경제적이라고 말할 수도 있을 것이다. 그렇다면 전면주차 지시문을 바꾸어야 할 것이다. 법도 마찬가지라고 생각한다. 생활해 가다가 그 쪽이 더 낫다고 생각되면 바꾸어야 할 것이다. 그러나 지시문이 있는 한 그대로 따라야 한다. "악법도 지켜야 한다."라고 말한 것도 그 때문이다. 현행법을 지켜야 할 것인가, 아니면 고칠 때까지 나는 내가 하고 싶은 대로 한다는 주장이 맞서 있는 셈이다. 어느 쪽을 선택할 것인가는 개인에 따라 다르다. 하지만 법을 존중하는 것이 먼저라고 나는 생각한다. '전면주차' 지시문은 아파트 내에서는 일종의 법과 같은 것이다. 내일 비록 바뀐다고 할지라도.

(2011. 1. 9.)

8. 신앙을 가진다는 것

신앙을 가진다는 것

신앙을 가진 사람과 가지지 않는 사람 중 누구를 더 믿을 수 있느냐고 묻는다면 나는 단연 신앙을 가진 사람이라고 말할 것이다. 나뿐 아니라 대부분의 사람들에게 물어 보아도 같은 대답을 들을 것 같다. 내가 신앙이라고 말하는 것은 기독교를 염두에 두고 하는 말이다. 종교 중에 기독교가 내 생활에 가장 큰 영향력을 줄 뿐 아니라 다른 종교보다는 좀 더 알고 있다고 말할 수 있기 때문이다. 신앙이라는 말이 워낙 기독교적 냄새를 풍기고 있긴 해도 그 종교를 신실히 믿고 있는 한 틀린 말은 아니라고 생각한다.

인간에게는 양심이라는 것이 있다. 양심은 우리들의 행동을 규제하는 데 중요한 역할을 하고 있다. 하지만 종교적 신심만큼 큰 역할을 하지 못한다. 코앞의 이익 앞에서는 양심은 자주 허물어지기 때문이다. 양심의 역할이 어느 정도까지 지탱할 수 있는가는 사람에 따라 다르겠지만 보이지 않는 곳에서 자기를 내려다보고 있을 신을 마음에 두고 있는 사람과 그렇지 못한 사람과는 분명 다르다. 자기 양심에만 의존하는 사람보다는 신이 지켜본다고 생각하는 사람을 더 믿을 만하다는 뜻이다. 자신을 희생하면서 일생을 남 위해 헌신하는 사람 중에는 대체로 신앙을 가진 사람이 많다.

신앙을 가진다는 것은 인간 능력 밖의 어떤 힘을 믿는 사람들이다. 가령 기독교의 경우 만물을 주관하는 전지전능한 야훼 신이 지켜보고 있다고 생각하면 쉽게 남을 속일 수는 없다. 물론 기독교인 중에도 사기꾼도 있고 못된 짓을 하는 사람이 얼마든지 있다. 신실한 교인인 척하다가 눈앞의 이익을 위해서는 금방 태도가 달라지는 사람도 있다. 남에게 해악이 되는 일을 서슴없이 행하는 사람도 있다.

모든 종교는 바르게 살라고 가르친다. 예배를 드릴 때마다 목사로부터 듣는 말이고, 법문을 들을 때마다 스님으로부터 듣는 말이다. 그러니까 바르게 살라는 말을 자주 듣는 사람과 듣지 않는 사람은 분명히 다르다고 생각한다. 유교는 서구식으로 말한다면 종교가 아니라고 할 수 있다. 내세에 대한 언급이 없으니까 말이다. 그렇지만 수천 년 동안 동양에서는 종교와 같은 역할을 해 왔다. 바르게 살라는 윤리강령을 신앙이 되도록 가르쳐 왔기 때문이다. 불교에는 윤회輪廻의 설법으로 좋은 일을 하면 다음 세상에서 그 보상을 받는다고 가르친다.

어쨌든 종교를 갖고 있지 않은 사람보다 갖고 있는 사람을 더 믿을 수 있다는 말이다. 사회구성원들이 모두 바르게살기를 지향하고 있다면 보다 나은 사회로 개선되고 있을 것임에 틀림없다. 그러나 불행하게도 현실은 그렇지 못하다. 종교적 가르침보다 법률의 제재가 더 큰 힘을 갖고 있다는 것은 분명한 사실이다. 그렇다고 하더라도 종교가 없는 사회보다 종교가 있는 사회가 좀 더 안심할 수 있는 사회임에 틀림없다. 그러나 바로 그 종교 때문에 불행을 안겨주는 예도 얼마든지 있다. 미합중국 초기의 '마녀사냥'도 그 한

예지만, 백 년이나 지속되었던 종교전쟁, 십자군 원정, 종교적 갈등 때문에 일어난 코스보 살육, 어느 편의 잘잘못을 말하기 전에 알카에다의 자살폭탄 테러 등은 분명히 종교적 갈등과 연관이 없다고 말할 수 없을 것이다.

인간은 약하다. 인간의 지혜로 거대한 문명을 쌓았다고 큰 소리를 치고 있지만 그 속에 사는 개인은 나약하기 이를 데 없다. 개인 하나하나를 보라. 며칠만 먹지 못해도 운신할 힘이 없다. 병이 들면 기어드는 목소리를 내면서 어쩔 줄을 모른다. 눈에 보이지도 아니하는 작은 세균으로 목숨을 잃는다. 돌아보면 거대한 인류 문명이지만 개인은 지극히 나약한 존재일 뿐이다.

"귀신이 어디 있어." 하고 큰 소리를 치는 사람도 불빛도 없는 음산한 곳에 혼자 있으면 무섬증을 느낀다. 산사에서 참선을 하는 사람이 아니라면 외롭게 혼자 지내기가 얼마나 고통스러운가. 외로우면 누군가와 말을 나누고 싶다. 정신적으로나 육체적으로 고통을 겪으면 우리들보다 능력이 더 큰 어떤 것에 기대고 싶다. 그래서 종교가 탄생한 것이 아닌가 하고 생각한다. 나무나 바위를 숭배의 대상으로 삼았던 예도 있고, 달이나 해가 숭배의 대상이 된 예도 있었다. 인간보다 못한 무서운 짐승이 숭배의 대상이 된 예도 있었다. 그러다가 마침내 인간의 운명을 지배하는 위대한 대상을 찾아내었을 것이다. 그것이 하나님이다. 만물의 창조주이고, 전지전능한 신이라야 우리 인간의 고통을 다 해결해 줄 수 있을 것이다. 기독교인에게는 절대적인 진리를 기록한 성경, 그 속에 적혀 있는 일은 털끝만큼도 거짓이 없는 진리라고 주장한다. 그러나 성경을 읽어보면 희한한 일도 많다. 우리의 상식으로서는 도저히 이해할 수 없는 일들도 있다. 그렇지만 성경에 기록되어 있으니 그것은 진실이고 하나님의 뜻이라고 주장한다. 또 의심 없이 믿어야 한다고 설교한다. 성경 속에 있는 모순된 일도 믿음이 없으면 이해할 수 없다고 말한다. 그러나 구약성서는 아무리 그럴 듯한 주석을 붙여도 유대민족의 역사일 수밖에 없다고 나는 말하고 싶다. 설사 유대민족의 역사를 통해서 인류에게 보편적인 진리를 말하려고 했다고 해도 그것은 그저 먼 옛날 유대인의 일일 뿐이다. 백번 양보해서 그런 일이 있었다고 믿으려 해도 야훼 신이 천지 만물을 창조했다든지, 전지전능하고 무소부재하다는 말은 도무지 믿기지 않는다.

내가 왜 태어났을까 하는 회의를 할 때가 많다. 기독교에서는 너무나 명쾌한 대답을 한다. 야훼 신을 기쁘게 하기 위하여 태어났다는 것이다. 무엇 때문에 사느냐고 자신에게 우리는 수없이 질문한다. 역시 기독교에서는 명쾌한 대답을 한다. 야훼 신 가까이 가기 위하여, 즉 천국에 가기 위하여 우리는 산다는 것이다. 지성인 치고 이런 명쾌한 해답에 만족할 사람이 있을까.

L교수가 얼마 전에 기독교 세례를 받았다고 해서 매스컴은 한동안 요란하게 보도했다. 내가 존경하던 분이고 그의 지성과 창의성을 언제나 부러워 마지않던 분이다. 그가 기독교 교인이 된 후 ≪지성에서 영성으로≫라는 신앙고백서를 써서 출판했다. 그 책이 또한 베스트셀러가 되어 수십만 부나 팔렸다고 한다. 이후 여러 교회에 가서 왜 그가 크리스천이 되었는지에 대해서 간증도 한다고 한다. 나는 그 간증을 한 번도 들어본 적이 없어 무슨 말을 했는지 모른다. 그가 쓴 ≪지성에서 영성으로≫라는 책 속에 그의 진심이 담겨 있다고 본다. 나는 그 책의 서평을 쓰면서 "자식 이기는 부모 없다."라는 말로 서두를 시작했다. 사랑하는 딸의 간절한 간구 때문에 결국 기독교 세례를 받게 되었다는 뜻이다. 아직도 나는 그가 전지전능의 야훼 신을 한 점의 의심도 없이 믿고 있는 보수적인 신실한 크리스천이라고는 생각하지 않는다. 딸에게 행한 그 야훼 신의 이적을 믿고 있는 것만은 틀림없다. 아니 믿고 싶었을 것이다. '사랑스러운 저 딸이 신실하게 믿고 있는 야훼 신, 딸에게 닥친 온갖 불행을 말끔히 거두어 갈 수 있는 신, 만약 그런 전능한 신이 있다

면 무조건 믿겠습니다.'라고 한, 자신에게 한 약속을 지키기 위하여 신앙을 가진 것이라고 나는 믿고 싶은 것이다.

파스칼의 말이 아니더라도 인간은 지극히 약하다. 인간이 이루어낸 거대한 문명을 보면 엄청나다고 생각되지만 인간 개인은 지극히 나약하다. 뛰어난 지성을 가진 그도 인간인 이상 약한 존재일 수밖에 없다. 그동안 자신의 지성을 믿고 세상을 호령하며 살아왔지만 이제 그 한계를 느끼기 시작한 것이다. 우주만물에 비하여 보잘 것 없는 개인이라는 것을 깨달은 것이다. 그가 내세우고 있는 지성도 결국 부처님 손바닥 안에 있는 손오공처럼 보잘 것 없는 것이라고 깨달았는지 모른다. 그 지성의 한계에서 벗어나 새로운 지평을 찾을 수 있는 곳은 그가 말하는 '영성'일 수밖에 없다. 영성은 인간 능력 밖에 있는 것이다. 기독교 세례를 받았으니 이제 신실한 기독교인이 되었다고 모두들 말할지 모르지만 나는 전적으로 그렇게 믿지는 않는다. 그는 기독교에 귀의했다기보다 '영성'에 귀의했다고 말하고 싶다. 인간의 지성에 한계를 느꼈기 때문이다.

유명한 신학자 폴 틸리히는 이렇게 말한 적이 있다. 회의하지 않는 신앙은 신앙이라고 말할 수 없다. 신앙을 가진다는 것은 믿음과 회의 속에 진동하는 추처럼 늘 흔들리고 있다는 말이다. 한 치의 의심도 없이 너무나 확고하게 믿고 있다는 것은 신앙이 아니라 집착이라는 것이다. 내가 이렇게 늘 흔들리면서 믿고 있는 예수, 불쌍한 인간의 영혼을 구제하겠다고 로마 군병들의 멸시 속에서 십자가를 지고 묵묵히 걸어갔던 예수, 그의 고통이 늘 내 가슴에 와 닿으며 이천 년 전의 그 일이 마치 어제 일처럼 생각되는 것, 그에게 한없는 연민이 솟아올라 사랑해 주고 싶은 것도 내 나름의 신앙이라고 할 수 있지 않을까.

(2011. 1. 7.)

오양호 교수

"김 샌님! 고놈애들이 우얄라고 그러는킵니꺼? 그라모 안되는 기 아입니꺼?" 못마땅한 일이 있으면 그는 이렇게 불평을 토로한다. 동그란 눈을 깜빡거리면서 이렇게 말하고 있는 그의 모습이 오히려 귀엽게 보인다. 예순을 넘긴 사람을 귀엽다고 말하면 실례가 되겠지만 사실 그런 말 외에는 내게 달리 표현할 말이 없다. 대구를 떠나 서울에 산 지 아마 20년이 훨씬 넘었겠지만 그의 진한 대구 사투리는 조금도 변하지 않았다. 그것이 내게는 오히려 친근감을 준다. 나도 경상도 출신이라 그런가. 그보다 그의 얼굴을 보고 있으면 독한 말과는 달리 오히려 웃음이 나올 때가 많다. 언제나 눈가장자리에 스멀스멀 피어나는 웃음기가 있기 때문이다.

오양호 교수를 언제 어디서 처음 만났는지 도무지 기억이 없다. 누구에게 특별히 소개를 받아서 알게 되었다거나 만났던 곳이 특별한 장소가 아니기 때문일 것이다. 학회에서 여러 사람들과 자연스럽게 만나서 그럴 것이다.

아마도 그것이 한국현대소설학회가 아닌가 짐작되지만, 다른 사람과는 달리 그 훨씬 이전에 사귄 친구 같은 생각이 든다. 마치 단짝으로 어울려 다니던 대학의 후배 같다고나 할까.

연전까지만 해도 그는 머리를 염색하지 않아서 호호백발이었다. 언젠가 전철을 같이 탔을 때 내게는 자리를 양보하지 않던 젊은이가 그를 보자 대뜸 일어서서 자리를 양보해 주고는 저쪽으로 갔다. 지금이야 머리를 염색해서 나이보다 십 년은 젊게 보인다.

사람 좋아 보이는 얼굴과는 달리 그는 때로 아주 독한 말을 할 때가 있다. 언젠가 소설학회에서 질의자로 나왔는지 토론자로 나왔는지 기억에 없지만, 이문열의 ≪선택≫이 도마 위에 올라 여성 학자들로부터 심한 비판을 받고 있었을 때, 그는 작정을 하고 이문열의 변호에 나섰다. 그 어투에 여성 비하 발언이 있다고 해서 여성 회원으로부터 공격을 받았지만 그는 조금도 흔들리지 않았다. 분수도 모르고 페미니즘을 코에 걸고 다니는 여성들은 꼴불견이라고 언성을 높였던 것이다. 사석에서는 그렇게 말할 수도 있다 하더라도 여성 회원이 많으면 말을 조심하지 않을 수 없는 것이 상식인데 그 상식을 무시해버린 것이다. 대놓고 그렇게 말한다면 당연히 여성 학자들로부터 비판을 받을 수밖에 없을 것이다. 이후 여성회원들로부터 그에 대한 뒷공론이 많았다. 나는 그의 안티 페미니즘적 발언을 전적으로 옹호하고 싶은 생각은 없지만, 남의 입이 무서워 소신 발언을 못하는 사람보다는 훨씬 돋보인다.

문단에서 꽤 이름이 알려진 S라는 시인에 대해서 말하던 생각이 난다. 그곳 문인들의 모임에 연사로 초청된 일이 있었다는 것이다. 시간이 지났는데도 모임을 시작할 생각도 않은 채 주최 당사자들은 누군가 오기를 기다리고 있더라는 것이다. 과연 30분이나 지나서 모습을 드러낸 사람은 S시인이었다. 그런데 그가 저만큼 나타나자 옆에 앉아 있던 젊은 문인들이 허리를 구십도 각도로 꺾으며 그를 맞이하였다. 흔히 영화에서 보는 조폭 두목이 나타난 것 같은 장면이었다는 것이다.

"내 데려워서 못 보겠데요. 거기서는 S가 왕이란 기라요."

그 S라는 사람은 문단정치의 고수로도 유명하다. 모 협회 단체장이 되겠다고 자기 편 문인들을 끌어 모으다가 과거의 행적에 문제가 있어 출마할 수 없게 되자 수하 문인으로 하여금 매일 상대를 비방하던 이메일을 보내오던 생각이 난다.

오 교수가 정말 난처한 일을 당할 뻔한 적이 있었다. 그가 봉직하고 있던 I대학이 시립대학으로 전환되었을 때였다. 그 대학은 본래 군 장성 출신인 P씨가 창설한 대학으로서 교수들에게조차 마치 부하 장병에게 명령을 하듯이 함부로 한다는 악명이 나 있었다. 그런데 어떤 연유에서인지 그 P씨가 그 대학의 소유권을 포기하는 바람에 I시에서 맡아 시립대학으로 전환한 것이다. 바로 그 시기에 학생들이 P씨가 임명한 총장을 축출해야 한다고 연일 데모를 했다. 그런데 오 교수도 그 총장과 가깝게 지냈나는 이유로 학생들의 타깃이 되었던 모양이다.

"나 참, 우해야 좋습니꺼? 저놈애들이 날 나가라고 저래 싸니. 대학에서는 학생들이 진정하는 동안 외국에 한 일 년 나가 있는 것이 좋다고 하는데 그러는 것이 낫지예? 미국으로 한 번 가볼까 하는데 김 샌님이 어디 좋은 데 좀 알아보아 주시겠습니꺼?"

오 교수가 미국에는 한 번도 가 본 적이 없으니 이참에 가 보는 것도 좋다고 말하면서 한 번 생각해 보자고 했다. 어느 대학이 좋을까 하고 몇 군데를 알아보고 있는데 그 후 만났더니 학장이 되었다고 했다.

"애들도 참 우습데요. 내가 학장이 되니까 아무 소리도 안 하는 기라요."

나와 그는 한참 동안 웃었다. 학생들의 하는 짓이 도무지 이해가 되지 않았기 때문이다.

현재 오양호 교수는 문협의 평론분과위원장이다. 나는 문단에 대해서는 잘 모르지만 문인들에게는 지명도가 꽤 높은 것으로 알고 있다. 현 문협 집행부 이전에도 그는 평론분과위원장을 했다. 나를 만났을 때 "문협에서 평론분과 위원장을 하라고 하는데 우해야 합니까? 김 샌님." 하고 내게 물었던 기억이 난다. 가끔 독한 말을 하긴 해도 동료 문인들에게 인기가 꽤 있는 모양이다.

내가 뒤늦게 신곡문학상을 받았을 때 출판사에서 나에 관해서 쓸 평론가를 추천해 달라고 했다. 처음은 잘 모르겠다고 사양했지만, 가만히 생각해 보니 오양호 교수가 적합하다는 생각이 들었다. 문인으로서 지명도가 있으니 출판사도 좋아할 것이고, 정년퇴임 후 뒤늦게 관계를 맺고 있는 수필계에 그를 끌어들이면 그렇게 해서 그와 자주 만날 수 있으니 좋다는 생각이 들었다. 과연 내 의도는 적중했다. ≪수필과비평≫사에서 주최하는 문학상 시상식 겸 동계 세미나에 그는 연사로 초청되었고, 이화수필문학회 회원들이 대거 참석하게 되어 그는 그 대절 버스에 그의 부인과 함께 오게 되었다. 물론 그날 저녁 회원들과 함께 노래방에도 가고, 이튿날 주최 측에서 주선한 문학기념관 관광에도 참석해서 즐겁게 보냈다. 노래방에서 그의 부인이 멋들어지게 노래를 부르는 것을 보고는 그는 누구 말마따나 좋아서 입에 귀에 걸렸다는 것이다.

연전에 한중문학회 주최로 중국 곤명에서 학회를 개최했을 때 동행한 적이 있었다. 말이 학회의 발표지 여행이 주목적이었다. 호텔에 투숙할 때 주최 측에서 나와 오양호 교수를 내내 한 방에 배정했다. 물론 연령도 고려 대상이었지만 둘이 죽이 잘 맞는다고 생각해서 그랬을 것이다. 과연 일주일을 같이 지내는 동안 우리는 흉허물 없이 가까이 지낼 수 있는 좋은 기회라고 생각했다. 단지 그는 에어컨 바람을 몹시 싫어해서 어지간히 더워도 참을 수밖에 없었던 점이 아쉬웠다고나 할까.

가끔 그는 경상도 말로 신퉁궂은(?) 말을 내게 불쑥 내던지기도 한다. 나를 골려주자는 심보라고나 할까. 하지만 오 교수의 깊은 속마음을 너무나 잘 알고 있기 때문에 나는 한술 더 떠서 농담을 한다. 그가 어떤 말을 하든지 나를 진심으로 좋아하고 있는 것을 나는 안다.(나의 착각일까?) 그것을 알기 때문에 나도 그를 무척 좋아한다.

오 교수와 만나면 이따금 바둑을 둔다. 처음은 맞바둑이었으나 몇 번 두는 사이에 그의 실력이 나보다 한 수 위라서 두 점 깔고 두는 수밖에 없었다. 그래도 내가 지는 때가 더 많았다. 바둑을 둘 때는 물론 조용히 바둑알만 놓는 것이 아니라 우리는 서로 입으로 연방 잽을 먹인다. "김 샌님! 이쪽이 다 죽십니더." 라고 말하기도 하고, "내 모조리 다 잡아뿌릴 깁니더." 라고 말하기도 한다. "오 교수의 그 대마가 한 집밖에 없다는 것을 아시오."라고 나는 응수한다. 얼마 전 어떤 일로 해서 양재동에서 만났다. 바둑이나 한 수 두고 갑시다, 해서 기원을 찾아 한참 헤매고 다녔다. 겨우 찾아서 서너 시간 두었는데 내가 두 점 놓고 두기는 했지만 어찌된 판인지 오 교수가 계속해서 지고 말았다. "김 샌님! 어디 가서 바둑만 두다 왔는기요? 갑자기 왜 그렇게 바둑이 세진기요." 했다.

근래 그는 말쑥한 정장 차림으로 나타나면서 빨간 넥타이를 자주 맨다. 좀 어울리지 않는다는 생각을 하면서 "넥타이 참 화사하네요."라고 칭찬을 해 주면 "김 샌님! 이게 이래 뵈도 30만 원짜리 넥타이잉기라요." 하고 자랑을 한다. 사돈한테서 선물로 받은 것이라고 한다. 하긴 그의 아들딸 모두 좋은 집안에 훌륭한 규수와 검사 사위를 보아서 내가 부러워서 죽을 지경이다.

이제 그도 정년퇴임이라고 하니 누구 말마따나 하루 쉬고, 하루 노는 신세가 되긴 했다. 그러나 지금까지 정력적으로 연구하고, 정력적으로 활동해온 것으로 미루어보아 결코 가만히 손 놓고 쉴 사람이 아니다. 우선 평론분과위원장으로 문단 활동도 활발하게 할 것이고, 지금까지 방대하게 수집해온 연구 자료를 정리 분석하느라고 더 바빠질지 모른다. 그렇지만 나와 자주 만나 바둑을 두지 않으면 신상에 해로울 것이라고 협박이라도 해야겠다. 아니 그보다 그를 유혹해내는 무슨 묘한 방법을 생각해내어야겠다. 그를 꼼짝 못하게 불러내는 무슨 달콤한 말은 없을까. 지금부터 나는 그것을 곰곰 생각해보아야겠다.

(2007. 4.)

조창환 교수

조창환 교수는 나보다 대학 국문학과 칠 년인가 팔 년 후배다. 그러니까 대학 때는 물론 대학원 재학 중에도 그를 만나지 못했다. 내가 서울예술고등학교 교사로 재직할 때 그는 신임 교사로 들어왔다. 자그마한 키에 늘 입가에는 미소를 띠고 있었다. 그 미소는 조금 신비한 데가 있어서 받아들이기에 따라서 각기 다른 해석을 내릴 수 있을 것 같다. 소리 내어 웃는 일은 아주 드물다. 예고 시절 내가 선배라고 해서 그에게 도움이 되는 말도 해 주지 못했지만 점심 한 끼도 산 적이 없었던 인색한 선배였다. 친구에게 무심하긴 그때나 지금이나 마찬가지지만 그 학교에 오래 같이 재직했다면 아마 내가 오히려 도움을 받았을 것이라는 생각이 든다. 매사에 느리고 눈치가 느린 나에 비하여 조창환 교수는 차분하면서도 센스가 있고 사려가 깊다.

예고에 일 년쯤 근무했을 때 나는 전북대학교로 내려가게 되었다. 같은 교무실에 근무하면서 얼굴이야 자주 마주쳤겠지만 그때는 나이 차이 때문인지, 아니면 취미가 달랐던 때문이지 사적으로 만나 무슨 특별한 얘기를 나눈 기억이 별로 없다. 그 학교를 떠나면서, "만난 지 얼마 되지 않아 이렇게 헤어지게 되어 매우 섭섭하오. " 했더니, 그는 빙그레 웃으면서 "아닙니다. 또 뵙게 될지도 모르잖아요." 했다. 그때 조창환 교수의 마음속에 어떤 그림이 그려져 있었는지 모르겠다.

그의 말마따나 수년 후 나는 다시 그와 만나 한 직장에서 근무하게 되었다. 전북대학교에서였다. 사람의 인연이란 알 수 없는 일이다. 내가 풀브라이트 장학금을 받아 미국에서 4년 동안 있다가 돌아왔을 때 그를 같은 직장에서 다시 만날 줄 어떻게 상상이나 했겠는가. 조창환 교수와 각별한 사이가 된 것은 이때부터라고 생각된다. 같은 현대문학 전공으로서 나는 소설론 담당이었고, 그는 시론 담당이었다. 이따금 그는 "선배님 뒤만 따라 다니는 것 같아요." 라고 말했지만 직장만 내 뒤를 따라온 셈이지, 능력은 나보다 월등 앞선 것을 나는 안다. 그나 나나 술을 별로 좋아하지 않기 때문에 술자리에 어울릴 기회는 드물었다. 그러나 연구실이 가까이 있어서 차를 마시며 이런 저런 세상 돌아가는 얘기, 혹은 문학 얘기를 자주 나누었던 같다. 실제로 그가 시를 쓰고 있는 시인임을 안 것은 전북대학에 와서라고 생각된다. ≪문학사상≫에서 시인에게 무슨 상인가 준다고 해서 추천 의뢰가 왔을 때야 그의 시를 읽어보고 고개를 끄덕이었다. 그의 시는 감정을 극히 절제하는 경향이 있어서 일반 대중에게 어필하기는 어렵다는 생각이 들었다. 하지만 좋아하는 소수는 있기 마련이다. 이때야 말로 그에게 선배로서 조금의 도움이라도 될까 하고 나는 그를 첫 번째로 추천해서 올렸다. 하지만 그 추천은 그에게 전혀 도움이 되지 못했다.

이 무렵 그는 간이 좀 나쁘다고 하면서 미나리 생즙을 내서 먹고 있다고 했다. 하루에 얼마쯤 먹느냐고 했더니, 정확한 기억은 없지만 내가 깜짝 놀랄

만큼의 많은 분량이었다. 나도 미나리를 좋아하지만, 생즙을 내서 그렇게 많은 양을 먹는다는 것은 도저히 상상이 가지 않았다. 간이 나쁘다는 것은 건강에 큰 문제라는 생각 때문에 나뿐 아니라 같은 과에 있는 후배들과 모여 앉으면 그의 건강을 걱정했다.

조창환 교수는 3년인가 4년 쯤 전북대학교에 근무한 것으로 안다. 어느 날 그와 또 다른 후배가 서울 지역의 다른 대학으로 가겠다고 했다. 지방대학에서 몇 년 근무하다가 업적이 쌓이면 서울 지역의 어느 대학으로부터 으레 초빙을 받는 법이다. 또 본인들도 그렇게 희망한다. 우선 내가 난감했다. 서울의 어느 대학에서 오라는 연락이 와 있었기 때문이다. 학과장을 맡고 있을 때인데 두 후배가 서울의 대학으로 가겠다는데 나까지 동시에 가겠다고 할 수 없는 입장이었다. 당시는 대학을 옮길 때 근무하는 대학의 총장 추천이 반드시 있어야 가능했다. 이 추천을 받지 못해서 결국 대학을 옮길 수 없었던 교수가 내 주위에도 상당히 있었다. 나는 말도 꺼내지 못하고 조창환 교수와 J교수를 서울로 가도록 총장에게 상신했다. 특히 조창환 교수는 간에 이상이 있어서 그 치료를 위해서 반드시 서울로 가야 한다고 말했다. 간 전문의가 서울의 큰 병원에 있기 때문이다. 다행히 두 사람 다 허락을 받아 서울로 가게 되었다. 사실 나는 진작부터 서울의 대학에서 오라는 제의를 받고 있었지만 내가 미국에 나가 있었던 만큼은 근무해 주어야 한다는 의무감도 있어서 말을 꺼내지 못했다. 같이 풀브라이트 스칼라십을 받아서 미국서 공부한 L교수는 2년 전에 이미 서울 어느 대학에 가버렸지만, 나는 차마 그렇게 할 수는 없었다. 이 두 후배를 보내고 다음 학기에 나도 서울로 오긴 왔지만, 대학 때의 지도교수로부터 호된 꾸중을 듣기도 했다. "남의 대학 망해 먹게 하려고 세 사람이 동시에 뜬단 말이야." 인사차 간 나에게 이렇게 야단치셨다. 나는 그 꾸중에 묵묵부답일 수밖에 없었다.

서울로 올라온 이후 같은 대학에 있을 때만큼 자주 만날 수는 없어도 동창 자녀의 혼사 때나 혹은 은사들의 회갑연, 정년퇴임 등의 일이 있을 때마다 만나서 그간의 회포를 풀곤 했다. 무슨 일이 있으면 전화를 걸어 안부를 묻곤 했기 때문에 한참 동안 만나지 못해도 격조했다는 느낌이 들지 않았다. 마음만 먹으면 언제든지 만날 수 있다는 생각 때문인지 모른다. 언젠가 이름이 꽤 알려진 국문학자의 논문을 학술진흥원에서 평가해 달라는 의뢰를 받고 검토해 보았더니 너무나 엉터리여서 난감한 적이 있었다. 조창환 교수에게 재심을 미루었더니 그도 몹시 곤란했던 모양이다. 그 분을 잘 알고 있었기 때문이다. 결국 합격점을 주어서 통과시키기긴 했어도 곤란한 일을 떠맡기게 해서 내내 미안했다.

그때로부터 아마 십여 년이 지나고 나서였다. 내가 안식년을 받아 반 학기는 독일의 훔볼트 대학에서 나머지 반 학기는 하와이 대학에서 객원교수로 지내게 되었다. 어느 날 도서관에서 한국 신문을 훑어보고 있는데 눈을 들어 보니 조창환 교수가 눈앞에 서 있는 것이 아닌가. 깜짝 놀라서 어찌 된 일이냐고 했더니, "교수가 어딜 갔겠어요? 도서관이지." 라고 하면서 예의 그 빙그레한 웃음을 웃고 있었다. 그때 그는 아주대학의 학장 보직을 맡고 있을 때인데 미국 대학을 총장과 동행으로 시찰하고 돌아오면서 하와이에 잠깐 들렀다고 했다. 하와이 대학의 동아시아학과 학과장을 맡고 있던 손 교수와도 오래전부터 잘 알고 지내던 터라 지나는 길에 만날 겸 해서 왔다고 했다. 내가 그때 그곳에 머물고 있는 것을 알고 찾아온 것인지, 아니면 손 교수에게 들어서 나를 찾아 온 것인지는 알 수 없다. 어쨌든 의외의 장소에서 절친했던 후배를 만나니 반갑기 이를 데 없었다.

"그래 지금부터 스케줄이 어떻게 되어 있는 거야?" 라고 나는 대뜸 물었다. 한 시간 후부터 여행사에서 마련해 준 오하우 섬 일주 관광을 하기로 되어 있다는 것이다. 옆에 같이 온 사람을 소개시켜 주면서 같은 대학의 후배 교수라고 했다. "그 관광회사에 내는 여행비 내게 주고, 나와 함께 일주하는 것이 어때?" 라고 했더니, "그거야말로 더할 수 없이 좋은 일이지요. 그런데 이미 관광회사에 여행비를 지불했는데 그게 어찌 되는지 모르겠군요." 했다. 당장 여행사에 전화를 해 보라고 했다. 돌려받을 수 있는 시한이 30분이 남았기 때문에 가능하다고 했다. 둘이 지불한 돈이 얼만지 지금 기억도 없지만 받아서 내 포켓에 넣었다. 사실 그날은 토요일이라서 은행에 가서 돈을 찾을 수도 없고, 내 호주머니에도 돈이 얼마 남아 있지 않아 도리가 없었다. 미안했지만 어쩔 수 없는 일이었다. 나는 그때 오아후 섬을 여섯 번째 도는 길이었다. 여러 번 갔던 길이라 관광회사에서라면 그냥 지나칠 곳도 찾아가서 구경하였다. 여러 곳을 둘러 지금은 기억도 없지만 격랑이 몰아치는 절벽 위의 풀장에서 과일 주스를 마시던 일이 가장 생생하게 떠오른다. 마침 하와이 섬의 서해안이라 석양이 아름답게 지고 있었다. 영롱한 오색의 구름과 함께 전개되는 그 광경을 보게 된 것은 나도 처음이었다. 호놀룰루로 돌아와서는 한국 식당에서 맛있는 저녁을 먹었다. 조창환 교수는 "그 돈으로 저녁까지 먹을 수 있어요? 우리가 더 낼게요." 했다. 물론 저녁 먹을 돈은 내게 남아 있었다. 아주 만족한 호놀룰루 일주였다. 이전에 다른 어떤 사람과 일주했을 때보다 가장 기분 좋은 여행이었다. 즐거운 친구와 여행하면 이래서 기분이 좋은 모양이다.

조창환 교수도 어느새 정년퇴임을 한다고 한다. 사실 간이 나쁘다고 미나리 생즙을 내어 먹는다고 했을 때, 그의 건강을 몹시 걱정했는데, 나이 들수록 더욱 건강한 모습을 보이고 있으니, 기쁘기 그지없다. 얼마 전에 그는 나와 집사람을 그의 차에 태워 서해안 어디에 가서 맛있는 회를 대접한 일이 있는데 나는 그것을 아직도 갚지 못하고 있다. 차일피일 미루다 그렇게 된 것이다. 정년퇴임을 하고 나면 시간이 많을 테니 언젠가는 바로 그곳으로 가서 내 차례를 행사해야겠다.

빙그레 웃는 그 신비한 미소, 누구도 흉내를 낼 수 없는 조창환 교수의 전매특허의 미소다. 그의 눈 밖에 나면 당장 비웃음으로 변할 것 같은, 나는 그 미소를 좋아하지만, 한편으로는 두려움을 느낀다. 그의 눈에 선배답지 못한 행동이라고 생각되면 언제 비웃음으로 바뀔지도 모르기 때문이다. 사실 그의 미소는 부인의 생긋 웃는 매력적인 웃음 때문에 더 빛을 발하는지도 모른다. 부인의 미소는 마치 순진한 소녀 같은 웃음이다. 요즘 애들의 말을 빌린다면 환상적인 커플의 웃음이다.

대충 헤어 보아도 그와 우정을 나누며 친교를 맺어 온 지 어언 40년이 넘어간다. 장구한 세월을 한결 같은 마음으로 쌓아온 이 우정, 성을 쌓아도 큰 성을 쌓을 수 있는 세월 아닌가.

(2010. 1.)

윤재혁 군

그가 세상을 떠난 지도 어느새 해가 바뀌어 가고 있다. 이제 더 이상 그를 만날 수 없다고 생각하니 가슴이 애회필리愛會必離라는 불가의 말이 새삼스럽게 다가온다. 이 지상 어딘가에 살아 있다면 비록 만날 수 없다고 해도 언젠가는 만날 수 있다는 그 희망의 끈만으로도 가슴이 이렇게 답답하지는 않을 것이다. 타국 멀리 어딘가에 살아 있다면, 그 친구 그래, 거기에 잘 있겠지 하는 마음으로 안심하고 있을 테니까 말이다. 내가 그를 생각하는 것처럼 그도 나를 생각하고 있겠지, 가끔씩 그렇게 생각할 것이다. 하기야 요즈음은 전화요금도 무척 싸졌고, 화상 통화도 할 수 있고, 인터넷이라는 편리한 기구도 있어서 아무리 멀리 있어도 바로 옆에 있는 거나 같을 테니까 말이다. 그러나 저승과 이승은 이렇게 다르단 말인가. 너무나 멀고 멀어서 도저히 넘다들 수 없는 그런 곳인가. 그를 다시는 볼 수 없다는 생각을 하면 참으로 거대한 벽이 그 사이에 가로 놓여 있는 것 같다.

그는 나의 어릴 때부터의 친구다. 친구들이야 흔하게 많지만 코 흘릴 때부터 사귄 친구가 일흔이 넘도록 우정을 나누고 있는 친구는 그리 많지 않다. 죽마고우竹馬故友라 했던가. 어른이 되어 체면을 차리면서 사귄 친구와는 구별해서 그렇게 불렀던 모양이다. 흉허물 없이 사귀는 친구.

우리는 남지에서 태어났고 남지에서 자랐다. 그러니까 같은 초등학교에 다녔다. 같은 초등학교 때의 친구라고 해서 모두 마음 터놓고 지내는 친구는 그리 많지 않다. 그와 내가 가까운 친구가 되어 자주 만나게 된 것은 그나 내나 서울로 직장을 옮긴 후부터였다. 서양 속담에 "눈에서 멀어지면 마음에서도 멀어진다."(Out of sight, out of mind) 라는 말이 있는데, 부산과 전주로 멀리 떨어져 살 때는 그런 친구가 있지 라고만 생각했다. 그런데 어릴 때의 친구를 다시 만나고 보니 이런 친구를 왜 진작 알아보지 못했을까 하는 생각이 들었다. 생전의 그와 지냈던 일이 마치 흑백 필름의 영사막처럼 떠오른다.

사실 말이지 초등학교시절 그와 함께 나누었던 기억은 별로 떠오르는 것이 없다. 한반에서 공부를 하지 않았기 때문이다. 그는 여학생들이 대부분을 차지하고 있는 2반에 있었고, 나는 남학생만으로 된 1반에 있었기 때문이다. 여학생이 많은 반의 남자 애들은 여학생들의 드센 기세에 눌려서 그런지 늘 한쪽 구석으로 밀려 있는 듯했다. 어쩌다가 합반을 해서 수업을 받을 때도 그쪽 반은 늘 여학생을 지명해서 읽히거나 발표하도록 해서 남학생들은 있는 둥 마는 둥이었다. 적어도 우리 눈에는 그렇게 보였던 것이다.

동포국민학교는 원래 일본인 학교였다. 우리가 4학년이 되었을 때 남지국민학교에서 분리 독립해서 세워진 학교다. 남지국민학교는 남지면 전체에서 온 학생들이므로 대부분 남지보다 더 먼 시골 학생들이 많았다. 동포국민학교는 남지읍에 사는 아동들만으로 구성되어 있었다.

윤재혁 군은 2반에 속해 있었기 때문에 우리들과 어울려 놀 기회가 별로 없었다. 남학생반의 우리들이야 그 반의 여학생들에게만 관심이 쏠려 있었지 남학생은 눈에 들어오지도 않았다. 어쨌든 소수의 남학생들은 항상 주눅이 든 듯한 표정이어서 지금 생각하면 그들의 재능과 인간됨을 제대로 보려고도 생각지 않았던 것 같다.

5-6학년이 되자 우리도 사춘기에 들어왔는지 괜히 여학생들에게 시비를 걸어서 말썽을 부렸다. 그러면 여학생들도 가만있지 않았다. 보복을 가하거나 선생님에게 일러서 우리를 혼내곤 했다. 남학생들은 여학생들의 그 앙앙거리는 모습이 재미있어서 더욱 짓궂은 장난을 치곤했다.

초등학교를 졸업하고 고등학교를 다니는 동안에도 윤 군과 만났던 기억이 별로 없다. 그는 부산에서 고등학교를 다녔고 나는 마산에서 다녔기 때문이다. 하긴 고등학교 시절은 친한 친구들의 그룹이 따로 있어서 자주 만나지 않았던 탓도 있다. 어쨌든 그의 인간됨을 알아보고 돈독한 우정을 나누기 시작한 것은 한참 세월이 지난 뒤였다.

따지고 보면 그와 나는 세교世交라고 해도 틀린 말은 아니다. 그의 부친과 나의 선친과는 동네의 계契를 함께 하고 있었다. 혼사가 있거나 상사喪事가 있으면 서로 도와주는 그런 계였다. 그의 부친은 나의 선친과 나이 차이는 많이 났지만 한 계원이어서 한 달에 적어도 한 번은 만났다. 우리 집이 넓다고 해서 우리 집에서 주로 계회를 가지곤 했는데, 선친은 윤 군의 부친을 특별히 아끼고 사랑했다. 나도 어릴 때 여러 번 들었지만 윤 군 부친을 시골에서 지내기는 아까운 인재라고 말하곤 했다. 당시 선친이 그의 부친을 왜 그렇게 높이 평가했는지 그 이유를 몰랐다. 사실 그의 부친이 어떤 교육을 받았는지 무슨 일을 했는지 지금도 나는 잘 모른다. 훗날 전해들은 것과 나의 짐작으로 미루어 본다면 일제시절에는 좌익운동에 가담했고, 해방 후에는 그로 인해 사회활동에 제한을 받지 않았나 하는 생각이 든다.

오랫동안 윤 군과 떨어져 있다가 가깝게 지내게 된 것은 20대 중반부터라고 생각된다. 윤 군이 군에 복무하고 있을 때였다. 어느 날 느닷없이 나의 집을 찾아왔다. 당시 나는 서울의 배명중고등학교에 근무할 때였다. 우리 집을 어떻게 알고 찾아왔는지, 와서 하루 저녁을 유숙하고 갔는지 어쨌는지 기억이 없다. 저녁 무렵 시내로 산책을 나가자고 의논이 되어 막 나서는데 군인 한 녀석이 술에 취해 고래고래 고함을 치면서 동네를 시끄럽게 하고 있었다. "녀석! 더럽게 소란스럽게 구네." 하면서 골목을 들어서는데 그 말을 들은 녀석이 "뭐야 이 새끼들, 어디 맛 좀 볼래." 하면서 거친 동작으로 우리 앞으로 다가오는 것이 아닌가. 체구가 워낙 건장해서 싸움깨나 하게 생겼다. 녀석이 우리 앞으로 다가옴에 따라 어떻게 대처해야 할지 잠깐 당황스러웠다. 산책길에 그와 싸움을 벌인다면 어쨌거나 기분은 잡칠 것이 뻔하다. 나는 약간 겁을 먹고 피하자고 했는데, 윤 군은 맞서 싸우자고 했다. 그때의 운동 실력이나 체격으로 보면 윤 군은 나보다 한 수 아래라고 할 수 있다. 그런데도 맞서 싸울 용기를 갖고 있는 것이 가상타는 생각이 들었다. 녀석이 덤비면 맞대응을 할 작정이었다. 그러나 기세등등하던 녀석은 우리 바로 앞에 와서는 다소 누그러져 있는 기세가 되었다. 주먹부터 내밀지 않고 험한 말 몇 마디를 하고는 노려보기만 했다. 우리도 아무 말 하지 않고 그를 같이 노려보고 있었다. 이쪽은 둘이라는 것이 약간 켕겼던지 저 앞에서 큰소리치며 다가올 때와는 사뭇 달랐다. 녀석은 "까불면 없어!" 하는 말을 남기고 씩씩거리며 저리로 사라졌다. 기분은 좀 잡쳤지만 기왕 나선 산책이라 동네를 한 바퀴 돌고 왔다. 윤재혁 군과 가장 처음으로 가졌던 일이라 기억에 생생하게 남아 있다. 그 일의 기억 때문인지 모르지만, 윤 군은 나보다 어떤 일이든 담대하게 맞서는 용기가 있는 것으로 생각되었다.

윤 군을 다시 만나 아주 가까운 친구가 된 것은 그로부터 한참 후의 일이다. 아마 그 사이 십오륙 년의 세월이 흘러가지 않았나 생각된다. 그는 근무지 부산에서 서울로 올라와 국방부 본부에서 근무하게 되고 나서부터였다. 그 무렵 나는 전북대학교에서 서울의 이화여자대학으로 직장을 옮겼을 때였다. 1980년 중반이라고 생각된다. 고향 친구들이 모여 동해안으로 피서 여행을 간다고 나도 초대되었다. 가족들이 모두 참가하게 되어 윤 군 부인을 거기서 처음 만난 것으로 기억된다. 이후 윤 군과 각별한 사이가 되었다.

윤 군 부인의 음씩 솜씨는 그때 아는 사람들에게는 이미 알려져 있었던 모양이다. 여러 가지 맛깔스러운 음식을 준비해서 우리를 자주 그의 집에 초대했다. 그 부인의 인품 또한 좋았다. 늘 잔잔한 음성으로 얘기를 재미있게 잘 했다. 그 부인은 우리 부부를 좋아해서 별미만 생기면 우리를 식사에 초대했다. 특히 추어탕을 끓이면 우리 내외를 꼭 불렀다. 가면 실컷 먹기도 했지만 집에 가져가서 먹도록 한 냄비 담아 주기도 했다. 나는 어릴 때부터 추어탕을 매우 좋아했다. 어머님이 자주 끓여 주셨기 때문이 아닌가 한다. 추어탕 좋아하는 것을 어떻게 알았는지 매번 윤 군이 재촉해서 노량진 이시장에 직접 나가 산 미꾸라지를 사와서 끓인 것이었다. 대중음식점의 추어탕과는 비교할 수 없었다. 윤 군 내외가 우리 집에 오는 경우보다 우리가 그 집으로 가는 경우가 더 많았다.

윤 군은 고등학교밖에 나오지 않았지만 독서량도 많고 성실해서 직장의 상사나 동료로부터 대단한 신임을 받고 있었다. 매사에 판단도 정확했다. 맡은 분야에 대해서는 틈틈이 책을 읽어서 가히 전문가라고 해도 좋을 정도였다. 그 방면에 관한 책도 출판한 적이 있다고 했다. 그의 부친에 대해서는 상당한 자긍심을 갖고 있었다. 내가 아주 어렸을 때 그의 부친을 보았기 때문에 선친이 높이 평가하는 것 외에는 아는 것이 없었으나 동네에서는 상당한 지식인으로 대접하고 있었던 것이 사실이다. 빈한한 동네에 살고 있었고,

가족의 식량을 댈 만한 농토도 갖고 있지 못했고, 내세울 만한 직업도 갖고 있지 않았으니, 가난에서 벗어날 수는 없었다. 아무리 대단한 포부를 갖고 있어도 가난을 떨쳐버릴 수 없으면 초라하게 보일 수밖에 없었을 것이다. 일제 식민하의 한국 지식인들이 대부분 그러했지만 그의 부친도 사회주의 운동에 몸담고 있었던 모양이다. 그러니 해방 후에도 제대로 기를 펴고 살지 못한 것도 바로 그런 연유 때문이 아닌가 생각된다. 윤 군의 말에 의하면 해방 전에는 야학을 열어 암암리에 민족정신을 고취하기도 했다고 한다. 내가 중학교를 다닐 무렵에는 부산에 가 계셨는데 그 이후는 그의 부친을 만나 뵌 적이 없었다. 윤 군이 부산서 중고등학교를 마친 것도 그 때문일 것이다. 윤 군을 대학에 진학시키지 못한 것을 보면 부산에서도 결코 넉넉하게 살지는 못했던 듯하다.

윤 군은 군에서 제대하고도 한동안 제대로 된 직장을 잡지 못하고 있었다. 고향의 조그만 사기업에 임시직을 맡고 있었던 모양이다. 윤 군 내외가 어떻게 해서 결혼하게 되었는지 한번도 물어본 적이 없어서 나는 잘 모른다. 하지만 룸펜에 가까운 윤 군과 결혼할 용기를 낸 윤 군 부인이 대단했다고 생각된다. 윤 군의 잠재적 능력을 믿었기 때문이었을 것이다. 그가 시험에 합격하여 공무원 생활을 시작한 것도 결혼 후의 일일 것이다. 처음은 부산에서 공직생활을 시작했다가 능력을 인정받아 국방부 본청으로 옮겨 왔다. 아마 이 무렵부터 나와 옛정을 잇기 시작한 것이다.

그는 청렴한 공무원의 표본처럼 성실하게 근무했다. 그렇지 아니 했더라면 일찍이 공무원 생활을 접게 되었을 것이다. 국방부의 조달관이란 자리는 누구나 탐내는 자리이기도 하지만 또한 오래 보전하기도 어려운 자리였다. 그가 다루는 예산이 문화부 전체 예산의 10배라 하니 그 규모를 알만하다. 같은 자리에 10년도 넘게 근무했다니 그의 청렴도를 짐작하고도 남는다. 언젠가 어떤 일로 의심을 받아 검찰에 소환되어 갔을 때 내가 부정을 저질렀는지 내 재산을 조사해 보면 알 것 아니냐고 했단다.

그의 부인은 늦게 서예를 시작했지만, 한글 서예에는 어느 수준에 와 있는 것으로 안다. 동인 서예전도 가졌을 뿐 아니라, 딸에게 주겠다고 쓴 병풍 작품은 상당한 수준이었다. 더욱 놀라운 것은 부인의 인품이었다. 나는 윤 군에게 가끔 "자네의 부인은 자네에게 좀 과한 분이야." 라고 하면 그는 "그래, 그래." 라고 하면서 나의 입을 막는다. "우리 고향 친구 중에 자네 부인만큼 훌륭한 인품을 가진 사람은 없거든. 그걸 알고 있는지 모르겠어. 자네는." 내가 이렇게 말하면, 손사래를 치면서 고만하라고 나를 제지한다. 그러나 속으로는 싫지 않은 모양이다. 그는 내게 여러 번 선물을 했는데, 나는 그에게 변변히 보답을 한 기억이 없다. 정의 양을 저울로 달 수 없지만, 내가 준 것보다 훨씬 많은 양을 주었다.

단지 그에게 한 가지 해 준 일이 있다면 그의 아들을 장가들게 해 준 일이다. 내가 여자대학에 근무한 탓으로 며느릿감을 골라 달라는 부탁은 오래전부터 받아 왔다. 그의 아들은 연세대학 대학원까지 졸업하고 좋은 직장에 있었지만 색싯감을 구하지 못해 그때까지 미혼으로 있었다. 마침 나의 대학원 제자 중에 그와 어울릴 것 같은 마땅한 신붓감이 있어 둘을 만나게 주선했다. 만나고 난 뒤에 어떻더냐고 물어보았더니 둘 모두 글쎄요, 라고만 대답했다. 두 번 다시 묻기도 그렇고 해서 다음 소식만을 기다리고 있었다. 그 다음 학기에 나는 교환교수로 독일에 갔다. 외국에 나가 있다 보니 한동안 그 일은 잊어버리고 있었다. 반 년 후 귀국해서 윤 군에게 그 일이 어떻게 되었느냐고 물어 보았더니, 부모들은 속이 타고 있는데 본인들은 아직도 글쎄요, 라고만 하고 있단다. 그런데도 열심히 데이트는 계속하고 있다는 것이다. "고이한 놈들이군. 부모들 속 타는 줄은 모르고……. 내가 야단을 좀 쳐 주어야지."

그렇게 말하긴 했지만, 나는 다시 후반기 교환교수로 하와이에 갔다. 여섯 달 후 귀국할 무렵 해서 윤 군에게서 전화가 왔다. 언제 귀국하느냐는 것이다. 귀국할 날짜를 가르쳐 달라고 했다. 공항으로 마중을 나오려고 그러는 줄 알고 마중 나올 필요가 없다고 했다. 그게 아니란다. 윤 군의 말은 중매도 김 교수가 했으니, 주례도 김 교수가 해야 할 것 아니냐는 것이다. 주례님이 오시는데 모시러 가야지 어떻게 그냥 있느냐고 했다. 지금 학의 목이 되어 기다리고 있다고도 했다. 그렇게 해서 며느리를 보고 손자까지 얻었으니 나도 적지 않은 선물을 안겨 준 셈이다.

윤 군은 술을 매우 좋아했다. 대개는 취하게 마시지 아니 했지만, 때로는 과음해서 실수도 더러 했던 모양이다. 내게는 그의 실수하는 모양을 보여준 적이 없지만 친구들의 말에 의하면 정신을 잃고 횡설수설할 때도 있었고, 아무 데서나 쓰러져 잔 적도 있다는 것이다. 내가 잠실에 살 때였는데 어떻게 해서 내 집을 들르게 되었는지 모르지만 마침 동서가 방문해서 그도 술을 좋아하는 터라 양주를 내어 놓았던 적이 있었다. 술이 몇 순배 돌고 난 뒤에 그는 화장실에 가는 척하면서 나갔다. 아무리 기다려도 그가 다시 나타나지 않았다. 그의 상의는 그대로 놓아 둔 채였다. 밖에 나가 아무리 찾아보아도 그는 보이지 않았다. 한참 뒤에 그의 집으로 전화를 걸어 보았더니 집에 와서 잔다는 것이다. 이튿날 "이 친구야, 어떻게 된 일이야."라고 했더니, 그냥 그렇게 되었다고만 했다. 술이 오른다고 생각되자, 그는 무조건 집에 가야 된다는 생각으로 나갔다. 나의 동서도 있는 자리에서 실수하면 큰일이라는 생각이 들어서 일어서서 나왔을 것이라는 생각이 든다. 그는 나를 참 좋아했다. 그와 함께 있으면 나는 그것을 분명히 느낀다. 좋아하는 감정은 말을 아니 해도 왜 가슴으로 느낄 수 있는지 모르겠다.

일흔을 훨씬 넘겨서 세상을 떠났으니, 옛날로 치면 결코 이른 나이라고 할 수 없다. 그러나 칠십고래희七十古來稀라는 말이 웃음거리로 된 세상에 그도 남들처럼 좀 더 살면서 우리들과 우정을 나눌 수 있다면 더 좋지 않았느냐 말이다. 그가 이 지상을 떠났다고 생각하니 저승과 이승 사이가 새삼스럽게 멀게 느껴진다. 하지만 그는 적어도 내 마음속에서는 아직도 살아 있다. 살아 있을 때의 그 모습으로 낮고 정다운 음성으로 이야기한다. 때로는 허허 웃으면서 말이다.

친구야, 나도 이 지상에서의 삶이 그리 오래 남지 않았다는 것을 잘 알고 있다. 저승이 있다고 하는 사람들은 그곳에서 다시 만난다고 믿고 있다. 그랬으면 좋겠다. 어떻게 말해도 우리는 모두 자연으로 환원해 가는 것이 아닌가. 내 옆 자리의 나무나 풀로 자란다면 마주 보며 도란도란 이야기를 나눌 수도 있겠지. 알아보지 못하면 어떠냐? 너와 내가 대자연의 일부가 되어 팔을 쩍 벌리고 있을 텐데. 그렇지만 친구야! 당장은 보고 싶다.

(2010. 8.)

대학 교수라는 직업

"논문 안 쓰고, 강의만 없으면 대학 교수도 해볼 만한 직업인데." 라고 말한 친구가 있었다. "그렇다면 대학 교수는 무얼 하는 직업인데?" 라고 했더니, "아참, 그러고 보니 하는 일이 전혀 없이 월급만 받는 사람이 되는군." 라고 하면서 껄껄 웃었던 일이 있다.

논문을 쉽게 쓰는 교수도 있다. 그런 사람은 천재이거나 엉터리 교수이거나 둘 중에 하나임에 틀림없다. 대학 교수가 되면 적어도 일 년에 한 편 이상의 논문을 써야 한다. 나는 천재가 아니라서 그런지 논문을 쓰는 동안 참으로 괴롭다. 다른 생각은 될수록 하지 않고, 논문의 주제에 대해서만 생각하려고 노력한다. 매양 논문만 쓰고 있을 수는 없어서 다른 바쁜 일이 생기면 그쪽에 매달려야 한다. 그러나 마음속으로는 그 논문에 붙들려 있어서 무슨 일을 해도 즐겁지 못하다.

요즈음 들어서는 교수가 높은 관직을 맡는 수가 많다. 그런데 청문회에 불려 와서는 이중 게재 논문이 있다거나 다른 사람의 연구를 인용도 없이 옮겨 왔다는 것 때문에 지탄을 받는 수가 더러 있다. 논문 편수를 늘리기 위해서 그렇게 한 것이다. 교수에게 그런 일이 있으면 치명타가 되어 교수 자격을 의심받게 된다. 물론 관직에 나가려는 사람에게도 그것은 큰 허물로 인정되어 맹렬한 비난을 받는다. 제대로 된 논문 한 편을 써 내기란 만만치 않는 모양이다.

그렇게 애써 쓴 논문을 읽어 주는 사람은 극소수에 불과하다. 특히 인문학의 경우 더욱 그러하다. 대개는 그 방면을 전공하는 사람이거나 아니면 석사나 박사 과정에 있는 대학원생이 참고하기 위하여 읽을 뿐이다. 자연과학 논문은 조금 다른 줄 안다. 그 연구가 곧 실용에 이용되기도 하고 새로운 사실의 발견이나 창의적 아이디어를 쉽게 가려낼 수 있기 때문이다. 논문에서 창의력이 중요하다는 것은 인문과학이나 자연과학이 같지만 인문과학의 경우 그 구별이 애매하다는 말이 옳다. 대개의 경우 학위논문으로 통과되자마자 쓰레기통으로 간다고 한 어느 유명한 교수의 말이 생각난다. 사실 별로 읽히지도 않는 그 논문을 고생하면서 쓰는 것은 어찌 보면 인력의 낭비 같기도 하다. 어떤 논문의 경우는 노력을 엄청나게 들이고도 별로 읽는 사람이 없다. 있다고 해도 그 방면의 연구에 그리 큰 도움이 되지 못하는 것은 알면 논문 자체에 허무감이 들 때가 있다. 그럼에도 불구하고 대학 교수가 되면 한 해에 수편의 논문을 써야 하는 것이 필수조건처럼 되어 있다.

학문적 가치가 있는 논문을 쓰는 것은 그야 더 바랄 것이 없지만 비록 그 방면의 연구에 도움이 되지 않는다고 해도 교수가 논문을 써야 하는 이유는 충분이 있다. 우선 논문을 쓰기 위해서는 공부를 해야 한다. 그 방면에 어떤 연구가 있었는지 조사하지도 않고 논문에 착수할 수는 없기 때문이다.

이 과정에서 싫든 좋든 교수도 공부를 해야 한다고 보아진다. 일종의 자기 계발啓發을 하고 있는 과정이다. 물론 그 논문이 훌륭하다면 그 방면의 연구에 크게, 혹은 작게 이바지하는 것이 된다.

요즈음 전임교수가 되는 것은 하늘의 별을 따기만큼 어렵다고 한다. 박사를 받고서도 몇 년을 시간 강사로 지내야 하는지 아무도 알 수 없다. 그런데도 적은 강사료를 받으며 논문 쓰는 것을 멈추지 말아야 한다. 대학 교수를 선발할 때 가장 중요한 요건이 좋은 논문을 몇 편이나 썼느냐 하는 것이기 때문이다. 학위를 받고도 아주 적은 시간 수당으로 강사를 고용할 수 있는 곳이 대한민국이다. 그나마 시간 강사 자리도 구하지 못하는 사람들도 있다. 연전 서울대학 출신 강사 한 사람이 목을 매고 자살한 이유도 그 때문이었다.

지금 생각하면 내가 대학 교수가 된 것은 순전히 행운에 의해서였다. 겨우 석사를 마치고 2-3년 강사 노릇을 하다가 대학 교수가 되었기 때문이었다. 나뿐 아니라, 그 시절은 대개 그랬다. 석사 학위를 받은 사람도 귀했기 때문이다. 일제에서 해방되어 대학이 우후죽순처럼 서기 시작했을 때 대학을 졸업한 사람인들 몇이나 되었겠나. 얼치기라도 대학 과정을 조금 이수한 사람은 당당했다. 특히 국문학과의 경우 대학은커녕 중학 과정도 제대로 다니지 못한 사람들이 대부분이었다. 조선어 말살 정책이 수년간 지속되었으니 그나마 우리말로 글을 쓸 수 있었던 사람이 있는 것만 해도 다행이었다. 그래서 해방 후 대학의 국문학과 교수들은 학력이야 어쨌든 문단에 나온 사람이면 당당한 자격을 갖춘 셈이었다.

하지만 나라의 경제 사정이 좋지 않으니 교수라고 해도 받는 봉급은 형편없었다. 말하기가 민망할 정도였다. 좀처럼 봉급의 액수를 밝히지 않는 편이지만, 꼭 알겠다고 붙들고 늘어지는 사람한테는 약간 부풀려서 말할 때도 있었다. 교수의 봉급을 그런대로 떳떳하게 말할 수 있게 된 것은 1990년대 와서야 아닐까 생각한다. 당시 외국의 교환교수로 갔을 때 그곳 교수들의 연봉과 비교했을 때, 결코 적지 않다는 것을 발견하고 새삼스럽게 국력의 신장을 느꼈다. 이후부터 나는 봉급에 관한한 일체의 불만이나 불평을 하지 않기로 마음먹었다.

정년퇴임 후 나는 용인 민속촌 근처로 이사를 왔다. 연금을 받으면서 생활하고 있다. 이 연금의 액수에 대해서도 나는 절대로 불만스럽게 생각하지 않는다. 여유가 있다고 말하기는 곤란하지만 그렇다고 생활하는 데 지장을 받을 정도는 아니다. 대기업의 간부로 지내다 퇴직한 사람이나 은행의 간부로 있다가 퇴직한 사람의 재산에 비하면 어림없지만 별로 아쉬움 없이 지낼 정도는 된다.

언젠가 공군 전역장교 모임에 갔다가 골프를 치지 못해서 무안을 당한 일이 있다. 모두 다 골프장으로 가는데 나 혼자만 돌아와야만 했다. 친구들은 딱하다는 듯이 나를 바라보았지만, 내 속마음은 전혀 그렇지 아니했다. 솔직히 말해서 교수 시절 돈이 없어서 골프를 배우지 못했다. 온종일 걸리는 시간이 아깝기도 했지만. 그 대신 젊은 시절부터 시작한 테니스는 열심히 친 셈이다. 용인으로 이사를 온 이후 시간에 지장을 받지 않으면 거의 매일 아침마다 테니스를 즐긴다. 테니스 친구들 역시 대체로 현직에서 물러나와 한가롭게 지내는 사람들이다. 힘이 달려서 그렇지 테니스 같이 재미있는 운동이 또 있을까 생각하고 있다.

비교적 여유 있는 사람들이지만, 교수로 퇴직한 나를 부러워하는 듯한 말을 자주 한다. 그 중에 나와 같은 대학을 나와서 한국은행에 입사해서 지점장으로 퇴역한 사람이 있다. 자존심이 강해서 남을 대놓고 무시하는 말을 자주

하는 사람인데 어느 날인가는 무심코 대학 교수가 되지 못한 것을 후회하는 말을 한 적이 있었다. 자기도 대학 졸업 당시 돈이 조금 있었더라면 대학 교수를 직업으로 선택했을 것이라고. 대학원에 진학해서 잠시 적을 둔 적도 있다고 했다. 졸업 당시 마침 한국은행 입사 시험이 있어서 치른 것이 합격되어 그쪽으로 갔다는 것이다. 봉급도 생각보다 많은 것을 보고, 그 유혹을 떨치지 못해 갔던 것이 후회된다고 했다. "나보다는 당신이 훨씬 재산이 많지 않소. 종합부동산세를 내는 것을 봐도 그렇고." 그래도 그렇지 않다는 것이다. 그 이유를 더 캐고 묻지 않아서 모르겠지만 퇴직 후에도 교수라는 명칭이 꼬리말처럼 붙어 다니니 그래서 좋다는 말인가.

하긴 적당한 명칭이 없으면 흔히 00사장이라고 불러 준다. 그런데 나에게는 아무개 교수라고 꼭 부른다. 전 교수이기는 하지만 00사장이라고 부르기는 좀 이상하다는 생각이 드는 모양이다. 때로는 그 교수라는 경칭이 매우 거추장스러울 때도 있다. 행동거지를 조심해야 한다는 생각이 들기 때문이다. 가령 술좌석에 같은 데서 마음 푹 놓고 좀 속된 농담을 하고 싶어도 혹시 손가락질 할까봐 조심스럽다. 그래서 그런 장소에서는 아무개 교수라는 말은 빼라고 당부해도 입에 익어서 그런지 잘 되지 않는 모양이다. 일단 교수라는 명칭이 사용된 이상은 말씨도 행동도 약간은 구속을 느낀다.

욕을 먹는 교수도 많지만 그래도 아직까지는 교수라는 명칭에 프리미엄이 얼마큼 붙어 있는 모양이다. 가끔 주례를 부탁해오는 것도 그 때문이 아닐까 한다. 나보다 돈을 많이 가진 사람, 관직이 제법 높았던 사람을 제치고 단지 교수였다는 그 사실 하나만으로 나에게 주례를 부탁하는 경우가 있는데, 그것을 교수 프리미엄이라고 부르고 싶다. 게다가 대개의 직장은 퇴직하면 퇴직자끼리 모임이 있을 뿐인데 비해 대학에서 퇴직해도 옛 스승을 잊지 않고 찾는 제자들이 많다. 가끔은 꽃다발을 보내거나 선물을 보내기도 한다. 그것도 재산의 일종이라면 일종이다. 아무튼 나같이 주변머리 없는 사람은 교수라는 직업을 잘 선택했다. 다시 태어나서 무슨 직업을 선택할 것인가 묻는다면 나는 서슴없이 교수라고 말할 것이다. 그렇지만 나같이 있는 듯 마는 듯 교수라는 직업만 열심히 수행한 교수가 아니라, 여러 사람으로부터 존경을 받고 탁월한 업적을 남기는 그런 교수로 말이다.

(2010. 9.)

9. 원석을 캐는 마음으로

원석을 캐는 마음으로
내 마음의 보석
새로운 지평을 위하여
꿈이 영글다
마음과 마음을 나누면서
국화 향기를 품고

원석을 캐는 마음으로

내 친구는 40년이 지나서 총각 때 좋아했던 여인을 만났다. 둘이는 거의 결혼을 할 뻔했으나 끝내 이루지는 못했다. 색시 집안에서 반대했기 때문이다. 둘이 열렬히 연애를 한 것도 아니어서 색시도 썩 적극적이지는 못했던 모양이다. 친구의 가난이 문제였다. 게다가 친구의 장래도 별로 탐탁하게 여기지를 아니했다. 당시 친구는 중학교 교사를 하고 있었다. 그때나 지금이나 가난하더라도 법대나 의대를 나왔어야 했다. 어쨌든 그렇게 해서 혼인은 틀어지고 그 여인은 다른 곳으로 시집을 갔다. 내 친구는 오랫동안 속앓이를 하다가 결국 단념하고 지금의 부인과 결혼을 했던 것이다.

사람을 겉으로 판단하기란 어려운 일이지만 지금 처지로 보아서는 여인이 내 친구의 청혼을 거절했던 것은 잘못 판단했다고 생각된다. 사업을 한다던 여인의 남편이 몇 번의 실패 끝에 지금은 초라한 구멍가게로 연명하고 있으니 말이다. 이에 비하여 내 친구는 이름만 들어도 그 방면에서는 알아줄 만큼 유명한 학자가 되어 있었기 때문이다.

며칠 전 동향인의 모임에서였다. 우연히 나와 친구, 그리고 그 여인이 자리를 같이 한 적이 있었다. 반은 친구를 놀려줄 마음으로 반은 그때의 일이 궁금하기도 해서 여인에게 물었다.

"그 옛날 우리 친구의 청혼을 거절했다지요? 지금 이렇게 훌륭하게 되어 있지 않습니까?"

"쑥스럽게 그걸 지금 왜 물어보세요?"

"짝이 되었으면 좋지 않았을까 하는 안타까운 마음이었으니까요. 부군이 지금 듣지 않으니까 하는 소립니다만."

"왜 그랬겠어요, 그 땐 미처 알아보지 못했지요. 다이아몬드 원석인 줄을……."

나와 친구는 박장대소하고 말았다. 정곡을 찌른 말 때문이다.

여인이 내 친구의 배필이 되지 못해 후회했는지 어쨌는지 나는 잘 모른다. 아니면 웃으라고 그렇게 말해 보았는지도 모를 일이다. 하지만 우리는 사람의 싹수를 일찍이 알아보지 못할 때가 많다. 별로 잘될 것 같지 않던 어린이가 후에 훌륭한 사람이 되는 수도 있지만 그 반대도 있다. 장래가 매우 촉망받던 젊은이가 세월이 한참 지난 뒤에는 아무 구실도 못하는 수도 허다하기 때문이다.

귀한 보석이 될 원석을 알아보는 것도 그리 쉽지 않은 모양이다. 보석에 대해서는 문외한이나 다름없으니 어떤 것이 귀한 보석이 될 것인지는 나는 잘 알지 못한다. 처음부터 아름다운 보석으로 되어 있다면야 누가 찾지 못하겠느냐마는 그렇지 못한 모양이다. 그러나 인간에 대해서는 40년 간 교단에 섰으니 대강은 알아볼 수 있다.

보석 전문가들에 의하면 저절로 보석이 되는 수는 없다고 한다. 돌과 섞여 있으면 돌과 같고 자갈과 섞여 있으면 자갈과 같다는 것이다. 물론 반짝이는 것이 많으면 보석이라는 것을 대강은 알 수 있지만. 때로는 식별해 내기가 여간 어렵지 않다는 것이 있다. 홍옥의 원석 중에는 얼핏 보면 도무지 보석의 자질을 갖춘 것 같지 않게 보이는 것이 있다.

보석은 갈고 닦지 않으면 절대로 귀한 보석이 될 수 없다. 인간에게서 보석과 같은 것은 무엇일까? 말할 필요도 없이 재능이다. 그 재능을 발견하지 못하고 방치한다면 보석은 돌 속에 파묻혀 있어 영영 발견할 수 없게 된다. 한 인간에 있어서 재능도 그와 마찬가지다. 그러나 인간은 유한한 생명체이기에 그의 수명과 함께 재능은 끝난다. 그의 몸속에 숨겨져 있어도 스스로 발견하려고 노력하지 않으면 영원히 찾지 못하고 만다. 그 점이 무기체인 돌과 다른 것이다. 돌 속의 원석은 그 당장 발견하지 못해도 언젠가 발견되어 세상에 나올 수 있다.

그렇다면 인간 속에 있는 원석은 어떻게 캐어 내어야 할까? 자신을 돌아보며 자기 안에 어떤 재능이 숨겨져 있는지 찾아보아야 한다. 지극히 가까운 사이라고 하더라도 그 재능을 발견하지 못할 때가 많다. 나의 자녀가 무조건 잘되기만을 바라는 부모지만 내 자녀 속에 숨겨져 있는 원석 같은 재능은 발견하지 못할 때가 있다. 그 재능을 발견하지 못하고 항상 엉뚱한 곳에서 성공하기를 바라는 부모들이 많기 때문이다. 그뿐이 아니다. 자신이 원석인 줄 깨닫지 못하는 경우도 허다하다. 귀한 보석으로 태어날 자질을 충분히 가졌음에도 불구하고 엉뚱한 곳에서 세월을 보내면서 인생을 허비하는 경우가 너무나 많기 때문이다.

학자들에 의하면 이 지상의 광물 수는 3.500여 종이라고 한다. 이 중에서 100여 종만이 보석의 자질을 가지고 있다는 것이다. 우리가 흔히 아는 보석은 다이아몬드, 루비, 사파이어, 에메랄드, 오팔, 토파즈, 비취, 진주 등이다.

보석의 가격에 영향을 미치는 것을 흔히 4C라고 하는데, 중량(carat), 명도(clarity), 색깔(color), 커트(cut)가 그것이다. 그러니까 아무리 좋은 보석도 갈고 다듬지 않으면 보석으로서의 가치를 지닐 수 없다.

광석은 3,500여 종이라고 하지만, 인간은 이 지구상에 60여 억이나 존재한다. 그리고 한 사람도 같은 사람이 없다. 각기 개성을 지니고 있는 각자의 보석이다. 보석은 겨우 100여 종이 보석이 된다고 하지만 인간은 60억 모두가 보석이 될 수 있다. 광물과 같은 무생물이 아니기 때문이다. 인간 하나하나가 살아 숨쉬는 생명체이기 때문이다.

보석은 사랑을 받는 돌이다. 뭇 사람에게 사랑을 받는 돌이다. 아무도 사랑해 주지 않는다면 보석으로서 가치가 없다. 가령 지구인이 갈 수 없는 혹성에 보석이 무한히 쌓여 있다고 하자. 그것을 볼 수도 없고 가질 수도 없다면 보석으로서의 가치를 지닐 수 없다. 더구나 아무도 그 보석을 사랑할 수 없다면 말이다. 보석은 또한 귀해야 한다. 다이아몬드가 자갈처럼 널려 있다면 누가 그것을 보석으로 인정할 것인가? 누구나 갖고 싶어 하지만 쉽게 가질 수 없는 돌이 보석이다. 보석이 최고의 가치를 누리려면 모든 사람이 갖고 싶어 하지만 가질 수 없는 것, 또한 모든 사람으로부터 사랑을 받고 있지만 그 사랑을 돌려 줄 수 없는 점이다.

인간의 재능도 마찬가지다. 보석을 캐어서 갈고 다듬듯이 우리의 재능도 갈고 다듬어야 한다. 다만 다른 것이 있다면 보석은 인간의 손에 의하여 타율적으로 조탁(彫琢)되는 것에 비해 우리의 재능은 자신이 찾아서 갈고 닦지 않으면 안 된다는 사실이다. 그렇게 하려면 우선 자신이 어떤 원석인가를 알아야 한다. 자신이 발견하지 못하면 남이라도 발견해 주어야 한다.

원석이야 눈에 보이는 물체이지만 인간의 재능은 눈에 보이지 않는 어떤 힘이다. 보석은 중량, 자질, 명도, 커트만 좋으면 항상 높은 가치를 부여받을 수 있다. 그러나 인간은 다르다. 우선 그런 것들이 가시적이 아니라는 사실이다. 그 재능은 다른 어떤 것으로 표현되어 남아야 한다는 사실이다. 뿐만 아니라 인간은 스스로 창조하면서 가치를 발현한다. 보석처럼 수동적으로 평가받는 존재가 아니기 때문이다. 보석은 광물이기 때문에 가치관이 바뀌지 아니하는 한 그 가치가 무한하게 지속될 수 있다. 그러나 인간은 유한한 존재인 것이다. 인간은 각자의 주인이다. 그 각자 안에서 가치를 창조하면서 살고 있다. 인간의 생명은 길어야 100년이다. 그의 생명이 끝나면 그의 존재도 끝난다. 따라서 보석처럼 그 자체에 존재의 가치가 있는 것이 아니라, 그가 어떻게 살았는가에 의해 존재의 가치를 지니는 것이다.

1캐럿의 다이아몬드를 얻기 위하여 약 50톤의 흙을 파서 처리해야 한다고 한다. 그러니까 비록 그 속에 다이아몬드가 매장되어 있는 것을 확신하고 있다고 해도 그 처리비용이 엄청나기 때문에 감히 채광을 하지 못하는 경우도 있을 것이다. 그래서 더욱 비싼 보석이 되었는지도 모른다. 우리 인간에게 다이아몬드와 같은 재능을 발견하려면 얼마만큼의 노력이 필요할까? 보석과는 달리 의외로 쉽게 얻을 수 있고 반면에 캐어도 캐어도 허사인 경우도 있을 것이다. 그러나 캐어 보지도 않고 포기하는 것은 전혀 원석을 캐낼 의사가 없다는 것이다. 보석을 가지는 꿈조차 가지지 않는 것이다. 꿈조차 가지지 않는 사람이 어찌 보석을 가질 수 있겠는가?

원석을 캐기로 노력하는 것은 적어도 자기의 재능을 계발啓發할 꿈을 꾸고 있다는 말이다. 꿈을 가지는 것과 꿈을 가지지 않는 것 사이에는 얼마나 큰 차이가 있는가? 그것은 희망과 절망 사이에 놓여있는 깊은 심연과 같은 것이다.

여기 스물한 편의 수필 원석들이 있다. 문단에 등단하지 않았으니 원석이라고밖에 표현할 수 없다. 잘 갈고 다듬으면 귀한 보석이 될지도 모르는 일이다. 사랑해 주기 바란다. 보석이 되려면 사랑해 주어야 한다. 앞으로 시간이 얼마나 걸릴지 모르지만, 차분히 앉아 보석과 같은 수필이 되기 위하여 갈고 닦아야 한다.

(2002. 2.)

- ≪이화수필문학회 동인지≫ 1집 권두언

내 마음의 보석

기독교의 찬송가 중에서 〈저 높은 곳을 향하여〉라는 노래를 나는 매우 좋아한다.

저 높은 곳을 향하여 날마다 나아갑니다
내 뜻과 정성 모두어 날마다 기도합니다
내 주여 내 발 붙드사 그곳에 서게 합소서
그곳은 빛과 사랑이 언제나 넘치옵니다.

이 노래가 좋은 이유는 "십자가 군병들아 어서 일어나 주 위해 싸우라."와 같이 전투적인 의지를 다지지 않아서 좋고, "구주의 십자가 보혈로 죄 씻김 받기를 원하네."와 같이 죄인임을 강조하지 않아서 좋고, "물 건너 생명줄 던지어라 누가 저 형제를 구원하랴."와 같이 구원을 소리 높이 외치지 않아서 좋기 때문이다. 이 노래는 아마도 나 자신을 보다 높은 곳에 두고 싶은 욕망을 표현하는 것이라는 생각이 든다. 여기서 "내 주"는 물론 기독교의 야훼 신을 가리키고 있겠지만, 인간이 의지하고 싶어 하는 그 어떤 것이라고 해도 좋다. 사실 야훼 신은 이스라엘 민족이 그토록 끈질기게 믿고 의지한 신인 것만은 틀림없다. "빛과 사랑이 언제나 넘치는 곳"은 현실적으로 존재하지 않을지도 모른다. 그러나 저 높은 곳을 향하여 기도하고 있는 한 그것은 우리 마음에 존재하는 것이다. 바꾸어 말하면, "내 뜻과 정성 모두어 날마다 기도" 하지 않으면 "빛과 사랑"이 넘치는 곳을 체험할 수 없다는 말이다.

나는 언젠가 인간은 꿈을 갖고 있기 때문에 동물과는 다르다고 말한 적이 있다. 가장 가까운 꿈은 과학을 통하여, 가장 먼 꿈은 종교를 통하여 실현하려고 한다. 그 중간쯤 되는 것이 문학이 아닐까 하고 말했다. 꿈을 꾼다는 것은 보이지 않는 미래를 예측해 본다는 뜻이다. 보다 나은 미래를 꿈꾸므로 현재의 내가 "빛과 사랑"을 체험할 수 있는 것이다.

홉즈는 인간의 욕망을 가장 소박한 형태로 환원시켜 보면, 자기보존의 욕망, 명예와 권세에 대한 욕망, 자기 연장의 욕망으로 분류할 수 있다고 한다. 자기보존의 욕망이 없다면 살아갈 수 없으니까 가장 기본적인 욕망이라고 할 수 있다. 명예와 권세에 대한 욕망은 세상을 살아가는 데 필요한 욕망이다. 명예가 있으면 남이 존경해주는 척하는 표정을 짓게 만든다. 그런데 자기 연장이라는 욕망은 무엇일까? 인간은 두 가지 점에서 그것을 이루려고 한다. 그 하나는 성장을 통해서다. 육체적 정신적 성장을 통해서 인간은 한곳에 머무르지 않고 보다 나은 곳, 보다 높은 곳을 향하여 나아가는 것이다. 성장의 욕망이 없다면 인간은 목석과 같이 되어 버릴 것이다. 다른 하나는 유일한 인생을 가능한 연장하려는 욕망이다. 대체로 이런 욕망을 실현시켜 주려고 하는 것이 종교라고 할 수 있다. 기독교는 신에 의한 구원을 통해 실현하려

했다면, 불교는 적멸寂滅에 들어감으로써 그런 연장의 욕망을 초월해 버리려 했다.

문학행위도 말할 필요 없이 자기 연장의 욕망에서 빚어진 한 행위라고 할 수 있다. 상상을 통하여, 혹은 체험을 통하여 겪었던 자기를 표현하는 행위다. 그리하여 자기 몸과 마음에만 국한되지 아니한 저 높은 곳을 향하여 나아가려는 욕망의 표현인 것이다. 그래서 한때는 자기 구제의 문학이라는 말이 유행했다. 문학을 통해서 자기를 구제하는 행위다. 우리는 누구나 이 세상의 삶이 그리 오래지 않다는 것을 알고 있다. 그것을 생각하면 키에르케고르가 말한 것처럼 절망할 수밖에 없다. 그 절망을 문학을 통해서 극복하는 것을 말한다.

현상학의 영향을 받은 문학자들, 이를테면 볼프강 이저 같은 문학자는 '문학의 행위'(act of literature)라는 말을 좋아한다. 문학은 문학의 행위를 의미하는 것이지, 문학작품을 의미하는 것은 아니라는 것이다. 문학작품을 독자가 읽기 시작하면서 비로소 문학이 시작된다고 보아야 한다는 것이다. 이것은 문학을 작가의 전유물처럼 생각하는 것에 대한 반기다. 아무리 좋은 문학을 생산해 놓아도 독자가 읽어주지 않으면 문학행위가 성립되지 않는다. 때문에 작가 혼자만으로는 절대로 문학행위를 성립시킬 수 없다는 뜻이다. 문학을 하는데 절반은 독자 몫이 되는 셈이다. 비록 작가 혼자만의 문학이 있다고 해도 자기 작품을 읽을 때는 엄연한 독자가 된다는 것이다. 우리가 흔히 문학작품이라고 말하는 것은 그것을 실은 책이다. 그것은 다만 종이와 인쇄된 글자에 지나지 않는다고 조르주 뿔레는 말한다. 따라서 문학이란 작가와 독자가 동시에 참여해서 바퀴를 이루어 굴러가는 수레와 같은 것이라고 할 수 있다.

문학작품이 실린 책이 팔리지 않는다고 말하고 있다. 반면에 문학을 한다는 시인, 소설가, 수필가, 희곡작가들은 엄청나게 불어나있다. 등단한 문인 수만 해도 수천 아니 수만 명에 이른다고 한다. 불과 수십 명에 의하여 한국 문단을 이끌고 있던 그 시대에 비하여 굉장한 변화라고 할 수 있다. 요즈음은 사이버 문단이 형성되어 있어서 기성 문인들은 전혀 모르는 사람들이 독자들의 큰 호응을 받고 있다. 그런데 작품은 잘 팔리지 않고 있다니 아이러니라고 할 수밖에 없다. 특히 시집은 몇 개의 특정한 것을 제외하고는 전혀 팔리지 않는다는 것이다. 그러니까 시집을 출판하고 난 뒤에 그 출판한 시집을 아는 사람에게 배포하지 않으면 읽는 사람도 없다는 사실이다. 그런데도 왜 자기 돈을 들여가면서 시집을 내고 있을까? 일종의 자기 구제의 문학행위인지 모른다.

얼마 전에 한국에서는 꽤 유명한 한 시인을 만나 이야기를 나눈 적이 있다. 그의 말에 의하면 이제 시집은 일반 독자 중심이 아니라, 동인 중심으로 만들어야 할 것 같다는 것이다. 그러니까 이전에는 알지 못하는 익명의 독자를 향해 시를 썼지만, 이제는 같은 뜻을 지닌 동인들이 모여 서로의 시를 읽어주는 분위기로 시집을 내야 한다는 것이다. 물론 그는 베스트셀러의 시집 등에 대하여 코 웃음을 치는 편이다. 독자가 전혀 없어도 좋다. 그래도 나는 문학을 할 것이라고 다짐하는 문인들이 예전에도 물론 있었다. 그러나 이제는 대부분의 시인들이 그렇게 되어 간다는 사실이다.

그렇다. 이제는 남을 위해서 글을 쓰는 시대는 지나가 버렸다. 자기를 위해서 쓰는 것이다. 자기가 살아 있다는 것을 증명하기 위하여 글을 쓰는 것이다. 아니, 글을 쓰고 있을 때 자기가 살아 있다는 것을 생생하게 느끼는 것이다. 나를 연장하는 한 방법인지 모른다. 글쓰기는 어느 방법보다 자기를 연장하는 구체적인 방법이 된다. 왜냐하면 인간은 언어를 통해서만 인간다움을 나타내기 때문이다.

글쓰기는 종교처럼 한달음에 "빛과 사랑"이 있는 곳에 데려다 주지는 못한다. 그러나 한 발자국 한 발자국 그곳에 가까이 가게 한다. 단어 하나에, 문장 하나에, 그리고 나의 참신한 생각 하나에 나의 몸과 심령을 싣고 저 높은 곳을 향하여 나아가고 있다. 발자국마다 말과 씨름하면서, 괴로움을 겪으면서, 때로는 기쁨을 맛보면서 조금씩 다가가는 것이다. 그럴 때의 우리는 저 높은 곳을 향하여 눈빛을 빛내고 있을 것이다.

여기 이화수필문학회의 두 번째 수필집 ≪내 마음의 보석≫을 상재한다. 우리 안에 있는 재능을 발견하기 위하여 글쓰기를 시작하였다. 제1수필집 ≪원석을 캐는 마음으로≫에서 우리들의 재능을 확인하였다. 그동안 평생교육원 생활수필반에서 우리들은 매주 화요일, 한편으로 좋은 수필을 읽으면서 다른 한편으로는 우리들이 쓴 수필을 함께 감상하면서 수필 창작에 대한 정열을 불태워왔었다.

원석 그대로는 보석이 될 수 없다는 것을 우리는 알고 있다. 갈고 다듬어야 보석이 되는 것이다. 여기 수록된 수필을 쓰기 위해서는 정성을 다해서 갈고 다듬어야 한다는 것을 깨달은 바 있다. 수필 창작의 저 높은 곳을 향하여 멈추지 않고 나아갈 것을 약속한다. 지켜보아 주기 바란다.

(2003. 3.)

- 이화수필문학회 동인지 2집 ≪내 마음의 보석≫ 권두언 -

새로운 지평을 위하여

일생동안 소설 한 편 읽은 적이 없다는 사람을 나는 더러 만났다. 소설이야 거짓말인데 거싯발을 읽어서 무엇에 쓰느냐는 것이다. 같은 논리로 텔레비전의 드라마를 왜 보느냐, 연극이나 영화를 왜 보느냐고 말하기도 한다. 드라마를 보기 위하여 외출도 못한다는 사람이 들으면 오히려 별난 사람도 다 있다는 듯이 고개를 흔들지도 모른다. 취미가 달라 그렇다고 말하면 그뿐이겠지만 대체로 이런 극단적인 사람들은 자기 확신에 빠져서 그렇다. 아니면 모르는 세계는 아예 들어가 보지도 않으려고 하기 때문이다. 인간에게는 사실만이 중요한 것이 아니다. 허구 속에서도 사실보다 더 중요한 진실이 담겨 있는 경우가 있다. 왜냐하면 허구는 사실과 그 사실이 가능한 모든 것을 포함하고 있기 때문이다.

그런데 이 모든 것을 담고 있는 것이 말과 글이다. 말은 하루라도 쓰지 않으면 불편하니까 쓰지 않는 사람이 없겠지만 글을 읽고 쓰기를 싫어하는 사람은 인간의 삶 절반에 대하여 눈을 감고 있는 것과 같다. 읽는 것은 좋지만 쓰는 것은 시도조차 해 보지 않으려는 사람이 있다. 그런 사람은 또한 삶의 많은 부분을 포기하고 있는 셈이다. 왜냐하면 좋은 글이냐, 나쁜 글이냐를 떠나서 글 쓰기를 시도조차 해 보지 않는 사람은 글을 쓰는 사람에게 열리는 또 다른 지평을 체험할 수 없기 때문이다.

그런데 이 모든 것을 담고 있는 것이 말과 글이다. 말은 하루라도 쓰지 않으면 불편하니까 쓰지 않는 사람이 없겠지만 글을 읽고 쓰기를 싫어하는 사람은 인간의 삶 절반에 대하여 눈을 감고 있는 것과 같다. 읽는 것은 좋지만 쓰는 것은 시도조차 해 보지 않으려는 사람이 있다. 그런 사람 또한 삶의 많은 부분을 포기하고 있는 셈이다.

글을 쓰는 목적을 우리는 다음 세 가지로 요약할 수 있다. 잊지 않기 위해 쓰는 글, 지식을 전달하기 위하여 쓰는 글, 자기 마음을 표현하기 위해 쓰는 글이 그것이다. 우리의 기억은 한계가 있어서 시간이 지남에 따라 잊기 마련이다. 기억은 언제나 시간의 흐름과 반비례하게 되어 있다. 당대는 생생하게 기억되는 일도 몇 대만 지나면 언제 그런 일이 있었느냐는 듯이 망각 속에 묻히고 만다. 설사 입으로 전해서 기억된다고 하더라도 사실이 정확할 수가 없다. 그래서 돌에 새기고, 파피루스에 기록하고, 닥종이에도 적어서 후대 사람의 기억을 새롭게 한다.

지식을 전달하기 위하여 쓰는 글은, 알고 있는 사실을 후손에게 전달하기 위하여 쓰는 경우다. 반드시 후손이 아니더라도 자신이 깨달았던 사실을 기록해 둠으로써 지식을 축적한다. 그 글이 진리를 담고 있거나, 명문일 경우에는 후손들이 두고두고 읽고 익힌다. ≪사서삼경四書三經≫이 그렇게 해서 되었고, 불경과 성경이 그렇게 해서 성립되었다. 진리를 담았다고 주장하는 세상의 귀중한 서적들이 모두 그렇다.

자기의 마음을 표현하기 위하여 글을 쓰는 경우를 생각할 수 있다. 동물도 희로애락의 감정을 행동으로, 또는 소리로 표현한다. 그 점에서 인간도 마찬가지다. 놀랐을 때 '앗' 하고 소리를 친다든지, 기쁠 때 웃고 슬플 때 울음을 터뜨리는 것은 감정의 직설적인 표현이다. 그러나 인간은 이러한 본능적인 표현보다 훨씬 더 정화되고 고급화된 상징체계를 갖고 있다. 바로 그 지점에서 인간과 동물이 구분되는 분계령이 시작된다고 보아도 좋다.

말과 글로 된 마음의 표현은 듣는 사람이 반드시 필요한 것은 아니다. 어린아이가 말을 배우기 시작할 무렵에는 아무도 듣고 있지 않은데도 불구하고 혼자서 말하면서 즐겁게 논다는 것이다. 바로 이 점이 동물과 다른 인간만이 갖고 있는 특성이라고 수잔 랭거는 말하고 있다. 성장해도 이 성향은 변하지 않는다. 상대가 듣고 있든 말든 우리는 자기의 심정을 털어놓고 싶어 한다. 들어주면 좋고 들어주지 않아도 내 마음을 표현하는 것으로 기쁨을 맛본다. 우리가 문예의 글을 쓴다고 할 때 대체로 세 번째의 경우를 두고 이른다. 물론 첫 번째, 두 번째의 글이 문예의 글이 된 경우도 없지는 않다. 그러나 대부분의 작품은 인간의 마음을 표현하기 위하여 쓴 글들이다.

마음을 표현하기 위하여 쓰는 글은 기록하기 위한 글이나 지식 전달을 위한 글과는 그 특성이 다르다. 우선 아름답고 감동을 주어야 한다. 아름답다는 말은 여러 가지 의미를 내포하고 있다. 같은 내용의 글임에도 불구하고 읽고 싶은 글이 있고, 읽고 싶지 않은 글이 있다. 읽을 때 리듬이 즐거운 글이 있는가 하면, 그렇지 못한 글이 있다. 한 마디로 표현의 미학을 지닌 글과 지니지 못한 글로 나누어지는 것이다. 감동을 주는 글은 가슴을 뭉클하게 하는 글이다.

일상에서 듣고 보는 일이지만 감동을 받는 일이 있고 그렇지 못한 일이 있다. 대체로 선한 일이어야겠지만 개인에 따라 큰 차이를 보인다. 어떤 사람은 크게 감동을 받을 수 있지만 다른 사람은 전혀 무감동할 수가 있기 때문이다. 개인에 따라 사소한 사건을 경험하거나 작은 마음의 변화에도 섬세하게 전달되어 오는 감동을 느낄 수 있다.

마음의 표현은 결과적으로 문학 작품을 생산해 낸 것이지만 글 자체의 자족성까지 주장할 정도에 이르렀다. 신비평에서 말하는 작품의 자족성이 바로 그것이다. 완결된 작품은 그 자체로서 자족성을 지닌다는 주장한다. 메시지가 없어도 훌륭한 작품이 될 수 있다는 주장이다. 글 자체의 자족적 가치를 지니고 있다는 것이다.

흔히 말과 글은 우리의 사고를 만들어간다는 말이 맞다. 말과 글이 없었다면 고급화된 사고를 할 수 없다는 말이 된다. 말과 글을 통해서만이 명확한 사고를 이끌어낼 수 있다는 말이다. 따라서 글을 쓴다는 것은 막연하게 느끼고 생각한 덩어리를 명확한 실체로 바꾸어 놓는다는 것을 의미한다. 글을 쓴다는 것은 자신의 말로 사고를 한다는 의미와 같다. 다시 말하면 지금까지 남이 해낸 사고의 길을 습관적으로 따라 걷던 것을 비로소 자력의 힘으로 사고의 길을 개척하는 것과 같다. 그 글이 비록 보잘것없고 제대로 표현된 것이 아니지만, 자기만이 가지는 사고의 새 지평을 연다는 것을 말한다.

아리스토텔레스는 비극을 보는 효과를 카타르시스(catharsis), 즉 정화淨化에 있다고 말한 바 있다. 정화란 불순물을 깨끗이 한다는 의미가 있다. 인간은 일상의 생활로 오염되기 때문에 때때로 정화시켜 줄 필요가 있다는 것이다. 비극을 봄으로써 배역된 인물들과 같이 슬픔과 기쁨을 함께 하고 나면 일상생활에서 온갖 잡된 생각으로 오염된 감정을 비극이 정화시켜 준다고 아리스토텔레스는 말했던 것이다. 비극의 효용성을 관객의 입장에서 설명한 것이지만 사실은 관객이나 독자보다 작품을 쓰는 작가에게 더 적용되는 말이다. 모든 작가는 글을 씀으로서 정화를 하는 셈이다. 반드시 이름 있는 작가에게만 해당하는 말을 아니다. 글을 쓰는 모든 사람에게 해당하는 말이다. 이것을 나는 자기구제自己救濟의 문학이라고 말한 바 있다.

작가가 직업이 되고나면 그것으로 돈을 벌기도 하고 명성을 얻기도 한다. 그렇게 되면 개인적인 '마음'이기보다 사회적인 '마음'을 대변하는 경우가 많다. 그러나 작가 개인의 '마음'을 떠나서 공동체의 '마음'은 존재할 수 없다. 그 자신의 '마음'을 통해서만이 공동체의 '마음'을 추측하기 때문이다. 사회 공동체의 마음이든 작가 개인의 마음이든 작가 개인에게는 그렇게 해서 자신을 정화해 갈 뿐이다. 자신의 정화 없이 그 자신의 글 쓰기는 불가능해진다는 사실을 우리는 알아야 한다.

인간은 한곳에 머물러 있기를 싫어한다. 물리적으로도 그러하지만 정신적으로도 그러하다. 지구 바깥으로 나가보겠다고 끊임없이 실험하고 있는 우주선의 시도도 그 하나겠지만 산과 바다로 끊임없이 여행하면서 끝없는 탐험을 거듭하는 것도 그 때문이다. 인간의 문화란 것도 따지고 보면 변화의 시도라고 할 수 있다. 자연 그 상태를 고수하는 데 비하여 인간은 그 자연 상태를 벗어남으로써 인간만의 문화를 만들기 시작한 것이다. 그것은 새로운 지평에 대한 동경이다.

누구나 글을 쓸 수 있다. 사람은 말과 글을 가지고 있기 때문이다. 그러나 누구나 글을 쓰지 않는다. 글을 쓰는 사람과 쓰지 않는 사람의 마음은 하늘 땅 만큼의 차이가 있다. 새로운 지평에 대한 기대를 접은 사람과 접지 않은 사람의 차이이기 때문이다. 글을 쓰지 않는 사람은 새로운 기대의 지평을 열어 보려고 노력도 않는 사람이다. 남의 글을 많이 읽고 그가 열어 보이는 지평을 함께 경험하는 일은 좋은 일이다. 그와 못지않게 내가 나의 글을 씀으로써 나의 지평을 열어보는 일은 더욱 소중한 일이다. 나의 글을 쓰지 못하는 사람은 남이 여는 지평을 절반밖에 보지 못하게 된다. 많이 읽고, 많이 생각하고, 많이 쓰라고 한 고전에서의 말씀은 그래서 오늘도 유효하다.

(2005. 2. 10.)

– 이화수필동인지 3집 권두언 《새로운 지평을 위하여》 권두언

꿈이 영글다

푸른 하늘 저쪽으로 아치를 이루며 떠 있는 무지개를 향해 워즈워드는 이렇게 노래하고 있다.

내 가슴 뛰노노나
하늘에 떠 있는 무지개를 보니
내 인생이 시작된 때도 그랬고
어른이 된 지금도 그렇다.

우리가 무지개를 좋아하는 이유는 그 아름다운 색조에도 있지만 하늘 높이 떠 있는 아치형의 그 모습이 너무나 아름답기 때문이다. 마치 나의 꿈이 그렇게 펼쳐진 것 같은 생각이 든다.

누구나 어릴 때 한 번쯤은 시도해 보았겠지만 무지개가 피어난 그곳이 어딘지를 찾아 달려가 보았던 경험을 가졌을 것이다. 한참 무지개를 향해 달려가다 보면 어느덧 무지개는 사라지고 없다. 때로는 그 무지개를 언제 지나쳤는지 그 무지개는 내가 달려왔던 그곳에 또 서 있다. 우리들의 꿈이 그 무지개와 같은 것이 아닌가 하는 생각을 한다. 품고 있던 꿈이 이루어졌다고 해서 우리는 그곳에 안주할 수 없다. 새로운 꿈을 향하여 다시 길을 떠나야 한다. 꿈이 없는 사람은 불행하다. 그가 아무리 많은 돈을 가지고 있고, 아무리 남이 부러워하는 지위에 있다고 하더라도 꿈이 없다면 행복하다고 말할 수 없다. 왜냐하면 그는 미래를 볼 수 없기 때문이다. 미래를 볼 수 없는 사람은 살고 있는 현실이 그 삶의 전부가 되는 셈이니, 현실의 삶이란 불도佛徒가 아니더라도 결코 만족스러울 수가 없는 것이다.

누군가 인간이란 꿈꾸는 동물이라고 말한 적이 있다. 개나 돼지가 꿈을 꾸고 있는지 없는지 물어볼 수가 없으니 알 수가 없지만, 그 옛날의 개나 돼지가 변함없는 개 돼지로 남아 있음에 비하여 인간은 원시 시대의 인간과는 너무나 많이 바뀌었다. 주어진 삶에 안주하지 않고 항상 새로운 삶을 꿈꾸고 있기 때문이다. 그 꿈은 개인의 꿈으로 끝나는 것이 아니라, 집단의 꿈이 되고, 그 집단의 꿈은 또 세대를 이어 계속된다.

이화수필문학의 제1집은 ≪원석을 캐는 마음으로≫이었다. 그때까지 우리들은 자기 마음속에 어떤 귀한 원석이 보존되어 있었는지 한 번도 생각해 본 적이 없었다. 비로소 그 원석을 꺼내어 어떤 보석으로 가공할 것인가를 생각해 본 것이다. 제2집 ≪내 마음의 보석≫은 그 원석을 자기 나름대로 가공해 본 것이다. 가공하는 기술을 익히지 못하여 정제된 보석이 되지 못했음을 우리는 인정한다. 그러나 그것은 내 마음의 보석이다. 그것을 때때로 꺼내어 나 혼자 보면서 즐거워한다. 그렇다. 마음을 나누는 친구에게 내 마음의 보석을 살짝 보여주기도 한다. 그도 나와 함께 즐거워하면 나의 기쁨은 배로 커진다.

제3집≪새로운 지평을 위하여≫는 내 안에만 머물러 있던 나의 눈을 먼 곳으로 돌려보자는 뜻이 담겨 있다. 시야에 들어오는 세상만이 우리들의 세상인 줄 알았던 시대가 있었다. 남을 모르면 자신도 잘 모른다. 남을 통하여 나를 알고 나를 통하여 남을 아는 것이다. 남이 소중하게 간직하고 있는 보석을 보면서 내 보석의 가치도 깨닫는 것이다. 원시 인간이 동굴에서 나와 세상을 보았을 때 세상의 사물들이 모두 경이로웠을 것이다. 내가 살고 있는 지역을 벗어나와 다른 지역에 살고 있는 사람들의 모습을 보았을 때 새로운 세상을 보았을 것이다. 인간이 동물과는 달리 끊임없이 발전하고 새로운 문화를 쌓아간다는 것은 새로운 지평을 바라보며 그 너머에는 무엇이 있을까 궁금하게 생각하고 호기심을 가졌기 때문이다.

이제 동인지 제4집을 내면서 우리의 꿈이 영글어 가는 것을 느낀다. 내 안에 있는 원석을 깎아서 보석을 만들고, 그 보석을 들고 새로운 지평을 향하여 바라보면서 내 보석의 귀중함을 깨닫게 되었다는 것이 지금까지 우리 이화수필문학회의 행보라면 다시 내 마음속을 들여다보면서 우리 안으로 영글어가는 값지고 귀한 수필의 꿈을 일구어가는 것이 이번 제4집의 뜻이다.

일찍이 아리스토텔레스는 "희망이란 눈 뜨고 있는 꿈이다."라고 말한 적이 있다. 꿈꾸고 있지 않다면 희망이 없다는 의미와 같다. 이화수필문우들은 처음부터 기성문인들처럼 글을 잘 쓰는 사람은 아무도 없었다. 그저 소박하게 우리들의 생활을 기록해 본 것이다. 솔직하게, 꾸밈없이, 때로는 부끄럽기도 했고, 때로는 이것이 작품이 될 수 있을까 회의도 했다. 그러나 있는 그대로의 우리 생활을 진솔하게 털어 놓았던 것이다. 그것이 문학이 되는지 어쩌는지는 잘 알지 못했다. 글이 잘 되어주지 아니 할 때는 괴로운 때도 있었고, 나의 생활을 되돌아보면서 실망을 느낄 때도 있었다. 그러나 적어도 이것만은 말할 수 있다. 내 작품을 완성시켰을 때 더할 수 없는 기쁨을 맛볼 수 있었다는 사실 말이다.

예술은 결코 완성이란 있을 수 없다는 것을 안다. 완성을 향하여 꾸준히 노력해 간다는 사실은 유명한 작가에게나 이름도 없는 우리들에게나 공통된 사실이다. 무지개를 찾아 나서지만 우리가 거기 있을 것이라고 믿었던 무지개는 그곳에 없다. 문학을 하는 사람은 영원히 찾을 수 없는 무지개를 찾아 헤매는 어릴 때의 우리들 모습과 같은 것이다.

소박한 꿈이 영글고 있는 이화수필문학의 제4집을 세상에 내어 놓는다. 이 수필집을 읽고 공감하는 친구들이 있다면 우리들과 즐거운 대화를 나눌 수 있을 것이다. 차를 마시며, 먼 산을 바라보며, 그보다 더 즐거운 시간이 있을 수 있을까. 마음과 마음을 나누면서 말이다.

(2006. 10. 15.)

- 이화수필문학회 동인지 4집 ≪꿈이 영글다≫ 권두언

마음과 마음을 나누면서

인간의 문화는 서로의 마음을 나누면서 시작되었다. 마음을 나눈다는 것은 상대의 의도를 단순히 이해한다는 뜻이 아니다. 그것은 동물도 할 수 있기 때문이다. 내 마음을 주면서 그도 내게 마음을 준다는 뜻이다. 마음을 준다는 것은 다른 말로 하면 사랑을 준다는 말과 같다.

동물도 종족 보존을 위해서 본능이라는 것을 갖고 있다. 동물들이 태어날 때부터 무엇을 먹어야 하는지를 아는 것도, 온갖 정성으로 새끼를 돌보는 것도 그 때문일 것이다. 그러나 동물은 끝내 그 본능의 범위를 벗어나지 못하고 있다. 먹이를 두고 같은 새끼끼리도 다투는 것을 흔히 본다. 생존 본능이 앞서기 때문일 것이다.

인간도 본능을 크게 벗어나지는 못한다. 그러나 본능 속에 갇혀 있지 않기 때문에 동물이 가질 수 없는 문화를 가질 수 있었다. 그것은 서로에게 마음을 여는 것으로부터 시작된다. 내가 너에게 마음을 조금 열면 너도 내게 마음을 조금 여는 것이다. 마음을 여는 정도가 조금씩 넓어지면서 문화도 한 차원씩 높아갔다. 나와 너 간에, 나의 가족과 너의 가족 간에, 나의 이웃과 너의 이웃 간에, 나의 부락과 너의 부락 간에, 나의 종족과 너의 종족 간에, 나의 국가와 너의 국가 간에 차례로 마음을 열고 서로를 받아들임으로써 문화의 장은 새로운 지평을 열고 한 차원씩 높아갔다.

인간이 만약 서로의 마음을 열지 못하고 본능 속에 갇혀 있었다면 아직도 동굴 속에 있으면서 다른 동물과 별반 다르지 아니 했을지 모른다. 오늘날과 같은 찬란한 인류 문화를 어찌 이룩할 수 있단 말인가. 마음을 열면 친구가 되지만 마음을 닫으면 적이 된다.

종족과 국가가 다르다고 해서, 믿는 종교가 다르다고 해서 얼마나 많은 전쟁을 인간은 치렀는가. 그때마다 무고한 사람들이 수없이 죽어갔다. 십자군 전쟁을 비롯하여 영불의 백년 전쟁, 30년 전쟁, 위그노 전쟁, 스말칼디셔 전쟁 등 이루 헤아릴 수 없는 처참한 전쟁을 장기간에 걸쳐 치른 것이 서양이다. 이웃 종족과 이웃 국가와 다투면서 수많은 목숨을 잃었던 일을 우리는 기억한다. 마침내 국가들끼리 연합하여 세계 1. 2차 대전을 치르지 않았는가.

아프리카에서는 지금도 종족끼리 피비린내 나는 싸움을 하는 통에 수많은 사람들이 애매하게 죽어가고 있다. 최근 보스니아 내전에서 겪은 참혹한 종족 간, 종교 간의 싸움은 인간임을 부끄럽게 하고 있다. 팔레스타인에서 벌어지고 있는 양 종교 간의 갈등, 미국과 이락 간에 있었던 전쟁, 지금도 계속되고 있는 이슬람의 자살폭탄 테러, 이 모두 서로의 마음을 열지 못하고 자기편만을 생각한 탓이다.

서로를 이해하고 대화를 하면 이런 엄청난 희생을 치르지 않고도 문제를 해결할 수 있는데도 왜 그러는 것일까. 물론 이익이 상치되어 도저히 화해할 수 없는 일도 있다. 그러나 상대도 나와 꼭 같은 인간들이라고 생각한다면 해결의 실마리를 찾을 수 있다. 개인이나 국가나 다투면서 차지하는 것보다 협력하면서 나누어가지는 것이 서로에게 훨씬 이롭다. 이 이치를 최근에 와서야 깨달아가는 듯하다. 그것도 서로가 가진 무기가 지구 종말을 맞을지도 모른다는 두려움에서 깨달은 것이다.

일찍이 이 점을 깨닫고 인류에게 알아듣도록 설파했던 성인들이 많다. "네 이웃을 네 몸과 사랑하라." 라고 하신 예수, 살아있는 온갖 미물에 대해서도 '자비심慈悲心'을 베풀라고 하신 불타, '인仁'이 인륜의 근본임을 강조하신 공자, 그들 모두 다가오는 인간 세계가 부닥칠 위험한 고비를 감지한 때문이 아닌가.

그러나 그들의 가르침이 실천되지 않았다. 19세기까지는 자기 종족, 자기 국가의 이익이 최우선이 아니었던가. 어느 나라를 막론하고 자기 민족과 국가를 위해 헌신하는 사람이 최고의 지도자였다. 강대국에서는 약소국을 침탈하여 약탈해오는 데 공헌한 사람이 훌륭한 인물이었다. 되도록 많은 식민지를 개척하려고 한 것도 그 때문이다. 반면에 약소국에서는 민족과 나라를 지키기 위해서 온갖 희생을 치렀던 사람들이 길이길이 역사에 남는 인물이다. 우리 역사에서 존경을 받는 인물들은 대체 어떤 인물들인가. 모두 목숨을 바쳐서 민족과 나라를 구하려고 진력한 사람들이 아닌가. 을지문덕, 연개소문, 김유신, 이순신 등이 그 분들이고, 국권을 빼앗겼을 때 목숨을 바쳐 투쟁한 인물 안중근, 윤봉길 등이 그들 아닌가.

자기 민족, 자기 국가라는 집착에서 조금씩 벗어나고 있는 듯이 보이는 것은 최근의 일이다. 미국이 월남에서 패퇴한 것은 힘이 약해서였던가. 아니다. 적도 같은 인간이라는 여론이 일기 시작했기 때문이다. 미국인 대다수가 월남전을 반대한 이유도 그 때문이다. 세계 제일의 강대국이라고 할 수 있는 미국에서부터 그 바람이 일기 시작했다. 아마 다민족 국가였기 때문에 특히 그랬을 것이다. 미국에서 "내 민족, 내 나라를 위해 이 한 몸 바쳐 싸우고 싶다."고 한다면, 고약한 종족주의자(racist)로 낙인이 찍힐 소지가 크다. 아니, 당장 뭇 사람들에게 백안시당할 것임에 틀림없다.

그렇다. 이제는 민족의 벽, 국가의 벽, 종교의 벽을 허물고 살 때가 된 것이다. 올림픽 정신이 바로 그것 아닌가. 마음과 마음을 나누면서 서로의 행복을 추구하는 것이 지고의 선이 된 시대다. 다른 나라는 물론이고 자국 내의 소수민족을 보호하는 정책을 펴기 시작한 것도 그와 맞물려 있다. 국경을 넘어, 종교의 벽을 넘어 따뜻한 인정의 손길을 펴고 있는 사람들이 존경을 받는 이유도 거기에 있다.

수필을 쓰는 것은 자기의 마음을 열어 보이는 일이다. 문학 자체가 원래 그러한 것이지만, 특히 수필은 자기의 체험을 솔직하게 고백하는 문학이다. 읽는 사람도 쓰는 사람도 서로의 마음을 읽는다는 말이 옳다. 마음을 열고 서로를 받아들이고 있는 것이다. 그래서 수필을 쓰는 사람끼리는 쉽게 친구가 된다. 수필을 통해서 친구가 된 사람은 다른 사귐보다 더 깊고 더 오래 지속된다. 시정에서 사귄 친구와는 다르다. 이익이 엇갈리면 금방 얼굴을 붉히는 그런 사귐이 아니다. 마음을 나누면서 사귄 친구들이기 때문이다.

이제 문학도 두 가지 형태로 존재하리라는 생각이 든다. 문학 전문가의 문학과 대중의 문학이 그것이다. 이전에는 대중의 문학을 멸시하는 풍조가 있었다. 그러나 시대가 바뀌었다. 왕이나 지도자가 국가의 운명을 결정하던 시대와는 달리 민의가 최우선이 된 시대가 된 것이다. 엘리트의 문학이 있는가 하면, 대중이 좋아하는 문학도 있다. 그것을 결코 폄하할 수 없는 시대가 된 것이다. 클래식 음악만이 가치 있는 음악이라고 내 어렸을 때는 배웠다. 그러나 지금은 대중가요도 훌륭한 음악이 되어 대중이 즐기고 있다. '열린 음악회'가 시작된 것도 그 무렵이다. 인쇄된 글자 형태의 문학만이 아니라 그것을 읽고 즐기는 문학행위가 더 중요해진 것도 같은 이치다.

이화수필문학회에서 다섯 번째의 동인지 ≪마음과 마음을 나누면서≫를 상재한다. 그동안 수필을 통하여 서로의 마음을 나누면서 즐거운 시간을 보냈던 그 한 매듭이라고 할 수 있다. 다른 사람도 읽고 동감하는 바가 있으면 마음을 나누는 친구가 될 것이다. 우리는 그동안 이런 즐거움을 나누면서 살아왔다는 것을 알려 주고 싶다. 이 수필집을 발간하는 이유도 거기에 있다.

(2008. 8.)

- 이화수필문학회 동인지 5집 ≪마음과 마음을 나누면서≫ 권두언

국화 향기를 품고

국화는 수확의 계절에 핀다. 과일이 탐스럽게 익고, 들판에는 황금물결이 이랑 이랑을 누비고 있을 때 국화는 가슴을 열고 아름다운 꽃을 피워낸다. 그 향기가 그윽하게 퍼져 나올 때 우리들의 마음도 훈훈하게 열리고 이웃 사랑도 커진다. 이런 계절에 우리들이 1년 동안 갈고 닦았던 글 솜씨를 내보이고 문우들과 따뜻한 정을 나눌 수 있는 동인지를 펴내는 것은 참으로 뜻있는 일이라고 하지 않을 수 없다.

매란국죽梅蘭菊竹은 우리 선인들이 오랜 동안 사랑하고 아끼던 꽃과 식물이다. 선비들이 애호하는 그림의 대상이기도 하다. 선비 정신이 그대로 담겨 있기 때문이다. 늘 매란국죽과 같은 몸가짐과 정신으로 살아야 한다고 스스로 다짐하기도 하지만 젊은이들에게는 그 정신을 본받도록 가르친다.

매화는 설중매雪中梅라고 해서 눈 속에서도 피는 꽃이다. 봄의 전신傳信을 어느 꽃보다 먼저 알려주는 꽃이다. 엄동설한嚴冬雪寒의 추위를 이겨내고 고고

하게 피어나는 그 자태는 찬탄을 금치 못한다. 나는 가끔 젊은 후진들에게 매경한고발청향(梅經寒苦發淸香 : 매화는 설한의 고통을 겪어야만 비로소 맑은 향기를 품어낸다.)이라는 글씨를 써서 주기를 좋아한다. 잘 쓰는 글씨는 아니지만 그 글귀의 뜻이 좋아 마음속에 깊이 새겨 두라는 뜻이다.

난蘭은 정갈한 곳에서만 자란다. 어느 시인이 이슬 먹고 자란다고 했지만 함부로 다루면 곧 시들고 만다. 정성을 다해 보살펴야만 그 난의 기상을 유지한다. 특히 난 꽃을 피우려면 가히 귀인을 모시듯 해야 한다. 그래서 선비들은 난 꽃이 피면 그것을 축하해서 친구들을 불러 모아 시회詩會를 열기도 했다. 난의 향기 또한 은은해서 있는 듯 마는 듯 선비의 인품과 행동거지에 비유한다.

대나무竹는 고산孤山이 오우가五友歌에서 노래한 것처럼 "나모도 아닌 것이 풀도 아닌 것이 곧기는 뉘시기며 속은 어이 비었는가. 저러고 사시에 푸르니 그를 좋아하노라."라고 읊었다. 남녘 지방에서는 선비들의 뒤뜰에 대나무 밭을 두고 있는 곳이 많다. 바람이 불면 내숲이 노래를 하는데 그 곧은 정신을 배우라는 소리와 같다. 또한 죽竹은 불욕不慾의 정신을 나타내기도 한다.

그렇다면 국화菊花는 왜 좋아했을까. 가을이 가기 전에 온몸을 사르면서 피어나는 꽃이기 때문이다. 그 향기 또한 다른 꽃에 비할 수 없을 정도로 강렬하면서 싫증이 나지 않는다. 국화 향기는 멀리까지 진동하지만 개나리나 진달래처럼 흔하게 나부끼는 향기를 뿌리지 않는다. 라일락은 그 향기가 멀리까지 진동하지만 그 속에는 유혹의 몸짓이 담겨 있다. 국화는 온갖 꽃이 다 피고 난 뒤에 소슬한 가을바람이 불어오기 시작할 때 비로소 피기 시작한다. 매화가 새싹이 돋아나기를 손짓하는 전령이라면 국화는 풍요로운 결실結實을 알리는 합창과 같다. 그 속에는 더운 여름, 고된 노동을 이기고 이제 수확의 기쁨을 알리는 농부의 웃음이 들어있다.

국화의 향기는 매화나 난꽃의 향기처럼 은은하게 코끝을 스치는 것이 아니다. 그 향기를 맡기 위해 심호흡을 하지 아니 해도 좋다. 저 멀리서부터 강렬한 색깔과 함께 손짓하면서 다가온다. 매화나 난초와는 달리 그 향기가 강렬하지만 장미처럼 달큼하지도 않고, 라일락처럼 매혹적이지도 않다. 국화의 향기 속에는 형언할 수 없는 넓이와 깊이가 있다. 장미의 향기가 정열을 함부로 뿜어내는 젊은이의 것이라면 국화의 향기는 세상의 풍파를 두루 겪고 난 뒤에 피워내는 지혜의 향기다. 조용하지만 중 노년의 은근한 사랑의 향기와 같은 것이다. 국화의 향기는 후각으로만 맡을 것이 아니라 가슴으로 아니, 온몸으로 맡아야 한다. 그 속에는 오래도록 마음을 저리며 사랑하고 그리워한 젊음이 담겨 있다.

나는 가끔 인쇄문화가 발달하기 전의 글쓰기 형태를 부러워할 때가 있다. 붓으로 쓴 글을 읽고 붓으로 기록을 남기던 때 말이다. 작은 활자체로 된 책을 읽을 때 특히 그렇다. 옛날에는 모두 노인 위주로 생활이 전개되었던 모양이다. 그때라면 돋보기를 끼지 않고 글을 얼마든지 읽을 수 있었다. 글씨도 오늘날과 같이 한결같은 규격의 인쇄체가 아니라, 그의 성품이 드러나는 붓으로 쓴 글씨다. 그때라면 젊은이들에게 조금도 꿀릴 것 없이 편안하게 독서생활을 즐길 수 있었을 것이다.

하지만 나이를 막을 수 없듯이 문명의 발달을 어찌 막을 수 있으랴. 작은 활자로 빼곡하게 박아 넣은 책들, 젊은 시절에는 문고판의 그 책들을 즐겨 사서 들고 다녔던 때가 있었다. 가볍고 싸고, 편리한 문고판을 즐겨 애독하던 시절. 그러나 지금은 그런 책만 보면 짜증부터 난다. 컴퓨터의 기본 글씨체가 10p인 줄 나는 안다. 모든 글자체의 기본이 10p인 것을 보면 그것이 정상이라는 뜻이다. 그러나 내게는 그 글자체가 너무 작다. 그래서 나는 글을 쓸 때 12p로 올려서 작성한다. 그나마 이렇게 활자체를 마음대로 올릴 수 있는 것이 다행이다.

내가 이화대학 평생교육원에서 '생활수필반'을 개설했을 때의 일이 생각난다. 내 짐작으로는 삼사십 대의 주부들이 수강생의 대종을 이룰 것이라고 생각했다. 그러나 막상 첫날 반에 들어가 보니 오륙십 대의 주부들이 대부분이었다. 한숨이 나왔지만 다시 생각해 보니 그것은 극히 정상이고 내 생각이 잘못이었던 것이다. 몇 학기 후에 50대의 주부 한 분이 등록했다. 그 분의 첫 시간 인상을 이렇게 적은 적이 있다. 모두 젊은 사람들만 앉아 있을 텐데 자기 같은 늙은이가 어떻게 앉아서 공부를 하나 걱정했단다. 그러나 첫 시간 들어와서 보니 자기보다 나이 적은 사람은 별로 보이지 않고 대부분 오륙십 대 주부들이었다는 것이다. 헉 하고 숨이 목에까지 와서 닿는 느낌을 받았다고 고백했다. 그런데 더 신통한 일은 중간에 그만두지 않고 지금껏 수필 쓰기를 계속하고 있다는 사실이다. 지도하는 강사가 훌륭해서 그렇다고 나는 생각하지 않는다. 처음은 호기심으로 시작했지만 날이 갈수록 수필 쓰기에 재미를 느낀다는 사실이다. 아니 수필 쓰기에 흠뻑 빠져든다는 사실이다. 이들 중에 많은 분들이 이미 신인상을 받고 기성문인이 되어 우리 문단에서 훌륭한 작품 활동을 하고 있다.

올해는 유난히도 더운 여름이었다. 곧 가을이 다가올 것이다. 가을이 오면 국화가 피고 그 향기가 그윽하게 온 누리에 퍼진다. 국화 향기와 더불어 우리가 애써 만든 이화수필문학회의 동인지 ≪국화 향기를 품고≫가 출간될 예정이다. 그렇다. 우리의 동인지는 그 국화 향기를 가슴에 품고 태어나는 것이다.

(2010. 8. 24.)

- 이화수필문학회 동인지 6집 ≪국화향기를 품고≫ 권두언

김상태 수필집

아름다운 삶을 위하여

인 쇄 2011년 6월 20일
발 행 2011년 6월 25일

지은이 김 상 태

펴낸이 서 정 환
펴낸곳 수필과비평사

출판등록 1984년 8월 17일 제28호
주 소 전주시 완산구 태평동 251-30
전 화 (063) 275-4000
팩 스 (063) 274-3131
E-mail essay321@hanmail.net

값 11,000원

ISBN 978-89-5925-873-4 03810